조선 중기의 '낙중학'

# 한강 정구의 삶과 사상

계명한국학총서 42

조선 중기의 '낙중학'
한강 정구의 삶과 사상

2017년 1월 18일 초판 1쇄 인쇄
2017년 1월 31일 초판 1쇄 발행

지은이 | 홍원식 외 7명
펴낸이 | 신일희
펴낸곳 계명대학교출판부
42601 대구광역시 달서구 달구벌대로 1095
전화 053-580-6233 팩스 053-580-6235
등 록 1970. 9. 1.(신고번호 제347-1998-1호)

ISBN 978-89-7585-762-1 93150
값 28,000원



이 도서의 국립중앙도서관 출판시도서목록(CIP)은 서지정보유통지원시스템 홈페이지
(http://seoji.nl.go.kr)와 국가자료공동목록시스템(http://www.nl.go.kr/kolisnet)에서
이용하실수 있습니다.(CIP제어번호: CIP2017001573)

낙중학 총서 3

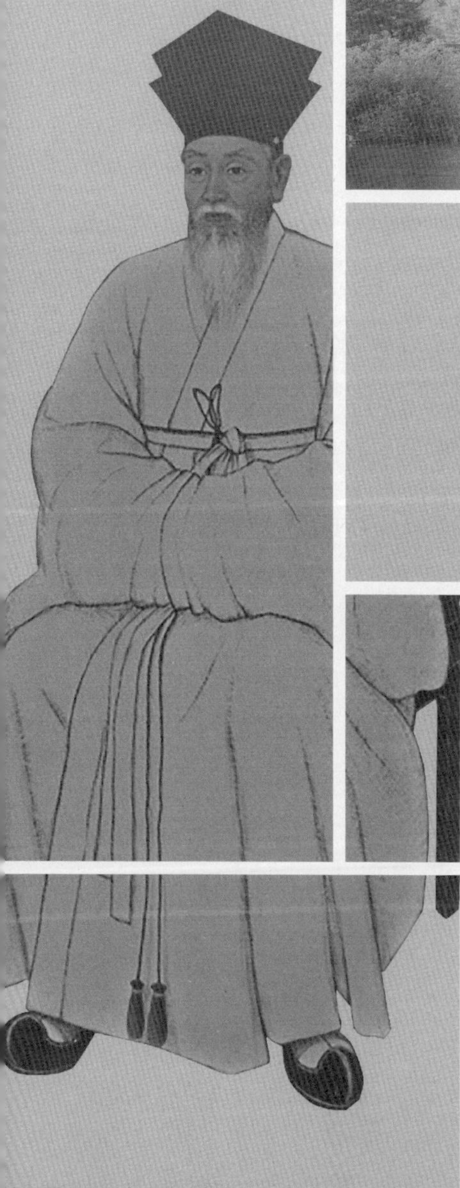

조선 중기의 '낙중학'

# 한강 정구의 삶과 사상

계명대학교 한국학연구원
홍원식 외 지음

계명대학교 출판부

## 여는 글

'낙중학洛中學'이란 용어를 우리 학계에 내놓은 지 어언 7년의 시간이 흘렀다. 그동안 계명대학교 한국학연구원은 2010년부터 매년 '낙중학'을 주제로 한 기획학술대회를 총 7차에 걸쳐 진행하여 막바지에 다다르고 있다. 이제 '낙중학'은 하나의 학술용어로 어엿하게 자리잡아 가고 있음을 가슴 뿌듯하게 생각하며, 낙중학 총서 세 번째 권에 해당하는 『조선 중기의 낙중학, 한강 정구의 삶과 사상』을 내놓는다. 2012년도의 기획학술대회 때 발표된 글들을 내부적 이유로 뒤늦게서야 책으로 내놓게 되어 무척 죄송스럽게 생각하며 지금이라도 미뤄둔 발표 논문들을 서둘러 책으로 발간할 것을 약속드린다.

한강寒岡 정구鄭逑는 조선 중기 낙중학을 대표하는 인물이다. 정구는 한훤당寒暄堂 김굉필金宏弼의 외증손으로 그의 도학정신을 널리 드러내고 깊이 이어받은 가운데 낙동강 상류(洛上) 지역의 퇴계退溪 이황李滉과 낙동강 하류(洛下) 지역의 남명南冥 조식曺植 양 문하에 나아가 그들의 성리학과 사림정신을 계승하는 한편 영남남인계 예학禮學을 집대성하고 목민관을 거친 곳곳마다 지방지地方誌를 편찬하는 등 경세학 방면에도 많은 저술을 남겼다. 그의 이러한 학문적 업적은 일찍이 그의 조카사위인 여헌旅軒 장현광張顯光이 '명체적용明體適用'이란 말로 잘 표현하였으며, 근기近畿 퇴계학맥으로 이어져 경세치용經世致用의 실학으로 꽃피게 되었다.

본 책에는 총 8편의 글을 실었다. 먼저 조선 중기 낙중학의 전개란 관점에서 쓴 홍원식의 총론에 이어 제1부 '정구의 학맥과 사상'에 4편의 논문을, 그리고 제2부 '정구의 경세관과 문학'에 3편의 논문을 실었다. 제1부에서 김학수는 정구의 학맥연원을 소상히 밝히고 있으며, 정도원은 정구의 성리학을 퇴계학과 남명학이란 틀과 관련지어 분석하였고, 추제협은 정구의 대표적 성리학 저술인 『심경발휘心經發揮』에 대해 집중적인 분석을, 김현수는 영남남인계 예학의 특성을 중심으로 정구의 예학을 검토하였다. 제2부에서는 김무진이 정구의 현실인식과 경세관 전반에 대해 정리하였고, 정시열은 상소문을 집중적으로 분석하여 그의 현실인식과 경세관을 밝혔으며, 마지막으로 정우락은 그가 무흘구곡을 경영한 것에 주목하여 문학적 분석을 시도하였다.

정구의 한강학 전반에 대한 전문적 저술은 아직 한두권에 지나지 않는다. 본 책은 무엇보다 '낙중학'이란 관점에서 애초 '기획'된 점에 특징이 있다. 정구의 한강학은 물론 낙중학의 전모를 밝히는 데 본 책이 기여할 수 있기를 기대하며 글을 맺는다.

2016년 12월

홍원식

# Contents

여는 글_4

## | 총론 |

■ 조선 중기 낙중학과 정구의 '한강학' 홍원식

1. 머리말 10
2. 정구의 학맥 연원과 학통 및 도통 의식 12
3. '명체적용'의 한강학 20
4. 맺음말 24

## | 제1부 | 정구의 학맥과 사상

■ 한강 정구의 학문 연원 김학수

1. 머리말 28
2. 가학연원: 친외 양변적 학문의 수용과 계승 29
3. 영남학통의 계승: 다원적 사승과 그것의 통섭과 절충 49
4. 맺음말 68

■ 한강 정구의 성리학 체계와 연원에 관한 소고 정도원

1. 머리말 70
2. 천인일리의 상동구조와 본질적 주재 77
3. 본질과 현실의 내외 대립적 구조 86
4. 생명성 편재의 본체와 무욕 속 정의 본체 92
5. 맺음말: 정맥과 고풍, 그리고 현실적 한계 96

■『심경발휘』와 정구의 심학 추제협

1. 머리말 102
2.『심경발휘』의 체계와 특징 105
3.「경이직내장」에 나타난 '경'의 체계와 논리 111
4.「존덕성재명장」에 나타난 존덕성과 도문학의 관계 118
5.『심경발휘』와 '경간' 127
6. 맺음말: 정구 심학의 의의 131

■ 한강 정구의 예학 김현수

1. 머리말 134
2. 종법과 제례 137
3. 상례 157
4. 맺음말 183

| 제2부 | 정구의 경세관과 문학

■ 한강 정구의 현실인식과 경세관 김무진

1. 머리말 194
2. 관직생활과 향촌사회에서의 활동 198
3. 현실인식과 경세론의 구조 218
4. 맺음말 238

■ 한강 정구의 상소문 연구 정시열

1. 머리말 241
2. 사실에 근거한 설득: 경계와 면피의 수단 244
3. 논리적 사유와 입론: 국가 기강의 확립 252
4. 정서적 압박과 호소: 왕실 문제의 해결 260
5. 맺음말 269

■ 한강 정구의 무흘 경영과 무흘구곡 정착과정 정우락

1. 머리말 271
2. 정구의 무이산 인식 277
3. 정구의 존주적 무흘 경영 284
4. 정구의 구곡 심의 291
5. '정구 무흘구곡'의 정착과정 298
6. 맺음말 310

# 총 론

· 홍원식

## 조선 중기 낙중학과 정구의 '한강학'

# 조선 중기 낙중학과 정구의 '한강학'

홍원식 | 계명대학교 철학윤리학과

## 1. 머리말

임진왜란을 겪은 뒤 17세기에 접어들면 한강寒岡 정구鄭逑(1543-1620)와 여헌旅軒 장현광張顯光(1554-1637)의 두 걸출한 유현儒賢이 등장하여 낙동강 중류 일대의 유학을 주도하면서 이른바 '한려학파寒旅學派'가 출현한다. 이 글에서는 이 가운데 한강 정구의 학통과 도통 의식 및 학문을 '조선 중기 낙중학洛中學의 전개'란 관점에서 살펴보고자 한다. 필자는 앞서 '낙중학'이란 용어를 학계에 내놓으면서 다음과 같이 말한 적이 있다.

> '낙중', 곧 낙동강 중류 일대는 '삼산이강三山二江', 바로 팔공산과 금오산, 비슬산이 웅립해 있고 그 사이로 흘러온 낙동강과 금호강이 합류하는 곳이다. 이곳은 일찍이 고려 말 조선 초 포은圃隱 정몽주鄭夢周와 야은冶隱 길재吉再가 주자학의 씨앗을 뿌린 이래 점필재佔畢齋 금종직金宗直과 한훤당寒暄堂 김굉필金宏弼 등이 그 뒤를 이었고, 조선 중기에는 한강 정

구와 여헌 장현광의 이른바 '한려학파'가 크게 활동하였으며, 조선말에는 다시 이진상李震相의 한주학파寒洲學派가 출현하여 당대 '최대, 최고'의 형세를 이루며 일제강점기를 거쳐 건국 초에 이르기까지 그 여운을 남겼던 곳이다.

이렇듯 낙중 지역은 조선시대 내내 유학의 중심지 중 한 곳이었고, 낙중 제현들은 나름의 계승의식과 더불어 여타 지역의 유학들과 차별적 특성을 드러내었기에 이를 '낙중학'이란 이름을 붙이게 되었다. 사실 이렇게 '낙중학'을 우리 학계에 내놓은 데에는 그 동안 '낙중학'을 낙동강 상류(낙상洛上) 지역 퇴계학退溪學과 낙동강 하류(낙하洛下) 지역 남명학南冥學의 '변방'이나 '경계' 또는 '사이' 정도로만 인식해온 것에 대한 반성적이고 주체적이며 자각적인 성찰의 결과이기도 하다.[1)]

특히 이 논의의 주 인물인 정구의 경우 위의 글에서도 나타나 있다시피 퇴계학과 남명학이라는 두 잣대로 논의되는 경우가 흔히 발견된다. 곧 퇴계학이나 남명학으로 경도, 혹은 그 절충으로 이해하는 것이 일반적이다. 정구가 양 문하에 출입하였고, 평생토록 두 선생을 경모하였기 때문에 이러한 논의와 이해가 일리가 없는 바는 아니나, 지역적으로 퇴계 이황의 낙상 지역과 남명 조식의 낙하 지역 중간 지대이자 상대적으로 떨어져 있다는 점과 더불어 그가 낙중 지역 선현인 김굉필의 외증손으로서 멀리 정몽주에서 김굉필에 이르는 이른바 '동방東方 도통道統'에 대한 계승 의식을 가졌으며, 퇴계학과 남명학을 넘어 자신의 '한강학'을 이룬 점이 자칫 가려질 수 있다는 우려를 갖게 한다. 이 우려가 바로 본 논의의 출발점이자 낙중학을 제기하게 된 연유이다.

이 글은 조선 중기 낙중학의 전개란 관점과 그 대표적 인물이 정

---

1) 홍원식 외. 2012. 『낙중학, 조선시대 낙동강 중류지역의 유학』. 계명대학교 출판부. 4쪽.

구라는 관점에서 논의하고 있는 만큼 먼저 이황과 조식에 대한 정구의 학문 연원과 도통 의식은 물론 정몽주 이래 김굉필에 이르기까지의 도통연원에 대한 도통 의식에 대해서도 살펴본 뒤, 구체적으로 학문과 도통의 수수 내용이 무엇이며 이를 어떻게 자신의 '한강학'으로 수렴해갔는가를 살펴보고자 한다.

## 2. 정구의 학맥 연원과 학통 및 도통 의식

### 1) 정구의 이황과 조식 간 학맥 연원

정구는 동강東岡 김우옹金宇顒(1540-1603)과 더불어 퇴계退溪 이황李滉(1501-1570)과 남명南冥 조식曺植(1501-1572) 두 문하에 나아간 대표적인 인물로 거론된다. 따라서 그의 학맥 연원은 둘 모두에 닿아 있으며, 그는 그들의 학문 곧 퇴계학과 남명학을 모두 이은 것으로 논의된다. 그런데 그가 실제 두 선생을 만난 것은 한두 차례일 뿐 문하에서 직접 배운 적이 없으며, 서신을 통해 질정을 구한 것도 몇 회에 지나지 않고 그 내용 또한 풍부하지가 않다.

반면 정구는 이황과 조식 두 스승을 만나기 이전인 13세 때 당시 성주 향교의 교관으로 있던 덕계德溪 오건吳健(1521-1574)에게서 4년 가까운 시간 동안 배우게 된다. 그는 오건의 문하에서 정이程頤의 『역전易傳』 등 경서를 체계적으로 배운 것으로 전해진다. 오건은 조식이 은거했던 산음山陰 출신으로 그의 문하에 나아갔던 인물이며, 성주 향교 교관으로 있을 때 마침 이황의 제자인 황준량黃俊良(1517-1563)이 성주 목사로 있어서 이 인연으로 뒷날 이황의 문하에도 나아갔던 인물이다. 정구는 그의 종이모부從姨母夫이기도 한 오건에 대해 스승의 예를 다하였다.

오건의 문하에서 수학한 정구는 21세 때인 1563년(명종 18) 봄 중형仲兄 곤수崑壽와 함께 도산으로 찾아가 이황을 배알하고 하루 동안 묵은 적이 있다. 당시 이황은 63세였으며, 정구는 그로부터 성문聖門의 공부 순서와 방법에 대해서 들었다.[2)] 이황은 그를 만나본 뒤 김굉필의 후손으로서 '독학호선지사篤學好善之士'의 유풍이 있다고 말하였으며,[3)] 지나치게 영민함이 있어 도리어 병통이 되지 않을까 염려하기도 하였다.[4)] 이후 그는 이황이 세상을 떠나기까지 7년 동안 몇 차례 서신으로 질정을 구한 적이 있으며, 그 내용은 대부분 예禮와 관계된 것이었다.

정구가 다시 조식의 문하에 나아가게 된 것은 이황을 만난 3년 뒤인 1566년(명종 21) 그의 나이 24세 때였다. 조식은 그를 만나 보고서 군자의 대절大節은 오직 출처出處에 달려 있는데, 출처의 도리에 대해 어느 정도 깨달음이 있는 것 같아 마음으로부터 제자로 받아들인다는 말을 했다고 전한다. 조식이 그를 처음 본 자리에서 출처의 도리에 대해 어느 정도 깨달음이 있는 것 같다고 한 것은, 아마도 그가 3년 전 이황을 찾아뵌 해 가을 진사進士에 합격한 뒤 이듬해 봄 회시會試에 응시했다가 시험장에 들어가지 않은 채 돌아와 공부에 전념한 사실을 보고서 한 말일 것이다.

이렇게 정구는 이황과 조식 두 문하에 나아간 뒤 창녕 현감으로 처음 출사하게 되는 38세 때까지 두 문하의 사우들과 깊은 친교를 맺었다. 그 대표적인 인물로 동향 출신이자 '양강兩岡'으로 일컬어

---

2) 鄭逑. 『寒岡言行錄』 卷1. 「類編」. '學問' 참조.
3) 李滉. 『退溪集』 卷22. 「答李剛而」 참조.
4) 李滉. 『退溪集』 卷37. 「答柳希范」 참조.

지는 김우옹과 더불어 이황 문하의 조목趙穆과 금성일金誠一, 류성룡柳成龍 등과 조식 문하의 정인홍鄭仁弘, 김면金眄 등이 있다. 당시 그는 정인홍, 김면 등과 함께 가야산을 유람한 뒤 「유가야산록遊伽倻山錄」을 남기기도 하였는데, 이것은 스승 조식이 지리산을 유람한 뒤 「유두유록遊頭流錄」을 남긴 것과 비견되기도 한다. 그리고 그는 이 시기에 성리학과 예학 공부에 전념하면서 1573년 이황의 『주자서절요朱子書節要』 총목總目을 개정하고 『가례집람보주家禮輯覽補註』를 편찬하였으며, 1575년에는 외증조부 김굉필의 「연보年譜」와 『사우문인록師友文人錄』을 편찬하였다.

정구는 천거를 통해 출사하였다. 그는 앞서 출사해있던 도우 김우옹의 적극적인 천거로 여러 차례 관직이 내렸지만 나아가지 않다가 마침내 38세 때 창녕 현감으로 출사하였다. 이후 그는 동복, 함안, 통천, 강릉, 충주, 성천, 안동 등의 지방관과 강원도관찰사를 지냈으며, 내직으로는 좌·우 부승지와 형조참의, 형조참판을 거쳐 1608년(광해군 원년)에는 대사헌大司憲에 올랐다. 그가 대사헌으로 있을 때 임해군臨海君 옥사가 일어나 추국에 참여하였는데, 이때 그는 임해군 일파에게 관대한 처분을 청하는 이른바 '전은설全恩說'을 주장하였으나 받아들여지지 않았고, 도리어 정인홍이 중심적 위치에 있던 대북大北 일파로부터의 비난을 견디지 못하고 그해 사직하고 낙향하였다.[5)]

이처럼 정구는 이때 이미 같은 남명 문하의 사우인 정인홍과 정치적 입장을 달리 하면서 둘 간의 골은 깊어져 있었다. 두 사람 간 갈등이 표면화된 것은 유명한 '고풍정맥변高風正脈辨' 사건으로 5년 전인 1603년(선조 36)으로 거슬러 올라간다. 정구는 함께 이황과

---

5) 鄭逑.『寒岡集』卷2.「辭大司憲疏(戊申)」참조.

조식의 문하에 출입하며 평생 도우로 지냈던 김우옹이 죽자 만사에서 "퇴도退陶의 정맥正脈을 종신토록 높였고, 산해山海의 고풍高風을 특별히 흠모했네"[6]라고 적었는데, 정인홍은 이황을 정맥이라 표현하고 조식을 고풍이라 표현한 것은 곧 이황을 높이고 조식을 낮춘 것이라 비판하였던 것이다. 같은 해 겨울 다시 두 사람은 『남명집』 편찬의 문제를 가지고 크게 대립하였다. '음부옥淫婦獄' 사건과 관련된 조식의 문장을 문집 속에 포함시킬 것인가의 여부를 놓고 대립하였는데,[7] 이것은 조식의 본심이 담긴 문장이 아니므로 문집에서 빼자고 주장한 정구를 정인홍이 '스승을 배신했다(배사背師)'고 비판하고 나서면서 양자 간의 골은 더욱 깊어졌다.[8] 이후 1610년에는 성주에서 정인홍 일파인 박이립朴而立이 정구를 무고한 사건이 일어나고, 이듬해인 1611년에는 정인홍이 문묘종사에 포함된 회재晦齋 이언적李彦迪과 퇴계 이황을 비판한 이른바 '회퇴변척소晦退辨斥疏' 사건[9]이 터지면서 양자 간만 아니라 이황과 조식의 후예들이 남인과 북인으로 갈라선 채 돌이킬 수 없는 사이가 되어버렸다.

이상에서 본 바와 같이 조식의 사우들 간에 분열이 일어나고 정치적 입장을 달리 하면서 정구는 조식의 문하로부터 떠밀려 나 멀어지는 듯 보였지만, 그 자신은 이황과 조식 두 스승을 평생토록 어느 한쪽에 치우침이 없이 존숭하였다. 뒷날 그가 퇴계학통의 중심적 인물로 자리 잡게 된 것은 퇴계학통과의 관계에서 그러한 것이고, 그의 후예들의 입장이 많이 반영된 것이라고 볼 수 있다.

---

6) 鄭逑. 『寒岡集』 卷1. 「挽金東岡」.
7) 정만조. 1999. 「宣祖 초 진주 淫婦獄과 그 파문」. 『한국학논총』 22 참조.
8) 鄭逑. 『寒岡言行錄』 卷1. 「類編」. '處小人' 참조.
9) 『光海君日記』 卷39. 3年 3月 丙寅(26) 참조.

### 2) 정구의 김굉필 등 낙중 선현들에 대한 계승 의식

정구는 이황과 조식 양 문하에 나아가 그들에 대한 학통 의식을 가진 한편 같은 낙중 지역의 선현이자 진 외증조이기도 한 김굉필에 대한 계승 의식을 강하게 가지고 있었다. 바로 이 지점에서 조선 전기 낙동강 중류 일대에서 일어난 유학, 곧 '낙중학'이 중기에 이르러 정구에게로 계승됨을 볼 수 있다.

정구의 조부인 정응상鄭應祥은 김굉필의 문하에 출입하던 가운데 그의 딸인 서흥瑞興 김씨를 아내로 맞게 되었으며, 사헌부 감찰을 지내다 일찍 죽자 서흥 김씨는 자식들을 데리고 친정 곳인 현풍玄豊 솔례촌率禮村으로 이거하였으며, 정구의 부친인 정사중鄭思中(1505-1551)이 성주 이씨와 결혼하게 되면서 다시 처가 곳인 성주로 이거하여 그의 집안은 성주에 정착하게 되었다.

앞에서 말한 바와 같이 정구는 출사하기 이전에 이미 김굉필의 「연보年譜」와 『사우문인록師友文人錄』을 편찬하였으며, 임진왜란 뒤 도동서원의 복설과 김굉필 등 '동방오현'의 문묘종사에 온 힘을 쏟았다. 그러한 연유로 사후 그는 도동서원에 배향되기도 했다.

조선 전기와 중기의 낙중학 연결점, 곧 김굉필과 정구의 연결점은 학통보다 도통에서 찾는 것이 더 옳을 것이다. 무엇보다 양자 간에는 시간상 거리가 있어 직접적인 학문 수수는 불가하며, 또한 김굉필이 단순히 성리학자라기보다는 도학자로서의 풍모를 많이 가지고 있었기 때문이다. 정구는 도학을 창명하였다는 점에서 김굉필을 '대동유종大東儒宗'으로 추숭하였다.[10] 그가 이렇게 김굉필을 '대동유종'으로 내세우면서 김종직과 김굉필 간 사승 연원과 학문 수수에 대해서도 좀 다른 견해를 내보이고 있다.

---

10) 鄭逑, 『寒岡集』 卷11, 「外先祖上將軍金公墓慰安文」 참조.

> 대개 점필재의 문하에서 비록 일찍이 수업하면서 소학小學의 가르침을 받기는 하였지만, 덕德을 이루고 도道를 다져 먼 옛날 현철賢哲들을 이은 것은 오로지 몸소 자득自得의 노력에 의한 것임은 의문의 여지가 없다.[11]

'동방도통'이 정몽주에서 길재, 김숙자, 김종직을 거쳐 김굉필에 이른 것임은 당시에 이미 조정의 경연經筵에서나 유학자들 사이에 널리 받아들여진 상황임에도 불구하고, 정구는 김굉필이 스승 김종직으로부터 배운 것은 소학 정도에 지나지 않았고 그의 학문의 본령인 도학道學은 어디까지나 자득한 것이라고 보고 있다. 그는 이런 관점에 따라 김굉필의 도학이 요순堯舜과 공맹孔孟, 그리고 정주程朱를 직접 계승한 것이라고 말하였다.[12] 동방 도통의 연원으로서 김종직에 대한 이와 같은 약간의 부정적인 관점은 이황에게서도 발견된다.[13]

정구는 이미 김굉필을 '대동유종'으로 추숭한 만큼 김종직에 그치지 않고 그 이전의 도통연원에 대해서도 모두 소극적, 혹은 부정적 입장을 갖는다.[14] 곧 그는 그들이 "끝내 절의나 장구, 문장을 추구하는 데에 그칠 뿐이었고, 오로지 위기지학을 추구하여 다만 진실되게 실천하는 것을 학문으로 삼은 자는 오직 한훤당만이 그렇다"[15]고 말하였다. 마침내 그의 이러한 생각은 이미 문묘종사가 되어 있으며, 동방 도통의 원조로 널리 받아들여지고 있던 정몽주의 출처를 문제 삼는 데까지 이르게 된다. 그가 조식도 늘 정몽주의

11) 鄭逑.『寒岡集』卷15.「寒暄堂金先生師友門人錄」 参조.
12) 鄭逑.『寒岡集』卷11.「道東書院奉安寒暄堂金先生文」 참조.
13) 이종호. 2012.「김종직과 낙동강 중류 사림의 문학사상」.『낙중학, 조선시대 낙동강 중류지역의 유학』. 계명대학교 출판부. 77-78쪽 참조.
14) 우경섭. 2011.「한강 정구의 학문연원과 도통적 위상」.『한강 정구』. 예문서원. 48-53쪽 참조.
15) 鄭逑.『寒岡集』卷15.「寒暄堂金先生師友門人錄」.

출처를 의심했다는 말을 앞세우면서 정몽주의 출처를 문제 삼자 이황은 그를 크게 질책하였던 적이 있다.[16] 이것은 그가 김굉필 이전의 도통 연원을 부정한 것으로 일단 볼 수 있겠지만, 한편으로는 그의 도학적 관념이 강하게 반영된 것이라고 볼 수도 있겠다. 그의 이러한 입장은 그가 살던 성주 땅에 처음 세워진 천곡서원 설립 과정에도 관철되고 있음을 볼 수 있다.[17]

그렇다면 김굉필 이후 그의 도통 수수에 대한 인식도 한번 살펴볼 필요가 있다. 일찍이 정구가 처음 출사하였을 때에 선조는 그가 이황과 조식 양 문하를 출입한 사실을 알고서 두 사람의 기상과 학문에 대해 물은 적이 있었다. 이때 그는 다음과 같이 답하였다.

> 이황은 덕기德器가 혼후渾厚하고 실천이 독실하며 공부가 순수하게 무르익었고 단계가 분명하여 배우는 이가 쉽게 찾아 들어갈 수 있습니다. 조식은 기국器局이 준정峻整하고 재기가 호매豪邁하며 초연超然하게 자득하고 우뚝 서 혼자 나아가 배우는 이가 핵심을 파악하기가 어렵습니다.[18]

이황과 조식에 대한 정구의 이러한 평가는 만사와 제문 등 여러 글에서도 비슷하게 나타난다. 한 마디로 그는 조식을 '호걸지사'의 풍모를 지닌 것으로 보았으며,[19] 이것은 앞에서 '고풍高風'이라고 말한 것과 일치한다. 한편 그는 이황에 대해 다음과 같이 말하였다.

---

16) 李滉. 『退溪集』 卷39. 「答鄭道可問目」.
17) 우경섭. 2011. 「한강 정구의 학문연원과 도통적 위상」. 『한강 정구』. 예문서원. 54-55; 정우락. 2012. 「성주지역 도학의 착근과 강안학파의 형성」. 『퇴계학과 유교문화』 제49호. 경북대 퇴계연구소 참조.
18) 『寒岡年譜』 卷1. 萬曆 8年 4月.
19) 鄭逑. 『寒岡集』 卷1. 「挽南冥曺先生」과 卷11. 「祭南冥曺先生文」 등 참조.

> 동쪽 우리나라는 땅이 외지고 거칠어 선비라고는 학문을 모른 채 사장詞章에만 치중하였는데, 한훤당寒暄堂이 나오시고 정암靜菴이 뒤를 이음으로써 비로소 도학道學을 창명하시니 사문斯文의 지남指南이 되시었다. 우뚝할사 우리 선생 빼어난 정기 받아 선현들 사모하며 온힘 쏟아 공부하셨네. 명明과 성誠 다하시고, 경敬과 의義 함께 지니며, 체體와 용用 두루 갖춰 어느 하나 빠뜨림이 없이 주자께서 가신 길을 선생께서 이으시니, 우리 후생들은 이에 의지하여 백세토록 전해 가리![20]

정구는 김굉필의 도학이 주자를 이은 것이며, 다시 이것은 조광조를 거쳐 이황에게로 전해졌음을 말하고 있다. 그가 일찍이 말한 '퇴계정맥론退溪正脈論'이 바로 이것을 말한다고 볼 수 있다.

이와 같은 정구의 생각에 따라 그의 사후 문인들은 장현광[21]이 다소 예외적일 뿐 대부분 김굉필-이황-정구의 도통 수수를 당연하게 받아들이며, 정구가 한때 비판적 입장을 취했던 정몽주를 도통 연원에 포함시키고, 나아가 동방 도통의 연원으로 기자箕子까지 끌어오기도 하였다.[22]

---

20) 鄭逑. 『寒岡集』 卷12. 「祭退溪李先生墓文」.

21) 張顯光은 "우리나라 유현들의 正學은 寒暄堂에 이르러 독실해졌다. 선생(정구)은 그의 외후손으로 전해진 가르침을 잘 이어받고, 頭流(조식)로부터 正論을 계승하여 (학문을) 세움이 마치 주춧돌 위에 기둥을 세우는 것과 같았으며, 陶山(이황)으로부터 핵심을 들어 일치하여 깨달음이 마치 난초가 있는 방에 들어간 듯하였다"고 말하여, 정구의 한강학은 김굉필의 도학을 계승한 바탕 위에 조식의 남명학과 이황의 퇴계학을 종합한 것으로 보고 있다. 『寒岡年譜』 卷3. 「士林祭文(張顯光)」 참조.

22) 鄭逑. 『寒岡言行錄』 卷4. 「敍述(門人李厚慶撰)」과 『寒岡年譜』 卷3. 「士林祭文(門人黃宗海等)」 등 참조.

## 3. '명체적용'의 한강학

장현광은 일찍이 정구의 학문에 대해 "선생께서는 명체적용明體適用의 학문으로써 스스로 기약하셨다"[23]고 말하였다.[24] 정구의 학문을 논하면서 '명체적용'이라는 말로 표현한 것은 더없이 적절하다고 생각한다. 이 말은 송유들이 즐겨 쓴 '전체대용全體大用'과 같은 맥락의 것으로, 대상을 체와 용으로 나눈 뒤 이 둘을 두루 아우르고 통달했음을 뜻한다. 그리고 체와 용은 하나의 근원이라는 정이程頤의 '체용일원體用一源'이라는 말도 함께 떠올려봄 직하다. 그의 학문을 이렇게 '명체적용의 학'이라고 놓고 봤을 때, 그의 성리학이 '명체'의 학이라면, 그의 예학禮學과 나아가 경세학經世學은 '적용'의 학이라 볼 수 있겠으며, 좁게는 성리학 가운데서도 '지경持敬'의 학이 '명체'의 학이라면, '집의集義'의 학은 '적용'의 학이라고 볼 수 있겠다. 또한 그에게서 '명체'의 학은 계승적 측면이 강하다면, '적용'의 학은 그의 '한강학'이 일궈낸 영역이라고 보아도 무방할 것이다.

### 1) '명체'의 학으로서 성리학

정구는 성리설을 많이 남기지 않았다. 이것은 조식이 늘 "정주이후程朱以後, 불필저술不必著述"이라고 말했던 것의 영향이라고 볼 수 있겠으며, 퇴계 문하의 일반적인 경향이라고도 볼 수 있겠다. 곧

---

23) 張顯光. 『旅軒集』 卷13. 「寒岡先生行狀」.

24) 象村 申欽도 정구의 「神道碑銘」에서 "저 세상의 유자들 가운데 이름이 높은 이들은 一節에 치우치고 낮은 이들은 卑近한 데 빠졌으니, 굳게 全體大用에 힘써서 능히 衛道의 공이 있게 한 이는 선생일 뿐이다"라고 말하였다. 『寒岡集』, 附錄, 「年譜」 卷2 참조.

이황의 후예들은 "퇴계이후退溪以後, 불필저술不必著述"이란 생각을 공유하고 있었던 것이다. 그러함에도 정구는 성리학 방면에서 주요한 저술인 『심경발휘心經發揮』를 편찬하였다. 이 『심경발휘』는 그의 성리설을 잘 대변해주는 것이자, 퇴계학파 안에서의 그의 위상을 더욱 굳건하게 해주는 역할을 하고 있다.

이황이 정민정程敏政의 『심경부주心經附註』를 더없이 존숭했음은 주지의 사실이다. 따라서 이 『심경부주』는 그의 학단에서 필수적인 교과서가 되었으며, 한편으로는 그 속의 내용, 특히 육구연陸九淵의 상산학적象山學的 경향 때문에 많은 논란이 일어나기도 하였다. 그는 마침내 「심경후론心經後論」에서 『심경부주』와 그 편자인 정민정에 대한 자신의 정견定見을 밝히게 되었으며, 그의 문하에서는 이와 관련된 저술들이 쏟아져 나오게 되었다. 정구의 『심경발휘』도 그 가운데 하나이다.[25]

정구는 스승 이황의 생각과 달리 정민정의 『심경부주』를 대폭 개편하여 『심경발휘』를 편찬하였다. 이것은 이황의 다른 제자들과도 크게 다른 모습이다. 그는 특히 「경이직내장敬以直內章」 속 '경敬'에 대해 근 40개 항목으로 나누고서 84쪽 분량의 역대 경설을 한데 모았다. 여기에서 볼 수 있듯 그는 『심경발휘』에서 경敬을 중심으로 한 자신의 심학心學을 드러내 보였다.[26] 그는 이러한 자신의 생각을 『심경발휘』 서문에서 다음과 같이 밝히고 있다.

> 사람이 마음의 은미함을 전일專一하게 함에 따라 요순이 되기도 하고 걸과 도척이 되기도 하며, 위로는 천지의 화육에 동참하기도 하고 아래로 초목이나 금수의 지경에 이르기도 한다. 아, 경계할지어다!

25) 홍원식 외. 2008. 『심경부주와 조선유학』. 예문서원. 91-122쪽 참조.
26) 홍원식 외. 2007. 『조선시대 심경부주 주석서 해제』. 예문서원. 96-103쪽 참조.

> 마음의 미묘함을 다잡는 것은 '경' 한 글자에서 벗어나지 않으니, 그 연원은 요순의 '정일精一'의 가르침에서 비롯되었다. … 그러므로 공자의 가슴이 드넓어 텅 빈듯하지만 인仁을 행하는 물음에 답할 때에는 각자 재질에 따라 돈독히 말하면서도 극기부례克己復禮와 경, 서恕에서 벗어나지 않으셨다. 자사의 계신공구戒愼恐懼나 증자의 성의정심誠意正心에 이르기까지 경 아님이 없었으며, 예악의 근본을 구하는 것도 또한 경이었다. 맹자의 과욕존심寡慾存心과 사단四端을 확충하여 악을 막는다는 것도 모두 경이 아니면 가능하겠는가? 그러나 먼 옛날 성현들 중에 경이라는 한 글자를 끌어내 밝히고 성학聖學의 본령으로 삼은 자는 없었다. 정자程子에 이르러서야 만고도통萬古道統의 요체가 밝게 드러나게 된 것이다.[27]

정구는 요순에서 정자에 이르기까지 도통전수의 내용을 이른바 '십육자심법十六字心法'이 아닌 경敬으로 말하고 있다. 물론 '십육자심법'과 경이 배치되는 것은 아니다. 하지만, 주희가 '십육자심법'을 「중용장구서中庸章句序」에서 도통상전의 내용으로 명기한 만큼, 이를 대신해 경을 그 자리에 둔 것은 정구의 생각이 깊게 들어간 것이라고 볼 수 있다. 그는 경을 바탕으로 김굉필을 정주程朱에다 직접 연결시키고 '대동유종大東儒宗'으로 추숭하였던 것이며, 또한 김굉필의 경학敬學을 자신이 잇고 있다는 생각을 은연중 내비치고 있다. 여기에서 그는 김굉필의 경학敬學을 도통의 관점에서 직접 이어받았다고 볼 수도 있고, 이황과 조식에게로 흘러간 경학敬學을 다시 집성한 것으로 볼 수도 있을 것이다.

27) 鄭逑.『寒岡集』卷10.「心經發揮序」.

### 2) '적용'의 학으로서 예학과 경세학

정구는 조선 예학의 대가로, 흔히 사계沙溪 김장생金長生이 기호노론계의 예학을 대표하는 이라면, 그는 영남남인계 예학의 대표적인 인물로 일컬어진다. 그가 예학에 적극적 관심을 가진 데에는 여러 이유가 있겠지만, 예의 현실적 적용을 통해 이상적 유교 왕국을 건설하겠다는 생각에서 크게 벗어나지 않을 것이다. 더욱이 그가 활동하던 당시는 이를 향한 사림들의 열기가 뜨겁게 달아올라 있을 때였으며, 임진왜란을 겪은 뒤 시대적 요구 또한 끓어오르던 때였다. 그는 일찍이 31세 때 주희의 『주자가례朱子家禮』에 보주를 붙인 『가례집람보주家禮輯覽補註』를 편찬하였다. 이어 그는 『오복연혁도五服沿革圖』와 『예기상례분류禮記喪禮分類』 등을 편찬하였으며, 마침내 61세 때 그의 대표적 예서인 『오선생예설분류五先生禮說分類』를 편찬하기 시작하여 76세 때 완성을 보게 된다. 『오선생예설분류』는 송유인 정호程顥와 정이程頤, 사마광司馬光, 장재張載, 주희朱熹가 수시문답隨時問答하였던 예설들을 모아 분류한 것인데, 그 서문에서 다음과 같이 말하고 있다.

> 예는 천리天理의 절문節文이요 인사의 의칙儀則으로, 그것을 흩으면 삼백, 삼천 가지의 질서가 되지만, 모으면 한 몸과 한 마음의 근간이 되니, 일찍이 이것이 군자의 몸으로부터 떠난 적이 없다. 도덕인의는 예로써 이루어지고, 군신부자형제는 예로써 정해지니, 옛 사람이 시청언동視聽言動과 같이 가까운 것으로부터 가향방국家鄕邦國과 같이 먼 것에 이르기까지 모두 성誠과 경敬을 쓰지 않음이 없었다.[28)]

정구는 여기에서 성誠·경敬과 예禮의 관계를 체體와 용用의 관계로 보고 있음을 알 수 있다. 따라서 그의 성리학과 예학은 체와 용, 곧

28) 鄭逑. 『寒岡集』 卷10. 「五先生禮說分類序」.

명체적용의 관계임을 여기에서 확인할 수 있다.

정구는 경세학 등 다방면에 관심을 가져 많은 저술들을 남겼는데, 특히 관심을 끄는 것이 지방지 편찬이다. 그는 38세 때 창녕 현감을 지내면서 『창산지昌山志』를 편찬한 뒤 지방관을 지낸 곳곳마다 읍지邑誌를 편찬하여 그 수가 10권 가까이 된다.[29] 이것은 단순히 역사지리학적 관심만이 아니라 경세학적 관심에 따른 것이라고 볼 수 있다. 그는 이밖에도 역사 관련 저술로 『역대기년歷代紀年』, 『경세기년經世紀年』, 『치란제요治亂提要』 등을 편찬하였으며, 인물지 관련 저술로 『고금인물지古今人物志』와 김굉필金宏弼과 정여창鄭汝昌에 대한 『경현속록景賢續錄』과 『일두실기一蠹實記』, 유희춘柳希春의 『유선록儒先錄』을 이은 『유선속록儒先續錄』 등을 저술하였다. 그는 『의안집방醫眼集方』과 같은 의학서를 편찬하기도 하였다. 이러한 다양한 방면의 저술들에서 나타난 그의 학문적 관심은 예학과 더불어 '적용의 학'이란 관점에서 이해해볼 수 있겠다.

## 4. 맺음말

여말선초 포은 정몽주와 야은 길재에 의해 낙동강 중류 일대에 뿌리내리기 시작한 낙중학洛中學은 한훤당 김굉필에 이르러 도학의 모습으로 꽃피게 되며, 다시 이것은 낙상洛上의 이황과 낙하洛下의 조식에게로 이어지는 한편 낙중 지역에서는 그의 외증손이기도 한 정구에게로 이어져, 정구는 외증조인 김굉필의 도학을 직승直承함

29) 정구는 38세 때 『昌山志』를 편찬한 데 이어 『同福志』(42세), 『咸州志』(45세), 『通川志』(50세), 『臨瀛志』(52세), 『關東志』(54세), 『福州志』(65세)를 편찬하였으며, 이밖에도 『永嘉志』, 『春州志』, 『平壤志』, 『忠州志』 등을 편찬하였다.

과 동시에 그 바탕 위에서 이황의 퇴계학과 조식의 남명학을 계승, 종합함으로써 조선 중기 낙중학을 열어 나갔다. 그가 도학을 앞세워 김굉필을 '대동유종大東儒宗'으로 추숭함에 따라 정몽주에서 김종직에 이르기까지 김굉필에 앞선 낙중 선현들에 대한 평가와 계승의식이 상대적으로 약화된 감이 없지 않지만, 그는 노년으로 접어들면서 '영남맹주의식'을 가지고서 낙중 선현들은 물론 퇴계학맥과 남명학맥을 아우르는 데에 힘을 쏟았다.[30)]

정구는 이와 같이 낙중의 도학은 물론 여기에서 퍼져 나간 퇴계학과 남명학에 대해서도 학통과 도통 의식을 가지면서 자신의 '한강학'을 만들어갔다. 이것은 특히 그의 '명체적용明體適用의 학' 가운데에서도 '명체의 학'인 성리학에 해당하는 것으로, 정민정程敏政의 『심경부주心經附註』를 대폭 개찬한 『심경발휘心經發揮』 속에 그 특징이 잘 나타나 있다. 곧 그는 『심경발휘』에서 자신의 주경主敬 심학心學을 잘 드러내 보였다. 그의 성리학과 심학에 대해 퇴계학과 남명학적 요소, 혹은 경도에 대해 의견이 분분하나, 그의 '명체의 학'은 우선적이면서도 기본적으로 김굉필 등 낙중 선현들의 도학 바탕 위에 있는 것임을 받아들일 필요가 있다.

정구의 한강학이 발전적 모습을 보이는 것은 '적용의 학'에서 두드러진다. 그는 예학과 경세학, 역사학, 인문지리학, 문학, 심지어 의학의 방면에까지 관심을 가져 많은 저술을 남겼다. 본 글에서는 이 가운데 그의 예학과 경세학의 일환인 인문지리학에 주목하였다. 그는 체만 주목한 것이 아니라 용도 중시하여 '명체의 학'과 더불어 '적용의 학'을 펼쳤던 것이며, 이 둘을 '일원一源'의 관계로 본

30) 김학수는 「조선 중기 한강학파의 등장과 전개」(2012. 『낙중학, 조선시대 낙동강 중류지역의 유학』. 예문서원)에서 '영남맹주의식'이란 관점에서 조선 중기 한강학파의 전개를 고찰하고 있다.

점 또한 큰 특징이다. 그의 이러한 '적용의 학' 중시와 '체용일원'적 특징은 근기실학近畿實學, 혹은 '근기퇴계학近畿退溪學'으로 이어짐을 볼 수 있다.

# 제1부

# 정구의 학맥과 사상

· 김학수 한강 정구의 학문 연원

· 정도원 한강 정구의 성리학 체계와 연원에 관한 소고

· 추제협 『심경발휘』와 정구의 심학

· 김현수 한강 정구의 예학

# 한강 정구의 학문 연원

김학수 | 한국학중앙연구원 한국학대학원

## 1. 머리말

정구는 조선왕조의 허리에 해당하는 중종-광해군대를 살았던 학자·관료였다. 그가 살던 시대에는 정치적으로 사림정치士林政治의 서막이 열리고, 사상적으로는 주자학朱子學이 이론적 심화를 거듭하고 있었다. 이황·조식·서경덕·성혼·이이 등이 16세기 조선의 학술과 문화의 토대를 조성한 1세대였다면 정구는 그들이 물려준 전통을 잘 계승하여 영남학嶺南學의 안착은 물론 근기남인실학의 형성에도 커다란 영향을 미쳤다.

정구는 영남의 중부지대인 성주에 살며 위로는 이황의 학문을 배우고, 아래로는 조식의 가르침을 흡수하여 낙동강 중류지역을 거점으로 '한강학파'라는 거대한 학림을 조성함으로써 17세기 영남 지성사의 한 복판에 존재하였다.

이 글은 16-17세기 한국 지성사에서 확고한 위상을 점했던 정구의 학문적 연원과 계통을 고찰하는 데 주안점이 있다. 역사적 인물, 특히 학자의 경우는 가학家學 또는 가풍家風으로 말해지는 종적 자산과 사우문인師友門人관계로 일컬어지는 횡적 요소가 결부되어 출현하는 예가 많다.

이 점에서는 정구도 결코 예외가 아니었는데, 이 글에서는 정구의 학문 연원을 종적 요소인 가학과 횡적 요소인 사승으로 대별하여 검토하고자 한다.[1] 전자에서는 여말선초에 극성함을 과시했던 청주정씨 일문의 가학적 요소가 정구의 학자적 성장에 어떤 자양분 역할을 했고, 또 사림오현의 한 사람으로 일컬어지는 외선조 김굉필의 여풍이 정구가 낙중지역을 중심으로 학림을 형성하는 데 어떤 영향을 미쳤는지를 살펴보기로 한다. 그리고 후자에서는 오건·황준량·이황·조식을 중심으로 정구의 사승관계를 진단하고자 한다. 여기서의 초점은 이들이 정구에게 무엇을 가르쳤느냐보다 정구가 이들을 어떻게 인식했는냐에 맞추고자 한다.

## 2. 가학연원: 친외 양변적 학문의 수용과 계승

### 1) 청주정씨淸州鄭氏 일문의 가학적家學的 계통과 그 영향

1) 정구의 학문연원 및 학맥에 대해서는 아래의 논저가 참조된다. 金光淳. 1985. 「寒岡의 生涯와 文學」. 『韓國의 哲學』 제13호. 경북대학교 퇴계연구소; 金恒洙. 1986. 「寒岡 鄭逑의 學問과 ≪歷代紀年≫」. 『韓國學報』 제45집. 일지사; 李相弼. 1991. 「寒岡의 學問性向과 文學」. 『남명학연구』 창간호. 경상대 남명학연구소; 최영성. 1997. 「寒岡 鄭逑의 學問方法과 儒學史的 位置」. 『남명학연구논총』 5. 남명학연구원; 우경섭. 2008. 「한강(寒岡) 정구(鄭逑)의 학문연원과 도통적 위상」. 『역사문화논총』 제4호. 역사문화연구소; 이상필. 2005. 『남명학파의 형성과 전개』. 와우출판사; 서정문. 2007. 「朝鮮中期의 文集編刊과 門派形成」. 국민대학교 대학원 박사학위논문; 김학수. 2008. 「17세기 영남학파 연구」. 한국학대학원 박사학위논문.

정구는 16-17세기 사림시대를 살며 주자학朱子學을 전공한 학자였다. 이런 까닭에 그의 학문연원은 주로 정몽주에게서 발원한 사림파의 학문적 전통 속에서 논의되어 왔고, 그것은 지극히 당연하고도 적확한 고찰의 방식임에 분명했다.

지식과 문자가 사실상 양반사대부 계층에 의해 독점되고, 학문의 전승에 있어 가학적 요소가 더없이 요긴한 수단이 되었던 조선시대에 있어 한 개인의 학자적 성장에 '가정지학家庭之學'의 요소가 매우 중요한 영향을 미친 예를 자주 발견하게 된다. 이 점에서는 정구도 예외가 아니었다. 이른바 '가정지학家庭之學'은 여느 집안과는 차별되는 독특한 학풍을 지칭할 수도 있지만 그보다는 문한을 숭상하는 집안의 전통, 외부外傅에 의존하지 않고 식자층으로서의 소양과 자질을 습득할 수 있는 일가의 학문적 분위기로 범칭할 수도 있다.

후술하겠지만, 정구가 김굉필金宏弼 · 오건吳健 · 조식曺植 · 이황李滉 등과의 관계 속에서 학자적 성장을 기한 것은 주지의 사실이다. 여기서 한 가지 주목할 것은 이들과의 관계가 우연의 결과가 아니라 선세先世 이래로 온축되어 온 학술學術 · 문한적文翰的 전통 위에서 맺어질 수 있었다는 사실이다. 그리고 이런 인식은 정구의 자손은 물론 문인들에게서도 찾아볼 수 있었다.

1626년 가을 경 신흠申欽(1566-1628)은 정구의 신도비명〔한강신도비명寒岡神道碑銘〕의 초본을 탈고하면서[2] 정구의 가학 및 학문연원을 아래와 같이 서술했다.

> ① 선생의 가세家世의 전함은 한훤寒暄으로부터 나왔는데, 일찍이 퇴도退陶(이황李滉)의 문정門庭에 올라 연원이 있는 학문을 들어 알았고

2) 신흠의 '寒岡神道碑銘' 찬술 및 개찬에 대해서는 김학수, 2007, 「'寒岡(鄭逑)神道碑銘'의 改定論議와 그 의미」, 『朝鮮時代史學報』 42, 조선시대사학회 참조.

또 남명南冥(조식曺植)과 대곡大谷(성운成運) 사이에 유학하여 그 지기를 갈고 닦았다.[3)]

② 한훤당의 세계世系 잇고 퇴계선생 연원받았네.[4)]

이는 김굉필金宏弼(1454-1504)과 이황을 정구의 가학 및 학문연원으로 규정한 것으로서 사림의 통념에 따른 서술 형태라 할 수 있었다.

신흠에게 보낸 편지에 잘 나타나 있다.

> 선생의 가세의 전함은 한훤당뿐만이 아니라 상장군上將軍(정의鄭顗)·장경공章敬公(정해鄭楷)·설곡공雪谷公(정포鄭誧)·원재공圓齋公(정추鄭樞)·복재공復齋公(정총鄭摠)에 있어서도 모두 문행이 있었습니다. 그리하여 일시의 제공들이 서로 추중하여 어떤 분은 도덕道德으로, 어떤 분은 문장文章으로, 어떤 분은 절의節義로, 어떤 분은 학문學問으로 일컬어졌으니, '한훤寒暄' 두 자를 혹 '학전學傳'으로 고치고 '가세家世' 두 자를 상장군 이하 네 공 및 한훤당을 포괄토록 하는 것이 어떻겠습니까?[5)]

위 인용문에 언급된 상장군(정의)·장경공(정해)·설곡공(정포)·원재공(정추)·복재공(정총)은 각기 정구의 12대조와 10대조, 8대-6대조에 해당한다. 주로 고려말-조선초기에 활동했던 이들이 정구의 학자적 성장에 직접적인 영향을 미칠 수는 없었지만 이들대에 확충된 문한 및 사환기반, 거기에서 바탕하는 혼맥 등 인간적

---

3) 申欽.『象村稿』卷27.〈鄭寒岡神道碑銘并序〉"先生家世之傳 出於寒暄 而早登退陶之門 聞淵源之學 且遊於南冥大谷間 淬礪其志氣"

4) 申欽.『象村稿』卷27.〈鄭寒岡神道碑銘并序〉"寒暄家世 退陶淵源"

5) 蔡夢硯.『投巖集』卷3.〈上申象村欽〉「問目」第35條 "初本 寒暄家世…問: 先生家世非但寒暄也 至於上將軍·章敬·雪谷·圓齋·復齋 皆有文行 一時諸公 更相推重 或稱以道德 或稱以文章 或推以節義 或推以學問 今改寒暄二字 或作學傳 而以家世二字 該盡上將軍下四公暨寒暄焉…〔改本 學傳家世〕"

관계망이 정구를 비롯한 후손들의 학문사회적 성장에 일정한 자양분이 되었을 가능성은 매우 크다.

고려 충숙-충혜왕 때 활동한 정포鄭誧(1309-1345)는 벼슬이 예문관 직제학에 이르렀는데, 학문을 좋아하고 문장에 능하기로 정평이 있었다. 그리하여 그는 원나라 승상의 천거로 원나라 조정에서 중용될 기회가 있었으나 만리 객지에서 갑작스런 죽음을 맞는 불운을 겪었었다. 이처럼 그는 자신의 재능을 충분히 발휘하지 못한 채 37세라는 짧은 생을 살았지만, 학식과 문장으로서 고려말 사대부 사회에서 중요한 위치를 점했다.

우선 그는 성리학에 밝았던 최문도崔文度(미상-1345)의 사위가 되어 처부로부터 상당한 학문적 영향을 받은 것으로 짐작되고, 그런 바탕 위에서 최해崔瀣(1287-1340)의 문하에 나아가 학문을 더욱 확충시킨 것으로 파악된다.

> 설곡雪谷 정중부鄭仲孚는 최춘헌崔春軒(최문도崔文度)의 사위인데, 최졸옹崔拙翁(최해崔瀣)에게 수학하였다. 졸옹은 원래 사람을 추허推許하는 예가 적었으며, 춘헌은 자기가 좋아한다고 해서 아첨하는 사람이 아니었는데, 매양 나를 대하면 중부仲孚의 훌륭함을 칭찬하였으므로 내가 이에 그 사람됨을 알게 되었다.…그가 저술한 사詩와 문文 약간 편이 있는데, 추樞가 엮어 전후집前後集 두 책으로 만들었다. 이 책을 보니 처연한 마음이 일어 되풀이 해서 읽었으며, 인하여 그 끝에 졸어拙語 몇 마디 써서 정씨鄭氏에게 돌려보낸다. 추樞는 지금 도관랑중都官郎中으로 있는데, 실은 나의 문생門生이다.[6]

그가 당대 사대부 사회의 종장이었던 이제현李齊賢(1287-1367)으로부터 문학적 재능을 인정을 받고, 아들 정추鄭樞가 이제현의 문

6) 李齊賢.『益齋集』拾遺.〈雪谷詩序〉.

인이 될 수 있었던 것도 이런 맥락에서 이해할 필요가 있다.

아울러 정포는 이곡李穀(1298-1351) · 이색李穡(1328-1396) 부자를 비롯한 엘리트 사대부층들과 두루 교유하며 학문과 식견을 넓혀 갔다. 아들 정추가 이색과 동년同年이라는 사실도 양가 사이의 연고를 더욱 돈독하게 했다. 이색이 『설곡시고雪谷詩稿』의 서문을 지은 것도 바로 그런 교계에 바탕하는 것에 다름 아니었다. 특히 이색은 이 서문에서 정포의 문재文才를 당나라의 명장名匠에 비기는 한편 『설곡시고雪谷詩稿』가 일국의 문헌 정비에도 기여할 보전寶典으로 극찬해마지 않았다.

> 나의 동년인 정공권鄭公權(정추鄭樞) 씨가 선친인 간의공諫議公의 작품을 기록해서 모아 두었다가 『설곡시고雪谷詩藁』라고 이름을 붙여 두 권으로 만들고는, 나에게 보여 주면서 책머리에다 서문을 써 달라고 부탁해 왔다. 내가 설곡의 시를 살펴보건대, 맑으면서도 궁상맞지가 않고 화려하면서도 넘치는 일이 없이, 사기辭氣가 점잖고 심원한 가운데 세태에 영합하는 속된 문자는 하나도 쓰려고 하지 않았다. 그리고 득의得意의 작품이라고 할 시들 중에는 내가 중국에서 보았던 재주 있는 대부들의 그것과 우열을 가리기 힘든 것들도 왕왕 눈에 띄었으며, 당나라 요姚 · 설薛 등 제공의 사이에 두어도 부끄럽지 않을 것들도 있었다.…뒷날 태사씨太史氏가 예문藝文에 관한 내용을 기록할 때에도 이 문집을 증거로 삼을 것이요, 혹 예산농은猊山農隱의 뒤를 이어서 우리 동방의 글을 분류해 뽑는 사람이 나올 경우에도 이 문집을 취할 것이 분명하다. 그러고 보면 설곡雪谷의 이름이 시간이 흐르면 흐를수록 더욱 드러나게 되는 것이 장차 이 문집에 있다고 해야 하지 않겠는가.[7)]

최해 · 이제현 · 이곡 · 이색 등으로 상징되는 정포의 사우관계는

---

7) 李穡.『牧隱文藁』卷7.〈雪谷詩藁序〉.

이제현과 정추의 사제관계, 이색과 정추의 사우관계로 확대되어 갔다. 그리고 이것은 청주정씨 일문이 여말선초 사대부가문의 핵심으로 부상하는 중요한 바탕이 되었다.[8)]

한편 정포의 아들 정추鄭樞(1333-1382)는 가학을 철저히 계승하는 한편으로 익재문하益齋門下에서 수학하여 학문이 뛰어났고, 1373년(공민왕22)에는 성균관 대사성에 올라 백문보白文寶 · 전록생田祿生과 함께 우왕禑王의 사부로 활동키도 했다. 뿐만 아니라 그는 이색을 비롯하여 이숭인李崇仁 · 김구용金九容 등 당대의 명사들과 두루 교유했고,[9)] 문장에 능하여 표전表箋 · 책문策文 등 다수의 관각문자館閣文字를 남겼다.[10)]

정추에 대한 당대인들의 인식과 평가는 권근權近(1352-1409)이 지은 「원재집서문圓齋集序文」에 집약되어 있다.

> 내가 젊어서 목은선생牧隱先生 문하에 다닐 적에, 한때의 명경들이 도덕과 문장으로 선생의 추중을 받아 시문으로 서로 화답한 자가 많았는데, 원재圓齋 정공鄭公과 류항柳巷 한공韓公(한수韓脩: 1333-1384) 같은 이가 가장 뛰어난 사람이었다. 선생이 원재에게는 그 웅장하고 섬부贍富한 것을 칭찬하고, 유항에게는 청아하고 고결한 것을 칭찬하였다. 시를 지을 때마다 번갈아 서로 화답하여 수십 편에 이르되 나올수록 무궁하

8) 정포는 2남〔鄭衎 · 鄭樞〕 4녀〔元松壽 · 鄭思道 · 李仁富 · 盧瑄〕를 두었다. 차녀서 정사도(1318-1379)는 鄭夢周 · 金九容 · 李崇仁 등과 정치적 입장을 같이한 인물로 잘 알려져 있다. 정포의 외손 계열의 향배와 관련하여 주목되는 인물은 장녀서 元松壽이다. 원송수의 장녀서는 판서를 지낸 許錦인데, 허금의 7세손이 바로 한강문하의 수문으로 일컬어지는 許穆이고, 차녀서 金若采의 8세손이 곧 17세기 기호학파의 종사 金長生이다. 결국 허목과 김장생은 정포의 외손인 셈인데, 허목이 한강문하를 출입하여 적전으로 인식되고, 김장생의 문인 宋時烈 · 宋浚吉 등이 정구를 높이 평가한 것도 이런 혼맥과 일정한 연관성이 있어 보인다.

9) 鄭樞. 『圓齋稿』 下卷. 〈觀物齋箴〉 및 〈六友堂賦〉.

10) 그의 유문은 『圓齋稿』에 실려 있는데, 특히 4편의 箴銘과 3편의 册文은 『東文選』에도 실린 명작이다.

> 니, 아! 참으로 성대하도다.…그 아버지 설곡雪谷은 절의가 매우 높고 학문이 깊으며 시詩에도 또한 높은 경지에 이르렀는데 불행하게도 일찍 세상을 떴다. 공이 그 일을 계승하여 더 크게 넓혔고 기개가 웅장하고 사의詞意가 섬부한 데다가 운치가 청고하며 명랑하여, 자못 옛사람의 문장에 비견되니 뒷사람이 볼 만한 것이 되리라.[11]

권근의 표현에 따르면, 정추는 도덕과 문장으로 이색의 추중을 받은 대표적 문인, 아버지 정포의 절의와 학문 그리고 문학을 고스란히 물려받은 학자·관료였던 것이다. 특히 시문에 있어서는 하륜河崙(1347-1416) 또한 「원재고서문圓齋稿序文」에서 가학의 계승양상을 특서한 바 있었다.[12]

정추鄭樞의 시문집인 『원재고圓齋稿』는 3자 정탁鄭擢(1363-1423)의 주관하에 1418년 영월에서 목판으로 간행하였다. 이 과정에서 정탁은 권근權近과 하윤河崙에게 서문을 받았는데, 이는 청주정씨 집안의 정치·학문적 입지와 관련하여 많은 것을 시사하고 있다. 특히 간역의 실질적 담당자로서 발문을 지은[13] 허형許衡은 정포의 외현손으로 정씨 집안과는 척분이 있었는데, 이런 관계는 허형의 증손·현손인 허잠許潛·허한許僴 부자가 정구와 사우관계를 맺는 단계로 발전하게 된다.[14] 나아가 허한의 아들 허적許積(1610-1680)이 정구의 처질이자 애제자였던 이서李舒의[15] 사위라는 사실도 한강학파의 형성에 미친 가학적

---

11) 權近.『陽村稿』卷20.〈圓齋鄭文簡公文集序〉.

12) 鄭樞.『圓齋稿』.〈圓齋稿序(河崙撰)〉. "予嘗讀雪谷先生集 以謂東人之詩 少有其比 今觀圓齋此集 可謂得其家法矣"

13) 鄭樞.『圓齋稿』.〈圓齋稿序〉(許衡撰).

14) 鄭逑.『寒岡全書』.「檜淵及門錄」卷3.〈許僴〉. "公早遊先生門 及先生之喪 以文祭之 而稱門人". 허한이 정구를 사사한 시기는 아버지 許潛의 성주목사 재임시였을 가능성이 크다. 허잠은 목사 재임시 정구에게 남중에 호학하는 선비를 물은 바 있었고, 이때 정구는 장현광을 특별히 거론한 바 있다.(張顯光.『旅軒全書』.「年譜」.〈己卯〉. "許公潛 牧星州 見寒岡鄭先生 問南中好學之士 鄭先生曰 孔子之門 好學者 顏子一人 此豈易言哉 有張某求學志道 德性純熟 他日爲我師者 必此人也")

요소와 관련하여 주목할만한 대목이다.[16] 정포鄭誧 ⇒ 정추鄭樞로 이어지는 청주정씨의 가학은 정총鄭摠 · 정탁鄭擢 형제에게로 계승되었다. 특히 정총은 공양왕 때 이미 재추에 올랐고, 당시의 표表 · 전箋을 도맡아 지을 만큼 문사가 출중했다.

> 공(정추)의 두 아들〔정총鄭摠 · 정탁鄭擢〕이 또한 문학으로 능히 선대의 계통을 이어 함께 거룩한 조정의 개국원훈開國元勳이 되었으며, 그 문장의 높은 솜씨와 웅장하고 섬부함은 또한 모두 그 집의 법규를 잘 지켜 온 것이다.[17]

또한 그는 태조 이성계를 도와 역성혁명에 참여하여 개국공신 1등에 녹훈됨으로써 정치적 위상이 매우 높았다. 학술과 문장에 뛰어났던 정총은 조준趙浚 · 정도전鄭道傳과 함께 『고려사高麗史』의 수찬을 주도했고, 1395년(태조4) 이를 봉진할 때는 직접 서문을 지었다.[18] 그뿐만 아니라 그는 정도전이 지은 『조선경국전朝鮮經國典』과

---

15) 李舒는 『寒岡先生言行錄』의 '箚記諸子目錄'에 보이는 17인〔徐思遠 · 孫處訥 · 文緯 · 郭赾 · 李厚慶 · 崔恒慶 · 張興孝 · 朴明胤 · 李舒 · 李天封 · 李潤雨 · 李埥 · 金大澤 · 裵尙龍 · 黃宗海 · 李㙆 · 許穆〕의 문인 가운데 한 사람이었다. 또한 그는 1617년 정구가 조식의 문묘종사를 청하는 상소를 기초하여 送稿할 때 借名人이 되기도 했고, 정구 사후에는『한강집』의 序文을 지을 정도로 한강문하에서 위상이 높았다(李舒. 『東湖集』 卷1. 〈請從祀南冥曺先生疏〉; 卷2. 〈寒岡先生文集序〉)

16) 1677년 경 李元禎은 자신의 저술『京山志』에서 광산이씨의 세거지인 고탄촌을 설명하면서 '李弘器 · 弘量 · 弘宇가 살며 누이는 한강 鄭逑에게 시집을 갔다. 홍우의 아들 舒는 벼슬이 통정대부에 이르렀고, 지금의 영의정 許積은 바로 그 사위이다'(李元禎. 『京山志』 卷1. 〈各坊〉. 高呑村)고 하여 광주이씨 · 정구 · 허적 상호간의 복합적인 관계를 서술하였다. 이원정이 이들의 상호관계를 특서한 것은 한강학통으로서의 동질감을 강조하고, 성주와 허적과의 관계성을 강조하기 위함으로 생각된다. 후일 노론들은 이 대목을 문제 삼아『京山志』를 파판, 화소시키게 된다.(김학수. 2011. 「칠곡 광주이씨 이원정가의 정치적 위상과 학문적 성격」. 『18세기 영남한문학의 전개』. 계명대학교 한국학연구총서 26. 계명대학교 출판부. 238-241쪽)

17) 權近. 『陽村稿』 卷20. 〈圓齋鄭文簡公文集序〉.

18) 鄭摠. 『復齋集』 下. 〈高麗國史序〉.

『경제문감經濟文鑑』의 서문을 짓는[19] 등 국초의 문물제도의 정비에 직간접적인 영향을 미쳤고, 왕조의 유교적 기틀을 바로잡는 데에도 크게 이바지했다. 그리하여 그는 '문하찬성사 정몽주에게 내리는 교서(교문하찬성사정몽주서敎門下贊成事鄭夢周書)'에서는 배불숭유를 통해 왕도王道를 실현코자 했던 정몽주의 정치사상적 공로를 특필했고,[20] 1392년 12월 태조가 그에게 대장경을 인출하는 원문願文을 지을 것을 명했을 때는 척불의 의지를 굽히지 않았다.

> 첨서중추원사 정총에게 명하여 『대장경』을 인출할 원문願文을 지어 올리게 하니, 정총이 아뢰었다. "전하께서 어찌 불사佛事에 정성껏 하십니까? 청하옵건대, 믿지 마옵소서." 임금이 말하였다. "이색李穡은 유학儒學의 유학儒學가 되었는데도 불교를 믿었으니, 만약 믿을 것이 못된다면 이색이 어찌 이를 믿었겠는가?" 정총이 대답하였다. "이색은 세상에서 학식이 높은 선비가 되었는데도 남에게 비난을 받는 것은 진실로 이것 때문입니다." 임금이 말하였다. "그렇다면 이색이 도리어 그대에게 미치지 못한다는 말인가?[21] 다시 말하지 말라."

결국 정총은 아버지 정추의 지우였던 이색의 예를 거론하면서까지 척불의 입장을 분명히 했던 것이고, 여기에 '문하찬성사 정몽주에게 내리는 교서(교문하찬성사정몽주서敎門下贊成事鄭夢周書)'에 나타난 그의 정치·학문·사상적 인식을 가미하면 청주정씨 일문의 학문적 방향은 이때 이미 확립되었다고 할 수 있다.[22] 앞서 언급한대로 정구

---

19) 鄭摠. 『復齋集』 下. 〈朝鮮經國典序〉 및 〈經濟文鑑序〉.

20) 鄭摠. 『復齋集』 下. 〈敎門下贊成事鄭夢周書〉. "先王任用而俾掌絲綸 後生景慕而如仰山斗 倡明濂洛之道 排斥佛老之言 講論惟精 深得聖賢之奧 敎誨不倦 鬱有人才之興 德望由是而益崇 聲名以之而大振 聖明勃興之伊始 國家歸附之最先"

21) 『태조실록』 卷2. 태조 1년 12월 4일(경진).

22) 皇甫良은 『復齋集』의 跋文에서 鄭摠을 유림의 師範으로 평한 바 있다.(鄭摠. 『復齋集』. 〈跋文(皇甫良撰)〉. "傳曰 君子之思 必成文 觀其復齋集 誠君子所蘊之思 所著之

의 학자적 성장도 이러한 집안의 학문적 분위기 위에서 가능할 수 있었던 것이다.

정포鄭誧 · 정추鄭樞 · 정총鄭摠 3대가 지니는 가학연원으로서의 인식과 위상은 정곤수鄭崑壽(1538-1602) · 정구 형제에 의한 『서원세고西原世稿』의 간행을 통해 보다 분명하게 정립된다. 1600년 경 정곤수鄭崑壽(정구의 중형: 출계)는 기존의 『설곡집雪谷集』(1376년간), 『원재고圓齋稿』(1418년간), 『복재집復齋集』(1446년간) 등 일가의 유고를 모아 『서원세고西原世稿』로 합본했고,[23] 1607년 정구는 그것을 公刊한 다음 책판을 자신의 강학처 무흘정사武屹精舍에 갈무리했다.[24]

文 而醲郁咀華 閑中肆外 可謂儒林之師範也")

23) 鄭崑壽. 『栢谷集』. 「年譜」. 〈庚子(1600)〉. "編成西原世稾 先生裒集先世遺文 合爲一帙 名曰西原世稾"; 鄭逑. 『寒岡集』 卷14. 〈西川府院君鄭公行狀〉. "公以先世遺稾如雪谷圓齋復齋三集 則雖已刊傳 而今無板本 章敬公及旁親雪軒春谷判牧少尹寺正諸府君遺稾 並散落無存 僅有一二得見於文選詩林風雅等書 收拾採錄 合以爲一 名曰西原世稾". 『西原世稿』는 8卷 2冊 분량인데, 卷1-2는 「雪谷集」, 卷3-5는 「圓齋集」, 卷6-7은 「復齋集」, 卷8은 世稿拾遺로 편차되어 있다. 따라서 이것은 사실상 鄭誧 · 鄭樞 · 鄭摠 3대 文集의 合集이라 할 수 있다.

24) 鄭逑. 『寒岡全書』. 「年譜」. 〈丁未(1607)〉. "刻西原世稿 藏于武屹 先是 西川君裒聚先世遺文 合爲一秩 名曰西原世稿 至是 先生因舊本刻之"

〈청주정씨 한강가문 가계도〉

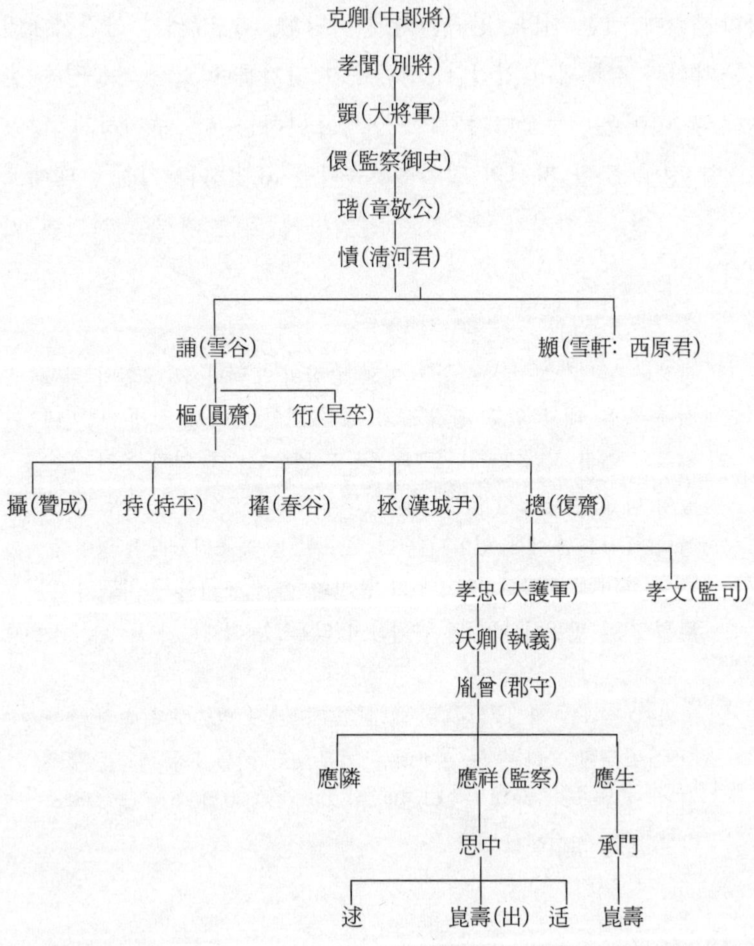


선대의 문헌을 정비하기 위한 정곤수 · 정구 형제의 의도는 치밀하고도, 은근慇懃했으며,[25] 충절 · 덕업 · 문장 그리고 학문을 세습

25) 특히 정곤수는『西原世稿』외에도 선대의 문헌을 정비하는 데 심혈을 기울여 상당수의 誌狀·碣文 및 각종 사적을 찬술했다.(鄭崑壽.『栢谷集』卷1.〈西原鄭氏譜圖序〉.〈西原鄭氏家塾記〉; 卷3.〈六世祖西原君墓碣〉.〈六世祖妣貞順宅主樂安金氏墓碣〉.〈六世叔祖春谷先生墓碣〉.〈五世祖考墓碣記〉.〈生祖妣贈淑夫人金氏墓表〉.〈六世

해 온 일문의 가세家世를 드러내는데 본질이 있었다. 아울러 그것은 가학연원에 대한 천양, 망족의식에 바탕한 16-17세기 사림시대의 가문의식과 결부되어 있었다. 정곤수가 자가를 덕업德業·문장文章을 대대로 이어온 '동국명가東國名家'로 표현하는 데 주저하지 않았고,[26] 정구 또한 자신의 집안을 '유학을 표방하는 가문', 대대로 문집을 남긴 '문헌지가文獻之家'로 인식하게 되는 배경도 여기에 있었다.

① 상장군부군上將軍府君은 서경西京에서 충절이 드러나 그 사실이 역사서에 빛을 내고 있고 장경章敬과 청하淸河의 기풍과 절개, 덕이며 업적은 여러 시대가 지나도 퇴색되지 않으니, 이 어찌 우리 후손들이 다 함께 흠모할 일이 아니겠는가. 그리고 설헌과 설곡 두 조상의 극진한 우애에 있어서는 그 유고遺稿를 읊조리노라면 정이 문자의 표면에 흘러넘치니, 우리 종친의 여러 조카와 손자들이 그 뜻을 깊이 받들어 가슴에 간직하지 않을 수 있겠는가.[27]

② 정씨의 본관은 서원西原이다. 대대로 고려조에 벼슬하며 송경松京에서 살았는데 유학儒學을 표방하는 가문으로 이름났다. 곧 목은牧隱 선생 이색李穡이 〈정씨가전鄭氏家傳〉을 지으면서 서원西原의 대성大姓이라고 말한 집안이다.[28]

---

祖妣貞順宅主金氏墓誌〉)

26) 鄭崑壽.『栢谷集』卷1.〈淸州鄭氏家乘序〉. "吾鄭氏 淸之望也 未詳厥初起自何代 可見之世 則惟我中郎府君 諱克卿仕高麗中葉 爲第一代 再傳而至宣諭府君 諱顗有大功大節 著在史册 紀于祀典 爲萬古人臣勸 其後章敬公府君諱瑎以下 以德業文章 相繼顯隆 世濟其美 史不絶書 蔚爲東國名家 逮入我朝 衣冠不替 綿綿延延 式至于今 玆豈非上有所積累 下有以承藉 毓慶流祉 久而未艾也耶 嘗聞吾祖也我知之 郯子有是 昧昭穆之序 則禽獸不若 歐陽氏有是論 家世源流 祖先事蹟 爲子孫者 誠不可以不知"

27) 鄭逑.『寒岡集』卷10.〈西原鄭氏族會圖序〉.

28) 鄭逑.『寒岡集』卷14.〈西川府院君鄭公行狀〉.

③ 장경공章敬公 · 청하군淸河君 · 설곡雪谷 · 원재圓齋 및 본조 개국공신으로 서원군西原君에 봉해진 문민공文愍公은 곧 공의 10대조, 9대조, 8대조, 7대조, 6대조가 된다. 이분들은 그 절의와 문장이 전후에 찬란히 빛난 이들로 모든 사실이 역사서에 자세히 기록되어 있고 대대로 문집을 남겼다.[29)]

이상에서 살펴본 바와 같이 정구의 선대는 고려말 이래로 현달한 관료를 배출하는 가운데 이제현 · 이색 등과 사우문인관계를 맺으며 관계와 학계의 주류로 활동해 왔다. 또한 이들은 주자학을 신봉했던 사대부의 핵심으로서 조선왕조의 개창에 주도적인 역할을 담당하였고, 조선초 학자 · 관료를 대표했던 조준趙浚 · 정도전鄭道傳 · 권근權近 등과도 긴밀한 교계交契를 맺고 있었다. 특히 정구의 6대조 정총의 훈공과 학식 그리고 문장은 청주정씨가 조선조 양반사회에서 주도적인 위치를 확보하는 중요한 바탕이 되었다.

정구의 조부 정응상鄭應祥이 김굉필의 사위가 될 수 있었던 것도 정총이 다져놓은 문벌적 기반 위에서 기능했던 것으로 파악되며, 정구가 주자학朱子學의 본령에 충실하면서도 읍지邑誌 편찬 등 실용적인 학문을 추구한 것도 선대로부터 세전되어온 가학 및 가풍과 밀접한 관계를 가지고 있었다.

### 2) 한훤학寒暄學의 계승과 학통적 기반의 강화

정구의 학문연원, 특히 가학연원을 입론함에 있어 가장 먼저 언급되는 사람은 김굉필金宏弼이다. 이런 인식은 한강가의 영남 정착에 미친 한훤가의 사회경제적 영향, 김굉필이 지니고 있던 사림파

---

29) 鄭逑. 『寒岡集』 卷13. 〈伯氏墓誌〉.

학통에서의 위상에서 기인하는 바 크다. 『한강연보寒岡年譜』〈계해조癸亥條〉(1563년)에는 이황이 이정李楨에게 보낸 편지가 인용되어 있다.

> 일찍이 정곤수와 그의 아우 정구를 본 적이 있는데, 이들은 다 학문에 뜻을 두고 선을 좋아하는 선비였네. 한훤당의 외손이니만큼 어찌 그 유풍이 없겠는가. 이와 같은 사람들이 『경현록景賢錄』 속에 보이지 않는다면 이 또한 흠이 될 것이니, 따로 외손도外孫圖를 만들어 기록해 넣은 것이 좋을 것이다.[30)]

즉, 이황이 바라본 정구는 단순히 혈통상의 외계가 아닌 그 학문을 이을만한 외파의 대표적 존재였던 것이고, 그런 맥락에서 『경현록景賢錄』에 외손도를 별부할 것을 제의하기까지 했던 것이다. 이황의 이런 인식은 정구의 학문연원을 설명하는 하나의 기준이 되어 점차 사림의 통론으로 굳어져 갔다. 장현광張顯光이 지은 '한강행장寒岡行狀'은 그 단적인 사례가 된다.

> 선생의 타고난 자질의 아름다움은 진실로 빼어나고 특이하였으나 집안 대대로 쌓아온 것을 살펴보면 절행節行과 문학의 기맥이 실로 유래가 있었다. 또 한훤당寒暄堂의 독후篤厚하고 순정純正한 덕이 없어지지 않고 계속되었으니, 그 남은 법을 받듦이 내외손에 구분이 없다. 그렇다면 정씨鄭氏의 집안에 주입되고 물들어 이어온 것이 어찌 심상하겠는가.[31)]

정구의 학자적 성장에 김굉필의 영향이 컸고, 정구 또한 김굉필에 대한 계승의식이 강했던 것은 분명하다. 여기서 한가지 유념할 것은 '한강가문'의 외계적 연원의식이 김굉필에만 국한되지 않는

30) 鄭逑. 『寒岡全書』. 「年譜」. 〈癸亥(1563)〉.
31) 張顯光. 『旅軒集』 卷13. 〈寒岡鄭先生行狀〉.

다는 점이다. 결론부터 언급하면 한강가에서는 김굉필에 못지 않게 정효충鄭孝忠(정구 5대조)의 처부 탁신卓愼(1367-1426)의 존재를 매우 중시하고 있었다.

세종조에 예문관제학, 의정부참찬을 지낸 탁신은 경학經學에 밝고 무예·음률에도 능한 다재다능한 인물이었다. 그는 정처正妻에서 딸 하나만 두었는데, 그 사위가 곧 정효충이었다. 정효충은 당시의 상속관행에 따라 처부 탁신의 경제를 물려받았고, 이 집은 청주정씨의 대종택으로서 정곤수에게 세전되었다.[32)]

1595년 정곤수는 이 집을 확충하여 서숙을 건립하고는 자제들의 독서·강학처로 삼았다. 그 기문〔서원정씨가숙기西原鄭氏家塾記〕에서 그는 충효·절의·우의 그리고 학문으로 집약되는 일가의 가풍을 언급하는 한편으로 자가의 가학연원과 관련하여 탁신과 김굉필의 존재를 아울러 언급했다.

> 『여지승람』을 살펴보니, 탁문정공卓文貞公(탁신卓愼) 아래에 '성리학性理學에 정심精深했으며, 그 아버지가 늘 너는 우리 집안의 증삼曾參이다'고 했다는 기록이 있고, 김문경공金文敬公(김굉필金宏弼) 아래에는 '이학理學에 정심했고, 독지역행篤志力行했다'는 기록이 있다.… 문정공은 당시

32) 개국공신 鄭摠의 종통은 장자 孝文 계통으로 이어지는 것이 원칙이다. 그 연유는 자세하지 않지만 15세기 중후반에 이르면 적장손으로서의 지위는 차자 鄭孝忠의 손자 鄭胤曾에게로 이전되었다. 이 과정에서 정총의 舊第는 장손 鄭師稷의 서자가 소유함으로써 종가로서의 기능을 상실한 대신 정효충(정윤증의 조부)이 탁신으로부터 물려받은 好賢坊 소재 第宅이 종가로 기능하게 된 것이다. 정구의 중형 정곤수는 정윤증의 장손 鄭承門을 계후함으로써 개국공신의 적장손이자 청주정씨 대종손의 지위를 획득하게 된 것이다.(鄭崑壽. 『栢谷集』 卷1. 〈西原鄭氏家塾記〉. "樊廬在漢都引慶山之陰好賢坊一里 卽故參贊卓文貞公舊宅也 文貞公號竹亭 又號瑞石山人 秉心貞亮 處己謙恭 在祖宗朝爲名宰相 永樂年間 胥宇而居於斯可十許年 正嫡只有一女 寔我五世祖妣 遺以宅 寔樊廬也 傳至三葉 我曾祖考淸城君府君襲先曾王考西原君文愍公府君勳冑 而文愍公舊宅 則在東部興盛坊 爲文愍冢嗣觀察公子護軍公之庶子所有 故此宅仍爲鄭氏大宗家 世世相傳 以至于不肖")

> 사람들이 옥호玉壺와 빙설氷雪에 견주어 평한 사람이고, 문경공은 우리 동방 유선儒先의 통서統緖를 전수하여 한 시대의 유종儒宗이 된 분으로서 나의 생가 할머니의 아버지시니 우리 자제들에게는 외선조가 된다. 또 문정공께서는 내가 살고 있는 이 집을 창건하셨고, 문경공의 유택 또한 이 동네에 있어 우리 집과는 일여덟 집을 사이에 두고 있다.… 반드시 렴락濂洛의 성리서性理書로서 침잠반복沈潛反復하여 정심함에 이름을 기약하고 옥호빙설玉壺氷雪과 같은 문정공의 기품을 체득하고 당대의 유종儒宗이었던 문경공을 경앙하면서 힘쓰고 노력하면 마침내 나라의 대유가 될 것이며, 위로 안자 · 증자 · 자사 · 맹자로 거슬로 올라가 공성孔聖을 배우게 된다면 우리 집안의 다행이 이보다 크겠는가.[33]

이처럼 정곤수는 탁신 · 김굉필을 가학연원의 중요한 맥으로 인식하고 있었던 것이다. 특히 탁신의 성리학적 소양을 강조하며 연원의식을 표방한 것은 더욱 주목할만한 대목으로 평가된다.

그럼에도 한강가의 가학연원과 관련하여 더 큰 비중을 가진 사람은 역시 김굉필이다. 김굉필과 청주정씨와의 연고는 김굉필이 문인 정응상鄭應祥의 지행志行을 높이 평가하여 사위를 삼았다는 데에서 출발한다.

> 승지공(정응상鄭應祥)은 한훤당 김굉필 선생에게 글을 배웠는데, 김 선생이 그 지행志行을 사랑하여 딸을 시집보냈으며, 승지공은 한훤의 규범을 준수하고 능히 가정의 교훈을 세워 김을 매고 북돋았다.[34]

---

33) 鄭崑壽.『栢谷集』卷1.〈西原鄭氏家塾記〉. "按輿地勝覽 光州卓文貞公下 有曰精深性理之學 其父嘗曰 吾家之曾參 瑞興金文敬公下 有曰精深理學 篤志力行…文貞則時人以玉壺氷雪比之 文敬則傳吾東儒先之統 爲世儒宗 是吾本生祖妣之父 於吾子弟 亦皆外先祖 而文貞創獘廬 文敬遺宅在此洞 與獘廬間七八家…必以濂洛性理之書 沉潛反覆 以精深爲期 體氷壺仰儒宗 孜孜勉勉 終能爲國大儒 上泝夫顔曾思孟 以學孔聖 則吾家之幸孰大於此"

34) 申欽.『象村稿』卷27.〈鄭寒岡神道碑銘幷序〉.

여기서 한 두 사실을 부연하자면, 정응상이 김굉필의 문인이자 사위가 될 수 있었던 것은 한 동네에 살았다는 지역적 연고, 개국공신의 내외자손이라는 정치적 동질성이 함께 작용한 결과로 해석할 수 있다.

앞서 언급한 바와 같이 정효충(정응상의 증조)과 김굉필은 호현방好賢坊의 지근한 거리에 살고 있었기 때문에 양가의 학연 및 혼맥이 맺어지기 좋은 여건이었다. 여기에 더해 정응상이 개국공신 적장손 정윤증鄭胤曾의 아들이란 점은 혼반을 상승시키기에 충분했다.

사실 정구의 선대는 정총 이후로는 달관을 배출하지 못했다. 5대조 정효충은 호군, 고조 정옥경鄭沃卿(1416-1468)은 집의, 증조 정윤증鄭胤曾(1436-1500)은 군수에 그쳤다. 이런 상황에서 정윤증의 개국공신 적장손의 자격 획득은 침체한 가세를 신장할 수 있는 중요한 계기가 되었다.

김굉필 가문은 증조 김사곤金士坤이 현풍곽씨 집안에 장가들면서 경상도 현풍에 정착하게 되었지만 개국공신 조산趙珊의 사위가 된 조부 김소정金小亭은 여전히 서울에 기반을 두고 있었다. 김굉필의 출생지가 서울의 정릉동貞陵洞이고, 구제가 호현방好賢坊에 있었던 것도 이런 이유에서였다. 좀 더 정밀한 분석이 필요하겠지만 김굉필이 정응상을 택서한 것은 양측이 개국공신의 내외 자손이라는 동질감이 크게 작용한 것으로 해석된다.

즉 정응상은 김굉필의 사위가 된 뒤에도 본제本第가 있던 서울 호현방에서 살았던 것 같고, 산소 또한 서울 인근인 경기도 장단長湍 백곡면栢谷面에 소재하고 있다. 그가 사망한 뒤 아들 정사중鄭思中(1505-1551)이 어머니(김굉필의 따님)를 모시고 외할머니가 있던 현풍 솔례촌으로 와서 사는 과정에서 비로소 경상도살이가 시작된 것이다.

> 한훤당의 부인인 박씨가 현풍의 솔례촌率禮村에 있었는데, 공은 아버지를 여읜 다음 모부인을 받들고 서울에서 문안을 왔다가 인하여 그 곁에 머물러 살았으며, 공이 성주에 장가드니 성주 역시 문헌의 지방이었으므로 마침내 거주하였는 바, 바로 성주의 남쪽 남산리南山里 사월촌沙月村이다.[35)]

정구에게 있어 김굉필은 경앙의 대상이었을 뿐 학문 수수의 주체와 객체일 수는 없었다. 따라서 그는 조부 정응상과 조모 서흥김씨를 통해 김굉필의 유풍을 체득했다고 보는 것이 옳을 것 같다.

> 우리 선조고 부군은 성은 정씨이고 휘는 응상應祥이다. 어릴 적에 남다른 자질을 지녀 단정하고 총명하였고 재주가 뛰어났으며 학문에 뜻을 두어 정밀하고 신중히 공부하였다. 문경공 한훤당 김선생에게 『소학』을 배웠는데, 선생께서 사랑하여 딸을 시집보냈으니, 곧 우리 선조비이다.…부인은 심지가 굳고 어질며 바르고 아름다웠는데 일찍부터 가정에서 선생의 가르침을 받았고 19세 때 정씨 가문으로 시집왔다…정씨는 본디 청빈한 가문으로 대대로 벼슬살이를 했으나 방석 하나도 물려주지 않았다. 부인은 남편을 잃은 뒤에 살림살이가 더욱 어렵게 되자 어린 자식들을 데리고 현풍에 사는 모부인에게로 와서 40년 동안 살다가 1562년 4월 14일 향년 84세로 별세했다.[36)]

이들과 관련된 대부분의 묘도문에서 김굉필과 정응상의 옹서 겸사제관계를 특별히 강조하고,[37)] 서흥김씨가 가정지학을 계승하여 학식과 부덕을 갖춘 인물로 묘사된 것도 김굉필과 정구의 관계성을 강

---

35) 張顯光. 『旅軒集』 卷13. 〈寒岡鄭先生行狀〉.

36) 鄭逑. 『寒岡集』 卷13. 〈先祖妣淑人贈淑夫人瑞興金氏墓誌〉.

37) 정구는 김굉필의 師友門人錄에 조부 鄭應祥을 立傳하여 受學 및 擇壻 사실을 구체적으로 기록했다(鄭逑. 『寒岡集』 卷15. 「寒暄堂金先生師友門人錄」. 〈鄭應祥〉. “字公瑞 淸州人 我先祖考 世居京都好賢坊 少學于先生 端飭志學 先生愛之 遂以女歸之”)

화하기 위한 의도로 파악된다. 실제 서흥김씨는 정구가 20세 되던 1562년까지 생존했으므로 정구가 조모를 통해 김굉필의 학자적 자세와 품행 등을 간접 체험했을 가능성은 매우 높다. 이황이 이정李楨에게 보낸 편지, 장현광의 '한강행장'에 집약된 '한훤유풍론寒暄遺風論'은 바로 이런 가능성에 기반한 유가의 보편적 정서를 표현한 것으로 이해된다.

김굉필에 대한 정구의 계승의식은 다양한 방식으로 표현되었다. 우선 그는 김굉필의 연보年譜와 사우록師友錄을 편찬하여[38] 생애를 정리하고 및 학문 전수의 줄기를 세웠고, 『경현속록景賢續錄』의 편찬을 통해 김굉필의 학덕을 천양하기 위해 노력했다.

> 선생의 하찮은 말씀과 행실도 모두 세상의 모범이 될 만한 것으로 후세에 전하지 않게 해서는 안 될 일인데, 시문詩文 등 작품이 모조리 없어졌을 뿐 아니라 대체적인 언행까지도 이렇다 하게 드러나 후세에 알아볼 수 있는 것이 없다. 그 이유는 당시 크나큰 화를 당한 나머지 그 집안에서 세상에 드러나는 것을 크게 꺼려 불태워 버리기도 하고 사기士氣도 꺾이고 상처를 받아 감히 다시 후세에 전하기 위한 기록을 만들지 못한 결과가 아니겠는가. 아, 서글픈 일이다.[39]

또한 그는 성주 천곡서원川谷書院의 운영을 주도하는[40] 한편으로 1604년에는 김굉필의 주향처인 현풍 도동서원道東書院의 중건을 몸소 지휘했다.[41] 이때 정구는 문인 곽근郭赾을 서원 중건의 적임자로 지목하고는 원장으로 추대하여[42] 중건에 박차를 가했다. 그리

---

38) 鄭逑. 『寒岡集』 卷15. 〈寒暄堂金先生年譜〉. 〈寒暄堂金先生師友門人錄〉.
39) 鄭逑. 『寒岡集』 卷9. 〈景賢續錄後序〉.
40) 鄭逑. 『寒岡集』 卷9. 〈書川谷書院額板下〉.
41) 정구의 도동서원 건립상에 대해서는 김학수. 2010. 「조선중기 寒岡學派의 등장과 전개 -門人錄을 중심으로-」. 『한국학논집』 40. 계명대학교 한국학연구원 참조.

고 1607년 안동부사 재직시에는 열읍의 사림들에게 경제적 지원을 요청하면서[43] 중건사업을 전방위에서 지원했고, 1610년에는 김굉필의 위패를 봉안시에는 손수 봉안문을 지어 도학道學을 창명한 김굉필의 학덕을 기렸다.[44] 이보다 앞서 정구는 안동부사에 재직하던 1607년 7월 이황의 글씨를 집자한 편액을 서원에 걸게 했는데, 선사先師[이황]의 유지계승遺志繼承을 내세운 이런 조처는 도동서원의 권위를 높이는 과정으로 해석할 수 있다.

> 지금 서원이 중건되어 이름을 도동道東으로 하라는 명이 대궐에서 내려오고 뒤이어 판액板額이 장차 내려올 예정인데, 마침 또 선생이 쓰신 편액의 글씨 중에서 네 자의 큰 글씨를 찾아서 본을 떠 새겨 서원으로 보냈다. 이리하여 선사先師의 옛 필치와 성주聖主께서 하사한 판액이 장차 안팎에서 빛을 발하게 됨으로써 배우는 유자儒者로 하여금 무엇을 모범으로 삼을 것인지를 알게 하였으며, 따라서 또 이 선생의 유지遺志를 이루게 되었다. 이 어찌 다행스럽지 않은가. 이 서원에 들어오는 우리 선비들은 어찌 서로 이 편액을 우러러보고 김 선생의 학덕을 흠모하며, 도동의 의미를 깊이 체득하여 끊임없이 노력함으로써 오도吾道의 전통이 끊기지 않을 방도를 생각지 않을 수 있겠는가.[45]

정구가 도동서원 중건을 완수할 수 있었던 것은 현풍·고령지역을 비롯한 범한강문들의 지원이 있었기 때문이었다. 현풍·고령지

---

42) 영남대학교 민족문화연구소편. 1997. 『道東書院誌』.「道東重刱事蹟」. 〈萬曆三十二年三月通告文〉. 6쪽

43) 영남대학교 민족문화연구소편. 1997. 『道東書院誌』. 「道東重刱事蹟」 〈萬曆三十五年十月重建救助通文〉. 15쪽. 이 통문의 발송 주체는 鄭逑(안동부사), 鄭經世(대구부사), 呂大老(합천군수) 3인이다.

44) 鄭逑. 『寒岡集』 卷11. 〈道東書院奉安寒暄堂金先生文〉.

45) 鄭逑. 『寒岡集』 別集 卷2. 〈書道東書院額板下〉.

역의 한강문인은 총 20명〔현풍 11, 고령 9〕인데, 특히 곽근은 중건이 시작된 1604년부터 무려 20년 동안 원장직을 수행하며 정구를 보좌했다. 1610년 김굉필 봉안시 집사로 참여한 서사원徐思遠 · 손처약孫處約 · 손린孫遴 · 도여유都汝兪 · 정사상鄭四象 · 이천봉李天封 등이 한강문인이었고, 1604년부터 1641년까지 약 50년 동안 원장을 지낸 인물 13명 가운데 곽근 · 곽경흥 · 이서 · 곽홍점 · 곽위국 · 이현룡 · 박민수 · 곽이창 등 8명도 한강문인이었다.[46] 이는 도동서원이 한강학파의 중요한 거점이었음을 의미했고, 1678년 정구의 배향을 통해[47] 도동서원은 '한훤寒暄–한강학통寒岡學統'의 본산으로 자리하게 되었다.[48]

## 3. 영남학통嶺南學統의 계승: 다원적 사승師承과 그것의 통섭과 절충

### 1) 오건吳健 · 황준량黃俊良과의 학연學緣과 문로門路의 확립

정구는 10세 무렵에 이미 학문에 뜻을 두고 독서에 열중했고, 13세 때는 선성先聖의 화상을 직접 모사하여 벽에 걸어두고 매일 첨배瞻拜했을만큼 학문에 대한 포부가 남달랐다. 비록 짧은 기간이었지

46) 영남대학교 민족문화연구소편. 1997.『道東書院誌』.「院任案」. 45쪽.

47) 정구의 도동서원 배향론은 이미 1630년에 발론된 바 있으나 이때에 와서 실현된 것이다.(裵尙龍.『藤菴集』.「年譜」.〈庚午(1630)〉. "聞校中議配享先師於玄風道東書院 貽書止之…實我先師竭誠營創之地 今若陞享 豈不爲吾黨之大幸乎 第先師於賜額之院 從祀重事 切不許徑自擅擧 語在答問中 辭意甚嚴 恐左右未及考閱耳"; 영남대학교 민족문화연구소편. 1997.『道東書院誌』.〈文穆公寒岡鄭先生奉安時執事分定記〉. 133쪽; 137쪽.〈慶尙道玄風生員郭壽夏等上書〉.

48) 김학수. 2010.「조선중기 寒岡學派의 등장과 전개 -門人錄을 중심으로-」.『한국학논집』40. 계명대학교 한국학연구원. 148쪽.

만 아버지 정사중과 중형 정곤수의 관심과 보호하에 학문에 매진했던 정구가 최초로 접한 외부外傅는 오건吳健(1521-1574)이었다.

1555년(명종10) 성주 훈도로 부임한 오건吳健은 경내 유생들을 모아 가르쳤는데, 이때 정구는 그에게서 『역전易傳』을 배웠다. 오건은 정구와 종숙질간이라는 척분이 있었거니와 정구의 학문적 재능에 감동한 나머지 극찬을 아끼지 않았다.[49]

산음 출신의 오건은 어려서 외숙 도양필都良弼에게서 수학했고, 20세를 전후해서는 노진盧禛 등과 논변하며 학문의 외연을 넓혔으며, 1551년(명종)에는 진주 덕산으로 가서 남명문하에 입문하여 조식의 기대를 받았다.[50] 1558년(명종13) 문과에 합격하자 평소 그의 행도를 인정했던 조식은 더욱 애중히 여긴다는 마음을 피력하기도 했다.[51]

오건은 1559년부터 1562년까지 약 3년간 성주 훈도로 재직하였는데, 1560년 퇴계문인 황준량黃俊良(1517-1563)이 목사로 부임함으로써 동관의 인연을 갖게 된다.[52] 두 사람은 경내 사자들의 교

---

49) 鄭逑. 『寒岡集』. 「年譜」. 〈乙卯〉(1555); 吳健의 연보에는 성주 훈도로 부임하여 鄭逑 등을 교육한 사실이 〈己未條〉(1559〉에 실려 있다(吳健. 『德溪集』. 「年譜」. 〈己未(1559)〉. "授星州訓導 先生以勉進後學爲己任 揀取儒生 分爲四等而訓誨之 鄭寒岡自丱角時 從先生學 終始卒業").

50) 吳健. 『德溪集』. 「年譜」. 〈辛亥(1551)〉. "謁南冥曹先生于德山 時南冥先生藏修於晉州德山洞 先生從之遊 蓋有所興起者多矣"

51) 吳健. 『德溪集』. 「年譜」. 〈戊午(1558)〉. "及第出身 南冥先生嘗許以行道曰 吾擬子强甚重云"

52) 정구의 표현에 따르면, 오건과 황준량은 주자서 8권을 함께 통독하며 '敬을 위주로 하고 이치를 궁구하는 설에 맛을 들였다'고 한다.(鄭逑. 『寒岡集』 卷11. 〈祭德溪吳先生文〉). 황준량은 목사로 재임하는 동안 鹿峯精舍를 지어 경내의 문풍을 크게 진작시켰는데, 정구도 그의 가르침을 입었다.(黃俊良.『錦溪集』卷4. 〈與鹿峯精舍諸生書〉). 1563년 황준량이 사망했을 때 정구가 풍기로 가서 조문한 것도 사은에 대한 보답이었다. 특히 정구는 1607년 안동부사 부임시에 풍기에 들러 황준량의 묘소를 찾아 치제하였고, 그 제문(鄭逑.『寒岡集』卷12. 〈祭黃錦溪俊良墓文〉)에서 '우리 고을의 수령으로 부임해서는 후생을 이끌어 주고 가르쳐 주시어 사류들이 오늘날까지도 그 교화에 감격하여 잊지 못하고 있는데, 더구나 일찍이 선생의 인정과 칭찬을

육에 협모하는 한편으로 공무의 여가에는 주자서朱子書를 강론하며 도의로서 상마했다. 이 사실은 전해 들은 이황은 오건에 대한 강한 기대감을 표명하기에 이른다.[53)]

오건은 1562년 성주 훈도를 사직한 뒤에도 편지를 통해 황준량과 학문적 관계를 이어갔고, 1563년 마침내 도산으로 가서 퇴계문하에 입문하였다. 여기서 그는 주서를 수학하는 한편으로 『심경心經』·『근사록近思錄』을 질의하였고, 이황으로부터 '익우益友'라는 칭찬과 함께 '중용 공부가 매우 정심한 사람'이란 평가를 들었다.[54)] 이로써 오건은 남명·퇴계 양문을 출입함은[55)] 물론 1565년에는 서경덕의 구거를 방문했고, 1566년 입경시에는 이항李恒(1499-1576)을 방문하는 등 구학적求學的 행보를 그치지 않았다.

1574년 오건이 사망했을 때 '슬픈 정과 예의를 극진히 하기를 남명의 상사 때와 똑같이 했다'[56)]는 『한강연보』의 기록에 미루어 볼

---

받았던 저의 경우야 더 말할 나위가 있겠습니까. 저를 인정하고 사랑하신 그 뜻이 각별하였으니, 제가 비록 질병으로 정신이 흐리고 게을러 학문에다 힘을 제대로 기울이지 못함으로 인해 늙도록 이룬 것 없이 그만 몸이 망가져 버려 부끄럽기 그지없습니다만, 한평생 선생의 덕을 흠모하고 뜻을 받들어 감히 그 기대를 실추시키지 말아야겠다는 생각이야 어찌 잠시라도 소홀히 한 적이 있었겠습니까'라고 한 것으로 보아 황준량과 정구를 사제관계라 해도 무방할 것 같다.

53) 吳健. 『德溪集』. 「年譜」. 〈庚申(1560)〉. "在星學時黃錦溪俊良知州事 先生志同聲應 相與講論朱子書 不以寒暑廢 ○ 退溪先生答錦溪書曰 知與吳教官講究朱子書 倥偬中 尙能如此 尤不易得 深爲嘆聳 又曰 曾聞吳子强有意相顧 企渴深矣 其人能自振拔如此 誠願一見 以發蒙吝 不知何日 可遂此願耶"

54) 吳健. 『德溪集』. 「年譜」. 〈癸亥(1563)〉. "謁退溪李先生于陶山 受朱書 又質心經 近思錄 先生語人曰 子强資性朴實 用力於此學甚懇篤 眞益友也 又云 子强庸學之工 極爲精深 此非造次所得 非靜中體認 研窮積久之功 恐未易到此 有延平問答質疑 先生將歸 退溪先生贈詩曰 雲谷遺書百世師 際天蟠地入毫絲 感君驢笈來相訂 愧我宮墻老未窺"

55) 이후에도 오건은 조식·이황과의 관계를 꾸준히 이어갔다. 1565년과 1566년에 智谷寺에세 조식과 회합했는데, 특히 1566년 모임에는 노진·김우옹을 비롯한 사림들이 운집하여 성회를 이루었다. 이때 조식은 오건이 독서처로 물색한 '西溪'를 답사하는 등 각별한 관심을 보였다. 한편 오건은 1568년 정언 재직시 循例에 구애받지 말고 이황을 접견할 것을 啓請했고, 1570년 12월에는 이황을 애도하는 한편으로 이듬해인 1571년 정월 이조좌랑으로서 이황의 賜祭文을 지었다.

때, 오건에 대한 정구의 존경심은 매우 특별했고, 그런 정서는 오건을 위해 지은 제문에 잘 나타나 있다.

> 보잘것없는 이 소자는 일찍이 어릴 적부터 선생을 곁에서 가까이 모시며 의지할 곳으로 삼았습니다. 그 당시에는 나이가 어리고 의지와 정신이 어두워 선생의 내면에 간직한 실체를 충분히 헤아리지 못했으나, 친근감과 공경심이 일어나게 하는 드넓은 도덕과 기량에 자신도 모르게 심취하였습니다. 그 뒤에 문하에서 경서를 들고 생활하며 세월이 차츰 더 많이 흐르자 높디높은 태산을 개밋둑이나 조그만 언덕으로는 모방하고 헤아릴 수 없다는 것을 더욱 절실히 알았습니다.… 준수한 기풍이 서릿발처럼 정갈하여 그 모습을 우러러볼 때 엄숙하였는데, 무엇보다 진퇴와 출처의 도리에 엄격한 것은 덕산德山(조식曺植)의 천 층 높은 기상이었습니다. 난초 향기 같은 덕을 쌓아 그 앞에 나아가면 따사로움을 느끼는데, 인의의 도를 몸에 지녀 도덕이 넓고 흡족한 것은 퇴계退溪(이황李滉)의 만 경 너른 강이었습니다. 이들 두 선생 사이에 노닐며 그 기상을 우러러보고 도덕을 상상하는 가운데 많은 것을 얻으셨습니다. 그러다가 견해가 더욱 진보되고 덕이 더욱 높아지기에 이르러서는 그 규모와 기상 또한 앞서 거론한 수준과 다르지 않을 수 없는 점이 있었습니다.[57]

정구에게 있어 오건은 어린 시절 학문의 방향을 인도한 사람, 조식의 높은 기상과 이황의 도덕을 아우른 사범師範이었다. 조식 · 이황 두 사람으로부터 인정을 받았던 오건의 학적 진로는 정구가 그 전철에 따라 남명 · 퇴계 양문을 출입하는 데에도 영향을 미쳤을 것으로 생각된다.

오건에 대한 사승의식은 서계서원西溪書院의 건립을 통해 보다 구체

---

56) 鄭逑. 『寒岡集』. 「年譜」. 〈甲戌(1574)〉. “七月 德溪卒 致其情禮 一如南冥喪”
57) 鄭逑. 『寒岡集』 卷11. 〈祭德溪吳先生文〉.

화 되었다. 1606년 정구는 박문여朴文模 등 동문들과 협모하여 오건의 서실이 있던 서계에 서원을 건립하여 오건의 위패를 봉안했다.[58] 그리고 이 해 가을에는 산음 소재 오건의 산소를 찾아 치제하고,[59] 1617년 봉산욕행시 오건의 기일忌日을 만났을 때는 소식素食하며 주연酒筵을 마다할정도로 선사에 대한 각별한 경모심을 표했다.[60] 후일 장복추張福樞가 오건의 신도비명에서 정구를 덕계문하德溪門下의 수문首門으로 평가했던 것도[61] 이런 맥락에서 이해할 필요가 있는 것이다.

그 실상이 이러했음에도 한강문인들은 '한강신도비명'을 찬술하는 과정에서 오건에 대해 일정한 폄박을 가하게 된다. 당초 신흠은 오건과 정구와의 관계를 아래와 같이 서술했다.

> 조금 장성해서는 덕계 오건에게 집지執贄하여 『주역』의 건곤乾坤 두 괘를 배우고 곧 그 나머지를 유추해서 통하여 예전에 익힌 것이나 다름없이 하였다.[62]

이처럼 신흠은 오건에 대해 '집지執贄'라는 가장 정중한 문자를 썼지만 한강문인들은 이를 마땅찮게 여긴 것 같다. 즉, 그들은 '집지執贄'는 이황·조식에게 쓸 수 있는 표현이지 오건에게는 적합하

---

58) 吳健. 『德溪集』. 〈德溪先生神道碑銘幷序〉. "丙午 文穆公與龍湖朴公文楧 創俎豆 享於西溪"
59) 鄭逑. 『寒岡集』 卷12. 〈祭德溪吳先生墓文〉. "伏以一違松楸 三十年餘 重來此日 感淚盈裾 舊時門徒 一皆空虛 齋菴學舍 盡爲丘墟 幸免一死 唯我荒踈 昏衰癃病 爲世籧篨 踽踽孤懷 如鬱不舒 落日空山 倍增欷歔 念惟舊敎 匪亟匪徐 血誠提撕 偏深愛予 羹墻敢昧 心目皎如 常恐不克 誓毋負初 敬奉一觴 豆肉籩蔬 莫知我悲 草木禽魚"
60) 정구가 동래온천으로 1617년 7월 24일은 마침 吳健의 기일이었다. 이 날 정구는 아침부터 素食함은 물론 밀양부사 李弘嗣가 마련한 酒筵도 사양하며 先師에 대한 예의를 다했다.(鄭逑. 『寒岡全書』. 「蓬山浴行錄」. 〈7月24日〉)
61) 吳健. 『德溪集』. 〈德溪先生神道碑銘幷序〉. "銘曰…淵源有自 雲菴鷄堂 門出儒宗 有若寒岡 希聖道學 賁世文章 九原難作 後慕羹墻"
62) 申欽. 『象村稿』 卷27. 〈鄭寒岡神道碑銘幷序〉. "稍長 執贄於吳德溪健 受易乾坤二卦 以類而通 無異夙慣"

지 않는 것으로 판단하여 개정을 요구했다.[63]

> 초본에서 '조금 성장해서는 덕계 오건에게 집지했다'고 했는데, 선생께서 오덕계에게 배울 때는 나이 고작 10여세로 종숙질의 관계로 인해 의례히 수업를 청했을 뿐이며 따로 속수束脩·집지執贄한 일이 없습니다. 퇴계·남명을 뵐 때에 이르러서는 실제로 속수束脩·집치執雉의 예를 갖추었다고 합니다. 그러한 즉, 이 대목에서는 '집지' 두 글자를 제거하고 '청학請學'의 의미로 대체하고, '집지' 두 글자는 퇴계와 남명 위에 이록移錄하여 그 말(言)과 실(實)이 서로 어울리게 하는 것이 어떻겠습니까?[64]

이런 과정을 거쳐 '집지執贄' ⇒ '청학請學'으로 수정되었고, 이를 통해 오건과 정구 사이의 학문적 연원성은 약화가 불가피해졌다.[65]

### 2) 이황李滉·조식曺植과의 사승과 양측적 계승의식

정구의 학문연원에 있어 양대 기축을 이루는 것은 역시 이황·조식과의 사승관계이다. 여기에 성운과의 관계가 결부되어 이황·조식·성운이 정구의 세 스승이라는 견해가 일반적인데, 이런 인식은 '한강신도비명寒岡神道碑銘'(초본草本)에 그대로 반영되었다.

---

63) 김학수. 2007. 「'寒岡(鄭逑)神道碑銘'의 改定論議와 그 의미」. 『朝鮮時代史學報』 42. 조선시대사학회. 69쪽.

64) 蔡夢硯. 『投巖集』 卷3. 〈上申象村欽〉. 「問目」 第6條. "初本 稍長 執贄於吳德溪健云云 問: 先生學於吳德溪時 年纔十餘歲 以其從侄 例請受業而已 別無有束脩執贄之事 而至見退溪南冥之時 則實具束脩執雉之禮云 然則於此 去執贄二字 而更以請學之意 代下穩字 又移此執贄二字於退溪 南冥之上 使其言實相稱 何如 答曰: 依示〔改本 請學於吳德溪〕"

65) 『寒岡全書』. 「年譜」 卷2에 실린 〈神道碑銘〉과 현재 檜淵書院 동편에 있는 '寒岡神道碑'에 새겨진 명문은 수정된 내용을 담고 있다.

> 퇴도 · 남명 · 대곡 세 선생을 찾아 뵙고 학업을 물으니 세 선생은 다 진정으로 허여하였다.…일찍이 퇴도의 문정에 올라 연원이 있는 학문을 들어 알았고 또 남명과 대곡 사이에 유학하여 그 지기를 갈고 닦았다. 속학俗學이 사람의 재주와 성품을 망가뜨린다는 것을 알고 기필코 고명 광대한 영역의 고지를 획득하려고 마음먹었으며, 마음을 제어하고 몸을 다스리며 가정살이 벼슬살이 및 임금을 섬기고 백성을 다스리는 등의 일을 주자朱子와 퇴계로 모범을 삼았다.…세상의 이른바 유자儒者란, 높은 자는 한 가지에 치우치고 낮은 자는 비근한 데에 빠지고 마니, 능히 전체대용全體大用과 진지실천眞知實踐에 힘을 써서 도를 보위한 공이 있는 자는 오직 선생뿐이다. 후세 사람으로서 퇴도의 학문을 알고 싶을 때는 선생의 성취한 것을 살펴보면 될 것이다.…거룩할사 우리 선생, 남쪽 땅에 태어나서, 한훤당의 세계 잇고, 퇴계선생 연원 받아, 지닌 명덕 밝히면서, 산림 속에 숨었는데, 정백으로 후히 불러, 좋은 대우 빈번했네.66)

다만 초학기에 정구를 가르쳤던 오건이 이들 3인과 병칭되지 않는 것은 오건이 이황 · 조식의 문인이란 점과 관련이 있어 보인다. 그리고 성운의 경우는 비록 병칭되고는 있으나 학적 영향성에 있어 이황 · 조식과는 차이가 있는 것이 사실이다. 그리하여 '한강신도비명'(수정본)에서는 성운成運의 존재가 삭제되었고, 『한강연보』에도 성운을 방문 · 치제한 사실을 조식을 사사한 기록〔병인조〕 아래에 부기되어 있을 정도이다.

이제 정구의 사승관계의 양대 축에 해당하는 이황 · 조식과의 관

---

66) 申欽. 『象村稿』 卷27. 〈鄭寒岡神道碑銘幷序〉. "往尋退陶南冥大谷三先生之門 問業焉 三先生俱心許之…而早登退陶之門 聞淵源之學 且遊於南冥大谷間 淬礪其志氣 知俗學之汨人才性 而必欲致極乎高明廣大之域 制心律己 居家守官 事君臨民 以晦庵退溪爲模範…世之所謂儒者 高者偏於一節 下者淪於卑近 其克用力於全體大用 眞知實踐 能有衛道之功者 唯先生而已 後之人欲知退陶之學 其觀於先生所就哉…曰惟先生 挺生南服 寒暄家世 退陶淵源"

계에 대해 살펴보기로 한다. 정구가 퇴계문하에 최초로 입문한 것은 21세 되던 1563년(명종18) 봄이었다. 정구는 성주훈도 오건, 성주목사 황준량의 지도를 받는 과정에서 이황에 대해 많은 정보를 갖고 있었을 것이고, 또 이들의 주선 속에 도산 급문이 이루어졌을 가능성이 매우 크다.

당시 정구는 고작 하루를 묵고 갔지만 이황은 그를 '영민英敏한 사람', '학문에 뜻을 두고 선을 좋아하는 선비'로 평했다.67) 정구가 김굉필의 외증손이란 점도 이황이 그를 좀 더 관심 깊게 바라보는 이유가 되었을 것이다. 이후 정구는 1565년 다시 도산을 찾아 이황에게 『심경心經』을 질문하면서 사제관계가 더욱 돈독해졌다. 정구의 도산 재방再訪에 대해 『한강연보』에는 다음과 같이 기록하고 있다.

> 봄에 퇴계 선생에게 가서 『심경心經』의 의심난 부분을 질문했다. (세주) 이때부터 퇴계 선생에게 몸소 직접 왕래하였을 뿐만 아니라 편지를 써서 질문한 일도 계속 이어졌다.68)

『한강연보』에는 기록이 보이지 않지만 정구는 1567년에도 도산으로 갔던 것 같고, 이때 그는 조목·김성일 등 퇴계문하의 고제들과 함께 공부를 했다. 아래는 김중청이 조목으로부터 들은 내용을 기록한 것인데, 청년시절 정구의 면모와 관련하여 많은 것을 시사하고 있다.

---

67) 鄭逑. 『寒岡全書』. 「年譜」. 〈癸亥(1563)〉. "春拜退溪李先生 (細註) 李先生答柳希范書曰 有鄭逑者 來留一月而去 甚英敏 答李龜巖楨書曰 曾見鄭崑壽及其弟逑者 皆志學好善之士"

68) 鄭逑. 『寒岡全書』. 「年譜」. 〈乙丑(1565)〉.

> 정묘년(1567년) 도산서당에 가서 정한강鄭寒岡, 김학봉金鶴峯과 함께 지냈다. 한강은 계몽啓蒙을 배웠는데, 선생께서, '정아무개는 침잠沈潛·함양涵養하는 습관이 없는 것이 병통이다.'고 하셨다. 이때 성주 사람들이 상제례喪祭禮 문목問目을 나열하여 적어서는 한강으로 하여금 선생께 품질하게 했다. 마침 선생께서 병이 들어 이에 답할 수가 없었는데, 한강이 스스로 글씨를 써 넣어 답사答詞를 만들자 나는 그저 웃을 뿐이었다. 그와 작별할 때, 학봉이 '우리가 성의로써 친구를 대하지 않은 것 같다. 아무개의 접때 일은 크게 잘못된 것이지만 나무라지 않았으니 이는 우리의 잘못이다.'고 하고는 즉시 급하게 편지를 보내 질책하였다. 한강이 미처 10리도 못가서 이 편지를 보고는 바로 심복하였는데, 허물을 고침이 흐르는 물처럼 빨랐다고 한다.[69]

이황과 정구가 사제로서 함께한 세월은 불과 7-8년에 지나지 않았지만 서신을 통해 학문과 출처 그리고 시사 등을 질의·응답했다.[70] 이 과정에서 정구는 1568년 이황에게 천곡서원川谷書院의 원호를 품정했고, 1607년 안동부사 재임시에는 천곡서원川谷書院 및 도동서원의 편액을 이황의 글씨를 집자하여 제작하는 등 사문에 대한 계승의식을 드러냈다.

그러나 정구는 1570년(선조3) 이황이 사망했을 때 병으로 인해 조문하지 못했고,[71] 『퇴계집』의 간행을 비롯한 이황 관련 각종 추

---

69) 金中淸.『苟全先生講院日錄』.〈乙卯12月26日〉. "丁卯年 往陶山書堂與鄭寒岡 金鶴峯同栖 寒岡學啓蒙 先生曰 鄭某無沉潛涵養之習乃是病痛云云 其時星人有列書喪祭問目使寒岡稟質 適先生病未能答 寒岡自爲塡書答詞 余乃笑之 旣別 鶴峯曰 吾輩待友不以誠 某也之事甚非而不爲責之 吾輩誤矣 卽馳簡書責之 寒岡行到十里許見書卽服 改過如流云". (김학수. 2010.「鄭逑(1543-1620)의 학자·관료적 삶과 안동부사 재임」.『영남학』17. 경북대학교 영남문화연구원. 102-103쪽에서 재인용)

70) 『寒岡集』에는 이황에게 보낸 6통의 편지가 수록되어 있는데, 1568년에서 1570년 사이에 작성된 것이다. 주요 내용은 출처, 川谷書院 원호 제정 및 운영 문제, 祭禮 및 喪禮에 관한 것이다.

71) 鄭逑.『寒岡全書』.「年譜」.〈庚午(1570)〉. "十二月 退溪先生訃至 爲位而哭 先生草土之後 積年沉痾 未得奔赴". 조문은 물론 만사 및 제문도 보내지 못했다. 정구가

양사업에서도 그 역할이 크게 부각되지 못했다. 이는 그가 조식의 상례를 사실상 주관했고, 『남명집南冥集』의 간행에 지대한 관심을 보인[72] 것과는 자못 대조적인 현상이었다.

한편 정구가 조식을 사사한 것은 24세 되던 1566년이었다. 정구는 남명문하에서 특히 출처의 의리에 있어 크게 인정을 받았고,[73] 1572년 2월 조식이 사망했을 때는 치상에 정성을 다했다.

> 2월에 남명 선생이 별세했다. 장지로 달려가 곡하고 아버지와 임금을 위하는 정도와 같은 정성을 충분히 다했다.[74]

즉, 조식의 치상에 임하는 정구의 자세는 '군사부일체'라는 유교적 관념에 충실한 것이었고, 이황의 상사 때와는 달리 만사·제문으로 대표되는 예문禮文도 갖추었음은 주지의 사실이다.[75]

퇴계·남명 두 문하를 출입한 정구의 양갈래 학통은 기본적으로 그의 학문적 입지를 상승시키는 것이었지만 때로는 이로 인해 상당한 시련을 겪기도 했다. 그것의 본질은 정구가 이황과 조식 가운데 어느 쪽에 대한 연원의식이 더 강렬한가. 다시 말해 남명학파인가 아니면 퇴계학파인가 하는 문제와 연동되어 있었다.

이런 파쟁의 실마리가 된 것은 1603년 김우옹의 죽음을 애도한 '동강만사'였다. 정구는 이 만사에서 '퇴도의 정맥을 하늘이 다하

---

이황을 공식 애도한 문자는 1607년 안동부사 재임시에 이황의 묘소에 가서 치제한 墓祭文이다.(鄭逑. 『寒岡集』 卷12. 〈祭退溪李先生墓文〉)

72) 徐廷文. 2007. 「朝鮮中期의 文集編刊과 門派形成」. 국민대학교 국사학과 박사학위 논문.

73) 鄭逑. 『寒岡全書』. 「年譜」. 〈丙寅〉.

74) 鄭逑. 『寒岡全書』. 「年譜」. 〈壬申〉.

75) 鄭逑. 『寒岡集』 卷1. 〈挽南冥曹先生〉; 卷2. 〈祭南冥曹先生文〉; 卷12. 〈祭南冥曹先生墓文〉(2首).

도록 사모했고(퇴도정맥종천모退陶正脈終天慕)', '산해〔남명〕의 높은 풍도를 특별히 흠모했네(산해고풍특지흠山海高風特地欽)'[76]라고 하여 이황을 '정맥', 조식을 '고풍'으로 평한 바 있었다. 정구의 '동강만사'는 이황과 조식에 대한 일종의 등제적 의미를 내포한 것이 사실이었고, 이에 대한 정인홍의 반론이 곧 '정맥고풍변正脈高風辨'이다.[77] '정맥고풍변'은 이황이 '정맥'이 될 수 없는 사유를 밝히는 데 주안점이 있었고, 나아가 관념적이나마 정구를 남명문하에서 출문黜門하는 성격을 가졌다고 할 수 있다. 일각에서 조식에 대한 정구의 '배사설背師說'이 제기된 것도 이때문이었다.

> 일각의 사람들이 선생께서 남명선생을 존상尊尙치 않는다고 비방을 하고, 심지어 배사背師했다고 지목하기까지 하자 선생께서 들으시고는 '선생을 나만큼 경모하는 사람도 없다'고 하셨다.[78]

그러나 정구의 자술처럼 '배사설背師說'은 실정과는 상당한 차이가 있었다. 물론 이런 과정을 거치면서 정인홍과의 사이가 나빠졌고, 광해조에 들어서는 관계가 더욱 악화된 것은 사실이지만 조식에 대한 연원의식이 결코 퇴색한 것은 아니었다.

---

76) 鄭逑. 『寒岡集』 卷1. 〈挽金東岡〉.

77) 『辨誣』. 〈正脈高風辨〉. 이 자료의 소장처는 진주 진양하씨 知命堂 河世應의 종택이며, 이를 발굴하여 소개한 연구자는 경상대 한문학과의 이상필 교수이다. 지금까지 학계에서는 정구의 '東岡輓詞'에 대한 정인홍의 변론을 '高風正脈辨'으로 알고 있었으나 이 자료에는 '正脈高風辨'으로 표기되어 있다. 송시열의 경우 "仁弘有高風正脈辨 其文頗好 可一求見也"(宋時烈. 『宋子大全』 附錄 卷14. 〈語錄(李喜朝錄)〉)라고 하여 '高風正脈辨'으로 명시했고, 김영의 『溪巖日錄』에서도 동일한 명칭으로 기록되어 있다. 다만, 정구가 김우옹의 만사에서 언급한 '정맥'과 '고풍'의 표현적 순서, 또 하씨 가장본의 변론 구조 역시 '정맥' ⇒ '고풍'인 점을 감안한다면 '정맥고풍변'이 原名일 가능성이 크다.

78) 裵尙龍. 『藤庵集』 卷4. 〈寒岡先生言行錄〉. "一邊人訾先生以不尊尙南冥 至以背師目之 先生聞之曰 莫如我敬先生"

정구의 학자적 생애에 있어 1606-1607년은 매우 중요한 의미가 있었다. 1606년 9월부터 11월에 이르는 두 달 동안 정구는 도동道東·용암龍巖·덕천德川·남계서원藍溪書院을 심원함은 물론 김굉필·조식·오건·정여창의 묘소를 찾아 치제한 바 있었다.[79] 이 행보는 강우 일원에 분포하고 있었던 자신의 학문연원을 찾아가는 일종의 '연원순례淵源巡禮'로서 남명학파권에 대한 자신의 존재감과 학문적 영향력을 확대해가는 과정으로 해석할 수 있다. 남계서원을 거쳐 정여창의 묘소에 치제할 때 내암문인 정경운鄭慶雲이 축문을 읽은 것으로 보아 이때만해도 정인홍과의 불화도 우려할만한 상황은 아니었던 것 같다.

이로부터 몇 달이 지난 1607년 3월 정구는 안동부사로 부임했다. 이전까지 관직을 마다하던 정구는 이례적으로 이 직임을 받아들였고, 부임 경로도 풍기·예안을 거쳐 안동부로 들어가는 방식을 택했다. 풍기·예안을 경유한 것은 황준량과 이황의 묘소를 참배하기 위함이었다.[80]

> ① 한강 정영공鄭令公이 안동부사에 임명되어 서울에서 바로 도산으로 가서 사당을 참배하고, (퇴계의) 묘소에 치제했다. 일찍이 퇴계 선생께 수업했음에도 선생께서 돌아가신 뒤로는 이번 걸음이 처음이었다.[81]

---

79) 鄭逑.『寒岡全書』.「年譜」.〈丙午(1606)〉. "九月造玄風謁道東院祠 十月祭金先生墓 十一月往三嘉 謁龍巖院祠 仍向晉州 謁德山院祠 祭曺先生墓 歷山陰祭吳德溪墓 至咸陽謁灆溪院祠 祭鄭先生墓"; 鄭慶雲.『孤臺日錄』.〈丙午 冬11月 12日〉"與渭瑞往拜寒岡先生于山陰之道士軒";〈丙午 冬11月 18日〉"寒岡先生自德山遊龍湫 臨書院(灆溪書院-筆者註) 余與猶子往拜于院 午後 先生祭一蠹先生墓 余讀祝文";〈丙午 冬11月 28日〉"聞寒岡路由火界 抵于武屹云云 可想其意"

80) 김학수. 2010.「鄭逑(1543-1620)의 학자·관료적 삶과 안동부사 재임」.『영남학』17. 경북대학교 영남문화연구원. 83-86쪽.

81) 金坽.『溪巖日錄』.〈丁未3月8日〉. "鄭寒岡令公 拜花伯 自京直造陶山 謁廟祭墓 蓋嘗

② 아침에 한강이 암서헌巖栖軒과 관란헌觀瀾軒 및 천연대天淵臺를 둘러 보았는데, 나는 여러 벗들과 함께 수행했다. 아침을 들고 한강은 계상溪上으로 가서 퇴계선생 산소에 술을 올렸다.[82]

정구가 안동부사직을 수락하고, 또 40년만에 도산을 거쳐 이황에게 예를 표한 다음에 안동부로 들어간 이유는 무엇일까? 그것은 이황과 자신의 사제관계를 분명하게 각인시키며 퇴계학파의 본거지인 예안·안동 일대에서 자신의 학문적 영향력을 확대하려는 의도와 무관치 않아 보인다.

무엇보다 이때는 조목이 사망한 지 1년이 지났고, 류성룡 또한 병석에 있었다. 따라서 '퇴문3고제'로 꼽히는 조목·류성룡·김성일의 학문적 영향력이 사실상 중단된 상태, 즉 안동·예안지역 퇴계학파권 사림들의 학문적 구심점이 사라진 상태였다. 바로 이런 때 그는 안동부사로 와서 강학을 통해 학문적 진면목을 보여주면서 문도를 규합하였는데,[83] 이것은 곧 한강학파의 팽창의 과정에 다름 아니었다.

선생(정구)께서 여러 유생들을 불러 『심경心經』을 강독했다. 이 날은 더위가 혹독하여 땀이 물처럼 흘러내렸으나 선생께서는 근엄한 모습으로 반듯하게 앉아 논설하셨다. 나는 이 광경을 보고 선진들이 덕에 나아가는 마음에는 잠시의 쉼도 용인하지 않음을 알 수 있었다.[84]

---

受業于先生 而先生沒後 此其始到也"

82) 金光繼. 『梅園日記』. 〈丁未3月8日〉. "朝寒岡歷觀巖栖·觀瀾軒·天淵臺 余與諸友從行焉 食後寒岡往溪上 酹酒于退陶先生墓"

83) 「檜淵及門錄」(鄭逑. 『寒岡全書』)에 따르면, 안동·예안·봉화지역의 한강문인은 金中清, 金濮, 張興孝, 金允安, 任屹, 鄭佺, 權泰一, 李蒔, 李苙, 李葳, 金奉祖, 禹鎮, 金榮祖, 金是樞, 金光繼, 柳袗, 鄭俶, 金光岳, 金柱宇, 權思邈, 柳Artifact, 金鑌 등 22명이다.(김학수. 2010. 「鄭逑(1543-1620)의 학자·관료적 삶과 안동부사 재임」. 『영남학』 17. 경북대학교 영남문화연구원. 95-96쪽)

정구는 문인 임흘任屹·김광계金光繼에게 이황 저술 「퇴계상례退溪喪禮」의 교정을 지시하는[85] 한편 그 해 6월에는 청량산을 거쳐 도산에 이르는 기행을 추진했다. 이 과정에서 그는 이황의 자취가 서린 치원암致遠庵의 중수를 지시하고,[86] 암서헌巖棲軒에 가첨假簷과 평상平床을 설치하는[87] 등 각종 지원을 아끼지 않았다. 아래의 기사는 1607년 6월 27일 정구가 도산서당을 떠나 안동부로 향할 때의 정황을 묘사한 것이다.

> 아침에 한강 선생을 모시고 전교당에서 대화를 나누었다. 아침을 드신 뒤 선생께서 출발하려 할 때 암서헌巖栖軒에 들어가서는 배회하며 위를 쳐다보시면서 일어서려 하다가도 다시 앉곤 하셨는데, (퇴계 선생을) 연모한 나머지 차마 떠나지 못하는 마음이 있어 보였다. 다시 천연대로 나가서는 한참 앉아 계시다가 해가 저물자 비로소 출발하였다.[88]

'도산'과 '이황'에 대한 경모의 절정을 보여주는 이 장면은 안동·예안사림들에게 퇴문고제로서의 인상을 강하게 심어주기에 충분했다. 1606년의 강우행과 1607년 안동부사로서의 정구의 행위는 결국 자신이 남명·퇴계 양문의 고제高弟 내지는 수문首門임을 표출하는 과정이었다. 논자는 그것을 '양측적兩側的 계승의식繼承意識'으로

---

84) 金光繼.『梅園日記』.〈丁未6月26日〉. "又招諸生 講讀心經 是日盾炎之酷 汗流如漿 而先生乃儼然端坐 論說不厭 亦可見先進進德之心 無須臾息也"

85) 金光繼.『梅園日記』.〈丁未5月20日〉. "食後入拜寒岡先生 見權諶及任參奉丈 先生命我及任參奉丈(任屹:筆者註) 校退溪先生喪禮 余有故欲來 而不聽還 不得已與任丈 退寓私家校之…同校者金義精權弘甫權臣哉隣哉李以敬柳仁植 以寓舍有非便事 告先生移寓鄕校"

86) 金中清.『苟全集』卷5.〈致遠庵重修勸牓〉.

87)『陶山門賢錄』卷2.〈鄭逑〉. "公爲安東伯 作巖棲軒假簷及平床"

88) 金光繼.『梅園日記』.〈丁未6月27日〉. "朝陪話于典敎堂 食後 寒岡先生將發 入巖栖軒 徘徊瞻眺 欲起還坐 有慕戀不忍去之意 又出天淵臺 久坐 日晩乃發"

표현하고자 한다.

남명·퇴계에 대한 정구의 '양측적 계승의식'은 1617년 봉산욕행〔7월 20일-9월 4일〕에서도 선명하게 드러났다. 봉산욕행은 신병 치료에 목적이 있었지만 그 과정은 연원을 찾아가는 심원尋源의 길, 문인들의 화합과 새로운 문인의 규합을 도모하는 학파의 결속 및 외연 확충의 행로였다.[89] 특히 여정을 시작하던 7월 20일 도동서원 서상재西上齋에서 하루를 묵고 그 다음날에 김굉필의 산소를 참배한 것이라든지 7월 25일 신산서원新山書院(산해정山海亭 옛 터)을 봉심한 것은 이 여정의 또 다른 목적이 심원尋源에 있었음을 분명하게 보여준다.[90]

> 7월 25일. 맑음. 새벽에 배를 움직여 산산蒜山 앞 여울에서 아침을 먹었다. 김해부사(조계명曺繼明)이 아이를 보내 문안했다. 삼차강三叉江 앞 여울을 지나자 부사가 사람과 말을 정제하여 선생을 맞았다. 선생께서는 서원에 들어가서는 성정당誠正堂에서 휴식을 취했다. 종자從者가 먼저 사당에 들어가 향을 피운 뒤 두 번 절하고 나왔다. 조금 있다가 선생께서 부축을 받아 묘정廟庭에 들어가서는 부복하여 절을 올린 뒤에 다시금 성정당에서 쉬었다. 선생께서는 정묘년(1567)에 산해정에서 남명선생을 뵌 지 지금 51년이 되었는데, 묘실廟室이 위치한 자리가 산해정의 옛 터라고 한다. 부사가 들어가 배알하여 잠시 다례茶禮를 행했다. 선생은 견여를 배로 내려오셨고, 부사가 하룡당下龍塘까지 호송했다.[91]

---

89) 봉산욕행시에 정구가 만난 사람은 약 300명이고, 이 가운데 한강문인은 약 80명이다. 이는 자신의 문인 342명 가운데 25%와 회합을 가진 셈이며, 특히 낙강 연안지역의 문인〔209명〕 중에서는 약 40%가 수행 또는 문안했음을 뜻한다.(김학수. 2010. 「조선중기 寒岡學派의 등장과 전개 -門人錄을 중심으로-」. 『한국학논집』 40. 계명대학교 한국학연구원. 129-130쪽)

90) 김학수. 2010. 「船遊를 통해 본 洛江 연안지역 선비들의 집단의식-17세기 한려학인을 중심으로」. 『영남학』 18. 경북대학교 영남문화연구원. 84-85쪽.

신산서원을 참배한 지 이틀 뒤인 7월 27일 정구는 문인 이윤우에게 이황의 「예의답문禮疑答問」의 대목大目을 정사하게 했고, 8월 3일에는 「예의답문」의 제목題目을 강정했으며, 역시 동년 8월 초에는 '남명종사소南冥從祀疏'의 소문을 지어 소청에 송고했다.[92] 이처럼 정구는 불과 열흘 남짓한 사이에 한편으로는 이황의 저술을 정리하고, 다른 한편으로는 조식의 서원 참배와 종사소문을 짓는 일을 병행하고 있었던 것이다. 이것이 곧 '정맥'과 '고풍'의 아우름을 추구했던 '양측적 계승의식'의 실체였던 것이다.[93]

아래는 신흠이 지은 '한강신도비명' 가운데 정구의 사승관계를 설명하는 중요 대목이다. 문맥의 구조상 이황과 조식 · 성운이 주부관계로 설정된 뉘앙스를 지울 수 없다.

> 일찍이 퇴도의 문정에 올라 연원이 있는 학문을 들어 알았고 또 남명과 대곡 사이에 유학하여 그 지기를 갈고 닦았다. 속학俗學이 사람의 재주와 성품을 망가뜨린다는 것을 알고 기필코 고명 광대한 영역의 고지를 획득하려고 마음먹었으며, 마음을 제어하고 몸을 다스리며 가정살이 벼슬살이 및 임금을 섬기고 백성을 다스리는 등의 일을 회암晦庵과 퇴계로 모범을 삼았다.[94]

---

91) 鄭逑. 『寒岡全書』. 「蓬山浴行錄」. "(七月)二十五日 晴 平明行船 朝飯于蒜山前灘 金海府使曺繼明 遣小童問安 過三叉江前灘 府使整齊人馬以迎之 先生入書院 歇于誠正堂 從者先入廟 焚香再拜而出 少頃 先生扶持入廟庭 俯伏瞻拜後 還歇于堂 先生以丁卯年來拜南冥先生于山海亭 今五十有一年 廟室正是山海亭之基云 主倅入謁 暫行茶禮 先生以肩輿下船 主倅護送于下龍塘"

92) 이 상소문은 정구의 처질이자 문인 李篈의 문집에 실려 있지만 하증의 언급을 통해 원찬자가 정구였음을 알 수 있다.(李篈. 『東湖集』 卷1. 〈請從祀南冥曺先生疏〉; 河憕. 『滄洲集』 卷2. 〈新安語錄〉; 韓國精神文化硏究院編. 1995. 『古文書集成』 25 -德川書院篇-. 「南冥先生請廡疏本抄」. 〈慶尙道儒生疏(寒岡先生首論)〉).

93) 김학수. 2010. 「船遊를 통해 본 洛江 연안지역 선비들의 집단의식-17세기 한려학인을 중심으로」. 『영남학』 18. 경북대학교 영남문화연구원. 83-85쪽.

94) 申欽. 『象村稿』 卷27. 〈鄭寒岡神道碑銘幷序〉. "而早登退陶之門 聞淵源之學 且遊於南冥大谷間 淬礪其志氣 知俗學之汨人才性 而必欲致極乎高明廣大之域 制心律己 居家

그렇다면 신흠은 정구의 사승에 있어 조식보다 이황을 우위로 인식한 것일까. 이와 관련하여 아래의 명은 많은 것을 함축하고 있다.

> 사문 아직 땅에 남았지만　　文不墜地
> 높은 자취 그 누가 이을건가　孰躡高蹤

일견 조식의 고풍高風을 염두에 둔 듯한 이 표현에는 '남명고제론南冥高弟論'이 압축되어 있었다. 그 의미를 잘 알고 있었던 채몽연 등 한강문인들은 '고종高蹤 두 글자는 은둔하는 선비에게 쓰는 것은 몰라도 (한강)선생에게는 어울리지 않다'는 입장에서 수정을 요구했지만 신흠은 한마디로 거절했다.[95] 한강문인들이 요청한 37개의 '개정문목改定問目' 가운데 신흠이 수정을 거절한 것은 이것이 유일했다.

이처럼 정구는 퇴계·남명에 대한 양측적 계승의식을 강하게 지니고 있었지만 후대로 갈수록 퇴계문인으로 인식되는 경향이 있었다. 그 단적인 사례는 박세채朴世采의 『동유사우록東儒師友錄』에서 찾아볼 수 있다. 정구가 공간된 문헌을 통해 이황의 수문으로서의 지위를 인정받은 것은 『동유사우록東儒師友錄』이 최초이다. 박세채는 『동유사우록東儒師友錄』에서 학문學問·은일隱逸·절의節義·사업事業에 기준하여 퇴계문인의 입록순서를 정했고,[96] 그 결과 정구鄭逑·기대승奇大升·조목趙穆·남치리南致利·황준량黃俊良·권호문權好文·이덕홍

---

守官 事君臨民 以晦庵退溪爲模範"

95) 蔡夢硯. 『投巖集』 卷3. 〈上申象村欽〉. 「問目第37條」. "初本 孰躡高蹤 云云 問; 或疑高蹤二字 下於隱遯之士則可 施於先生 則未洽云 竊恐所謂高蹤者 猶言高蹈高致高尙也 若作活看 則雖施於聖賢 似無不可 或疑恐誤 何如 答曰; 鄙意 恐無妨"

96) 朴世采. 『南溪集』 卷12. 〈答李君輔問 東儒師友錄(壬申七月)〉. "此書等第之例 以學問隱逸節義爲次 事業最在其下"

李德弘 · 류성룡柳成龍 · 김성일金誠一 순으로 서차가 정해졌다.[97] 박세채는 당시 영남의 사론으로 굳어져 있던 류성룡 · 김성일의 '계문적전론溪門嫡傳論'을 수용하지 않은 까닭을 다음과 같이 설명했다.

> 퇴계 · 남명 양문은 당론 이후의 인물들이 많이 연관되어 있어 조정하기가 여간 어렵지 않습니다. 퇴계문하는 반드시 서애西厓(류성룡柳成龍) · 학봉鶴峯(김성일金誠一)을 수문首門으로 치고, 남명문하는 수우당守愚堂(최영경崔永慶) · 동강東岡(김우옹金宇顒)을 으뜸으로 삼는데, 이는 저들의 정론일뿐이므로 굳이 따를 필요가 없습니다.…김(김성일)과 최(최영경)는 또 두 선생(이이 · 성혼)과 크게 배치된 혐의도 있으므로 강등하여 다른 사람의 뒤에 끼워 두면 대략 짐작하여 헤아리게 될 것입니다.[98]
>
> 영남의 사론에 따라 언급하자면, 서애西厓는 마땅히 월천月川의 앞뒤에 있어야 하지만 꼭 그렇지만은 않은 것은, 분지賁趾(남치리南致利)의 경우 학문에 전업專業한 사람이고, 금계錦溪(황준량黃俊良)는 학문으로서 선생의 추장을 받은 사람이며, 송계松溪(권호문權好文)는 은일의 선비이며, 간재艮齋(이덕홍李德弘)는 평생 문학聞學한 것이 가장 긴요했을 뿐만 아니라 기선록記善錄[계산기선록溪山記善錄]과 심경질의心經質疑를 남겼기 때문입니다. 학봉을 앞에 둔 것은 어록語錄[퇴계언행록退溪言行錄]을 남겼기 때문이고, 서애를 뒤에 둔 것은 학문에 긴요함이 없고 사업事業을 위주로 했기 때문입니다. 그러나 (서애는) 평일의 문장文章

---

97) 남명문인의 경우 河沆 · 柳宗智 · 盧欽 · 趙宗道 · 金宇顒 · 崔永慶 · 郭趄 · 李濟臣 순으로 고제그룹이 편차되었는데, 남명문하의 수문격이었던 崔永慶 · 金宇顒은 이이 · 성혼을 배척했다는 이유로 그 순서가 강등되었다(朴世采. 『南溪集』 卷12. 〈答李君輔問 東儒師友錄(壬申七月)〉. "守愚供辭以栗谷爲主 殊所未解 蓋平日每謂與牛溪矛盾爲敵 而今忽如此故也 大抵守愚孝友清介 豈不爲高世之士哉 但晩年學荒意偏 至與牛栗爲讎怨 此魯西所以有衮貞潑慶之說也 愚則常以此爲過重 故量置中間 欲以平士待之…東岡初謂並得罪於牛栗 故雖知其學問見識非西厓鶴峯之比 而不免退置此間矣"

98) 朴世采. 『南溪集』 卷29. 〈再答尹子仁(辛酉十二月七日)〉. "退溪南冥兩門 多係黨論以後人物 極難稱停 蓋溪門則必以西厓鶴峯爲首 冥門則以守愚東岡爲首 乃彼一邊之定論 然此則不可從矣…金崔又有與二先生大段背馳之嫌 故降而間置他人之次 自謂粗得斟量也"

> 및 식견識見으로 말하자면 비록 한강·월천과 같은 이도 미치지 못하는 곳이 있으므로 그대의 논의가 합당하다고 봅니다. 그래서 부득이 서애와 학봉을 간재艮齋의 아래에 편차한 것입니다.99)

비록 박세채의 인식 속에는 이이·성혼과의 관계를 중시하는 정치적 고려가 강하게 반영된 한계는 있지만 류성룡과 김성일을 학자로서 크게 비중을 두지 않고 있음은 분명하게 확인할 수 있다. 그렇다면 박세채가 정구를 수문으로 설정한 배경은 무엇일까. 그 해답은 이이·신흠과 정구와의 관계에서 구하는 것이 옳을 것 같다. 이이는 정구의 학식과 경륜을 높이 평가하여 그의 등용에 매우 공을 들였고, 정구 또한 이이를 국왕을 보도하고 동서 당론을 조정할 적임자로 평가하며 매우 존경한 것이 사실이었다. 비록 송시열에 의해 차단되기는 했지만 한 때 서인계에서는 정구의 '율곡경모설栗谷敬慕說' 및 '율곡문인설栗谷門人說'이 파다하게 나돈 것도100) 이때문이었다. 이런 관점에서 본다면 박세채는 정구의 학문적 성취에 더해 이이가 인정했고, 또 이이를 존경했던 정구의 정치사회적 측면까지 고려하여 그를 『동유사우록東儒師友錄』의 「퇴계문인편」(72명)에 수제한 것으로 해석할 수 있다. 여기에 더해 정구의 신도비명을 지은 신흠申欽이 그의 외조부란 점도 박세채가 정구를 우호적으로 인식하는 단서가 되기에 충분했던 것이다. 비록 박세채의 견해는 17세기 중후반 서

---

99) 朴世采. 『南溪集』 卷12. 〈答李君輔問 東儒師友錄(壬申七月)〉. "以嶺南士論言之 西厓當在月川上下 而不然者 賁趾乃專於學者也 錦溪以學被先生推奬者也 松溪隱逸之徒也 艮齋平叔平生問學最緊 且有記善錄心經質疑也 先鶴峯以有語錄也 後西厓以於學無甚緊要 而事業爲主也 然以平日文章見　識言之 則雖寒岡月川亦多不及處 宜乎有左右之論矣 今不獲已以西厓鶴峯次於艮齋之下"

100) 김학수. 2007. 「'寒岡(鄭逑)神道碑銘'의 改定論議와 그 의미」. 『朝鮮時代史學報』 42. 조선시대사학회. 59-63쪽. 1584년 정구가 이이에게 보낸 편지에 발문〔跋寒岡先生甲申手帖〕을 붙여 이이·정구의 관계성을 특서한 사람도 박세채였다.

인계의 인식이라는 한계는 있지만 정구의 학문연원과 관련하여 시사하는 바가 매우 크다.

## 4. 맺음말

이상에서 논의한 내용을 요약하면 다음과 같다.

정구의 선대는 고려말 이래로 현달한 관료를 배출하는 가운데 이제현·이색 등과 사우문인관계를 맺으며 관계와 학계의 주류로 활동해 왔다. 또한 이들은 주자학을 신봉했던 사대부의 핵심으로서 조선왕조의 개창에 주도적인 역할을 담당하였고, 조선초 학자·관료를 대표했던 조준·정도전·권근 등과도 긴밀한 교계를 맺고 있었다.

특히 정구의 6대조 정총의 훈공과 학식 그리고 문장은 청주정씨가 조선조 양반사회에서 주도적인 위치를 확보하는 중요한 바탕이 되었다. 정구의 조부 정응상이 김굉필의 사위가 될 수 있었던 것도 정총이 다져놓은 문벌적 기반 위에서 기능했던 것으로 파악되며, 정구가 주자학의 본령에 충실하면서도 읍지 편찬 등 실용적인 학문을 추구한 것도 선대로부터 세전되어온 가학 및 가풍과 밀접한 관련이 있는 것으로 파악된다.

개성 및 한양에 세거했던 정구 선대의 영남 이거와 정착, 정구의 학자적 성장에 외증조 김굉필의 영향은 매우 컸다. 김굉필과 정응상의 옹서관계는 개국공신의 내외 후손이라는 문벌적 기반과 학문과 문장을 뛰어났던 정구 선대의 문한적 가풍이 접목된 결과였다. 정구는 김굉필의 학문적 후광에 힙입어 성주·현풍·고령 등 낙중지역을 중심으로 학파적 기반을 마련할 수 있었고, 경현속록의 편찬과 도동서원의 중건을 통해 가학연원을 꾸준히 천양해 나갔다. 이 과정에서 도동서원은 '한훤-한강학맥'의 본산으로 인식될 수 있었다.

한편 정구의 외계적 가학연원을 이해함에 있어 김굉필 못지 않게 중요시된 사람은 정효충(정구의 5대조)의 처부 탁신卓愼이었다. 지금까지 정구의 가학연원과 관련하여 탁신은 전혀 언급이 없었는데, 이번 논고를 통해 탁신의 존재를 드러낸 것은 작은 성과라 할 수 있다.

정구가 초년기에 사사한 오건과 황준량은 각기 퇴계·남명문인과 퇴계문인이었고, 이들의 학문적 갈래는 정구가 퇴계·남명 양문을 출입하는데 일정한 영향을 미쳤던 것으로 파악되었다. 다만, 오건의 경우 정구의 학문적 성장에 커다란 영향을 미쳤음에도 문자적 개변에 의해 사적師的 지위의 강등이 초래된 것은 유념할 대목으로 지적할 수 있었다.

이황과 조식은 정구 사승의 양대 기축이었고, 이들을 매개로 정구는 영남의 중부지역, 즉 낙중지역을 중심으로 '한강학파'라는 거대한 학파를 형성할 수 있었다. 정구가 이황·조식 가운데 누구를 더 존사尊師했는가를 예의주시하는 과거나 현재의 시각과는 달리 정구는 양측적 계승의식을 끝까지 유지하면서 영남학파의 결속을 강화하는 한편 자신의 학문적 영향력을 확산시키려 했다. 이러한 의지는 '정맥正脈'과 '고풍高風'을 아우르려는 '양측적 계승의식'으로 규정할 수 있었다.

'한강신도비명'의 개찬 사례에서 보듯 정구의 학맥에 관한 문헌기록 역시 당대의 실상, 정구의 인식, 한강문인들의 입장 등이 혼재되어 있어 갈피를 잡기 어려운 측면이 있었다. 이런 난맥상에 대한 세심하고도 치밀한 분석이 이루어질 때 실체적 진실에 한 걸음 더 다가설 수 있을 것으로 본다.

# 한강 정구의 성리학 체계와 연원에 관한 소고

## -천리와 인욕의 대립 구조와 "정중유물"의 의미를 중심으로-

정도원 | 성균관대학교 유학대학

### 1. 머리말

이 글은 17세기 영남 사림의 종주이자 예학의 종장으로 자리매김되고 있는 한강 정구의 성리학을 검토하는 것을 목적으로 한다. 그러나 한강의 성리설을 이해할 수 있는 자료가 많지 않기 때문에, 그의 학문 체계와 아울러 연원에 대한 논의를 병행하고자 한다. 한강의 학문을 연원이 되는 학문과 연결하여 논의하려는 것은, 도학이 본질적으로 조술과 학통을 중시하므로 학문 연원에 대한 규명을 체계에 대한 설명으로 전환할 수 있다고 보기 때문이다.

조선시대 유학자가 모두 도학자일 수는 없다. 도학道學이란 도통道統, 혹은 학통學統에 대한 "책임의식"과 "계승"을 핵심으로 한다. 그러나 대부분의 조선 유학자들이 과거科擧를 목표로 하거나 당파적 이해에 좌우되는 인물들이라는 평가가 조선시대 내내 수많은 선유先儒들에 의해 누차 지적되고 있다. 따라서 도학이라는 기준을 모든 학자들에게 일괄적으로 적용할 수는 없다. 그러므로 한강이 도학자라면 그의 생애와 학문 두 측면에서 납득할만한 설명이 필요할 것이다.

이에 먼저 그의 학문을 일별해보면, 그의 가장 대표적인 저술이 선유들의 사상을 자신의 체계에서 정리한 『심경발휘』와 『오선생예설분류』라는 사실이 주목된다. 이는 한강의 독창적인 저술이 아니라 선유들의 입론을 모아 정리한 것으로서, 한강의 학문이 "조술祖述"이라는 측면에서 이루어지고 있음을 확인케 하는 것이라고 할 수 있다.

다만 이러한 조술의 중심에 과연 어떠한 사고가 자리하고 있는가는 고민해볼 필요가 있다. 이는 그의 학문이 가지는 연원의 복잡성과도 관련이 있다. 그는 근기 남인의 비조이자 영남사림의 맹주로 평가되지만,[1] 그가 과연 월천, 학봉, 서애와 같은 퇴계 문하의 고제인가 하는 점에는 의심스러운 부분이 적지 않다.[2] 전통적으로 한강이 퇴계학파의 고제로서 근기 남인의 비조라고 불리지만, 근기 남인이란 근기 지역의 남인 당파를 의미할 뿐이므로, 퇴계학파와 등치시킬 수는 없다. 설령 등치시킬 수 있다고 해도 최근 근기 남인의 학풍 자체가 의문시되고 있는 상황이므로[3] 퇴계학을 준거로 한

---

1) 김학수. 2010. 「조선중기 한강학파의 등장과 전개」. 『한국학논집』 40집. 161쪽

2) 정도원. 2010. 「16-17세기 퇴계학파의 학문적 특징과 전개양상 고찰」. 『한국사상사학』 40 참조.

3) 이들의 학풍이 영남 남인이나 서인들과 다르며, 실학 및 근대 서구 문명 수용 과정에서 중요한 역할을 하였다는 것이 일반적인 평가이다. 그 결과 조선 근대화 과정에 대한 사상사 차원의 원인 규명이 이루어지면서 기존의 성리학 중심 사고와는 다른 "개방적 논의 구조"가 요청되자 이들의 학풍이 주목되었다. 이른바 '북인계 남인'(호훈. 2004. 『조선후기 정치사상 연구: 17세기 북인계 남인을 중심으로』. 혜안)이라는 새로운 관점이 제시된 것이다. 즉 이들의 학풍-실질적인 의미로는 학문 내용과 연원-이 화담이나 남명에서 연유하여 주자학 중심의 사고에는 없는 개방적

강의 학문을 비정하기는 어렵다.

그렇다고 한강이 어려서부터 종학하였던 남명-덕계 문하를 기준으로 하기도 어렵다. 이 계열의 학문적 특징 역시 아직은 구체화되었다고 보기 어렵기 때문이다.[4] 그러므로 이 글에서는 한강의 연원으로 거론되는 남명과 퇴계의 학설을 한강의 학설에 직접 교차투영하여, 한강 성리설의 특징을 추출하고자 한다. 추론은 다음의 세 단계로 진행될 것이다.

첫째, 한강과 남명의 학문적 유사성을 검토한다. 한강의 수학과정과 내용에 모호한 면이 있지만[5], 남명의 제자인 덕계문하에서

---

논의 구조를 가지고 있었기 때문에 이러한 결과가 나올 수 있었다는 것이다. 신병주의 『남명학파와 화담학파 연구』(2000. 일지사), 『조선 중후기 지성사연구』(2007. 새문사)가 이러한 논의를 대표한다고 할 수 있는데, 특히 신병주는 「북인학파의 연원과 사상, 그리고 현실인식」(2011. 『한국철학논집』)에서 당파와 학파를 연결시켜 "북인 학파"라는 표현을 쓰고 있다.

4) 남명학에 대한 연구 연혁이 짧고 여러 자료적인 제한이 있는데다 남명학 자체에 대한 이해 역시 사뭇 이질적이기 때문이다. 남명학에 대한 기존의 연구 성과는 최석기. 1999. 「남명사상의 본질과 특색」. 『한국의 철학』 27에 대부분 정리되어 있다.

5) 미수가 한강 「행장」에서 "初見陶山李先生 講心經"이라고 한 것을 보면 한강이 퇴계에게서 수학한 것은 심학이었다. 한강이 「심경발휘서」에서 "亦嘗親質於先生矣"라고 한 것과 일관된다. 그러나 그가 퇴계에게 올린 편지나 문목을 보면 『심경』 등에 대한 내용이 전혀 없다. 주로 자신의 行禮에 관한 질문만 두어 차례 있었을 뿐이다. 사실 6차례 서신을 올리는 9년 동안 직접 면대할 기회도 거의 없었다. 원래 한강은 덕계 밑에서 『역』, 특히 「문언전」을 보았다고 하는데(「행장」: 從吳德溪先生 受易乾坤文言), 후일 이천의 의리역이 주자의 상수역보다 우선이라고 한 사실(허목, 「한강선생문집서」: 上問, "易『程傳』, 『本義』何先?" 對曰, "易之道 明乎消長盈虛之理 不失時中者也. 徒以卜筮前知而已者 末也. 程傳先也.")을 보면 이는 상당히 신빙성이 있어 보인다. 그리고 「연려실기술」에는 다음과 같은 내용이 실려있다. "…열 서넛에 학업을 이미 이루니 오건이 성주목사로 있으면서 시를 주어 격려하였다. 18세에 『주역』을 읽어 대의를 깨달을 수 있었다. 이에 의심스러운 부분에 표를 하고 이황에게 질의하고 장차 머물며 배우려고 하였으나, 만나 공이 의심스러워했던 부분을 질문해보니 이황도 이따금 풀지 못하므로 공이 마침내 하직하고 물러가려다 … 조목이 꾸짖기를, "… 군이 나이 어린 사람으로서 선생의 도덕을 듣고 수백 리 길을 멀다하지 않고 와 배알해놓고, 기껏 보고 느낀 것이 한두 군데 글뜻 뿐이었는가?"하여, 마침내 한 달 동안을 머물다가 돌아왔다."(『연려실기술』은 이 내용을 『남계집』에서 가져왔다고 하는데, 논자는 아직 이를 찾지 못하였다. 그래서 『연려실기술』의 원문만 재해석 하였다.) 그리고 한강의 「행장」에는 남명에게 수학했다는

수학하다가 퇴계를 거쳐 다시 남명문하에 들어갔다는 것은 분명하고, 양문의 고제라는 후대의 평가와 달리, 퇴계 직전제자들 가운데 한강의 존재감이 극히 미미하였던 것은 본인이 또한 시인하는 사실이다.[6] 그러므로 그의 학문적 성장을 추적한다는 측면에서라도 남명의 영향을 우선적으로 고려할 필요가 있다. 다만 현재 남명의 이학에 대한 논의가 일정치 않으므로, 이 단계에서는 남명의 『학기』를 기준으로 그 대강만을 추려 비교하는 데 그친다.[7]

둘째, 주자학에서 도통의 핵심으로 일컬어지는 "16자 전심"과 『중용』의 "혹생혹원설"에 대한 『심경발휘』의 내용을 중심으로, 그 체제와 논의 구도를 분석하여 이학과 심학의 개략을 구성한다. 『심경발휘』는 한강의 대표작으로 퇴계가 존신한 『심경부주』의 문제점을 수정하려든 작품이다. 퇴계는 『심경부주』에 문제가 있음을 인식하였지만 큰 틀에서 수용하고자 하였고, 이에 대한 개찬을 허락하지 않았다. 그리하여 막상 여러 문제점을 지적하였던 월천조차 이러한 퇴계의 입장을 그대로 따랐다. 그런데 말년에 급문하여 주로 예학에 관한 질의만 하였던 한강이 이를 전면적으로 개찬하고, 그 틀에 자신의 연구 내역을 정리해 넣었다는 것은 결코 가벼운 일이 아니다. 스스로는 개인적인 편람용[8]이라고 했지만, 당시에 이미 상당

---

사실 자체가 실려 있지 않다. 여러 모로 생각해볼 여지가 있는 대목이라고 하겠다.

6) 『한강집』 권3, 書, 「與趙士敬(穆)」 11a: … 而先師之喪 已迫一歲 而一哭之誠 尙未自伸, 藐此殘生 與死無異 遺憾平生 死猶難忘. … 而邈此跧伏 無以與聞一分 如不祭之 慟尤不可言 其於憂想 但切哽塞. / 「答趙士敬」 12a-b: 願拜門墻 十年未遂… / 13a: … 而於門下 亦竊欽想愛悅 而蒙不外者 非朝夕之幸也

7) 『학기』는 남명의 독서록이지만 일정한 체계로 분류되어 있다. 따라서 인용된 글은 물론 분류체계나 순서 역시 의미를 가진다. 그러나 이러한 분류에 남명의 의도가 어느 정도 반영되어 있는 지는 분명치 않다.(최석기. 1999. 「남명사상의 본질과 특색」. 『한국의 철학』 27. 52쪽) 그러므로 이에 대한 평가는 어느 정도 유보적이지 않을 수 없다. 이 글의 분석에서는 내용을 중심으로 체계는 단순히 참고만 하며 평가 역시 확인 가능한 범위 내에서만 내리고자 한다.

8) 정구, 『심경발휘』, 「심경발휘서」 2b: 遂目之曰"心經發揮" 豈敢爲播示外人計哉! 只爲

히 유통되어 『오선생예설분류』와 함께 대표 저작으로 받아들여지고 있었음은 그 자신의 편지에서 드러난다.[9] 그러므로 이를 퇴계의 논리와 비교함으로써 한강의 학설을 보다 구체화하고자 한다.

마지막으로 주자의 「명당실기」에 대한 한강의 이해와 이를 바라보는 퇴계의 태도를 통해서 이상의 논의를 정리하여 한강의 학문 및 연원에 대한 최종 평가를 내리고자 한다. 이 지점에서 왜 한강의 문집에서 퇴계에 대한 제문이나 만사를 발견하기 어려우며, 월천에게 문하에서 내치지 않은 것만도 감사하다는 말을 하고 있는지 구체적으로 설명할 수 있을 것이다.

이러한 논의가 한강학 자체에 그치지 않고 한강학의 연원에 대한 사상사적 검토를 포함한다는 점에서는 일면 사상사적인 분석이라고 할 수 있다. 그러나 이를 "도학" 자체의 논리에 따라 전개한다는 점에서는 현재의 사상사 연구 방식과 다르다. 현재 사상사 연구는 지연[10]과 인맥, 학연 등을 연결하여 학파를 추정하고, 학파와 당파를 연결하여 사고하는 경우가 많다. 정치적 이해관계와 주변 여건 등을 결합하여 도학의 "이면적 실체"에 주목하는 것이다. 그러나 이는 전제에서부터 분명한 선입견 혹은 논리적인 오류[11]가

---

便此殘年檢閱翫讀之資耳.

9) 『한강집』 권5, 서, 「答任卓爾(屹)」 15b: 發揮一書 不敢奉掛於人眼. 約束俱在序文而不能堅守本心 時於相愛之間 出以傳示 已爲破戒, 至於辱爲之謄出 則謬妄撰集 獲罪先賢之罪 固已不敢自掩 而區區初計 決不欲全壞. 尊敎之承雖切 而私情之懇亦如是 徒積慚懼 殆無以爲謝焉. 奈何奈何.

10) 권연웅. 2005. 「한국성리학의 지방학적 성격」. 『국학연구』 7에서는 특히 "지방학"이라는 개념을 사용하고 있다. 이러한 지방학의 의미와 논의 맥락을 잘 보여주는 것이 홍원식. 2010. 「영남 유학과 '낙중학'」. 『한국학논집』 40이다.

11) 무엇보다도 지역이나 가문, 주변 인물들을 통해서 해당 사상가의 학문을 추론할 수 있을 것이라는 생각은, 그렇게 볼 수 없는 사상가들이 존재한다는 점에서 분명 논리적 오류이다. 지역이나 가문, 주변 인물들이 그 사상을 낳은 것이 아니라 각각의 사상이 모여 지역성을 보이는 것뿐이다. 결과적일 뿐만 아니라 그나마도 예외가 존재한다. 그러므로 이를 주종관계로 파악해야지 하부구조에 의해 결정되는 상부구조

깔려 있다고 할 수 있다.

특히 당파와 학파는 엄연히 다르다. 물론 조선 중·후반의 도학파는 송대의 붕당론을 따라 당파를 정의하므로, 현재의 정당과 달리 학파와 무척 밀착된 모습을 가진다. 그러나 이를 근거로 양자를 일치시켜 현재의 정치사 혹은 정치사상사의 시각으로 일괄할 수는 없다. 정치사회적인 영역은 도학의 일부분일 뿐이다. 만약 도학의 사상적 특성을 무시한 채 정치사적 논리로만 분석하게 되면 본말이 전도됨은 물론 이들의 사상까지 현실적인 이해의 결과로 해석되어, 이를 벗어난 순수 도학자가 존재할 수 없게 된다.12) 이는 "도학"을 현재의 관점에서 재단하겠다는 것이므로, 지양될 필요가 있다고

---

로 볼 수는 없다. 물론 선행하는 여건들이 학문 형성에 많은 영향을 줄 수 있음은 분명하다. 그러나 이는 어디까지나 부차적인 것이며 도학적 특성이 고려되지 않고 있는 것이다. 그러므로 학문이나 사상을 지연, 학연, 인맥 등에 근거한 이른 바 "학풍"으로 규정하여 접근하거나 당파로 묶는 것은 지양될 필요가 있다.

12) 도학의 경우 학파란 비조의 학문을 수긍하고 이를 자기 것으로 받아들여 계승하겠다는 의식을 가진 공동체이다. 따라서 선사의 추숭은 결국 자신들을 포장하는 결과를 가져온다. 이는 분명 이해관계에 따른 행동이다. 그러나 그 이면에는 사회에 바른 모범을 제시한다는 원래의 취지에 충실하고자 하는 욕구도 있다. 그러므로 도통과 연결되는 학통의 개념이 중요한 것이다. 이러한 학파가 당파로 연결되려면 학파의 현실인식 및 참여방식, 즉 義理에 대한 동의가 전제되어야 한다. 하지만 이 의리가 유교적인 일반 도덕률이어야 하므로 실제 학파 혹은 학통과 무관하게 당파가 정의될 수 있다는 역설이 존재한다. 즉 의리가 같으면 벗이고 그렇지 않으면 무관한 사람(『학봉집』 권5, 書, 「與許書狀」 29b: 義合則朋友, 不合則路人也.)이라는 당파적이면서도 당파적이지 않는 논리가 존재하는 것이다. 여기에 학파나 학통은 개입될 여지가 없다. 학파와 당파가 일치할 수도 있지만 이는 어디까지나 학풍이 아닌 의리 인식의 결과일 뿐이라는 것이 도학파의 주장이다. 이 경우 정파 간의 이합집산은 현실적인 이해에 근거한 이합집산이 아니라 자신들이 사고하는 의리에 따른 이합집산이라고 할 수 있다. 실제 당파의 분립 역시 현실적 이해와 본질적 취지 사이의 괴리가 원인인 경우가 많았으므로, 義와 利의 대립으로 환원될 수 있는 측면이 분명히 있다. 당쟁에 임하는 태도가 현재와는 현격하게 달랐던 원인이 바로 여기에 있다. 현대적 시각에서는 이러한 의리적 관점, 즉 전통적 시각을 배제하고 이해에 따른 분파로만 해석하므로, 사소한 문구 하나로 대국을 그르치기까지 하는 여러 사건들을 설명할 수 없다.(좁게는 병호시비와 같은 것이 직접적인 실례가 될 것이고, 범위를 좀 더 넓히면 여러 척화논의나 의병운동 등과 같은 것도 이러한 경우에 포괄될 수 있다.)

생각된다.

물론 한강의 생애와 관련하여 한강이 과연 순수 도학자이기만 했는지, 연원에 대한 기존의 논의에 과연 당파적인 시각이 배제되고 있는지도 사실 의문스러운 면이 있다.13) 그러나 한강의 퇴계 직전 제자들 사후 활동과 정치적 부침을 이해관계에 따른 당파적 행위로만 해석할 수 있는 것이 아니라 도통을 자임한 때문으로 해석할 여지가 있고, 연원에 대한 기존의 논의 대부분에 후대의 시각이 반영되었음 또한 고려할 필요가 있다. 그러므로 이런 식의 접근이 얼마나 타당성을 가지는가에 대한 논란은 있을 수 있지만, 한강 스스로 도학자로서 선대의 학문을 조술하고 후대의 학문을 열고자 하는 의식이 있었음이 분명한 만큼 정통적인 도학 관점에서의 분석이 불가능한 것은 아니라고 본다.

이 글의 이상과 같은 시도는 사실, 사상 분석을 시도하면서 이학적인 내용을 정치적 시각으로 재단할 수도 없고, 방대한 저술에도 불구하고 막상 성리설은 거의 없는 한강학의 특수성에 따른 어쩔 수 없는 선택이기도 하다. 도학파에서 학통 또는 도통은 스승의 학문을 전수함을 이르므로 한강의 학문 연원을 분명히 한다면 이를 근거로 드러나지 않은 부분을 추정할 수 있으리라는 기대를 깔고 있는 것이다. 기존의 당파적 맥락에서의 논의 역시 이러한 맥락에서 살펴본다면 새롭게 해석될 여지가 있을 것으로 생각된다.14)

---

13) 김학수. 2010. 「조선중기 한강학파의 등장과 전개」. 『한국학논집』 40; 2007. 「'한강(정구) 신도비명'의 개정논의와 그 의미」. 『조선시대사학보』 등.

14) 현재의 사상사 인식을 보면 이율배반적인 측면이 있다. 사화기 사림들의 현실참여의식은 불의에 맞서는 순수 도학적 우환의식 혹은 도학적 경세론이나 외왕론의 표현으로 평가하면서, 당쟁이 격화되던 시기, 특히 북인정권 전후나 숙종조의 여러 사건을 전후한 시기의 정치적 논의는 당리당략에 근거한 자기합리화 수준을 벗어나지 못하는 것으로 치부하기 때문이다. 이는 상당히 모순적인 태도라고 할 수 있다. 도학시대 이전은 도학적으로 평가하고 도학시대는 이해관계에 기초한 정치적 시각

물론 이 지점에서 그의 학문이 단순한 조술인지 이를 표방한 새로운 사고인지는 분명히 할 필요가 있을 것이다. 그러나 이는 한편으로 이 논문의 귀결이기도 하므로, 이에 관한 논의는 논문의 결론 부분에서 언급할 예정이며, 본문에서는 한강의 학문 체계와 연원의 연결에 보다 집중하여 그 학문적 실체를 분명히 고정하는데 초점을 두고자 한다.

## 2. 천인일리天人一理의 상동구조와 본질적 주재

남명의 『학기』에 등장하는 여러 그림들 중 태극(◑)과 천天, 인人을 리理와 기氣의 양면으로 나누어 구조적으로 도시한 부분을 보면[15], 남명이 기본적으로 천-인을 구조적으로 유사하게 일관시키고 있다

---

에서 평가하기 때문이다.

15) 『학기』의 그림은 "論道之統體", "爲學之要"라는 부제처럼 『근사록』 체계를 본으로 하고 있다. 이 체계가 남명의 의도와 얼마나 부합하는지는 알 수 없으나, 일부 그림의 경우 제목이 없고, 그런 그림의 경우 대체로 앞 그림에 대한 일종의 부연의 성격을 가진 것으로 보이므로 일정한 체계를 부여할 수 있는 것도 분명해 보인다. 이 글에서는 이상의 내용과 기존의 『학기』에 대한 논의 등을 참고하여 대략 다음과 같이 분류하고자 한다.(판본은 "조영철 소장. 2000. 『이정합집본』(『남명집(사종)』), 남명학연구원출판부. 297-366쪽."을 기준으로 한다.)

Ⅰ. 論道之統體

1. 龍馬圖, 洛書: 孤虛旺相 / 伏羲·文王八卦次序, 羲先天·文後天
2. 三才一太極圖, 太極圖與通書表裏圖: ◑理氣, 天理氣, 人理氣
3. 忠恕一貫: 天道-天命 / 仁說圖 / 心統性情

Ⅱ. 爲學之要

爲學之要(小學·大學): 敬, 誠

Ⅲ. 聖賢論心之要

聖賢論心之要(心學圖): 博·約, 不動心, 易書學庸語孟一道(圖)

* 밑줄 친 부분은 원래 이름이 없는 것인데, 배종호의 「남명사상에 있어서 성학십도」(1988. 『남명학국제학술회의』. 남명학연구원)를 기준으로 이름을 더하였다. 4권의 "心爲嚴師"와 "幾"는 참조도로만 판단하였다.)

는 것을 알 수 있다.[16] 이는 천인합일을 말하는 성리학의 기본구조에 충실한 것이라고 할 수 있다.

그러나 이러한 기본 구조는 인간을 제외한 대상 세계, 혹은 자연계의 본질에 관한 논의일 뿐이다.[17] 실제 현실은 이러한 구조적 일관성이 통용되지 않는다. 즉 원형리정이라는 천도天道와 인의예지라는 천명天命[18]은 이상화된 도덕적 본질일 뿐 실제 약육강식의 현실에서 이러한 논리는 얼마든지 회의 될 수 있다. 그러므로 이러한 일관된 구조에는 항상 "본질적〔천天〕"이라는 단서가 필요하다. 그리고 이를 인간의 입장에서 논의할 때는 "당위적"이라는 구절이 전제된다. 현실에서 본질적 당위를 추구하는 것이다.

애초의 현실이 이러한 본질의 개체화 혹은 특수화의 결과라는 것이 「태극도설」의 논리이므로, 현실의 뿌리는 본질에 있다고 할 수 있고, 그 구체화 도구인 기氣의 영향은 시간적, 공간적인 제한으로 존재할 뿐이다. 따라서 현상을 원인으로 소급해갈 경우 본질이 우선시되고 구체화 재료는 그 다음이다. 그러므로 남명이 인용한 "리기선후理先氣後"[19]의 골자는 리기理氣가 분리된다거나 시간적인 선후가 있다는 것이 아니다. 시간적인 선후 자체가 기氣적인 차원이고 분리 여부 역시 기氣의 영역에서의 일이기 때문이다. 남명이 말하는 '소종래所從來'로 볼 때의 리기선후理先氣後는 리理가 본질이라는 의미이다. 이는 남명만의 주장이 아니라 퇴계가 고봉과의 논의에서 지

16) 천병돈은 이런 맥락에서 남명의 철학을 명도와 같은 일본론으로 보려고 하지만(「남명철학과 일본론」, 『남명학연구』24), 이 글은 이러한 단정이 큰 의미가 있다고 보지 않으며, 구조적 상동성이 있다는 사실에만 주목하고자 한다.

17) 『학기』 그림 분류Ⅰ-2 "人理氣"(『남명집(사종)』, 306쪽)에 인용된 정자와 사상채의 언급과 이천의 설에 대한 주자의 주석을 인용하며 "凡人說性 只是說'繼之者 善也'"라고 한 부분에 유의.

18) 『학기』 그림 분류Ⅰ-3 忠恕一貫의 天道-天命.(『남명집(사종)』, 311쪽)

19) 『학기』 그림 분류Ⅰ-2 "◑理氣"(『남명집(사종)』, 302쪽)의 첫 인용문.

속적으로 주장하는 것이기도 하다.[20]

사실 남명학과 퇴계학은 같은 주자학이므로 큰 틀에서 보면 다를 것이 별로 없다. 대개 퇴계의 사상을 경敬으로 특징짓지만 이는 주자학이면 가지는 특징일 뿐, 퇴계학만의 특징이 아닌 것과도 같다. 따라서 이 글에서 말하는 퇴계학과 남명학의 차이는 어디까지나 같은 주자학 내에서의 상대적 차이일 뿐이라고 할 수 있다. 다만 같은 토대에 있다고 해도 학문의 중점이 다르고 그 결과가 실천의 차이로 이어진다면 그 차이가 미묘하다고 해도 결과는 심중하다고 할 수밖에 없다. 이점에서 퇴계와 남명의 학설이 주자학적이냐 아니냐가 중요한 것이 아니라 같은 주자학 내에서 어떤 점을 기준으로 양자가 갈리는가 하는 점이 중요하다고 할 수 있다.

이 글에서는 양자의 차이가 본체론적인 초점의 차이에서 비롯된 것으로 이해한다. 이는 남명의 『학기』와 퇴계의 『성학십도』를 비교한 결과이다. 퇴계의 『성학십도』나 남명의 『학기』 모두 『근사록』의 체계를 따라 편집된 책이다. 그러나 주자의 원론에 따라 「태극도설」로부터 시작되는 『성학십도』와 달리 남명의 『학기』는 『역』의 도상을 앞세운다. 이는 「태극도설」을 "백세도술의 연원"으로 파악하는 입장에서 보다 더 들어간 논의라고 할 수 있다. 또한 이 도상들에 붙인 주석을 보면 하도와 낙서를 "정靜"과 "동動"으로 대별하고, 팔괘의 발생에 "신神"을 말한 뒤 "역易"을 거쳐 "세심洗心", "선천先天"으로 넘어가고 있다. 특히 주목되는 것은 "선천→심心, 후천→적迹 / 선천→무無, 후천→공부工夫 / 선천→형이상, 후천→형이하"로 대비되는 주석[21]에 이어 「삼재태극도」의 두 번째 권역 중심

20) 『퇴계집』 권16, 書, 「答奇明彦論四端七情第一書」: 由是觀之, 二者 雖曰, "皆不外乎理氣" 而因其所從來 各指其所主與所重而言之 則謂之"某爲理 某爲氣" 何不可之有乎?
21) 『남명집』권3, 6a. (『남명집(사종)』 299쪽 하단 좌엽)

의 "본체本體" 좌우에 "정靜"과 "리理"를 배치하고 있는 점이다.

남명은 「태극도」와 『통서』를 연결하면서 본질 혹은 본체를 "태극太極", "성誠", "성인聖人" 등으로 표현하였다.[22] 그러므로 이러한 본체本體가 심성心性과 연결되는 중심은 「태극도설」의 "주정입인극主靜立人極"이라고 할 수 있다. 그런데 「삼재일태극도」의 두 번째 권역의 중심 태극 원 안에 본체本體라는 표현과 함께 리理와 정靜을 양쪽으로 배치하고, "성인정지이중정인의이주정입인극聖人定之以中正仁義而主靜立人極"의 인용문에서 정靜에 "무욕고정無欲故靜"이라고 주석하였다. "무욕고정無欲故靜"이 원래 "주정主靜"의 본주本註이기는 하지만, 주정主靜의 논리는 경敬으로 환치되는 것이 주자학의 일반론이다.[23] 그럼에도 유독 이를 살리고 본체本體의 도상圖上에 정靜을 배치한 것이다.

이렇게 되면 후천의 공부가 지향하는 것이 선천의 "무無", "정靜", "무욕無欲"이라는 의미가 된다. 태극太極과 인극人極이 정靜에서 연결되어 말 그대로 "정靜을 주로 하여 인극人極을 세우는 것"이다. 또한 남명은 중정인의中正仁義를 각각 행지行之, 처지處之; 발지發之, 재지裁之라고 하여 본체와 인사의 문제를 대비하는데, 이 주석의 위치가 "무욕無欲하기에 정靜하다"는 주석의 앞에 있어, 이를 통해 무욕無欲에 이르는 것으로 읽히도록 하고 있다. 이 역시 무욕無欲의 정靜으로 일

---

22) 『학기』의 「太極圖與通書表裏圖」 첫 번째 권역을 보면 無極而太極 부분에 "誠" 자를 쓰고 밑에 "聖人之本"이라고 하였다.

23) 이점에서 『通書』, 「聖學 第20」 〈聖可學章〉의 "一爲要. 一者無欲也. 無欲則靜虛動直. 靜虛則明 明則通；動直則公 公則溥. 明通公溥 庶矣乎!"의 無欲을 생각해볼 필요가 있다. 주자는 이를 「태극도설해」에서 "君子修之吉 小人悖之凶"의 주석으로 끌어와 "聖人太極之全體. 一動一靜 無適而非中正仁義之極. 蓋不假修爲而自然也. … 敬則欲寡而理明. 寡之又寡 以至於無 則靜虛動直 而聖可學矣."라고 하였다. 「삼재일태극도」나 「태극도여통서표리도」 등의 첫 번째 권역이 바로 이에 따른 것이라고 할 수 있는데, 주자가 寡欲이라 바꾼 것을 굳이 無欲으로 다시 복원한 것이다.

관되고 있다고 할 수 있다. 결국 천-인 구조의 핵심 연결고리가 정靜, 혹은 무욕無欲임을 분명히 하고 있는 것이다.

이는 한강이 제자에게 답하는 편지에서 "정중유물靜中有物"이라고 표현한 것과 동일하다.

> 유자의 학문은 불교의 공무空無와는 다릅니다. 비록 담연하여 깊고 고요할 때라도 환하여 어둡지 않은 이치가 그 안에 자재하여 없었던 적이 없습니다. 학자는 이를 찾거나 안배하려고 해서는 안 됩니다. 그저 경敬으로 속을 곧게 하여 함양해가면 그 위에 저절로 이러한 것이 있는 것이니, 공 또한 정좌하되 경을 주로 하여 함양하고 잊거나 조장하지 말기를 오래하면 자연히 순수하게 익어 저절로 알게 될 것입니다.[24]

이 정靜 또는 정靜에서 파악되는 본체本體는, 태극太極이자 인극人極이므로 본체이면서 주재자主宰者이기도 하다. 당위적으로 볼 때, 본질이므로 주재자여야 한다고 할 수 있다.

본체의 주재는 현상까지 일관될 때 실제적인 의미가 있다. 남명이 여러 곳에서 쓰고 있는 "태일太一"이라는 표현이 바로 이러한 본체의 주재가 일원적으로 현실까지 일관됨을 보여주고 있다고 할 수 있다.[25] 이 때문인지 「경재잠」에서 마음을 하나로 모은다는 의미로

---

24) 『한강집』 권4, 서, 「答蔡靜應(夢硯)」 5b, 〈靜中有物〉: 儒者之學 異於釋氏之空無. 雖於湛然淵靜之時 而有箇炯然不昧之理 自在裏面 未嘗有熄. 學者於此不可尋覓不容安排. 但當敬以直內涵養將去 上面自然有這物事, 公且靜坐 主敬涵養 勿忘勿助 久自純熟 便自見得. "靜中有物"이라는 표현는 원래 『近思錄』 권4의 소계명 질문에 대한 정자의 답변에 보이는데, 『근사록』에서는 주자의 敬(常惺惺)과 知覺(『주자어류』 권62, 賀孫錄: 所謂靜中有箇覺處, 只是常惺惺在這裏, 靜不是睡著了 / 권 96, 文蔚錄: 所謂'靜中有物'者, 只是知覺便是.)으로 주석했다.

25) 이와 아울러 이때의 "一"은 『통서』, 「聖學 第20」 〈聖可學章〉 "一爲要. 一者無欲也"의 "一"로 이해된다. 一이 無欲이고, 無欲은 다시 靜이므로 太一의 本體는 無欲과 연결된 개념으로서 봐야 한다. 이는 한강이 『심경발휘』에서 주자나 서산 진씨

쓰이는 "주일무적主一無適"이 한강의 「독서첩」에서는 정자의 말을 빌어 "모름지기 직내直內 해야 주일主一의 의미인 것이다. '불감기不敢欺', '불감만不敢慢', '상불괴우옥루尙不愧于屋漏'가 다 경敬의 일이다. 오직 이를 보존하여 함양하기를 오래하면 저절로 천리가 밝아질 것이다."[26] 라고 하고 있다. 이는 본체本體로서의 "일一"을 말하는 것으로서 "정중유물靜中有物"이라는 표현과 일치한다고 할 수 있다.[27]

이러한 본체本體의 허령虛靈한 지각知覺이 바로 신명神明이다.[28] 이는 『대학』의 명덕明德과 다르지 않다. 그러므로 남명이나 한강은 명덕明德이 자신自新과 작신민作新民을 통해 지선至善으로 구현되듯이, 무욕無欲의 경지를 희구하고, 『대학』의 명덕明德과 신민新民을 천덕天德과 왕도王道라고 압축한다.[29] 무욕無欲의 본체를 확립하는 것이 천덕天德의

---

의 글을 인용하여 一을 "誠"이나 "本然全體"(권1, 31a)라고 한 것과 맞닿아 있다. 남명의 一이 太一로서 先天이나 靜의 본체에 연결되듯이, 한강 역시 本然全體로 연결하고 있고, 양자 공히 이는 誠의 본체로 이어지기 때문이다. 그러나 이러한 一이 과연 주자가 말하는 主一無適의 一과 같다고 할 수 있는가에 대해서는 좀 더 궁구할 필요가 있다고 생각한다.

26) 『한강집·속집』 권4, 잡저, 「독서첩」 13b: 須是直內 乃是主一之義. 至於不敢欺·不敢慢·尙不愧于屋漏 皆是敬之事也. 但存此涵養久之 自然天理明.

27) 『남명집(사종)』, 318쪽 상단 좌엽의 경에 관한 그림을 보면 主一無適을 가로로 쓰고 정재엄숙과 상성성법을 좌우에 대비시키며, 主一無適의 主一 밑에 세로로 之謂敬을 더하여 主一之謂敬이 되게 하고 無適 밑에 之謂一을 넣어 無適之謂一이 되도록 하고 있다. 『심경발휘』 권1, 7b를 보면 서산 진씨의 다음과 같은 말이 인용되고 있다. "無貳者 一也, 主一者 敬而能一者 誠也."

28) 「聖賢論心之要」 처음 권역. 이는 원래 임은 정씨의 「心學圖」인데, 퇴계가 『성학십도』에 그려넣은 것과는 약간 차이가 있다. 퇴계의 그림에는 대인심과 적자심, 인심과 도심 등 사이에 연결선이 없다. 반면 『학기』의 그림에는 이러한 선이 있어 입체적인 상하 두 층으로 파악하기 어렵게 되어 있다. 즉 율곡 등이 문제제기하는 것처럼 좌우 양면, 발생구조처럼 나눠보이게 되어있다. 이러한 차이가 가지는 의미에 대해서는 좀 더 숙고할 필요가 있을 것 같다.

29) 『남명집』 권2, 疏類, 「乙卯辭職疏」 81a-b: 忽然有得於明新之內 則明新之內 萬善具在 百化由出; 擧而措之 國可使均也, 民可使和也 危可使安也; 約而存之 鑑無不空 衡無不平 思無邪焉. / 「戊辰封事」 82쪽b: … 存心於內 而謹其獨者 天德也, 省察於外 而力其行者 王道也. 其所以爲窮修存省之極功 則必以敬爲主, 所謂敬者 整齊嚴肅·惺惺不昧·主一心而應萬事 所以直內而方外. 孔子所謂修己以敬者 是也.

『한강집』, 「寒岡先生文集序」 1b-2a: 上又問『大學』踐行宗旨. 對曰, "先儒言

개인적 실현, 즉 명덕明德에 해당하고, 이를 확장하여 민民을 새로워지도록 진작시키는 것을 왕도王道로 정의하고 있는 것이다. 다만 이 지점에서 신민新民의 의미가 자신지민自新之民보다 진작振作에 초점을 둔다는 점이 눈에 뜨인다. 즉 민民의 자발성보다 이를 추동해내는 군자君子의 역할에 중점을 둔다고 할 수 있다. 이렇게 되면 천덕天德을 실현한 군자君子의 밑에 모든 민民이 제일적齊一的으로 부려져서〔사使〕 사회적인 안녕〔균均 · 화和 · 안安〕이 이루어지는 구도가 형성된다고 할 수 있다. 그러므로 모든 초점은 군자君子의 심心, 즉 천군天君으로 모이게 된다. 남명의 「신명사도」는 바로 이러한 생각이 구체화된 것이라고 할 수 있다.30)

또한 이러한 본질의 주재를 확립하기 위한 공부에서 주자나 퇴계는 선지후행이라는 큰 틀 속에 일상의 실천에서 얻는 지혜를 병진시키는 반면31) 남명의 『학기』에는 단순히 선지후행의 논의만이 실려 있다.32) 퇴계가 선지후행과 선행후지의 논의를 추출한 주자의 「답오회숙」이 『학기』, 「위학지요」에는 실려 있지 않은 것이다. 이 편지는 김정국의 『성리대전서절요』 권2, 「지행知行」의 첫 머리에 실려 있어 퇴계나 남명 이전부터 주목되던 것이었다. 이것이 생략되

---

天德王道在愼獨 而立志與有爲爲貴."

30) 금장태, 「南冥의 心개념과 「神明舍圖」의 구조」 (2000. 『남명학연구』 1권) 참조.

31) 『회암집』 권42, 「答吳晦叔」: 今就其一事之中而論之 則先知後行 固各有其序矣. 誠欲因夫小學之成 以進乎大學之始 則非涵養履踐之有素 亦豈能居然以其雜亂紛糾之心而格物以致其知哉?
『퇴계집』 권 권21, 書, 「答李剛而問目」: 竊意, 知行二者 如兩輪兩翼 互爲先後 相爲輕重. 故聖賢之言 有先知而後行者, 『大學』與『孟子』之類 是也; 有先行而後知者 『中庸』與「答晦叔書」之類 是也. 似此甚多 不可勝擧. 然先知者 非盡知而後始行也, 先行者 非盡行而後始知也. 自始知至知至至之 始行至知終終之 貫徹相資而互進也. 『中庸』之存心 豈可謂成始之敬? 『大學』之誠意 『孟子』之存心 豈獨爲成終之敬乎? 況可以『中庸』之尊德性 只作小學工夫看耶? 胡雲峯 於此章 雖有存心非力行之論, 然非力行 未有能存心者. 故朱子 嘗有以知行論此章處, 滉 亦以知行言之.

32) 『남명집(사종)』 317쪽, 「爲學之要」의 첫 인용문.

었다는 것은 남명이 지행병진의 구조를 매우 간명한 선지후행의 구조로 처리하고 있음을 보여주는 것이라고 할 수 있다.

지행의 병진은 선지후행을 큰 틀로 하고 선행후지를 실제의 실천 요목으로 하되, 시간적인 선후를 둘 것 없이 실제 실천을 큰 틀에 맞춰 진행한다는 의미이다. 따라서 병진이라는 단서 없이 선지후행만을 제시한다는 것은 남명의 지행론이 본질적인 당위에 초점을 두고 있음을 보여준다고 할 수 있다.[33] 본체本體의 제일적齊一的 주재主宰에만 초점을 두어 기질변화氣質變化를 인욕통제설人欲統制論 정도로만 단순화[34]하고 있다는 점에서 "간명簡明"하기는 하지만 "태간太簡"한 측면이 있다고 하겠다.[35] 『대학』에서 주자가 말한 기품氣稟과 인욕人欲의 문제들이 지나치게 단순화되고 있는 것이다.

한강의 「취생몽사탄」은 15세에 지어진 것임에도 불구하고 이러한 남명의 논의구조를 충실히 보여주고 있다.

> 삼군三軍의 깃발은 물勿 자 위에 서 있고 천군天君의 바른 이치 명선明善, 성신誠身을 요구하니
>
> 경敬과 의義를 동정動靜 간에 협지夾持하여 마침내 명덕明德이 밝아지게 하네.
>
> 그렇게 하루아침에 깨치고 보면 부모, 형제를 뵈올 수 있으리.[36]

---

33) 남명의 이러한 방식은 얼핏 퇴계의 호발론과는 다른, 명도나 상산의 一本論을 연상시킨다. 그러나 이것만으로 남명이 理 중심의 일원론적 체계를 구상하고 있었다고 보는 것은 무리다. 살펴본 『학기』가 남명의 독서록이기 때문에 자신의 생각을 충분히 드러낼 수 있는 것도 아니며, 『학기』 속 「심통성정」이나 그의 다른 대표작인 「신명사도」의 내용에서 분명 현실적 괴리와 그 극복방안, "無欲"이 논의되고 있기 때문이다.

34) 『남명집』 권1, 銘, 「神明舍銘」: 九竅之邪 三要始發 已動微勇克 進教厮殺.

35) 이점에서 퇴계가 자신의 경험을 바탕으로 세밀하고 차근차근히 계도한 반면 남명의 경우 스스로 깨달아 올 때까지 기다리는 千仞壁立이라는 평은 분명 회자될 여지가 있다고 하겠다.

36) 『한강집』 권1, 詩, 「醉生夢死嘆(十五歲作)」 6b-7a: 三軍旗脚勿字上 天君正理要明

이는 한강이 덕계를 통해 남명의 학설을 자신의 체계로 충분히 수용했음을 의미한다고 하겠다.[37)]

정리하자면 퇴계와 달리[38)] 남명은 천-인의 상동적 구조를 전제로 본체의 주재를 강조하는 간명한 본체론을 주장하며, 인간과 하늘을 무욕無欲, 즉 정靜이라는 측면에서 연결하고 있다고 할 수 있다. 남명은 죽음에 임하여 경敬과 의義의 실천이 "가슴에 아무 것도 남는 것이 없는 경지"[39)]에 이르러야 한다고 하였다. 남명학의 종착지가 어디인지를 분명히 제시한 것이라고 하겠다. 한강의 본체론, 즉 이학과 심학의 본체 역시 이와 크게 다르지 않은데, 한강의

誠 敬義夾持動靜間 下梢遂使明德明 依然一朝透覺關 得見爺孃與弟兄.

37) 이점에서 한강의 학문이 13-14세 무렵에 완성되었고, 덕계 문하에서 『주역』을 공부했다는 말이 설득력을 가진다고 할 수 있다. 「취생몽사탄」의 내용이 구조적으로 「신명사도」와 상통하고, 『학기』가 역학적 세계를 전제하고 있기 때문이다. 이와 아울러 다음의 두 글이 한강과 남명의 학문 태도가 얼마나 비슷했는지를 보여주는 실례가 될 수 있다고 생각한다.

『남명집』 권2, 書, 「示松坡子」 21b-22a: 古今學者窮易甚難, 此不會熟四書故也. 學者 須精熟四書 眞積力久 則可以知道之上達 而窮易庶不難矣.

『한강집』 권5, 「答吳翼承(長)」 25a: 示喩'以通達古今爲初學之先務 而博觀諸家之書' 其留意進學之功 如是 甚善. 然爲學必先知要. 如不知要 而徒博之是務 則將不幾於汎濫駁雜 而不知所以自擇者乎? 至於天人之理 時措之宜 尤非初學之所急, 誠不願賢季之如是用力也. 今日只合先從四書熟讀而精思之 以爲體驗躬行之助 不亦可乎?

38) 현재의 편집체계로 볼 때, 남명의 『학기』는 「태극도설」과 『통서』의 논리를 역학적 우주론에 근거하여 일관된 천-인, 이-기 구조로 대비하고 있다고 할 수 있다. 따라서 양자는 구조적으로 상통하지만, 수직적으로 대비되는 경우에는 誠無爲幾善惡에서 誠을 性, 幾를 情으로 주석하고 있듯이 一本의 형이상과 이원적 형이하로 대비하는 것이 남명의 방식이다. 특히 『남명집(사종)』 314쪽 하단의 「심통성정」를 살펴보면, 성을 본연지성과 기질지성으로 나누고 정을 사단과 칠정으로 분리한 후에 칠정의 중, 부중으로 선, 악을 나누고 있다. 이는 퇴계의 호발과 큰 틀에서는 유사하다. 그러나 퇴계는 형이상에 체용일원의 구조를 적용하고, 형이상과 형이하를 현미무간의 논리로 연결하되, 형이하 자체는 도리의 체용이 아니므로 체용일원의 구조를 적용하지 않는다. 이 점에서 남명과 퇴계의 논리는 다르다. 퇴계의 호발은 현미무간과 사물의 체용이 대비되는 것인 반면 남명에서는 사물의 체용이 논의되지 않고 현미무간이 아닌 無欲故靜의 방식에 따라 天과 人이 겹치게 된다. 따라서 칠정의 중, 부중을 선, 악과 수양으로 말하는 것은 같아도 논의 구조까지 본질적으로 동일하다고 하기는 어렵다.

39) 정인홍, 『남명집』, 「행장」 9a: 學者 要在用功熟 熟則無一物在胸中.

이러한 입장은 15세에 지은 그의 「취생몽사탄」에서 두드러지며 만년의 「답채정응(몽연)」 등에 보이는 '정중유물'의 논의 역시 이를 크게 벗어나고 있지 않다고 할 수 있다.

## 3. 본질과 현실의 내외 대립적 구조

인심과 도심에 관한 정주의 학설이나 『중용』의 "혹생혹원"에 대한 후대의 해석이 다양한 만큼, 이에 관한 문자적인 의미 파악은 중요하지 않을 수 있다. 이 글에서는 지리한 논의를 재연하지 않고, 단지 한강이 이 문제를 어떻게 해석하고 있는가만 살펴보기로 한다.

한강의 논의는 그가 편찬한 『심경발휘』의 『서경』, 「대우모」 장에 대한 주석 모음에서 단적으로 살펴 볼 수 있다. 애초 『심경부주』에서는 호오봉의 "동행이정同行異情" 밑에 잠실 진씨의 주석을 다시 달아 이 논의로 인해 천리와 인욕을 이분하여 보는 시각을 경계하고 있었다. 그런데 한강은 이 잠실 진씨의 설을 삭제하고 관련 내용을 그대로 다 실었으며, 천리와 인욕을 둘로 갈라보라는 말[40]까지 주석에 넣고 있다. 또한 호발을 연상시키는 면재 황씨의 주석[41]을 달아 천리와 인욕의 대립에서 주렴계의 무욕無欲을 거쳐 득중得中으로 이어지는 구조를 상정하고 있다. 그러면서 이를 정일精一의 신독愼獨 공부로 요약하고 이것이 리학理學의 핵심이라고 마무리하고 있다.[42]

---

40) 『심경발휘』 권1, 2a: 人心者 人欲也, 危者 危殆也, 道心者 天理也, 微者 精微也. 物物上 有箇天理人欲, 分明與他劈做兩片 自然分曉.

41) 『심경발휘』 권1, 5a: 聖人於人心道心 知乎發於形氣者惟危・發於義理者惟微 故欲人於此用工 … 凡一念之發 必察其發於形氣乎・義理乎, 發於形氣 則摧折之 發於義理則擴充之 … 前之摧折者 必潛遁退聽 而至於無焉 此一之事也.

일반적으로 인심과 도심을 천리, 인욕으로 연결하여 대립적으로 파악하는 경우가 있기는 하지만, 주자의 후기설을 들어 인심과 인욕을 구분하는, 보다 완화된 방식으로 논의하는 것이 퇴계설이다. 퇴계의 이러한 입장은 그의 『성학십도』 「제6심통성정도」에서 보다 구체화된다. 이에 따르면 기발氣發이라도 순리順理와 반리反理의 경우가 있어 상수상대相須相待하는 경우와 상해相害하는 경우가 있으므로[43], 퇴계는 리발理發의 본원은 보존, 확장하고 기발氣發의 경우는 성찰하여 순리는 두어 유지하고 반리는 극치하는 방식을 취한다.[44] 대상에 따라 무심無心으로 함양, 극치하는 것이다. 이는 그가 현실을 대하는 입장과도 일치한다.[45] 「갑진소」의 이적夷狄을 어찌 대할 것인가에 대한 논의 역시 바로 이런 입장의 연장선에 있다.[46] 본원의 함양과 확장이라는 틀에서는 다를 것이 없지만, 본원이 아닌 인심의 부분에서는 정명도의 「정성서」 논리[47]를 끌어오고 있는 것이다.

---

42) 『심경발휘』 권1, 6a: … 此精一之功 所以爲理學之要歟.

43) 『퇴계집』 권7, 劄, 「進聖學十圖劄并圖」, 〈第6 心統性情圖〉: 故其發而爲情 亦以理氣之相須或相害處言. 如四端之情 理發而氣隨之 自純善無惡 必理發未遂 而揜於氣 然後流爲不善. 七者之情 氣發而理乘之 亦無有不善 若氣發不中 而滅其理 則放而爲惡也.

44) 『퇴계집』 권7, 劄, 「進聖學十圖劄并圖」, 〈第6 心統性情圖〉: 學者 誠能一於持敬 不昧理欲 而尤致謹於此 未發而存養之功深 已發而省察之習熟 眞積力久 而不已焉 則所謂精一執中之聖學 存體應用之心法 皆可不待外求 而得之於此矣. / 권13, 書, 「答李達李天機」: 故凡發用應接 率多氣爲用事. 氣能順理時 理自顯, 非氣之弱 乃順也. 氣若反理時 理反隱, 非理之弱 乃勢也. … 故君子爲學 矯氣質之偏 禦物欲 而尊德性 以歸於大中至正之道.

45) 『퇴계집』 권 권13. 書, 「答李達李天機」: … 若只認物爲非外 而不以理爲準則 是中無主而物卒奪之 亦不可. … 故卒章曰, "能於怒時 遽忘其怒 而觀理之是非" 遽忘其怒 忘外物之謂也, 觀理是非 一循理之謂也.

46) 『퇴계집』 권 권6, 疏, 「甲辰. 乞勿絶倭使疏」: … 抑又有一說焉. 與夷狄和親之道 固當有操縱伸縮可否之權之勢 而此權此勢 必常令在我 而不可令在彼也. … 然有罪則絶之 自新則許之, 此正權勢之在我 而施當其可也. 當其可之謂時 何可違也? 有其權忘其勢 而無心以處之 則彼必以爲大德 而感悅於其心 相率而投款矣, 是所謂化之也 和不足言矣.

47) 「答橫渠先生定性書」: 聖人之喜 以物之當喜, 聖人之怒 以物之當怒. 是聖人之喜怒 不繫於心 而繫於物也. 是則 聖人 豈不應於物哉.!(『韓國性理學精選』, 韓國哲學史研究會, 1993 所收)

한강 역시 이러한 주자 후기설에 입각한 논의를 모르지 않기에 주석 속에 포함시키고는 있다.[48] 그러나 큰 틀은 역시 양자를 대립시켜 성찰, 극치하는 것으로 귀결되고 있다. 이는 남명이 「신명사명」에서 기미를 살펴 외부의 유혹을 시살厮殺하는 구조를 보이는 것과 상응한다고 할 수 있다. 대곡 성운이 찬한 남명의 묘비명에는 이러한 남명학의 분위기를 다음과 같이 요약하고 있다.

> … 학문하는 것에 敬을 유지하는 것만큼 중요한 것이 없다고 보았으므로 하나로 주재하는 데〔주일主一〕 노력하여 깨어 어둡지 않고 몸과 마음을 거두었으며, 학문하는 것에 욕심을 줄이는 것만큼 좋은 것이 없다고 보았으므로 스스로를 이기는데 힘을 쏟아 ⓐ<u>마음의 때를 깨끗이 씻어</u> 천리를 함양하였다. 보지 못하고 듣지 못하는 것을 경계하고 삼가며 드러나지 않고 은미하거나 남모르는 마음을 살펴, ⓑ<u>아는 것이 이미 정밀해졌음에도 더욱 정밀하기를 구하고 행동하는 것이 이미 힘이 있음에도 더욱 힘 있기를 구하였으니</u>, 이로써 스스로를 돌이켜 몸소 느끼고 실제로 겪는 것을 일삼아 기필코 저 곤역閫域을 밟고자 하는 것이었다.[49]

대곡은 과욕寡欲이라고 했지만 ⓐ나 ⓑ의 표현을 보면 주자가 「태극도설해」의 "군자수지길 소인패지흉君子修之吉 小人悖之凶"의 주석에서 "경즉욕과이이명敬則欲寡而理明. 과지우과 이지어무<u>寡之又寡 以至於無"</u>

48) 『심경발휘』 권1, 2a-b: 人心不全是不好. 若人心是全不好底 不應只下箇"危"字. 蓋爲人心易得走從惡處去 所以下箇"危"字. 若全不好 則是都倒了 何止於危? 若說道心天理人心人欲 卻是有兩箇心! 人只有一箇心, 但知覺得道理底是道心 知覺得聲色臭味底是人心, 不爭得多. "人心 人欲也" 此語有病. 雖上智不能無此 豈可謂全不是? 道心·人心 本只是一箇物事, 但所知覺不同. "惟精·惟一" 是兩截工夫 猶'擇善而固執之'.

49) 『남명집』, 「墓碑文」 2a: 以爲學莫要於持敬 故用工於主一 惺惺不昧 收斂身心 以爲學莫善於寡欲 故致力於克己 滌淨查滓 涵養天理. 戒愼乎不覩不聞 省察乎隱微幽獨 知之已精而益求其精 行之已力而益致其力 以反躬體驗 脚踏實地爲務 求必蹈夫閫域.

라고 한 것을 연상시키고 있다. 실상 남명의 논리는 무욕無欲이었던 것이다. 이는 경敬으로 바꾼 정靜을 다시 살린 데서도 보듯이, 남명학의 한 특징이라고 할 수 있다.

한강의 입장 역시 이와 크게 다르지 않다. 이를 잘 보여주는 것이 「답채정응(몽연)」에 보이는 다음의 내용들이다.

> ① … 모름지기 공부하여 외물外物에 빼앗기지 않는다면 마음이 조화롭고 편하여 생각하고 돌이킴에 다시는 어지럽고 미친 듯함이 없을 것이니, 오직 그대가 힘써야 할 것입니다.
> ② 학자는 모름지기 몸소 아는 것이 절실하고 지극하여 단단히 해가야 그 위에 저절로 트이는 곳이 있게 될 것입니다.
> ③ 학자는 차라리 백이의 꽉 막힘 같은 잘못은 있어도 유하혜의 거리낌 없음을 배워서는 안 될 것입니다. … 학자는 모름지기 스스로를 점검해서 만약 미치지 못하면 아무리 작은 것이라도 지나치지 말아야 할 것입니다.
> ④ 사람들의 일이 다 행동 가운데 잘못됩니다. 그러므로 성인께서 사람들을 가르치시는 것이 반드시 행동하는 곳이었습니다. 만약 여기서 살필 줄 모르면 기어코 인욕을 천리로 알아 천리를 등지고 인욕으로 갈 것입니다. 반드시 여기서 깊이 성찰하여 이것이 천리이고 저것이 인욕이라는 것을 오동잎처럼 양쪽으로 갈라, 하늘의 밝은 명령이 환히 유행하고 인욕의 사사로움이 끼어들 수 없도록 해야 합니다. 그런 뒤에 응하는 일에 조금의 잘못도 없어 천리의 바름을 얻을 수 있을 것입니다. 이래서 밝은 명령이 환함을 반드시 일에 응함에서 말했던 것입니다.[50]

50) 『한강집』 권4, 書, 「답채정응(몽연)」: ①… 須更加力學 毋使爲外物所奪 則心志和平 思慮自省 更無紛擾狂惑 惟君勉之.(丙午)/ ②學者 要須體認切至 硬著做去 上面自當有脫灑處矣.(子路義勇氣象) / ③學者寧失於伯夷之隘 不可學柳下惠之不恭也. … 學者 須是撿身 若不及 無些子放過 始得.(爲學之要五) / ④凡人作事 皆失於動. 故聖人教人 必就動處下工夫. 若於這裏不能照管 則必且錯認人欲以爲天理 而畢竟背畔天理從人欲上去矣. 必也於是深加省察 這箇便是爲天理 那箇便是爲人欲 剖判兩段 如分桐

이는 무욕無欲을 향한 자득적自得的 노력努力, 즉 시독愼獨을 거쳐 행도行道로 이어지는 구조라고 할 수 있으며, 남명의 논의 구조와 일치한다.[51]

남명의 관점은 기본적으로 천덕을 통해 왕도로 나가려는 것이어서 『대학』의 명명덕, 신민의 논리를 부연한 것이라고 할 수 있다. 한강의 '정중유물'이 바로 이러한 명덕의 다른 표현이고 보면, 남명이나 한강의 논리는 본질과 현실의 대립적 구조 혹은 이상과 현실의 괴리 속에서 본질 내지 이상을 당위적當爲的 주재主宰로 상정하여 제일적齊一的으로 통제統制하고 이를 통해 왕도를 실현하는 도학 구조를 가진다고 할 수 있다. 즉 알인욕존천리遏人欲存天理의 구조를 내성외왕內聖外王으로 바로 전환하고 있는 것이다. 천리와 인욕에 관한 이러한 입론이나 내성외왕의 논리가 성리학 일반의 이론과 크게 다르지 않음에도 불구하고 주목하게 되는 것은, 앞서 살펴보았듯이 현실적인 여러 층차에 대한 배려 없이 본질적인 천리만을 배타적으로 인식하는 구조에서 이를 그대로 대상 세계에 적용하기 때문이다.

퇴계의 경우 내면의 호발 및 그에 대한 대응구조가 외왕의 구조와 동일하다. 즉 내면의 본원이 바로 본체이듯이 이 본체가 다시 군자로서, 본체가 내면의 기발氣發을 대하듯이 현실의 층차를 대하는 성찰, 극치의 구조라고 할 수 있다. 따라서 퇴계는 기질의 변화를 강제적으로 이끌지 않고 그 순順, 반反을 따져 점진적으로 성숙시켜가듯이 현실의 교치矯治 역시 같은 맥락에서 접근한다. 반면 남

---

葉, 天之明命 赫然流行 人欲之私 不得以間之. 然後所應之事 無少差謬 而有以得其天理之正矣. 此所以明命赫然 必於應事上說了也.(夙夜箴明命就應事上說)

51) 『남명집』 권2, 疏類, 「戊辰封事」 82b-83a: 爲治之道 不在他求 要在人主明善誠身而已. … 存心於內 而謹其獨者 天德也, 省察於外 而力其行者 王道也. 其所以爲窮修存省之極功 則必以敬爲主. 所謂敬者 整齊嚴肅 惺惺不昧 主一心而應萬事 所以直內而方外 孔子所謂修己以敬者 是也. 故非主敬 無以存此心, 非存心 無以窮天下之理, 非窮理 無以制事物之變. 不過造端乎夫婦以及於家國天下 只在明善惡之分 歸之於身誠而已.

명이나 한강의 구조는 본체의 주재를 내외 대립의 구조에서 이해하여 기질을 극복의 대상으로 보기 때문에 똑같은 성찰, 극치라도 극단적인 억제로 이어진다. 때문에 이는 자칫 대상 세계와의 단절, 즉 외물의 유혹을 단절하는 것이 아니라 외물 자체를 단절할 위험성을 가진다. 이를 경세의 측면으로 연결하면, 남명과 한강 모두 군주의 주재를 중심으로 『대학』의 명명덕과 신민을 천덕과 왕도로 확대 해석하므로 군주가 무욕無欲으로 사천事天 또는 합일合一하는 구조[52]가 되지만, 이는 결국 일치되지 않는 모든 대상을 강압적으로 통제하는 소통의 단절로 이어질 수 있다.[53]

퇴계의 「갑진소」를 보면 폭주하는 기질氣質 혹은 이적夷狄은 어쩔 수 없는 것이므로 저절로 수그러들기를 기다리되[54], 저들이 고쳐오면 그 가부可否를 따라 적의適宜하게 도리를 펴는 것이 시중時中이라고 하고 있다.[55] 이는 「정성서」의 논리에 기반한 호발의 외왕론이라고 할 수 있다. 반면 남명은 이러한 외적을 끝까지 시살廝殺한다거나 완전히 단절해야 한다고 본다. 이는 상당히 과격한 방식이라고 할 수 있다. 퇴계가 「신명사명」을 보고 놀란 이유가 여기에 있을 것으로 생각된다.[56]

---

52) 『심경발휘』 권1, 6b 〈無貳無虞 上帝臨女〉: 學者 當常常涵泳此二句 以存此心 養性而事天也.

53) 『심경발휘』 권1, 2b: 人心自是不容去除, 但要道心爲主 即人心自不能奪 而亦莫非道心之所爲矣. 然此處極難照管 須臾間斷 即人欲便行矣. / 9b: 問"'閑邪'·'主一', 如何?" 朱子曰: "主一似'持其志', 閑邪似'無暴其氣'. 閑邪只是要邪氣不得入, 主一則守之於內. 二者不可有偏, 此內外交相養之道也."
이는 '民이 新할 수 있도록 振作시킨다'는 "作新民"이라기보다는 말 그대로 '백성들을 새롭게 한다'는 의미에서의 "新民"일 수밖에 없다. 군주권을 절대적 주재로 하는 齊一的 統制의 구조라고 하겠다.

54) 이를 '다스리지 않음으로 다스림〔治之以不治〕'이라고 한다. 이럴 수 있는 근거는 이것이 모두 근원이 없는 것이므로 그냥 두면 저절로 사그라질 것이기 때문이다. 이 문제에 대해서는 『맹자』의 '氣一動志'(「공손추 상」 2-10)와 '原泉混混'(「이루하」)의 '苟爲無本 … 其涸也 可立而待也' 부분을 참조하면 될 것 같다.

55) 주45)와 같음

## 4. 생명성 편재의 본체와 무욕無欲 속 정靜의 본체

이상의 논의에서 살펴보았듯이 남명의 논의와 한강의 논의는 구조적으로 사뭇 비슷하다. 이학과 심학의 연관 관계를 생각해보면[57] 이러한 논의가 심학적으로도 반복될 소지는 다분하다고 할 수 있는데, 실제로 한강의 제자들의 심학적인 질의에 대한 답변을 보면 위와 같은 구조가 반복적으로 재연되고 있음을 확인할 수 있다.[58]

이점에서 한강의 "정중유물"이 퇴계의 "심위태극"과 같은 것인가 하는 문제를 고민하지 않을 수 없다. 퇴계의 "심위태극"은 기본적으로 진덕수의 「심경찬」의 내용[59]과 일치한다. 이는 그가 심위태극에 대해 제자들에게 답한 답서와 비교해보면 분명하다.[60] 이러한 퇴계의 심위태극은 『성학십도』의 구조에서 볼 때, 크게 세 가

---

56) 『퇴계집』 권20, 書, 「答黃仲擧」 15b: 雞伏堂銘 深荷錄示. 但其說曠蕩玄邈 雖於老莊書中 亦所未見. 旣未嘗學 焉敢議及? 其人固非尋常 而其學又難學也.
퇴계의 남명에 관한 이해와 비판에 대해서는 이광호, 「남명과 퇴계의 상호비판과 응답」(『남명학보』 2002. 창간호) 참조.

57) 정도원. 2010. 「전통적 학 개념과 퇴율 성학의 이학-심학 연관 구조」. 『한국사상사학』 36. 1장 참조.

58) 『한강집』 권3, 서, 「答朴德凝(惺)」 33쪽 a-b: 且毋以世間公私百慮 有以掛於曠然之胷次 使吾心常湛乎其無物 兼亦未必無補於養疾之道也. / 권4, 「答李謹思(心慜)」 3b: 嘗聞旋運調護之法 平心靜養爲第一義云. 切須留念 恒勿以事物經心. 如何? 保心如保目. 一物入目 則目爲之病矣 亦勿以一物着心. 如何?
퇴계의 다음과 같은 언급과 비교해보면 한강의 이러한 면모가 더욱 분명해진다.
先生嘗言, "吾少時 發憤爲學 終日不輟 終夜不寐 遂得痼疾 迄未免病廢之人. 學者 須量其氣力 當寢而寢 當起而起 隨時隨處 觀省體驗 不使此心放逸而已. 何必如此以致生病乎!"(『退陶先生言行通錄』 권2, 類編, 「학문 제1」 2a)

59) 維此道心 萬善之主 天之予我 此其大者. 斂之方寸 太極在躬 散之萬事 其用弗窮.

60) 『퇴계집』 권 권31, 書, 「答禹景善問目」: 启蒙. 心靜而太極之體具 心動而太極之用行. 故云心爲太極./ 권24, 書, 「答鄭子中」: 心爲太極 即所謂人極者也. 此理 無物我無內外 無分段 無方體, 方其靜也 渾然全具 是爲一本 固無在心 · 在物之分. 及其動而應事接物 事事物物之理 即吾心本具之理, 但心爲主宰 各隨其則而應之, 豈待自吾心推出而後爲事物之理?

지 특징을 가진다고 할 수 있다.

첫째는 본질과 궁극적 귀결의 일원화이다. 「태극도설」의 구조에서 「숙흥야매잠」까지의 구조를 이학적 발생론으로 보고, 「숙흥야매잠」에서 「태극도설」까지의 구조를 심학적 수렴론으로 보면 태극은 본질인 동시에 심학적 귀결 혹은 수양의 궁극적 귀결이다. 반면 한강이나 남명의 논의에서는 이러한 구조가 명확하게 발견되지 않는다.[61)]

둘째, "심위태극"을 이루는 내성학은 "존체응용"으로 정리되는 외왕학과 구조적으로 동일하다. 반면 한강의 논리 혹은 남명에 기대어 파악한 한강의 논의는 내성학의 확장으로서의 외왕학이라고 할 수 있다. 즉 천-인의 상동구조는 내성의 영역에만 한정되고, 외왕은 이러한 내성의 결과를 확대 시행하는 것일 뿐이다.

셋째, 퇴계의 심위태극은 동정을 겸하여 일관시키는 경의 논리에 충실하지만, 한강의 정중유물은 정에 보다 중점을 두는 것으로 볼 수 있다. 즉 퇴계의 심위태극은 본체와 공부, 내성과 당위의 모든 면에서 상호 연쇄, 중첩되는 구조이지만, 남명이나 한강의 구조는 본체, 내성이 일방적으로 관철되는 구조라고 할 수 있다.[62)]

---

61) 남명의 경우 천-인을 둘로 가른 상태에서 상동의 구조를 확신하고 無欲의 靜으로 양자를 연결시킨다. 그러므로 천의 구조와 인의 구조가 동일하다. 반면 퇴계는 천과 인을 형이상과 형이하로 나누어 형이상이 형이하로 그대로 드러나는 현미무간의 체용일원을 주장한다. 그러므로 남명의 본체는 천과 인이 본질적으로 겹치는 상동의 이원구조이고, 퇴계의 본체는 형이상과 형이하가 실체적으로 소통하는 일원구조이다. 그러므로 남명은 천덕의 전개를 일관되게 관철시키지만, 퇴계는 형이상의 원론과 형이하의 공부가 맞물리는 구조로 형성된다고 할 수 있다.

62) 남명 역시 진덕수의 논의를 가져와 심위태극에 대한 내용을 싣고 있으나(『남명집(사종)』 300쪽, 8a-b) 기본적으로 이때의 태극은 우주 본체라는 의미에서의 태극이지 진덕수나 퇴계가 논의하는 심학적 측면에서의 심위태극의 태극과는 일정한 거리가 있다. 이는 「태극도설」과 『통서』를 일관시키고 역학적인 내용을 소강절의 관점(『남명집(사종)』 299쪽, 6a: 邵子曰 先天之學 心法也. / 先天之學 心也, 後天之學 迹也, 出入有無生死者 道也.)에 따라 심학으로 파악한 결과이지, 『심경』의

재미있는 것은 한강이 『심경발휘』에서 『주역』 「곤괘」 〈육이효〉의 「문언전」을 주석하면서 경을 설명하는 방식이 남명이 『학기』에서 본체와 공부를 나열한 방식과 큰 틀에서 일치한다는 점이다. 이를 분류해 보면 대략 다음과 같다.

1. 敬義, 敬義賓主, 敬以直內
2. 敬, 主一無適, 整齊嚴肅, 常惺惺, 其心收斂
3. 三先生言敬之異, 畏字近敬, 毋不敬, 敬之法當與畏字通看, 敬之貌, 恭敬, 莊敬, 敬簡, 敬愼
4. 敬與誠, 敬與仁, 敬與克己, 敬勝百邪, 敬與致知
5. 靜, 敬兼動靜, 敬兼內外, 修辭致敬, 無事不敬, 無時不敬, 無所不敬
6. 天地底敬, 聖賢底敬
7. 惡人愚不肖皆可以敬, 居常素敬, 始須勉强, 敬不可間斷
8. 熟則久, 敬則浩然, 敬則和樂, 敬不可急迫

이는 앞서 주15)에서 살펴본 남명의 『학기』 체계와 매우 닮아 있다고 할 수 있다. 남명의 경우 태극에 관한 선진 시대의 그림들을 먼저 제시하고, 본체에서 공부로 이어지는 논의를 보여주는데, 위의 논의 구조 역시 큰 틀에서 보면 이와 대동소이하기 때문이다. 특히 이중 4번 이하가 매우 유사하여, 논의 자체도 내외 대립적 사고에서 정靜, 무욕無欲의 차원으로 진행하여 진정력구眞積力久의 효과를 살피는 체계로 구성되고 있다. 같은 『근사록』 체계를 빌었음에도 불구하고 『성합십도』의 구조와는 미묘한 차이가 있다고 할 수 있다.

퇴계는 정재엄숙에서 시작하여 내외, 동정을 아울러[63] 심위태극

---

"심위태극" 구조를 연장시킨 것이 아니기 때문이라고 생각된다.

63) 『퇴계집』 권26, 書, 「答鄭子中」: … 一以莊敬涵養爲本 沈潛硏索爲學 見得此箇道理

의 경계에 이르러 이도理到의 세계를 바라본다.[64] 이 세계는 기계적인 인과율의 세계가 아니다. 생명성을 가진 일자一者가 편재遍在한 본질의 세계이다.[65] 이는 남명이 추구한 무욕無欲하여 천리天理가 스스로 밝아지는 세계와 다르다. 한강이 정靜 속에서 밝고 어둡지 않은 명덕明德을 추구하였다는 것은 퇴계가 바라보는 이도理到의 현실이 아니라 남명이 추구한 무욕無欲의 세계를 목표했다는 것을 의미한다. 퇴계의 뜻을 이었다거나, 신질親質하였다는 한강의 말[66]과 달리 차라리 성誠과 경敬, 무욕無欲의 정靜으로 이야기 한 경의敬義의 관문을 뚫어 바라보고자 하였던 남명의 세계를 추구하였던 것이라고 할 수 있다.

---

眞不可須臾離處, 將此身心 親切體認 得以優游涵泳於其間, 庶積漸悠久之餘 忽然有融釋脫灑處, 便是眞消息也, 方有可據以爲造道積德之地.

64) 『성재집』 권1, 詩, 「原韻(甲寅仲春 築書室於東溪之上 爲讀書藏修之所 宅地閒曠 泉石可愛 先生手書惺齋扁額賜之 又有臨鏡臺·風乎臺·總春臺·活源塘諸詩 不勝感佩 遂用其韻)」: 東溪深闢小齋新 苔逕柴門迥絶塵. 爲問主人何事業 寸膠功力自珍身. 河南門下謝先生 百聖心傳一語明. 妙用深源都在熟 瑞巖稊稗不須評. 易贊坤爻敬義功 揭名堂室紫陽翁. 若知動靜皆爲一 始信濂溪太極同. 精一心傳敬是要 儘惺惺地自昭昭. 但加日用工夫在 莫學芒芒去揠苗. 活水源源止更淸 端如明鏡瀉羣形. 可憐妙用能如許 物去依然湛一呈. 上臺眞覺洗心腸 對此虛明一鏡光. 若使襟靈干物累 天雲那得似方塘. 灼爍中臺照一春 淺深紅白總宜人. 莫言開落渾閒事 造化乾坤色色新. 濯淸來上喜追隨 吹面光風泛袂衣. 底是鳳凰千仞象 長吟終日共忘歸.

65) 『퇴계집』 권18, 書, 「答奇明彦」, 〈別紙〉: 然則方其言格物也 則固是言"我窮至物理之極處", 及其言物格也 則豈不可謂"物理之極處, 隨吾所窮而無不到"乎? 是知無情意造作者 此理本然之體也, 其隨寓發見而無不到者 此理至神之用也. 向也 但有見於本體之無爲 而不知妙用之能顯行 殆若認理爲死物 其去道 不亦遠甚矣乎?

66) 『심경발휘』, 「심경발휘서」: 吾退溪李先生最愛此書 至於係「後論」於篁墩之書 而引魯齋神明父母之喩, 西山之後 唯先生爲深知此書之味 … 求之愚陋 自少受讀 亦嘗親質於先生矣. … 因念昔者請問於李先生 至'朱子血氣已衰 心志亦不復强之'云, 先生慨然以爲"朱夫子尙爾有此嘆, 如我當如何?" 當時雖竊奉承 而猶不能深知先生心事 今而眞知之矣. 先生且云爾 則"况我今日復如何哉?" 每到此段 未嘗不三復感歎 掩卷而忘言也云爾.

## 5. 맺음말: 정맥과 고풍, 그리고 현실적 한계

이상의 내용을 정리하면 한강의 학문은 퇴계보다 분명 남명에 가까우며, 이학적으로 볼 때 이선기후, 선지후행의 논리 속에서 천리와 인욕을 대립적으로 파악하고 천리에 의한 주재와 무욕으로의 전개를 단선적으로 추구하였다고 할 수 있다. 그러나 남명 스스로도 이러한 무욕 이후에 보이는 세계는 보지 못하였다고 고백한 바[67], 한강이 이에 이르렀을 가능성은 없는 것 같다. 한강이 그러한 경지를 당위적으로 설명한 것은 있어도 이를 체험적으로 풀어낸 적은 없기 때문이다.

그는 일찍이 주자의 「명당실기」를 읽고 그 내용에 경도 되었다고 하지만, 퇴계는 이러한 한강의 모습에 큰 기대를 걸었던 것 같지도 않다.[68] 도산서원의 "완락"재가 바로 이러한 퇴계학의 최종 경계의 산물임만 보아도[69], 퇴계 문하에서 「명당실기」가 가지는 의미는 분명하다. 그럼에도 「명당실기」의 내용을 바탕으로 병풍을 꾸미려는 한강의 요청에 퇴계가 소극적이었던 것은, 한강의 이러한 시도가 퇴계의 입론에 기댄 것이 아니라 남명의 입론에 기초해있었기 때문이라고 볼 수 있다. 한강은 기본적으로 덕계의 문인으로서 남

---

67) 정인홍, 『남명집』, 「행장」 8b-9a: 罹疾之日 絶而復穌者數 不以死生毫髮亂義 不絶婦人手 令旁室不得近. 少間 輒以敬義字 亹亹爲門生言曰, "此二字極切要. 學者 要在用功熟 熟則無一物在胸中. 吾未到這境界以死矣. …"

68) 『한강집』 권9, 雜著, 「書景晦堂屛後」 5a: 余少時讀朱夫子「名堂室記」 得聞敬義兩字之爲要於爲學之大方也. 心竊喜焉 妄欲名堂以"景晦" 揭持敬明義之號於兩夾室 因以記中所論大學中庸太極圖說等語 列書于屛 庶幾體驗承奉 不迷所向, 敢稟于李先生而仍請筆焉 則先生不以爲不可 而顧以排布間界之不便而未之書也.

69) 『간재집』 권4, 「答權定甫」 6b: 是故 朱子 於「名堂室記」 以持敬·明義之功 明一動一靜互相爲用 至於合乎太極之論 樂而玩之 以是終身不厭.' 吾先師深取此義 特名其齋曰"玩樂" 吾輩此日當服膺熟復 其敢忽諸?(완락재에 대한 梅軒(琴輔)의 「陶山記考證」(『梅軒集』 권2, 雜著)의 설명도 대략 간재와 같다.)

명의 체계로 자신의 학문을 구성하고 급문하였기 때문에 퇴계의 논의에만 침잠하지 못하였고, 이는 다른 제자들과 분명히 구분되는 점이었다.

퇴계의 모든 직전 제자들의 시문에는 심위태극의 경계가 무엇인지에 대한 이해와 그를 체득하기 위한 고심이 보인다.[70] 반면 한강의 시나 글에는 그러한 것이 없다. 단지 퇴계의 경계만이 기억되고 있을 뿐이다.[71] 이렇게 보면 한강이나 동강이 남명을 고풍高風, 퇴계를 정맥正脈으로 보았다고 해도[72] 퇴계학의 궁극이 어디에 있는지에 대해서는 어두웠던 것으로 보인다.[73] 후대에 당파적 맥락에서 많이 윤색되었음에도 불구하고 동강이나 한강의 문집에 퇴계의 직전제자들처럼 몽매간에도 스승을 그리는 모습이나 제문 따위가 없는 것은[74], 이들의 실제 연원이 어디인지를 쉽게 짐작하게 한다. 사실 이들 스스로는 남명 혹은 남명-덕계의 문인으로 자처한 바 있다.[75]

---

70) 이에 대해서는 졸고, 「16-17세기 퇴계학파의 학문적 특성과 전개양상 고찰」(『한국사상사학』 40, 2012) 469-472쪽 참조.

71) 『심경발휘』, 「심경발휘서」 2b: 因念 昔者 請問於李先生 至'朱子 血氣已衰 心志亦不復强之'云, 先生嘅然以爲"朱夫子尙爾有此嘆 如我當如何!" 當時雖竊奉承 而猶不能深知先生心事 今而眞知之矣. 先生且云 "爾則況我今日 復如何哉?" 每到此段 未嘗不三復感歎 掩卷而忘言也云爾.

72) "고풍"과 "정맥"이라는 표현이 가지는 의미에 대해서는 우경섭. 2011. 「한강 정구의 학문연원과 도통적 위상」. 『남명학연구원총서』. ; 서정문. 2007. 「『남명집』의 편간과 내암-한강 문파의 성립」. 『조선시대사학보』 등 참조.

73) 그가 퇴계의 심학 경지에 어두웠음은 그가 그 제자에게 답한 다음의 글에서 확인할 수 있다. 『한강집』 권5, 「答任卓爾(屹)」 18a: 其中如重磨方諸箴銘所疑之條 則尤非區區所曾聞者 奈何奈何. 여기서 특히 "尤非區區所曾聞者"라고 한 부분을 보면 한강이 퇴계에게서 심학을 전수했다는 「행장」의 언급은 사뭇 의심스럽다 하지 않을 수 없다.

74) 그나마 동강에게는 퇴계와 주고받은 편지조차 없다.

75) 『한강집』 권11, 제문, 「祭南冥曺先生文」 21b: 未侍春風之座者 殆將十年. 束脩之將曰自丙寅之春 而幸先生之不鄙棄之 而收而置之弟子之列 /「祭德溪吳先生文」 25a: …既又執經門下 而周旋進退 歲月漸久 …

이제 전체적으로 정리하자면 대략 다음과 같다. 한강 자신의 성리설이 많지 않기에 남명이나 퇴계의 논의에 기대어 살펴본 결과, 한강의 논의는 천리의 절대적 주재를 제일적으로 관철하려는 남명의 주장과 일치한다. 남명은 천-인을 상동구조로 대비하되, 천리와 인욕을 대립시키고 무욕, 정으로 인욕을 억제하여 천덕을 완성하는 구조를 상정한다. 이는 한강에게서도 유사하게 발견되는 것이다. 이러한 내성 구조는 왕도로 확장되지만 민民이 스스로 새로워질 수 있도록 진작한다는 주자학적 의미보다는 제일적으로 통제한다는 의미가 두드러진다. 내성의 확장으로 외왕을 규정하는 남명학의 필연적 귀결이라고 하겠으며, 의義를 강조하는 사고의 단초라고도 할 수 있을 것이다.

다만 한강의 경우 예학에 있어서 퇴계나 그 문하가 시의時宜에 따라 후정厚情을 수용하고 수범垂範적으로 예교禮教, 즉 교속矯俗을 하려했던 방식[76]을 답습하고 있다는 점이 특이한데, 이는 『심경부주』는 개찬했어도 예설만은 퇴계를 따른 것으로 볼 수 있다.[77] 한강은 9년간 총 6편의 편지를 퇴계에게 올렸는데, 그 중 2-3편이 예학에 관한 내용이다. 그리고 이 편지들에서 다루어진 것은 예서의 해석과 같은 원론적인 예학이 아니라 자신이 실제 예를 행하면서 겪게 된 문제[78]에 대한 것이었다. 텍스트와 현실 사이의 괴리를 고민하

---

『동강집』 권11, 『경연강의』 17a : 希春曰, "宇顒恐亦是滉門人也." 宇顒曰, "小臣以所居稍遠 未及受業於其門. 故徵士贈大司諫曺植 實臣之所事也."

76) 한재훈. 2010. 「『상제례문답』 분석을 통한 퇴계의 속례관 고찰」. 『퇴계학보』 128집. 33, 42, 43쪽.

77) 정경희. 2000. 「조선전기 예제 · 예학 연구」(서울대 박사학위논문). 228, 250쪽 ; 박종천. 2009. 「16-17세기 예문답으로 살펴본 퇴계와 퇴계학파 예학」. 『퇴계학보』 125집. 116, 123, 130쪽.

78) 『퇴계집』 권39, 書, 「答鄭道可問目」 5a: 未嘗 不食新, 在禮當然. 若出遊遠方 未便卽薦 而再三遇之, 柰何? / 5b: 讀祝 當高聲讀? 抑低聲讀? / 7b: 忌祭行素 止行一日否? 世俗亦於齊戒日 不敢食飮. 此是過於厚處, 從俗何如? ……

고 있었던 것이다.

이에 대한 퇴계의 답변은 원론을 중시하되 시의時宜와 후정厚情을 감안하는 방식이었다.[79] 이는 한강에게 직접적으로 와 닿았을 것으로 보인다. 사계와의 논의에서 퇴계의 이러한 입장을 한강이 그대로 펴 보이고 있고, 그 제자 후천朽淺 또한 스승을 이어 이를 가지고 사계와 논란하고 있기 때문이다.[80]

그러나 이는 원론과 실천의 일치라는 측면에서 볼 때, 석연치 않은 부분이다. 남명의 이학-심학은 현실을 당위를 따라 제일적齊一的으로 통제統制하려는 사고를 가진다. 반면 퇴계의 예학은 그 자신의 이학-심학을 따라 호발互發의 논리에 기초하여 시의時宜에 따라 후정厚情은 수용하고 해속駭俗은 경계하며 이루어가는 점진적인 교속矯俗의 성숙론成熟論이다. 남명과 퇴계의 학문이 결과적으로 큰 차이를 가지는 것은 아니지만 양자의 논리가 일치하는 것도 아닌 것이다. 그러므로 남명의 심학과 퇴계의 예학을 이어 하나의 체계를 구축한다는 것은 분명 쉬운 일이라고 할 수 없다. 실제로 한강의 학문에는 이 두 부분이 그대로 병치되고 있다.

이는 한강 사상의 정합성이라는 측면에서나 17세기 이후 서인 예학에 대한 남인 예학의 정체성이라는 부분에서 문제가 될 수 있다. 한강 사상, 즉 도학의 정합성이 긍정될 경우, 17세기 이후 남인 예학에 남명학의 논리가 전제되어야 하고, 17세기 남인예학을 퇴계 예학이라고 단정하면 한강 사상의 정합성이 일정부분 의심되지 않

79) 『퇴계집』 권39, 書, 「答鄭道可問目」 5a: 隨地隨宜 力所可及處 當盡吾心, 其不及處恐難一一守一法爲定規也. 若膠守而不變 則出遠方者 不食新穀 飢而死矣, 無乃不可乎! / 5b: 太高旣不可, 太低亦不可. 要使在位者得聞其聲 可也. / 7b: 禮宜從厚 此類之謂也. ……

80) 박종천. 2009. 「16-17세기 예문답으로 살펴본 퇴계와 퇴계학파 예학」. 『퇴계학보』 125집. 105-107쪽.

을 수 없는 것이다.[81]

이 지점에서 서론에서 제기한 문제, 즉 한강의 사상이 단순한 선대 학술의 조술인지, 아니면 이를 표방한 새로운 사고인지에 대한 심각한 고민이 필요할 것 같다. 한강은 17세기 예학시대를 연 인물의 한 명이다. 이는 이전의 도학이 심학이나 이학에 초점을 두던 것에서 예학을 중심으로 사고하게 되었다는 것을 의미한다. 이는 도학의 새로운 국면이라고 할 수 있다. 예학은 방법론적으로 심학이나 이학과 일정한 차별성을 가진다.[82] 그러므로 한강이 예학적 방법론으로 전대의 학술을 이해하고 정리하려고 했다면, 이는 단순한 조술 이상의 의미를 가지는 "변화"라고 할 수 있다. 한강의 사상이 전대 학술의 단순한 조술만이 아닐 가능성이 있는 것이다.

더욱이 한강의 생애는 16세기 선유들의 말미에서 양난이 겹치는 와중으로 이어지고 있다. 이는 그의 시대가 도학적 순수성과 학문의 실천적 의미 사이에서 고민하게 했을 여지가 충분하다는 것을 의미한다. 즉 퇴계 직전제자들처럼 자신들의 학문 역량을 뛰어넘는 시대의 변화에 당혹스러워 할 수밖에 없는 상황이 전개되고 있었을 수도 있는 것이다.[83]

81) 이 문제와 관련하여 고영진(1995. 『조선중기예학사상사』. 한길사)의 주장과 이에 대한 정경희의 반론(「조선전기 예제 · 예학 연구」. 249쪽. 각주 206)이 참고할만하다.

82) 한강의 학문이 예학에 방점이 찍힌다고 할 때, 예학의 특성상 선대의 학술을 체계적으로 정리하고 그 속에서 자신의 입장을 제시하는 방식은 새롭지 않다. 이는 심학이 주체적 心得을 중시하며 자신의 심득이 正統에 일치되는가를 확인해야하는 것과 다르다. 심학의 경우 본체적인 동질성을 문제 삼으므로 즉각적으로 同異의 문제를 따지게 된다. 반면 예학은 유동하는 현실에 천리를 실현하고자 하지만 천리에 대한 해석이 다양하므로, 전대의 학문을 정리하고 그에 자신의 의견을 개진하는 것만으로도 논의를 마무리 할 수 있다. 한강이 남명과 퇴계 양문의 학문을 정리하고 나름의 진로를 제시하는 방법론적인 돌파구가 마련될 수 있다고 하겠다.

83) 이에 관해서는 정도원, 2012. 「16세기 퇴계학파 예학의 심학적 기반과 수범적 예교: 학봉, 간재를 중심으로」. 『동양철학연구』 71. "Ⅲ. 수범적 예교와 시중의 주체" 참조.

17세기 도학을 심학이나 이학의 지평에서 일괄하기 어려운 것도 이러한 맥락에서일 것이며, 퇴계학이나 남명학과 다른 "한강학"이라는 용어가 새로이 검토되는 이유도 여기에 있다고 할 것이다. 다만 이러한 문제는 이 글의 범위나 논자의 역량을 벗어나고 있으므로, 이에 관해서는 관련 전공자의 후속 연구가 이어지기를 바란다는 정도의 바람을 피력하는 것으로 논의를 마무리하고자 한다.

# 『심경발휘』와 정구의 심학

추제협 | 계명대학교 대학인문역량강화사업단(CORE)

## 1. 머리말

정구[鄭逑](한강[寒岡], 1543-1620)는 이황[李滉]과 조식[曺植] 문하에 출입하여 고족[高足]으로 받아들여지며, 이후 근기지역에 퇴계학을 전파하는 데 중요한 역할을 한 인물로 알려져 있다.[1] 이러한 평가는 비록 후대의 것이며 논란의 여지가 없지 않지만 그가 두 문파와 이후 학파 전개에 어떠한 위치를 차지하고 있는지를 짐작케 한다.

그에 대한 지금까지의 연구 역시 이러한 평가에 버금가듯 학문관, 예학, 심학, 문학 등 다양한 방면에서 활발한 논의가 이루어졌다.[2] 특히 논란의 중심에 있었던 학문 연원에 대해서는 이황 또는

1) 이우성. 1982. 「한국 유학사상 퇴계학파의 형성과 그 전개」. 『한국의 역사상』. 창비; 「해제」. 『국역 한강집』. 한국고전번역원. 2001; 금장태. 2000. 「조선후기 퇴계학파의 학맥과 리철학의 전개」. 『퇴계학파와 리철학의 전개』. 서울대 출판부; 윤천근. 2006. 『남인 예학의 선구 정구』. 한국국학진흥원.

2) 정구에 관한 연구의 개괄적인 소개는 다음 논문을 참고할 수 있다. 우경섭. 2011. 「한강 정구의 학문연원과 도통적 위상」. 『한강 정구』. 남명학연구원편. 예문서원. 25-27쪽.

조식 계승설이 양립되어 있으며[3] 오건吳健 계승설이 추가적으로 언급되고 있다.[4] 이와 연관하여 그의 학문적 특징을 보여주는 두 축인 예학과 심학에 대한 개별적인 연구가 심화됨에[5] 따라 두 학문의 상호연관성이 모색되기에 이르렀다.[6]

그럼에도 이러한 성과들에 회의를 느끼게 되는 것은 이들의 접근방법에 대한 의문 때문이다. 대개의 연구들은 그의 학문적 연원을 예학과 심학을 이해하는 중요한 잣대로 여기고 있다. 이 말은 그의 학문을 이해하는 데에 그 연원에 대한 이해는 필수적으로 요청됨을 의미한다. 그런데 이에 대해서 지금까지의 견해는 그가 이황 혹은 조식을 잇거나 둘을 아우르고 있다는 입장이 지배적이었다.[7] 즉

---

3) 정구의 학문적 연원을 이황으로 보는 대표적인 연구는 금장태. 1995.「한강 정구의 사상」.『퇴계학파의 사상 1』. 집문당. 148쪽; 우경섭. 같은 논문. 55-59쪽 등이 있으며, 반면 조식으로 보는 대표적인 연구는 박병련. 2003.「남명학파 성쇠과정의 정치사회적 특성과 사림의 동향」.『남명학연구』 16집. 경상대 남명학연구소. 213-216쪽; 권오영. 2011.「조식의 심학과 조식 학맥의 심학 계승」.『조선 성리학의 의미와 양상』. 일지사. 155쪽. 등이 있다.

4) 사재명. 2004.「조선중기 덕계문인의 형성과 강학」.『남명학연구』 17집. 남명학연구원; 김학수. 2012.「한강 정구의 학문 연원」.『한국학논집』 48집. 계명대 한국학연구원.

5) 예학에 대한 대표적인 연구로는 노인숙. 1999.「한강 정구의 예학에 관한 연구」.『유교사상연구』 12집. 한국유교학회; 김현수. 2001.「한강 정구의 예학사상 -『오선생예설분류』를 중심으로」.『동양예학』 6권. 동양예학회. 등이 있다. 예학에 비해 심학에 대한 연구는 상대적으로 빈약한 편이며 전재강이 진행한 일련의 연구가 대표적이다. 전재강. 2010.「『심경발휘』에 나타난 한강 심학의 특성」.『남명과 한강의 만남』. 보고사;「남명, 퇴계와의 대비적 관점에서 본 한강 심학」. 같은 책;「한강심학의 교학적 성격」. 같은 책.

6) 유명종. 1983.「정구의 敬學」.『한국사상사』. 이문출판사. 374-376쪽; 최영성. 1996.「한강 정구의 학문방법과 유학사적 위치」.『한국철학논집』 5집. 한국철학사연구회; 유권종. 2009.「한강 정구의 수양론」.『예학과 심학』. 한국학술정보.

7) 지금의 연구 경향은 이황과 조식의 학문을 아우르고 있다는 견해가 지배적이다. 대표적인 연구로는 이상필. 1991.「한강 정구의 학문 성향과 문학」.『남명학연구』 창간호. 경상대 남명학연구소; 서정문. 2007.「『남명집』의 편간과 내암, 한강 문파의 성립」.『조선시대사학보』 40집. 조선시대사학회; 김낙진. 2012.「조선중기 한려학파의 철학사상」. 홍원식 외.『낙중학, 조선시대 낙동강 중류 지역의 유학』. 계명대 출판부; 김학수, 같은 논문. 등이 있다.

그의 학문이 그들과 어느 부분이 더 근접해 있는가에 초점을 두고 있는 것이다. 물론 그들 사이에 유사성이 없지 않으며 이를 탐구하는 것 또한 의미 있는 것임에는 분명하다. 그러나 이러한 접근법은 자칫 그가 지향하고 있는 학문적 차별성을 왜곡할 우려가 있을 뿐만 아니라 그에 대한 정당한 평가 또한 어렵게 만든다. 오히려 그의 학문적 정체성은 무엇이며 이를 어떻게 정립하게 되는가에 더 집중해 볼 필요가 있다고 생각한다.

여기서 우리는 정구의 예학과 심학을 그 자체로 이해하는 것이 무엇보다 중요한 과제에 해당함을 알게 된다. 그 중에서도 특히 심학은 이미 여러 선행 연구에서도 밝혔듯이 예학의 사상적 기저를 형성하고 있다는 점에서 주목을 요한다.[8] 결국 그의 심학은 단순히 그 자체의 의미보다는 그의 사상적 특징을 집약해 보여주는 것이라고 할 수 있다. 물론 이러한 점이 선행 연구에서 소홀히 다루어진 것은 아니며 대부분의 연구에서 그 심학의 요체로 경敬을 강조하고 있기도 하다. 그러나 이러한 점에 대한 보다 실증적인 논의를 위해서는 그가 개찬한 『심경발휘』에 대한 분석을 피할 수 없다.

『심경발휘心經發揮』는 『오선생예설분류五先生禮說分類』와 함께 정구의 대표적인 저작으로 알려져 있다. 특히 이 책은 정구의 심학을 온축해 놓은 것이라는 점에서 일찍부터 관심의 대상이 되었다. 문제는 이것이 자신의 목소리를 담은 것이 아니라 선유들의 말을 편집해 놓은 것이라는 점에서 이를 어떻게 이해할 것인가에 있다. 기존의 연구도 이러한 점 때문에 이에 대한 구체적인 논의를 하지 않았던

8) 금장태. 1992. 「한강 정구의 예학사상」. 『유교사상연구』 4, 5집. 한국유교학회; 김현수. 2000. 「한강 정구의 경의협지와 예」. 『한국철학논집』 9집. 한국철학사연구회; 도민재. 2002. 「한강 정구의 학문과 예학사상」. 『한국사상과 문화』 18집. 한국사상문화학회.

것으로 보인다.[9] 그러나 직접적인 저술은 아니라 하더라도 편집의 체계와 논리를 통해 그가 어떠한 심학적 특징을 갖고 있는가를 간접적으로라도 확인하는 것은 이후 한강학파가 어떠한 철학적 기반에 근거하고 있는지를 이해하는 데 매우 중요한 의미가 있을 것으로 판단된다.

따라서 이 글은 정구의 『심경발휘』를 통해 그의 심학이 어떠한 특징을 갖고 있는지를 살펴보고자 한다. 이미 많은 선행 연구들에서 확인된 사실이 재확인되는 점이 없지 않으나 이를 보다 실증적으로 나타내기 위해서는 이러한 작업을 거치지 않을 수 없다고 본다. 또한 자신의 직접적인 언급이 아니라는 점에서 다분히 추론의 여지도 있음을 미리 밝혀 둔다. 이러한 점을 감안하여 논의를 정리한다면 정구의 심학적 특징을 보다 온전히 살펴볼 수 있는 기회가 될 것이다.

## 2. 『심경발휘心經發揮』의 체계와 특징

『심경발휘』는 『심경부주』를 개찬한 책이다. 익히 알려져 있듯이 이황은 『심경부주』를 지극히 존숭했다.[10] 그러나 조목趙穆, 황준량黃俊良 등 여러 제자들이 정민정에 대한 의문을 이유로 개정을 요구하자 이황은 고심 끝에 「심경후론」를 써서 이를 반대했다.[11] 이후

9) 『심경발휘』에 대한 본격적으로 다룬 연구로는 전재강. 「『심경발휘』에 나타난 한강 심학의 특성」. 앞의 책. 이 유일하다.
10) 李滉. 『退溪先生言行錄』 卷1. 「學問」. "先生自言吾得心經而後, 始知心學之淵源, 心法之精微, 故吾平生信此書如神明, 敬此書如嚴父"; 『退溪全書』 卷41. 「心經後論」. "其初感發興起於此事者, 此書之力也. 故平生尊信此書, 亦不在四子近思錄之下矣."
11) 퇴계가 「심경후론」에서 한 답변은 세 가지로 요약된다. 첫째, 정민정의 비리에 대

이황 문하에서 이에 대한 논란은 사그라졌고 대신 정본을 위한 연구가 깊어지게 되었다.[12] 그런 점에서 정구가 이를 개정한 것은 퍽 이례적이다. 이를 두고 이황과 반하는 정구의 심학을 전개하고 있다는 평가도 없지 않다.[13] 여기에 더하여 조식의 영향설을 제기하기도 한다. 실제로 『심경발휘』가 이후 남인 내부는 물론 박세채 등 기호학파에까지 중요한 심경 관련 책으로 언급되는 것[14]은 이황을 단순히 묵수하는 입장으로 일관했다면 누릴 수 없는 영광임에는 분명하고, 만약 그렇다면 수많은 논란을 어떻게든 무마하는 태도를 취했어야 한다고 본다.

그렇다고 이를 과연 이황과는 다른 심학적 태도를 갖는다고 단정하기도 쉽지 않다. 거기에는 무엇보다 정구 스스로 『심경발휘』가 이황의 견해에 서 있음을 밝히고 있기 때문이다.[15] 서문에서 확인할 수 있듯이, 그는 심학의 본질을 경敬에 두고 있으며 진덕수 이후 이 책의 맛을 진정으로 하는 이는 이황 선생뿐이라고 했다. 그러면서 자신이 이를 잇고 있음을 말하고 있다.[16] 그런 점에서 이러한

---

한 것은 정치적 맥락이 있으므로 신중히 살펴야 할 문제이며 둘째, 정민정이 말한 존덕성으로 기울었다는 주자만년설에 대해서 주자학은 결코 상산학의 영향을 받은 적이 없다고 했으며 셋째, 오징과 정민정이 존덕성 중시를 굳이 말한 것은 당시 주자학의 말폐를 구하려는 의도였다고 답했다. 보다 자세한 내용은 『退溪全書』 卷41. 「心經後論」 참조.

12) 퇴계학파 내에서 이러한 과정에 대한 자세한 설명은 다음 논문이 참고가 된다. 홍원식. 2007. 「이황과 그 직전제자들의 『심경부주』 연구」. 『퇴계학보』 121권. 퇴계학연구원.

13) 정도원. 2012. 「한강 정구의 성리학 체계와 연원에 관한 소고」. 『한국학논집』 48집. 계명대 한국학연구원. 27쪽.

14) 朴世采. 『南溪先生朴文純公文正集』 卷11. 「辭再除吏曹參議兼進册子疏本疏」. "臣於少時嘗觀故儒臣文穆公鄭逑所編心經發揮者, 其論敬學工夫, 極爲詳盡."

15) 그렇게 말할 수 있는 것은 퇴계와 남명의 사상적 차이를 어떻게 볼 것인가의 문제인데 여기에는 이론의 여지가 있다. 그러나 여기서 '이황의 견해에 서 있다'고 표현한 것은 정순목이 둘 다 거경집의를 인정하지만 관심의 지향성이라는 점에서 퇴계는 경을, 남명은 의를 지향한다는 입장(1999. 「한강 정구의 교학사상」. 경북대 퇴계연구소편. 『퇴계문하 6철의 삶과 사상』. 예문서원. 407쪽.)에 근거한 것이다.

논란을 염두에 두고 『심경부주』에 대한 『심경발휘』에 나타난 체계의 변화와 그 특징을 살펴보는 것은 그의 심학적 특징을 이해하는 필수적인 단계에 해당한다.

『심경발휘』의 체계에 대해서는 일찍이 언급된 바 있다.[17] 여기서 주목되는 몇 가지를 정리해 보면 첫째, 내용을 중심으로 책의 권 분류를 새롭게 개편했다는 점이고 둘째, 서문과 부록 부분에서 일부분 혹은 전부를 삭제하고 다른 내용으로 대체한 점이며 셋째, 본문에서 진덕수의 『심경』 원문은 그대로 유지하되 거기에 따른 본주와 정민정의 부주 일부를 제외한 대부분을 개편했다는 점이다.

이러한 특징 중에서 특히 우리가 눈여겨봐야 할 부분은 세 번째에 대한 것이다. 정구는 『심경발휘』 서문에서 "항상 정씨의 주에 그 취하고 버리는 것이 혹 밝지 못한 곳이 많으며 정자와 주자가 발명하고 열어 보여준 대훈에 이르러서는 책 가운데 들어가지 않은 것이 자못 많아 이 책을 만들지 않을 수 없었다"[18]고 했다. 이 말은 앞서 언급한 조목이 이황에게 『심경부주』를 비판하면서 했던 말과 맥을 같이 한다. 그 또한 『심경부주』에 인용한 것이 대부분 주희의 주가 아니며 그나마 인용한 것들은 너무 간략하거나 긴요하지 않는 것도 있고 심지어 자신의 이름을 넣어 문자를 변환하는 잘못을 범했다고 비판했다. 그러면서 『심경』에 굳이 주가 필요하지 않으며

---

16) 鄭逑, 『心經發揮』, 「心經發揮序」, "夫皇朝程篁墩爲之附註, 而吾退溪李先生最愛此書, 之於係後論於篁墩之書, 而引魯齋神明父母之喩. 西山之後, 唯先生爲深知此書之味, 而自西山而言之, 亦未爲不遇後世之子雲矣. 求之愚陋, 自少受讀, 亦嘗親質於先生矣. 唯其魯莽作輟, 今且老而無得, 誠此書之羞, 而亦非書之過也. 惟幸天誘其衷, 酷嗜一念, 尙不能自已於摧頹之餘, 耿耿常思所以不終負此書者, 隱微幽獨之中, 蓋有欲已而不能者矣."

17) 전재강. 「『심경발휘』에 나타난 한강 심학의 특성」. 앞의 책. 235-238쪽; 홍원식 외. 2007. 『조선시대 심경부주 주석서 해제』. 예문서원. 98-100쪽.

18) 『心經發揮』. 「心經發揮序」. "常怪程氏之註其所取舍, 或多未瑩, 至於程朱發明開示之大訓, 頗多未入編中, 不能不爲此書之遺憾."

설사 주를 단다면 주희의 집주나 장구의 것을 이용해야 한다고 주장했다.[19] 정구는 이러한 조목의 생각과 비슷한 입장에서 진덕수의 『심경』 본문을 그대로 두되 본주와 부주를 일부분만 살리고 이를 다른 주와 함께 발휘를 달았던 것이다.

이에 따라 『심경부주』 전체 37장 모두 들고남의 변화가 많았다. 그럼에도 유독 「경이직내장」과 「존덕성재명장」이 논란이 되었던 것은 주자만년정론에 대한 정구의 입장과 이에 따른 그의 학문적 연원에 대한 문제 때문이었다. 정민정이 「존덕성재명장」에서 주자만년정론에 대해 이황은 주희가 결코 상산학으로 흐르지 않았다고 하면서도 그 혐의를 받고 있는 정민정의 안按이나 오징吳澄의 주에 대해서 삭제하지도, 전면적인 개편도 부정했던 것이다. 따라서 정구 역시 이 부분을 살펴보는 것은 그가 어떠한 입장에서 이 문제를 보고 있는지, 그리고 이를 통해 그의 심학적 특징이 무엇인지를 짐작해 하는 기준이 된다는 점에서 매우 중요하다.

「경이직내장」은 경에 대한 것이라면, 「존덕성재명장」은 존덕성의 마음공부와 도문학의 사물, 경전공부에 대한 것이다. 크게 보면 이 두 가지는 모두 공부론에 대한 설명에 해당한다. 우선 「경이직내장」의 특징은 기존의 정민정의 부주에 대해 일부분만 수용하고 재편하여 모두 42항목으로 나누어 자세히 다루었다는 점이다. 그 이유는 심학의 핵심인 경을 자세히 전달하기 위한 것이다. 그는 「심경발휘서문」에서 성현의 도통이 심학이며 그 심학의 핵심이 바로 경인데 이것이 이정과 진덕수에 의해 분명하게 드러나게 되었고,

19) 趙穆. 『月川先生文集』 卷4. 「心經稟質」. "竊謂心經一書, 不用註文則已. 如用註文, 則宜莫如朱子集註章句諸說. 而此書所引, 多不用本註, 或用之而刪節太簡, 或攬取註外文字, 而間有不切者, 甚者其稱朱子者, 多參入已說, 而變換文字, 或增益所無, 或刪去所有, 篁墩先生已致疑於此."

이황은 바로 이러한 도통을 전수하게 되었음을 밝히고 있다.[20] 그러나 이황은 『심경부주』에 대한 논란 속에서도 존숭의 태도를 유지했다. 이에 대한 의문이 쉽게 가라앉지 않는다면 이황이 지향하는 심학의 본질 또한 명쾌하게 설명될 수 없다고 판단한 듯하다. 정구는 바로 이러한 점에서 자신이 바로 그 본질이 경에 있음을 제시함으로 여기에 온 힘을 쏟을 수 있도록 하려는 의도를 내비쳤다.[21]

그러나 기억할 것은 그렇다고 해서 그가 단순히 이황의 심학을 묵수했다고 보기도 어렵다는 점이다. 이미 개찬을 한 것부터 그의 심중이 드러난 것이라고 한다면, 이황의 심학적 전통에 기대여 자신만의 심학적 특징 또한 분명 녹아있다고 봐야 한다. 특히 이 「경이직내장」은 그 양과 질에 있어서 이러한 자신의 생각이 짙게 드러워져 있는 것이라고 할 수 있다. 그것은 다름 아닌 자신의 심학적 체계 속에서 경이 차지하는 위상이 그만큼 높음을 말하는 것이기도 하다.

다음으로 「존덕성재명장」은 앞서 언급한 대로 존덕성과 도문학에 대한 설명이 주류를 이룬다. 그런데 여기서 『심경부주』와 차이점은 정민정의 부주 중 7개를 제외한 나머지는 물론 오징의 주 또한 제거해 버렸다. 특히 오징의 글은 앞서 언급한 대로 이미 여러 제자들에게 의해 정민정이 상산학에 기울어져 있다는 혐의를 강하게 받았던 근거로 작용했다. 정구는 이와 논란이 되었던 서문에 있는 정복심의 「심학도」도 빼버렸던 상태였는데, 이 장에서도 논란의

---

20) 『心經發揮』. 「心經發揮序」. "夫皇朝程篁墩爲之附註, 而吾退溪李先生最愛此書, 之於係後論於篁墩之書, 而引魯齋神明父母之喩. 西山之後, 唯先生爲深知此書之味, 而自西山而言之, 亦未爲不遇後世之子雲矣."

21) 『心經發揮』. 「心經發揮序」. "其於敬之一字, 則略倣西山之例, 特加條詳. 欲使人知程朱諸先生之反覆丁寧於此一字, 其功如是, 則當竦然思所以加勵. 宜無所不用其力, 不敢他求, 皆所以爲羽翼此書之地也."

여지가 있는 부분으로 없애버린 것이다. 이황이 「심학도」를 『성학십도』에 그대로 수용한 것[22]이나 오징에 대해 상산학의 혐의는 있지만 이 말에는 잘못이 없다고 옹호한 것[23]과는 분명 다른 입장을 취했다.

다만 여기서 지적할 것은 이황이 주희의 존덕성과 도문학의 병존을 그대로 인정한다고 보기에는 무리가 있다는 점이다. 그랬다면 굳이 이를 고집할 필요가 없었을 것이다. 그는 도문학을 폐기하지 않는 가운데 존덕성의 마음공부를 중시하는 입장을 갖고 있었던 것으로 보인다. 오징을 고수한 것은 바로 그러한 징후의 표지이다. 그러나 이것이 자칫 상산학의 혐의를 받기에 알맞은 꼴이 되고 말았고 이황 스스로는 이를 힘써 변호하지만 의심은 쉽게 가라앉지 않았던 것이다.

정구는 이러한 상황에서 논란이 되는 부분을 아예 삭제함으로써 그 불씨를 없애고자 했던 것으로 짐작된다. 대신 정주의 말을 더욱 풍부하게 인용함으로써 자신의 공부론을 전개하고자 했던 것이다. 그 공부론이 구체적으로 무엇인지는 이 장과 함께 앞서 「경이직내장」의 전체 287조에 이르는 주를 모두 살펴봄으로써 확인될 수 있는 부분이다. 다만 미리 언급해 둘 것은 그가 생각하기에 굳이 이런 논란의 불씨를 안고 갈 필요가 없었던 듯하다. 이미 정주의 말을 통해서도 분명하게 이를 드러낼 수 있다고 판단한 것으로 보인다. 따라서 그는 정민정의 주를 제한적으로 수용하여 새롭게 배치함으

---

22) 李滉. 『退溪先生文集』 卷7. 「進聖學十圖箚」. "程氏字子見, 新安人. 隱居不仕, 行義甚備, 白首窮經, 深有所得, 著四書章圖三卷. 元仁宗朝, 以薦召至, 將用之, 子見不願, 卽以爲鄕郡博士, 致仕而歸. 其爲人如此, 豈無所見而妄作耶?"

23) 『退溪先生文集』 卷41. 「心經後論」. "若其遵朱子之意, 贊西山之經, 註此於篇終, 欲以捄末學之誤, 實亦至當而不可易也. 況只引朱說而補以諸儒發明朱說之條, 未嘗一言及於陸氏之學, 以爲朱子晩悔而與此合, 如道一編之所謂乎?"

로써 자신의 공부론이 무엇인지에 대해서도 간접적으로 제시하고자 했던 것이다. 그것이 주희 또는 이황 중 누구의 본래 의도에 가까운지, 정구가 생각하는 주자만년설에 대한 이황의 입장은 무엇인지도 이러한 과정에서 확인될 수 있는 부분이라고 생각한다.

이렇게 이 두 장은 바로 정구가 이황의 도통을 이어받아 심학을 계승하고 있음을 분명히 하고 있으면서 그가 지향하고 있는 심학의 본질이 무엇인가를 알 수 있는 대목임을 확인할 수 있었다. 따라서 이 두 장에 단 발휘의 내용을 통해 그의 심학적 특징을 구체적으로 살펴보기로 한다.

## 3. 「경이직내장敬而直內章」에 나타난 '경敬'의 체계와 논리

이미 알다시피 「경이직내장」은 『심경발휘』에서 가장 많은 변화를 준 부분이다. 일찍이 정민정 또한 이 장에 상대적으로 많은 부주를 추가했을 만큼 각별한 데가 있었다. 물론 그는 존덕성의 마음공부를 구체화하기 위해 경공부론이 그 중심에 자리해야 한다고 판단했을 것이다. 실제로 그는 경과 의의 관계 즉 '경이직내敬以直內 의이방외義以方外'에 대한 여러 주를 달면서 이 두 가지가 모두 성학으로 들어가는 핵심이라고 하면서도, 경이직내가 바로 그 본本이며 의이방외는 그 말末에 해당하는 것으로 보았다.[24] 정구 또한 경이 심학의 핵심임을 이미 서문에서 강조한 바 있다.[25] 더욱이 그는 정민정

24) 程敏政編. 『心經附註』 卷1. 「敬以直內」. "按, 易言敬以直內, 義以方外, 誠學者希聖之樞要. 然敬以直內, 其本也, 若以上四條, 皆程子平日單言之, 以教學者, 而其發明敬字之義尤詳."

25) 『心經發揮』. 「心經發揮序」. "人惟一心之微, 而爲堯爲舜者在是, 爲桀爲跖者在是. 上焉而參天地贊化育者在是, 下焉而同草木歸禽獸者亦在是, 吁其可警也. 夫要其幾, 不

의 부주에다 더 많은 주를 추가 및 보완함으로써 양과 질 모든 면에서 더욱 많은 무게감을 느끼게 했다.

원래 『심경부주』에 「경이직내장」은 본주 4개와 부주 18개로 구성되어 있다. 정민정은 여기에서 우선 경과 의의 관계를 설명한다. 주로 체용의 관계로 이해될 주를 달았다. 그런데 이어 경과 의 중 경이 근본임을 언급한 뒤 경의 함의를 이정과 주희를 포함한 여러 선유들의 말을 통해 제시하고 있다. 이렇게 함으로써 경과 의가 체용으로 이해될 수는 있으나 그 주객과 경중이 분명하니[26] 궁극적으로는 본本와 말末의 관계로 이해되어야 함을 보여준다. 이는 경을 수양의 가장 근본적인 방법으로 인식하게 함으로써 존덕성의 마음공부를 보다 강화하기 위한 의도로 읽을 수 있다.

정구는 이러한 정민정과 같이 심학의 핵심을 경으로 보는 데에는 이론의 여지가 없다. 그런데 지금까지 많은 선행 연구에서는 정구의 심학적 특징을 '경의협지敬義夾持'로 언급해 왔다.[27] 여기에는 그가 비록 이 말을 직접 언급하고 있지는 않지만 인용된 것들 통해 볼 때 경과 의의 체용적 관점이 분명하다는 것이다. 그러나 이를 그대로 수긍하기에는 미심쩍은 데가 있다. 무엇보다 문집에서 정구의 직접적인 언급이 보이지 않을 뿐만 아니라 선행 연구에서 이루어진 판단 또한 조식의 영향을 은연중에 의식한 경우가 많았다는 점이다.[28] 더욱이 그는 『심경발휘』 서문에서 분명 경을 심학의 핵

---

越乎敬之一字而已, 自堯舜精一之訓, 而所以精之一之者, 非敬矣乎?"

26) 『心經附註』 卷1. 「敬以直內」. "按, 敬義之說, 先儒多對擧而互言之, 考程子此言及胡氏朱子之說, 又有賓主輕重之辨, 學者詳之."

27) 한강의 공부론을 '경의협지'로 보는 대표적인 연구를 들면 다음과 같다. 최영성. 앞의 글; 임종진. 2001. 「한강 정구의 수양론」. 『동양예학』 6집. 동양예학회; 권진호. 2007. 「한강 정구의 정주학 수용양상」. 『남명학연구』 24집. 경상대 남명학연구소.

28) 금장태는 한강이 경으로 일관했다고 보았으며(「한강 정구의 사상」. 앞의 책. 132-134쪽 참조), 유권종은 경이 중심적 원리로 작용하고 있다고 전제하면서도 경

심으로 지목하기도 했다. 이 장을 살펴보는 것은 바로 이 논란을 좀 더 구체적으로 확인하기 위해서이다.

우선 『심경발휘』의 「경이직내장」은 『심경부주』의 기본 체계를 재편하여 모두 42항목으로 나누어 제시하고 있다. 그 구체적인 항목을 보면 경의 특징과 효과, 미치는 범위에서부터 경과 의의 관계, 경과 다른 덕목과의 관계 등이다.[29] 모두 경에 대한 다양한 면모를 드러내는 데 중점을 두고 있음을 알 수 있다. 여기서 경과 의의 관계를 구체적으로 언급하는 대목은 〈경의敬義〉와 〈경의빈주敬義賓主〉, 〈경의불가편폐敬義不可偏廢〉의 세 항목인데 경의협지는 이 중 첫 항목인 경의에서 주로 다루고 있다.

그는 〈경의〉항목에서 경이직내, 의이방외에 대한 2개의 주를 열거한 후 이것이 언급된 곤괘坤卦가 현인의 학으로 내외의 합인 도라는 말을 인용했다.[30] 그리고 이어 경의협지에 대한 5개의 주를 달았으며 이후에는 경이직내와 의이방외에 대한 언급이 주류를 이룬다. 그 주의 내용을 대략 보면, 경과 의가 내외공부로서 서로 병존해야 함을 언급하고 있는 것이 대부분이다. 그러나 이러한 병존 속에서도 그는 경이직내와 의이방외의 구별을 염두에 두고 있으며 이는 체와 용의 관계로 보는 단서丹書에서의 말[31]을 그대로 인용하고 있는 데에서 알 수 있다. 이점은 정민정의 견해와 크게 다르지 않다. 더 나아가 〈경의빈주敬義賓主〉 항목에서 이러한 체용의 관점에서

---

과 의의 관계를 언급하는 방식에 차이가 있음을 지적했다(앞의 글. 241쪽 참조).

29) 전재강. 「『심경발휘』에 나타난 한강 심학의 특성」. 앞의 책. 255쪽.

30) 『心經發揮』 卷1. 「敬以直內」. "又曰, '乾卦, 言聖人之學, 坤卦, 言賢人之學, 若夫敬以直內, 義以方外, 則雖聖人不越乎, 此無異道故也.'"; "又曰, '敬以直內, 義以方外, 合內外之道也.'"

31) 『心經附註』 卷1. 「敬以直內」. "問, 丹書, 敬勝怠者, 吉, 怠勝敬者, 滅, 義勝欲者, 從, 欲勝義者, 凶. 曰, 敬便竪立, 怠便放倒. 以理從事, 是義, 不以理從事, 是欲, 這敬義, 是體用. 與坤卦說同."

도 경은 주인의 역할을 하고 있음을 주희가 거울과 거기에 비추는 것으로 비유한 부주의 내용을 그대로 인용한 데에서 짐작할 수 있다.[32] 이는 정민정이 경과 의에 주객과 경중의 구별이 분명히 있음을 말하는 것과 같은 맥락에서 이해될 수 있는 것이다.

그렇다고 해서 의가 폄하될 수 있는 것은 아니다. 이어 나온 〈경의불가편폐敬義不可偏廢〉 항목은 이를 재확인시켜 준다. 누군가 "'반드시 일삼은 바가 있도록 할 때 마땅히 경을 해야 합니까?'라고 물으니 정자가 '경은 다만 함양일사涵養一事이니 반드시 일삼은 바가 있도록 할 때 모름지기 집의集義해야 한다. 다만 경할 줄은 알고 집의할 줄 모르면 모든 일이 이루어지지 못한다'"[33]고 대답한 말은 그 대표적인 예가 될 것이다.

그럼에도 정구는 이 항목에 이어 〈경이직내〉를 비롯한 12개의 항목을 제시하여 경의 함의와 특성에 대해 자세히 살피고 있다. 여기서 우선 주목할 것은 〈경이직내〉 항목에서 그가 정민정의 부주에서 재인용한 정자와 주희 주의 의미이다. 특히 그 중에서 정자의 "절실하고 긴요한 도는 경이직내敬以直內만 한 것이 없다"는 말[34]과 주희의 "경이직내敬以直內가 가장 긴요하고 절실한 공부이다"는 말[35]은 경이 의보다 우선함을 말하는 대목에서 인용한 것이다. 그런 점에서 정구 또한 정민정과 크게 다르지 않다고 본다. 그도 경이 바로 공부의 근본에 해당하며 이는 바로 내內인 마음공부가 무엇보다 중요함을 인식하고 있다고 봐야 한다. 그래서 그 역시 〈주일무적主一無適〉

32) 『心經發揮』 卷1. 「敬以直內」. "朱子曰, 敬以直內, 便能義以方外, 非是別有箇義. 敬譬如鏡, 義是能照底."

33) 『心經發揮』 卷1. 「敬以直內」. "問, '必有事焉, 當用敬否?', 程子曰, '敬只是涵養一事, 必有事焉, 須用集義. 只知用敬, 不知集義, 却是都無事也.'"

34) 『心經發揮』 卷1. 「敬以直內」. "程子曰, 切要之道, 無如敬以直內."

35) 『心經發揮』 卷1. 「敬以直內」. "朱子曰, 敬以直內, 最是緊切工夫."

과 〈정제엄숙整齊嚴肅〉, 〈상성성常惺惺〉 등 경의 함의에 대한 일련의 주를 항목별로 자세히 이어 붙였던 것이다.

그런데 그는 여기서 정민정과 달리 의를 말로써 본인 경을 보완할 수 있음을 지속적으로 보여주고 있는데, 이 의가 궁리공부窮理工夫를 가리킨다는 점이다. 〈경의〉 항목에서 주희의 말인 "경이직내는 지니고 지키는 공부라면, 의이방외는 강학하는 공부이다"[36]를, 〈경의빈주〉에서 오봉 호씨의 말인 "경에 거하는 것은 의를 정밀하게 하는 까닭이다."와 이어 주희의 말인 "오봉의 이 말은 정밀하고 절실하며 간결하고 타당하니 깊이 완미해야 한다."[37]를 인용하고 있다. 이 중 특히 오봉 호씨의 말 뜻을 『심경강록간보』에서는 다음과 기록하고 있다.

> 여기서 말하는 정의精義 두 글자는 궁리窮理의 의미로서 외행을 방정하게 한다는 방외方外와는 다른 것 같다. 또 이 단락은 뜻을 정밀하게 하는 항목에 중요하게 서술되어 있으니 정민정은 이 말을 인용함으로써 경이 의의 근본이 된다는 뜻을 밝힌 것이다.[38]

이는 그가 경을 마음공부로, 의를 궁리공부로 연결하여 이해하고 있음을 볼 수 있다. 그러면서 이를 앞서 언급한 대로 본本과 말末의 관계로 이해했다. 즉 경은 자신을 지키는 도이며 의는 옳고 그름을 알아서 도리에 순응하여 행하는 것[39]이라 했으니 여기에 마음공부

36) 『心經發揮』 卷1. 「敬以直內」. "朱子曰, 敬以直內, 是持守工夫, 義以方外, 是講學工夫."
37) 『心經發揮』 卷1. 「敬以直內」. "五峯胡氏曰, 居敬所以精義也"; 朱子曰, "五峯此言, 精切簡當, 深可玩味."
38) 『心經講錄刊補』 卷1. 「敬以直內」. "按, '此精義二字, 乃窮理之意, 與方外恐不同. 又此段重在精義上, 而篁墩引之以明敬爲義本之義."
39) 『寒岡先生續集』 卷4. 「養浩帖」. "問, '敬義何別?' 曰, '敬只是持己之道, 義便知有是有非, 順理而行, 是爲義也."

가 우선하고 이에 따라 궁리공부를 통해 온전한 공부에 이를 수 있음을 〈경여치지敬與致知〉 항목에서 보여주고 있다.[40]

의를 이렇게 궁리공부로 이해하면 외행을 방정하게 한다는 방외方外의 의미인 양기집의養氣集義는 어떻게 되는가? 그는 〈경즉호연敬則浩然〉 항목에서 경이 곧 호연지기浩然之氣[41]라 하고 「양호첩養浩帖」에서는 "경이 직내하면 기는 호연하게 되고 이를 양성하면 대인이 된다"[42]는 말을 인용했다. 이 뜻을 새기면 경으로써 마음을 확충하되 방치하거나 조장하지 않고 끊임없이 하면 기가 호연하게 되어 자연스레 밖으로 드러나게 되는데[43] 이것이 곧 호연지기이며 바로 의라는 것이다. 이는 결국 의가 경의 확충을 통해 드러난 것임을 의미한다.[44] 정구는 제자와의 대화에서 이러한 점을 다음과 같이 말하고 있다.

> 〈맹자왈인인심장孟子曰仁人心章〉 아래 정자왈심요재강자리程子曰心要在腔子裏의 소주에 "바깥에 조그마한 틈이 있더라도 마음은 달려 나간다."라고 하였는데 어떻게 하면 틈이 없는 것입니까? 제 생각에는 의로써 외면을 바르게 한다면 틈이 생기지 않을 것 같은데, 이것이 과연 어떻습니까?
>
> 경자의 공부가 조금이라도 끊기는 일이 있으면 곧 틈이 생기는 것이네.[45]

---

40) 『心經發揮』 卷1. 「敬以直內」. "又曰, 主敬以立其本, 窮理以進其知, 使本立而知益明, 知精而本益固."

41) 『心經發揮』 卷1. 「敬以直內」. "程子曰, 直內, 則浩然之氣"; "又曰, 主一無適, 敬以直內, 便有浩然之氣"; 『寒岡先生續集』 卷4. 「養浩帖」. "主一無適, 敬以直內, 便有浩然之氣. 浩然, 須要實識得他剛大直, 不習無不利."

42) 『寒岡先生續集』 卷4. 「養浩帖」. "直內, 則氣浩然, 養之, 則爲大人."

43) 『寒岡先生文集』 卷4. 「答蔡靜應」. 「靜中有物」. "學者於此不可尋覓, 不容安排, 但當敬以直內, 涵養將去, 上面自然有這物事. 公且靜坐, 主敬涵養, 勿忘勿助, 久自純熟, 便自見得."

44) 정우락이 '경'에 원심력이 작용하여 '의'로 확산된다고 한 것(2009. 「한강 정구의 사물인식방법과 세계지향」. 『한국사상과 문화』 49집. 한국사상문화학회. 75쪽)과 정순목이 정구가 인간 내면 세계의 자각성에 주목했다고 한 것(「한강 정구의 교학사상」. 앞의 책. 417쪽)은 모두 이러한 맥락에서 이해될 수 있다.

아울러 그가 〈경겸동정敬兼動靜〉 항목에서 경은 동과 정을 겸한다[46]는 말을 인용한 것은 흔히 경은 정靜이라면 의는 동動인 점을 감안하면, 이 둘을 경 하나로 아우를 수 있다는 것이다. 이점은 바로 이황이 거경居敬과 치지致知를 호진互進하는 것이 경이며 미발未發과 이발已發을 경으로써 일관하는 것과 통하는 면이 있다. 그리고 그 경은 말인 궁리공부를 폐하지 않는다는 점에서 이는 논란이 된 상산학의 존덕성으로 기울어지는 것에 일정한 거리를 확보하게 된다.

이상에서, 정구는 이황에게 씌웠던 상산학의 혐의를 정자와 주희의 주를 통해 심학의 본질을 하나의 경으로 일관함으로써 벗어나게 된다. 더욱이 그 경은 바로 의를 겸한 경, 즉 궁리공부를 전제로 한 마음공부이자 경의 확충을 통해 드러난 것이 의이다. 이러한 점에서 정구의 경학敬學은 의를 상대적으로 도외시한 이황은 물론 의를 상대적으로 중요시 한 조식과도 일정한 거리를 유지하고 있다 할 것이다.

그렇다면 이러한 경과 의에 대한 정구의 이 둘을 아우르는 경 중시적 경향은 존덕성과 도문학의 공부론을 이해하는 데에서도 일정 부분 작용한다고 보는 것이 자연스럽다. 다음으로 「존덕성재명장」에서 이러한 점을 염두에 두고 살펴보기로 한다.

---

45) 『寒岡先生文集』 卷7. 「答任卓爾」. "'孟子曰仁人心章下, 程子曰心要在腔子裏, 小註曰, 外面有些罅隙便走了, 何以則無罅隙邪? 愚意以爲義以方外則無隙, 未知何如?' '敬字實, 少有間斷, 便是罅隙.'"

46) 『心經發揮』 卷1. 「敬以直內」. "又曰, 不必特地將靜坐做一件工夫, 但著一敬字通貫動靜, 則於二者之間自無間斷處."

## 4. 「존덕성재명장尊德性齋銘章」에 나타난 존덕성尊德性과 도문학道問學의 관계

「존덕성재명장」은 존덕성과 도문학의 공부론에 관한 것이다. 이는 정민정이 『심경부주』에서 주희가 말년에 상산학의 영향으로 존덕성으로 기울었다는 이른바 주자만년설 때문에 논란이 되었던 부분이기도 하다. 정구는 여기에 모두 13개의 주를 붙였는데, 이 중에서 『심경부주』를 그대로 따른 것은 7개이며 그 가운데 1개는 그 맥락을 보완했다. 원래의 주와 새롭게 붙인 주의 의미를 통해 존덕성과 도문학 공부론에 대한 정구의 입장을 확인해 보기로 한다.

정민정은 「존덕성재명장」에 대한 부주를 크게 세 부분으로 나누어 언급했다. 즉 존덕성과 도문학의 병존을 말하고, 이어 주희 중년에, 배우는 사람들이 공효가 미치지 못하거나 이단에 빠질 것을 염려하여 도문학을 중시한 것[47]과 주희 말년에, 배우는 사람들이 문자에만 빠진 것을 염려하여 존덕성을 중시한 것[48]을 차례로 언급했다. 문제는 존덕성을 다루는 부분에서 이를 주희의 정론이라고 함으로써 논란이 일어나게 된 것이다.

이에 정구는 우선 논란이 되었던 주자만년설에 대한 정민정의 안按을 제거했다. 또한 이 장의 체계를 정민정의 구분법을 따르지 않고 두 부분으로 간략하게 나누었다. 즉 존덕성의 의미를 새기는 한 부분과 존덕성, 도문학의 관계를 논하는 부분이 그것이다. 전자에 6개의 주를, 후자에 7개의 주를 달았다. 전자의 6개의 주는 '존尊'과 '덕

47) 『心經附註』 卷4. 「尊德性齋銘」. "朱子中歲, 恐學者交修之功不逮, 而或至於不振, 且擇善之未精, 而或流於異學之空虛也, 故於道問學爲重, 今摭附凡十條."

48) 『心經附註』 卷4. 「尊德性齋銘」. "朱子晚歲, 以學者專講說而廢涵養, 將流於言語文字之陋, 而不自覺, 故又於尊德性爲重, 旣爲程允夫作銘, 且屢有懲于從遊者, 蓋定論也."

성德性' 각각의 의미를 언급하고[49] 이러한 존덕성공부를 하지 않으면 학문이 게으르고 해이하게 되니 무엇을 좇아 진보하겠는가 고 말한다.[50] 그러면서 이 공부의 핵심은 다름 아닌 '주일무적主一無適'의 경이라고 했다.[51]

한편 후자에 7개의 주를 달았는데, 이 중 5개는 『심경부주』에 있는 것으로 정민정이 주희의 존덕성 중시에 대한 예로 제시한 12개 중에 포함된 것들이다. 물론 정민정이 언급한 12개 모두가 주자만년에 한 말로 보기 어려운 점이 있어[52] 이것 자체가 문제이긴 하지만 정구는 여기서 5개를 그대로 두었다. 이를 중심으로 그 대강 살펴보면, 우선 『심경부주』에 있던 것을 그대로 둔 것을 보면 "존덕성과 도문학은 글로 나를 넓히고 예의로 나를 간략히 하여 양변에서 공부하면 절대로 치우치지 않을 것이다"[53]와 "만약 도리 상에서 정밀하지 못한 것을 보면 모름지기 존덕성 상에서 공부해야 하고, 만약 덕성 상에서 부족함이 있으면 모름지기 강학 상에서 힘을 대해야 한다. 두 가지를 병행하면 아마 서로 발명하여 광대하고 찬란한 경지에 이를 수 있을 것이다"[54]고 한 것이 있다. 이는 존덕성과 도문학은 서로 병존하는 관계에 있음을 말하고 있다. 정구는 여기다 이와 유사한 논조를 가진 3개의 주희 말을 더 추가했다. 그 중 『중용中庸』 27장

---

49) 『心經發揮』 卷3. 「尊德性齋銘」. "朱子曰, '尊者, 恭敬奉持之意, 德性者, 吾所受於天之正理.'"; "問, '德性猶言義理之性.' 曰, '然.'"; "又曰, '尊只是把做一件物事尊崇擡夯它相似.'"; "問, '如何是德性, 如何可尊?', 曰, '玩味得却來商量.'"
50) 『心經發揮』 卷3. 「尊德性齋銘」. "又曰, '不尊德性, 則懈怠弛慢矣, 學何從而進.'"
51) 『心經發揮』 卷3. 「尊德性齋銘」. "又曰, '尊德性工夫甚簡約. 只如伊川, 只說一箇主一之謂敬, 無適之謂一, 只是如此, 更別無事.'"
52) 『심경부주』에서 이 대목에 열거한 12조목 중 석자중石子重과 정윤부程允夫 등은 40세 이전의 편지이다. 1999. 『심경강해』. 김종석 역주. 이문출판사. 407쪽.
53) 『心經發揮』 卷3. 「尊德性齋銘」. "又曰, '尊德性而道問學, 博我以文, 約我以禮, 兩邊做工夫, 都不偏.'"
54) 『心經發揮』 卷3. 「尊德性齋銘」. "又曰, '若於道理上, 看未精, 便須於尊德性上用功, 若德性上, 有不足, 便須於講學上, 著力, 二者竝行, 庶互相發明, 可到廣大輝光之地.'"

의 주를 인용하여 존덕성과 도문학의 병존을 더욱 강조하고 있다.

> 존덕성은 마음을 보존하여 도체의 큰 것에 이르는 것이며 도문학은 앎을 이루어서 도체의 세밀한 부분을 다하는 것이다. 이 두 가지는 덕을 닦고 도를 모으는 큰 단서이다. 조그마한 사의로 가리지 않고 조그마한 사욕으로도 누되지 않게 하여 이미 아는 것에 함영하고 이미 능한 것에 돈독히 하는 것은 이는 모두 존심에 속하는 것이다. 리를 분석하면 털끝만큼의 차이도 두지 않고 일을 하면 과불급의 오류를 두지 않으며 의리를 하면 날로 그 알지 못하던 것을 알며 절문을 하면 날로 그 삼가지 않았던 것을 삼가니 이는 모두 치지에 속하는 것이다. 대개 마음을 보존하지 않으면 앎에 이루지 못하고 마음을 보존하는 데에 또한 앎을 이루지 않을 수 없는 것이다.[55]

주희는 존덕성과 도문학이 어떠한 것이며 이것이 내內와 외外에서 서로 병행될 때 덕을 닦고 도를 모을 수 있음을 말하고 있다. 여기서 그는 이 둘을 대大와 세細의 관계로 언급하고 있는데, 이는 대大와 소小로 보아 체와 용의 관계로 이해될 수도 있다. 즉 존심하지 않으면 앎을 이룰 수 없으며 존심하는 데에도 앎을 이루지 않을 수 없다는 것이다.

그럼에도 여기에서 간과할 수 없는 것은 바로 이 존덕성이 체體임을 인식하고 있다는 점이다. 이를 구체적으로 확인할 수 있는 부분이 아이러니하게도 정구가 『심경부주』에 존덕성에 치중한 예로 제시한 것 중 재인용한 3개의 주에서 볼 수 있다. 이 3가지의 주 역시 선행 연구

---

55) 『心經發揮』 卷3. 「尊德性齋銘」. "又曰, '尊德性所以存心而極乎, 道體之大也. 道問學所以致知而盡乎, 道體之細也. 二者修德凝道之大端也. 不以一毫私意自滿, 不以一毫私欲自累, 涵泳乎, 其所已知, 敦篤乎, 其所已能, 此皆存心之屬也, 析理, 則使有毫釐之差, 處事, 則不使有過不及之謬, 理義, 則日知其所未知, 節文, 則日謹其所未謹, 此皆致知之屬也. 蓋非存心無以致知, 而存心者又不可以不致知.'"

에서는 존덕성과 도문학의 병행을 언급한 것으로 말했던 부분인데[56] 그렇게 보기 어려운 점이 있다. 정민정이 제시한 것처럼 이 부분은 존덕성 중시적 경향이 매우 농후한 것이 사실이기 때문이다. 특히 하숙경에게 답하는 편지가 그러하다. 문제는 만약 그렇다면 정구가 이 부분을 당연히 제거했어야 했는데 그렇지 않았다는 점이다. 이는 정구가 이 주를 다르게 이해하고 있음을 보여주고 있다.

> 하숙경에게 답하는 편지에서 "만약 도를 많이 듣고 많이 보는 것으로써 얻을 수 있다면 세상에 도를 아는 사람이 적지 않을 것이다. 내가 근자에 일 때문에 바야흐로 조금 살펴 발명한 것이 있으니 '소리개가 날고 고기가 뛴다'는 말을 정명도가 '반드시 일삼은 것이 있으되 미리 단정하지 않는다'는 뜻과 같다고 한 것을 이제야 환하게 깨쳐서 의문이 없게 되었다. 날로 쓰는 동안에 이 유행하는 본체가 처음부터 끊어짐이 없고 공부에 착수할 곳이 있음을 보았으니 이에 전에 스스로를 속이고 남을 속인 죄를 속죄할 수 없음을 알겠다. 이것은 서책을 지키고 언어에 얽매이는 것과는 전혀 관계가 없으며 날로 쓰는 사이에 이를 살피면 다행이다. 이것을 아면 곧 인을 아는 것이다"고 말했다.[57]

이 답서의 핵심은 『시경詩經』의 "소리개가 날고 고기가 뛴다"와 『맹자孟子』의 "반드시 일삼은 바가 있으되 미리 단정하지 않는다"는 말이 같은 의미라는 데에 있다. 즉 전자에서 천리의 유행을 알 수 있듯이 인간 또한 마음에 조장함이 없다면 바로 천리의 온전한 체가 드러남을 알 수 있다는 점에서 같은 것이란 말이다. 여기서 바로 천리

56) 전재강. 「『심경발휘』에 나타난 한강 심학의 특성」. 앞의 책. 246-250쪽 참조.
57) 『心經發揮』 卷3. 「尊德性齋銘」. "答何叔京書曰, '若使道可以多聞博觀而得, 則世之知道者爲不少矣. 某近日因事, 方有少省發處, 如鳶飛魚躍, 明道以爲與必有事焉勿正之意同者, 今乃曉然無疑. 日用之間, 觀此流行之體, 初無間斷處, 有下功夫處, 乃知日前自誑誑人之罪, 蓋不可勝贖也. 此與守書册泥言語, 全無交涉, 幸於日用間察之. 知此則知仁矣.'"

의 체를 인식하는 것이 존덕성의 마음공부이며 이것이 공부의 근본이 됨을 보여주고 있다. 물론 그렇다고 하더라도 도문학공부를 폐기하는 것은 결코 아니며 이러한 체를 완비하는 가운데 용인 도문학공부 또한 온전해질 수 있다고 믿었던 것으로 이해해야 한다. 그런 점에서 정구는 바로 이러한 마음공부에 근거한 주희의 학문에 대한 열정과 인간됨을 매우 강조하고 있음을 볼 수 있다. 유자징에 답하는 편지와 함께 다음과 같은 주희의 말을 인용하고 있다.

> 또 "내가 일전에는 깊이 탐색하고 힘써 행할 의지가 없었던 까닭에 모든 논설이 다 입과 귀를 들락거릴 뿐이었다. 따라서 전혀 힘이 되지 못했는데, 이제 깨달은 것이 있어 용기를 내어 구습을 혁파하려고 하나 혈기가 이미 쇠잔했고 심지가 또한 다시 강고하지 않으니 끝내 성취함이 있을지 모르겠다."고 말했다.[58)]

이 글은 원래 『심경부주』에서 하숙경에게 답하는 편지 아래에 덧붙인 주인데 정구가 재인용한 것이다. 이 글의 맥락이 앞서 언급한 두 편의 주와 크게 다르지 않음을 알 수 있다. 더욱이 여기에 정구는 자신의 말을 세주로 달아 자신의 의중을 분명히 드러내었다. 즉 "선생은 겨우 불혹의 나이를 넘겼으나 오히려 이미 쇠약하여 강하지 못하다는 탄식을 했는데 하물며 노둔한 하재가 이미 칠십에 이르러서이겠는가? 아 두렵지 않은가? 생각하여 스스로 채찍을 더한다"[59)]고 했다. 정구는 주희의 말을 통해 그의 학문적 열정에 대

58) 『心經發揮』 卷3. 「尊德性齋銘」. "又曰, '某緣日前, 無深探力行之志, 凡所論說, 皆出入口耳之餘. 以故, 全不得力, 今方覺悟, 欲勇革舊習, 而血氣已衰, 心志亦不復彊, 不知終能有所濟否也.'"

59) 『心經發揮』 卷3. 「尊德性齋銘」. "朱先生此書常在壬辰之前時. 先生纔踰不惑之年, 尙發已衰不彊之歎, 況魯莽下材已迫七十者乎, 吁其不懍懍, 思有以益自鞭策矣."

한 감탄과 존경의 표시를 이렇게 했던 것이다.

이러한 사실을 볼 때, 그가 이황과는 달리 주희의 본래 의도인 존덕성과 도문학의 병행을 다시 확인했다고 보는 것에는 무리가 있다고 본다.[60] 물론 그렇다고 해서 이것이 정민정의 주장인 존덕성 편향의 주장을 그대로 받아들인 것은 아니다. 그는 바로 이러한 존덕성을 중시하는 입장이 여전히 유효하다는 것을 보여주고 있는 것이라고 판단된다. 이는 달리 말하면 도문학을 전제로 하되 존덕성공부를 그 중심에 두는 이른바 주자학의 존덕성 경향을 말하고 있는 것이다.[61] 그런 점에서 보면 선행 연구에서 이황의 입장과는 달리 오징의 글을 삭제하고 새롭게 개편함으로써 주희의 원래 의도를 그대로 살렸다는 입장은 맞지 않는다. 오히려 정민정의 말을 이황의 의도에 맞게 보완하려고 했다고 보는 편이 맞다.[62]

여기서 우리는 이황이 만년에 이동李侗의 정좌구중설靜坐求中說에 대한 각별한 애정을 갖고 있었음을 상기할 필요가 있다.[63] 이황의 나이 52세 때 『연평답문延平問答』을 읽고 후론後論을 쓰면서 그는 이 책을 얻어 읽어보니 장님이 눈을 뜨고 목마른 사람이 물을 마시는 것과 같았고 유학이 선학과 비슷한 것 같으면서도 실제로는 다른 것을 알게 되었다고 술회하고 있다.[64] 그러면서 「발跋」에서 다음과 같이 적고 있다.

---

60) 전재강. 「『심경발휘』에 나타난 한강 심학의 특성」. 앞의 책. 250쪽.

61) 홍원식. 2007. 「'퇴계심학'과 '양명심학'」. 『제4회 하곡학 국제학술대회자료집』. 한국양명학회. 523-527쪽 참조.

62) 그런 점에서 권오영이 『심경발휘』는 도문학을 중시하는 주자학적 견지에서 편찬한 책이라는 주장은 동의하기 힘들다. 「남명의 심학과 남명 학파의 심학 계승」. 앞의 책. 154쪽.

63) 이황과 이동의 학문에 대한 연관성에 대해서는 안영상. 2005. 「퇴계가 도산에 은거하며 연평을 이었던 길」, 『퇴계학』 15집. 안동대 퇴계학연구소.

64) 『退溪先生文集』 卷43. 「延平答問後語」. "壬子, 來京, 幸與朴君希正相識, 始得所謂答問錄者二卷. 病中因竊窺其首末, 如盲得視, 如渴得飮, 雖未易測其涯涘. 而吾學與禪學, 似同而實異之端, 至是可知. 而涵養本原, 似若得其用力之地矣."

> 무릇 회암晦庵부자께서 연평선생을 만나기 전에는 오히려 석노釋老의 사이를 드나들었는데 뒤에 선생을 보게 되면서 배움이 비로소 평실해져서 끝내 천재도통千載道統의 전함을 얻었다. 이것은 회암이 군서를 절충하여 사도를 천하에 크게 밝힌 것은 모두 선생으로부터 출발된 것이고 그 주고받은 신법의 묘가 이 책에 갖추어 실려 있다. 지금 그 말을 갑자기 읽어보면 평담질각平淡質慤하여 매우 다른 점이 없는 것 같으나 그 뜻은 정심호박精深浩博하여 한계를 지을 수가 없다. 그 지극한 면을 추구해 보면 밝음은 일월과 아우르고 심오함은 조화에 참여할 만하나, 그 용력의 친절한 곳은 일용수초日用酬酢와 동정어묵動靜語默의 사이에서 떠나지 않았다. 이는 선생의 정좌구중설靜坐求中說이 탁월하여 선학禪學에 빠지지 않았으며 대본달도大本達道가 모두 관통하지 않은 것이 없게 된 까닭이다.[65]

이황은 이동의 정좌구중설이 선학에 빠지지 않으면서 대본달도를 모두 관통하고 있다며 선학과 다른 주자학적 심학에 대한 핵심을 여기에서 찾고 있다. 이 정좌구중설은 바로 미발 상태에 행하는 본원에 대한 함양으로 천리를 보존하는 공부법이다.[66] 즉 마음의 순수성을 함양하여 현상으로 드러날 때 모든 사태의 불화로 인한 마음의 막힘을 변화시키고자 하는 것이라 할 수 있다. 이황은 바로 이러한 공부법이 절실함을 이해하고 있었고 그 근거를 이동을 통해 확인할 수 있었던 것이다. 그러나 이것 역시 육왕심학에 대한 혐의를 완전히 벗어날 수는 없었던 만큼 여기에 도문학적 성격을 더욱

---

65) 『退溪先生文集』 卷43. 「延平答問跋」. "夫晦庵夫子, 未見先生之前, 猶出入釋老之間, 及後見先生, 爲學始就平實, 而卒得夫千載道統之傳. 是則凡晦庵之折衷羣書, 大明斯道於天下者, 皆自先生發之, 而其授受心法之妙, 備載此書. 今驟讀其言, 平淡質慤, 若無甚異, 而其旨意精深浩博, 不可涯涘. 推其極也, 可謂明竝日月, 幽參造化, 而其用功親切之處, 常不離於日用酬酢動靜語默之際. 此先生靜坐求中之說, 所以卓然不淪於禪學, 而大本達道, 靡不該貫者也."

66) 김승영. 2011. 「도남학파의 미발수행론 고찰」. 『동서철학연구』 60집. 한국동서철학회. 80-86쪽 참조.

강조함으로써 자신의 의도를 관철시키고자 했던 것이다.[67)]

이렇듯 이동의 영향은 그가 존덕성 경향을 갖는 데 중요한 계기가 되었음은 분명하다. 그러나 『연평문답』을 접한 것은 『심경』에 심취한 이후의 일이고 보면 어느 정도 자신의 학문적 경향이 존덕성에 기울어진 뒤 이에 대해 심정적으로 더욱 굳히게 되었던 것으로 봐야 한다. 그렇다면 이황의 존덕성 편중은 오히려 『심경부주』에서 비롯되었다고 보는 것이 온당하다.

> 대개 존덕성은 곧 경을 유지하는 공부이며, 도문학는 이치를 궁구하는 공부이다. (이 두 가지 공부는) 서로 보완해 주고 함께 작용하기 때문에 어느 한 쪽을 폐기하면 안 된다. 그러나 완급과 선후의 순서가 있다. 따라서 주자는 "배우는 자들이 반드시 존덕성공부를 근본으로 삼아야 하며, 도문학공부도 힘을 기울이지 않으면 안 된다"고 하였다. 주자의 이 입론과 가르침을 마땅히 숙지해야 한다.[68)]

정민정은 주희의 말을 인용하면서 존덕성을 근본으로 삼아 도문학을 보완하는 공부가 가장 바람직한다고 강조한다. 주희가 한 말의 맥락을 자신의 입장을 옹호하는 것으로 바꾸어버린 것인데, 이러한 인식은 이미 오징에게서 나타나고 있으며 이를 정민정은 그대로 계승한 것이다.[69)]

---

67) 『退溪先生文集』 卷28. 「答金而精」. "楊龜山語羅仲素讀書之法云, 以身體之, 以心驗之, 從容默會於幽閒靜一之中, 超然自得於書言象意之表."

68) 程敏政. 『篁敦文集』 卷29. 「送汪承之序」. "盖尊德性者居敬之事, 道門學者窮理之功, 交養而互發, 廢一不可也. 然有緩急先後之序焉. 故朱子曰, '學者當以尊德性爲本, 然道門學亦不可不力', 其立言示法, 所當審矣."

69) 정민정이 오징의 견해를 계승하고 있는 것에 대한 자세한 논의는 다음 글이 참고가 된다. 황지원. 2008. 「『심경』, 『심경부주』와 「심경후론」」. 『심경부주와 조선유학』. 예문서원. 51-53쪽.

독서를 귀하게 여기는 것은 옛 성현의 말씀으로 이러한 이치를 밝히고 마음을 보존하고자 하는 것일 따름이다. 이 마음이 보존되지 않으면 이 이치도 밝아지지 않는다.[70]

특히 오징이 주자학적 입장에 선 주륙화회론자라고 할 때,[71] 이황은 바로 이러한 점을 그대로 따르면서 마음공부인 존덕성에 주안점을 두었던 것으로 보인다. 즉 도문학을 폐기하지는 않지만 존덕성을 근본으로 하지 않으면 그것은 온전한 공부에 이를 수 없다고 생각했던 것이다.

정구의 기본적 입장도 이러한 관점에 서 있다고 하겠다. 다만 그가 생각한 것은 선학에 가깝다는 논란을 받고 있는 정민정과 오징의 글을 굳이 둘 필요가 없다고 판단한 듯하다. 그 이유는 이미 정주의 말 속에 이러한 의미가 충분히 내포되어 있고 이를 온전히 밝혀주면 된다고 본 것이다. 앞서 언급한 조목의 영향이 여기서도 감지되는 부분이다. 따라서 그는 이에 대한 보다 많은 주를 인용함으로써 그 맥락을 온전히 제시하려고 노력했다고 본다. 그런 점에서 그가 〈정靜〉항목에서 이동의 정좌설에 관한 제자의 질문에 주희의 답변을 인용한 것은 자연스러운 것이라 하겠다.

---

70) 黃宗羲 외. 『宋元學案』 卷92. 「草廬學案」. "所貴乎讀書者, 欲其因古聖賢之言, 以明此理存, 此心而已. 此心之不存, 此理之不明."

71) 홍원식은 오징이 주자학적 입장에 서 있다고 보았다. 홍원식. 2003. 「주륙화회론과 퇴계학의 심학화」. 『오늘의 동양사상』 9호. 예문동양사상연구원. 60-66쪽 참조.

## 5. 『심경발휘心經發揮』와 '경간敬簡'

이제 우리는 정구의 심학적 특징을 정리해 볼 차례이다. 앞서 『심경부주』에 그의 입장을 확인하기 위해 논란이 되었던 두 장을 통해 간접적으로 살펴보았다. 그 과정에서 정구는 여전히 이황과 같이 존덕성과 도문학의 병존을 전제로 하면서도 존덕성을 체로, 도문학을 용으로 인식함으로써 그 중심에 존덕성의 마음공부가 자리하고 있음을 강조하고 있다. 특히 그 마음공부에 경은 절대적인 위치를 차지하고 있다. 이 경은 단순히 공부론의 한 방법으로 강조되기보다는 정구 심학의 핵심을 이루는 것으로 의와 함께 본말의 관계로 이해되고 있다.

여기에서 우리는 그의 심학적 특징이 경에 있음을 부정할 수 없지만 좀 더 구체적인 논의를 하기 위해서 그의 직접적인 언술들을 확인해 볼 필요가 있다. 그 중 가장 주목되는 것은 그가 제자와의 문답에서 한 '경간敬簡'이라는 말이다. 제자 임흘任屹의 질문에서 확인할 수 있는 이 말은 정구의 말처럼 우연히 말한 것인지 평소에 생각한 바를 말한 것인지는 구체적인 논의가 없어 알 수 없다. 다만 그가 제자들에게 학문하는 자세로 자주 강조했던 것으로 제자들 또한 이에 대해 각별한 의미를 부여했던 것으로 보인다. 따라서 정구의 공부론을 이해할 수 있는 중요한 개념으로 봐도 무방하다고 본다. 그렇다면 그 함의가 구체적으로 무엇인가를 살펴보기 위해 우선 정구의 대답을 보기로 하자.

> '경간敬簡'은 본디 학문을 하는 자가 힘써야 할 공부하는 과정이므로 서로 노력하는 입장에 있는 그대에게 우연히 언급했던 것인데, 이에

관한 질문을 여러 번 보내오니 부끄럽고 두렵기 그지없네. 내가 애초에 어찌 별다른 뜻이 있었겠는가. 삼가 바라건대 이 두 글자에 더한층 공력을 들여 끊임없이 노력한다면 장차 깊고 원대하게 나타날 그 보람이 어찌 한량이 있겠는가.[72]

정구의 말을 보면 경간은 학문하는 공부 과정을 말한 것으로 이해된다. 원래 경간이라는 말은 『논어論語』의 「옹야편雍也篇」에 나오는 것으로 "경에 거하면서 간략함을 행한다〔거경이행간居敬而行簡〕"는 뜻이다. 이에 대해 주희는 다음과 같이 주를 달았다.

스스로 처하기를 경으로 하면 마음에 주됨이 있어 스스로를 다스림이 엄격할 것이다. 이와 같이 하고서 간략함을 행하여 인민들을 대한다면 정치하는 것이 번거롭지 않고 인민들이 소요하지 않을 것이니 가함이 될 것이지만 만약 먼저 간략함으로써 자처한다면 마음에 주됨이 없어 스스로를 다스림이 소홀해질 것이며 행하는 바가 또 간략하다면 어찌 너무 간략함에 잘못되어 지킬 만한 법도가 없는 것이 아니겠는가?[73]

주희의 해석은 백성을 다스리는 군자의 자질을 말하는 것이다. 그러나 정구는 이를 공부론의 관점에서 재해석했던 것으로 보인다. 주희의 해석을 통해 의미를 새겨보면 먼저 경으로써 마음의 주재를 삼으라고 했다. 이러한 내적 태도는 내면의 엄정함을 유지함으로써 어떠한 행동이 이루어질 때 그 대범함이 올바름을 얻게 된다고 보

72) 『寒岡先生文集』 卷5. 「答任卓爾」. "敬簡自是學者用力功程, 故偶然言及於相勉之地, 屢蒙訝砭, 慚懼無已, 初寧有他意哉. 伏願益加功於此二字, 勉勉不已, 其深邃遠大之效, 豈可量哉?"

73) 『經書』. 「論語集註」. 「雍也」. "(朱熹註)言自處以敬, 則中有主而自治嚴, 如是而行簡以臨民, 則事不煩而民不擾, 所以爲可, 若先自處以簡, 則中無主而自治疎矣. 而所行又簡, 豈不失之大簡, 而無法度之可守乎?"

았다. 그러나 만약 이러한 내적 엄정함이 이루어지지 않는다면 행한다고 하더라도 한갓 헛된 허물만 갖게 되고 더 나아가 행함의 병폐로 인해 남들까지도 그 폐해를 주게 된다고 했다.

이렇게 보면 그는 거경居敬으로써 마음의 도덕적 엄정함을 늘 세우게 되면 그것이 자연스럽게 행동으로 옮겨지게 되는 행간行簡이 이루어지는데[74] 이를 경간이라고 했던 것이다. 여기에는 거경을 통한 행간으로 나아가는 과정이 일관되어 있다는 점에서 경간에 내외의 구분을 두기보다는 거경을 중심으로 하면 행함이 호방한 기상을 허풍으로 받아들이지 않게 된다고 보았다. 그래서 그는 이러한 거경과 행간을 위한 구체적인 공부법을 「독서첩讀書帖」과 「양호첩養浩帖」에서 다양하게 제시하고 있다.

우선 「독서첩」은 경의 함양에 대한 이정과 주희의 견해를 중심으로 엮어 놓은 것이다. 여기서 정구의 생각을 이해할 수 있는 몇 가지를 보면, "다만 이것(경敬)을 지니고 함양하기를 오래하면 자연히 천리가 밝아진다", "함양涵養, 체인體認, 치지致知, 역행力行 등 네 가지는 선후가 없으나 또 선후가 없을 수 없다. 모름지기 함양을 우선으로 하는 것이 마땅하다", "함양이 숙련된 자는 저절로 법도에 맞게 된다"[75] 등인데 그는 함양을 우선적으로 강조하고 있으며 이러한 함양을 통해 치지와 역행이 이루어질 수 있음을 말하고 있다.

---

74) 한강의 일상적인 모습이 항상 경을 통해 자신의 행동이나 모습을 검속했음을 그의 제자들의 언급에서 쉽게 확인할 수 있다. 대표적인 예를 들면 다음과 같다. 『寒岡全書』 卷下. 「言行錄」. "先生之學, 尤爲致力於人所不見之地, 而英華之發, 闇然而日章, 故靜而持養之方, 宴息之節, 動而聲氣之發, 步趨之擧, 莫不遵古人已行之法, 而皆有規範, 不差毫釐."

75) 『寒岡先生續集』 卷4. 「讀書帖」. "(程子)又曰, 一者無他, 只是整齊嚴肅, 則心便一. 一則自是無非僻之干此意. 但涵養久之, 則天理自然明"; "(朱子)又曰, 涵養體認致知力行四者, 不可先後, 又不可無先後. 須當以涵養爲先."; "(朱子)又曰, 涵養熟者, 自然中節."

「양호첩」은 그런 점에서 경의 함양을 전제로 하면서 호연지기를 기르는 법에 관한 견해들이 선집되어 있다. 여기에는 "호연지기를 기르는 것은 점차적으로 진보함으로써 천지가 충만해지는 경지까지 이르게 된다", "기는 모름지기 기르는 것으로, 의를 축적하여 생겨나는 것이다. 축적한 지가 오래되면 비로소 호연한 기상이 생긴다"[76]고 하여 호연지기는 집의의 과정을 통해 생겨나는 것이라고 했다. 그러면서도 그는 호연지기를 기르는 법은 "그 뜻(경敬)을 간직하면서도 그 기를 해롭게 하지 않는 데에 있다"[77]고도 했다. 따라서 집의를 통한 호연지기를 기른다는 것은 결국 경을 통한 의를 간직하는 것이며 이는 기질을 순하게 할 수 있는 방법이라고 이해했던 것이다.[78]

이러한 점에서 볼 때, 지금까지 그의 공부론으로 언급되었던 '경의협지'는 넓은 의미에서 틀린 말은 아니나 엄밀하게 보면 차이가 있다. 흔히 경의협지가 경을 내면적 공부로, 의를 외면적 공부로 보아 이 둘을 내외의 합으로 이해한다. 여기에는 그가 이황과 조식의 문하에 있었던 점에서 그들의 학문적 풍모를 전제로 한 것이기도 하다. 그러나 앞서 본 바와 같이 경간은 내면적 경의 수양을 통해 그것이 자연스럽게 드러나 행동의 간략함을 얻게 된다는 것이다. 이는 경과 간을 내외가 아닌 일관된 것으로 보되 거경을 공부론

---

76) 『寒岡先生續集』 卷4. 「養浩帖」. "浩然之氣, 所養各有漸, 所以至於充塞天地, 必積而後至."; "氣須是義, 集義所生, 積集既久, 方能生浩然氣象."

77) 『寒岡先生續集』 卷4. 「養浩帖」. "孟子曰, '其爲氣也, 至大至剛, 以直養而無害.' 此蓋言浩然之氣, 至大至剛且直也, 能養之, 則無害矣. 志順者, 氣不逆, 氣順, 志將自正. 志順而氣正, 浩然之氣也. 然則養浩然之氣也, 乃在於持其志, 無暴其氣耳."

78) 유권종은 정구가 「독서첩」과 「양호첩」에 선집해 놓은 언술들이 일관된 기준에 따른 것이 아니라고 보았다. 그는 오히려 이러한 의미상의 상충이 개념간의 구분과 융합의 관점을 모두 보여줄 수 있으며 이를 통해 정구 자신이 논리적 분석과 설명을 넘어서고자 했다고 생각한다. 그러면서도 그의 주된 관심은 경의 함양에 있다고 했다. 이에 대한 자세한 설명은 유권종. 앞의 글. 246-252쪽 참조.

의 핵심에 두고 있음을 말한 것이다. 이것이 바로 정구 심학의 특징이라고 할 수 있겠다.

## 6. 맺음말: 정구 심학의 의의

지금까지 우리는 정구의 『심경발휘』를 통해 그의 심학적 특성을 해명하고자 했다. 특히 『심경부주心經附註』에서 논란이 되었던 「경이직내장敬而直內章」과 「존덕성재명장尊德性齋銘章」은 주자만년정론에 대한 정구의 입장과 이에 따른 그의 학문적 연원에 대한 문제를 이해할 수 있는 부분이라는 점에서 매우 중요하다. 따라서 이를 중심으로 살펴봄으로써 그의 심학적 정체성을 드러내는 데 중점을 두고자 하였다. 그 결과 첫째, 존덕성尊德性의 마음공부가 중시되는 경향을 보였다. 비록 도문학道問學을 도외시하지는 않지만 존덕성을 본本으로, 도문학을 말末로 인식함으로써 존덕성공부가 더욱 중요한 공부임을 강조하였다. 이는 정구가 이황李滉과 조식曺植, 오건吳健을 모두 계승했다는 것을 부정할 수는 없다 하더라도 그 중심에 퇴계학退溪學, 즉 퇴계심학退溪心學이 자리하고 있음을 인정해야 하는 부분이다. 둘째, 심학의 본질이자 존덕성 마음공부의 핵심을 하나의 경敬으로 일관했다. 특히 이 경은 바로 의를 겸한 경, 즉 궁리공부를 전제로 한 마음공부이자 경의 확충을 통해 드러난 것이 의라는 점에서, 그의 학문이 의를 상대적으로 도외시한 이황은 물론 의를 상대적으로 중요시 한 조식과도 일정한 거리를 유지하고 있다. 셋째, 이러한 점에서 정구는 내면의 엄정함을 통해 행동의 올바름을 얻는 이른바 '경간敬簡'이란 학문방법을 제시함으로써 자신만의 독특한 심학적 색채를 드러내고 있음을 확인할 수 있었다.

이제 문제는 이러한 정구의 심학이 과연 이후 어떠한 영향을 주었는가 하는 점이 구체적으로 논의되어야 한다. 이는 한강학파의 전개라는 측면만이 아닌 이후 근기지역으로 이어져 조선후기 실학을 여는 데 중요한 출발점이 되기 때문이다. 따라서 여기에는 한강학파에 대한 다각도의 연구들이 선행되어야 함은 물론이다. 그럼에도 아직까지 이 부분에 대한 논의가 그리 활발한 편이 아니어서 많은 문제들이 노정되어 있다.

여기서 이 문제를 본격적으로 다룰 수는 없기에 앞으로의 연구과제를 제시함으로써 본 연구의 사적 자리매김을 대신하고자 한다. 가장 두드러진 점으로는 장현광과 허목의 관계를 고려하지 않을 수 없다. 이들은 정구 문하에 있었으면서 새로운 사상적 변화를 주도했던 인물이다. 장현광은 정구 문하에 있으면서 새로운 성리설을 제기함으로써 자신만의 독창적인 사상을 구축하게 된다. 이는 이후 퇴계학파 내의 이익, 이상정 등에게 일정 부분 영향을 준다.[79] 한편 허목은 정구와 장현광의 영향 아래 근기지역에 한강학을 전파함으로써 이후 근기 퇴계학을 형성하는 데 중요한 역할을 한다. 그런 점에서 이들은 그 연원에 대한 논란이 없지 않으나 무엇보다 한강학의 어떠한 면을 비판적으로 계승했는가 하는 것이 더 중요한 쟁점이라고 하겠다.

또한 대구 지역 한강학파의 확산은 정구의 '영남맹주의식嶺南盟主意識'[80]을 표명하기 위해 매우 중요한 거점 중에 하나라는 점에서 반

79) 안영상. 2005. 「여헌 장현광과 성호 이익의 성리설 비교 연구」. 『유교사상연구』 24집. 한국유교학회; 안영상. 2006. 「대산 이상정의 혼륜, 리발설의 착근에 있어서 여헌설의 영향과 그 의미」. 『유교사상연구』 27집. 한국유교학회.

80) 김학수. 「조선중기 한강학파의 등장과 전개 -문인록을 중심으로」. 『낙중학, 조선시대 낙동강 중류지역의 유학』. 146쪽. 계명대 출판부.

드시 논의되어야 할 부분이다.81) 특히 퇴계학와 여헌학의 영향이 맞물려 있으면서 한강학의 전파는 분명 그 변모의 가능성이 농후한데, 이를 확인하기 위해서는 이 지역을 기반으로 한 유학자들의 사상을 검토하는 것은 한강학의 또 다른 면을 확인하는 중요한 작업이 될 것이다. 그나마 최근에 '낙중학洛中學'이란 이름 아래 이 지역 한강학파의 전개를 본격적으로 연구하려는 분위기가 마련되고 있어 다행스러운 일이다.82)

이 글에서 살핀 정구 심학의 특징은 한강학파의 전개를 살피는데 바로미터가 될 수 있음은 물론 부족하나마 앞서 언급한 이러한 점이 우선 검토되고 해명된다면 그 가운데 정구 심학의 의의 또한 보다 분명하게 말할 수 있을 것이다.

81) 대구지역 한강학파에 대한 연구가 몇 편 발표되었으나 최근에는 거의 찾아볼 수 없다. 대표적인 연구로는 장윤수·임종진. 2003. 「한강 정구와 조선 중기 대구권 성리학의 연계성에 관한 연구」. 『동양사회사상』 8집. 동양사회사상학회; 김형수. 2006. 「17세기 초 대구사림의 형성과 분화 -손처눌의 『모당일기』를 중심으로」. 『역사교육논집』 36집. 역사교육학회 등이 있다.

82) 계명대 한국학연구원에서 '낙중학'을 주제로 10년 기획 프로젝트를 진행하고 있다. 현재 총론격인 1권 『낙중학, 조선시대 낙동강 중류지역의 유학』과 2권 『낙중학의 원류, 조선전기 도학파의 사상』이 출간되었다.

# 한강 정구의 예학
## - 예문답을 중심으로 -

김현수 | 성균관대학교 학부대학

## 1. 머리말

한강寒岡 정구鄭逑(1543-1620)[1]는 조선시대 대표적 예학자로 평가된다. 이에 따라 기존에 많은 연구가 진행됐다.[2] 이 글에서 중점

---

1) 鄭逑(중종 38년-광해군 12년)의 자는 道可, 호는 寒岡, 시호는 文穆, 본관은 淸州이며, 金宏弼의 외증손이다. 東岡 金宇顒과 같은 성주출신으로 兩岡이라 불렸다. 처음 吳健에게 배웠고, 이어 退溪 李滉에게 학문하는 방법을, 南冥 曺植에게 고고한 기절을 이어받았다고 한다. 예학이나 성리학에 대한 저작으로, 31세 때『朱子家禮』에 補註를 붙인『家禮輯覽補註』(1573; 失傳)가 있으며, 37세에『昏儀』(1579; 失傳), 40세에『冠儀』(1582; 失傳)를 저술했다. 61세때『心經發揮』(1603)를 지어『心經』해석에서 분명치 못한 것을 바로 잡으려 했다. 이어 송대의 程明道, 程伊川, 張橫渠, 司馬溫公, 朱子의 禮說을 모은『五先生禮說分類』(1603, 1618-「五先生禮說分類序」와 五先生禮說分類跋」을 통해『五先生禮說分類』편찬경위를 정리할 수 있다. 癸卯年/1603에 초고를 완성, 辛亥年/1611에 편찬전말과 序를 붙였다. 그 후 甲寅年/1614에 蘆谷精舍의 화재로 책을 소실했으나, 남은 것을 모아 戊午年/1618에 개찬했다)를 편찬했고, 62세에 張南軒이 '仁'에 관한 공자의 말을 뽑은 것을 기초로 하여, 이에 주자와 정자의 말을 첨가하여『洙泗言仁錄』을 저술했다. 73세에『禮記』중의 상례를 정리한『禮記喪禮分類』(1615; 失傳)를 편찬했고, 75세에『儀禮』의「五服圖」를 수정하고 역대의 제도를 참고하여『五服沿革圖』(1617)를 완성했다.

2) 한강 정구 예학 연구의 성과를 정리하면 다음과 같다(연도순).
서수생. 1985.「寒岡 鄭逑의 禮學」.『한국의 철학』13집. 경북대학교 퇴계연구소; 고영진. 1992.「17세기초 禮學의 새로운 흐름-韓百謙과 鄭逑의 禮說을 중심으로」.『한

을 두는 것은 『한강집』의 예문답禮問答이다. 대체로 『한강집』 권3-8, 속집 권3 · 9, 별집 권2에 예문답이 많이 있다(표-1 참조). 이 글에서는 논란이 된 예 항목들을 정리하여 당시의 예학 흐름과 예 인식의 기저를 파악하고, 한강의 대처를 살핌으로서 한강 예학의 특성을 구체화하려 한다. 특히 문답 중 대다수를 차지하는 종법, 제례, 상례를 중심으로 살핀다.

기존의 연구는 주로 『오선생예설분류五先生禮說分類』와 『한강집』을 중심으로, 다른 학자 · 학파의 예 경향과 차별되는 점을 도출시켜 한강 예학의 특징을 고찰하는 것이었다. 하지만 그의 대표적 예서라는 『오선생예설분류』는 그의 독자적 예설서禮說書라기보다는 제목 그대로 송

---

국학보』 68집. 일지사; 금장태. 1992. 「17세기 朝鮮朝 禮學派의 禮說과 그 社會意識」. 『종교학연구』 11집. 서울대학교 종교학연구회; 금장태. 1992. 「寒岡 鄭逑의 禮學思想」. 『儒教思想研究』 4 · 5합집. 한국유교학회; 이완재. 1994. 「寒岡 鄭逑先生의 禮學」. 『東方漢文學』 10집. 동방한문학회; 배상현. 1995. 「寒岡 鄭逑와 그의 禮學思想」. 『유학연구』 3집. 충남대 유학연구소; 최영성. 1996. 「寒岡 鄭逑의 學問方法과 儒學史的 位置」. 『한국철학논집』 5집. 한국철학사연구회; 고영진. 1996. 『조선중기 예학사상사』. 한길. pp.308-335; 이범직. 1997. 「寒岡 鄭逑의 學問과 禮學」. 『道山學報』 6집. 도산학회; 노인숙. 1999. 「寒岡 鄭逑의 禮學에 관한 研究」. 『유교사상연구』 12집. 한국유교학회; 서수생. 1999(1985년 논문을 수정 · 보완함). 「寒岡 鄭逑의 禮學」. 『退溪門下 6哲의 삶과 사상』. 경북대학교 퇴계연구소. 예문서원; 정경희. 2000. 「16세기 후반-17세기 초반 退溪學派의 禮學-鄭逑의 禮學을 중심으로」. 『한국학보』 101. 일지사; 김현수. 2000. 「寒岡 鄭逑의 禮學思想 研究」. 성균관대 석사학위논문; 김현수. 2001. 「寒岡 鄭逑의 禮學思想」. 『동양예학』 6집. 동양예학회; 홍우흠. 2001. 「寒岡의 「上退溪李先生書」 一考」. 『동양예학』 6집. 동양예학회; 彭林. 2001. 「寒岡 鄭逑 『五先生禮說』 初探」. 『南冥學研究』 11집. 慶尙大學校 南冥學研究所; 도민재. 2002. 「寒岡 鄭逑의 學問과 禮學思想」. 『한국사상과 문화』 18집. 한국사상문화학회; 윤천근. 2006. 『남인 예학의 선구/ 정구』. 한국국학진흥원; 금장태. 2011(1992년 논문을 수정 · 보완함). 「한강 정구의 예학사상」. 『한강 정구(남명학연구총서5)』. 남명학연구원. 예문서원; 김현수. 2012 「寒岡 鄭逑의 禮學- 禮問答을 中心으로」. 『한국학논집』 48집. 계명대학교 한국학연구원; 박종천. 2012. 「寒岡 鄭逑의 禮論과 禮說」. 태동고전연구 29집. 한림대학교 태동고전연구; 도민재. 2014. 「한강 예학 연구의 성과와 전망」. 『영남학』 25집. 영남문화연구원; 정경주. 2016. 「오선생예설분류(五先生禮說分類)』의 편차와 그 의의」. 『退溪學과 儒教文化』 58호. 경북대 퇴계연구소; 남재주. 2016. 「『寒岡先生四禮問答彙類』의 편찬과 의의」. 『退溪學과 儒教文化』 58호. 경북대 퇴계연구소; 장동우. 2016. 「寒岡 『五服沿革圖』의 禮學史的 位相」. 『退溪學과 儒教文化』 58호. 경북대 퇴계연구소.

대宋代 오선생五先生의 예설을 모아 분류·정리한 책이다. 자신의 견해를 구체적으로 밝히지 않았기에 그만의 예학이나 예학 사상을 밝히는 것이 쉽지 않다. 또한 내용이 방대하여 현재까지 대부분 형식적 측면 예컨대 '편찬 기준'이나 '항목 구성(천자제후례天子諸侯禮와 가례家禮)'을 중심으로 접근하는 실정이다. 그리고 『한강집』의 예문답 등의 자료 또한 체계적으로 정리되지 못했다. 예컨대 동일한 물음에 서로 다른 답변을 하는 경우가 자주 보이지만, 기존의 연구에서는 동일한 물음에 대한 다른 답변을 분석·해명 없이 취합하는 경우가 많았다.

한편 『한강집』의 예문답을 분석 및 체계화할 때 유념할 점이 있다. 바로 삼례三禮(『주례周禮』, 『의례儀禮』, 『예기禮記』), 『주자가례朱子家禮』 및 기타 예서를 고찰·논증하는 등의 학문적 연구도 중요하지만, 예의 기본은 실천 및 시행이라는 점이다. 예를 올바로 실천·시행하기 위해서는 위의 언급한 지식적 측면의 폭넓은 이해가 전제되어야 하지만, 이와 더불어 중요한 것은 예를 행할 수 있는 조건과 환경, 그리고 행위자의 마음가짐이라는 점이다. 따라서 한강 예학의 중요한 특징이라 언급되는 『주자가례』의 준수, 고례古禮 및 주자 후기 예학에 대한 진전된 인식 또한 당시의 현실적 상황 및 행위자(의지와 입장)를 외면하고 주장될 수 없음을 전제해야 할 것이다.[3] 특히 이 글에서 다룰 종법 및 상례는 더욱더 이러한 점과 밀접하게 결부되어 있음을 인식해야 한다.

---

3) 한강은 기본적으로 예법에 따라 행할 것을 강조했지만, 현실적 측면(俗例·國制와의 마찰, 물질적 제한, 人情的 측면)과 마찰되는 경우, 우선 예의 큰 절목일 경우 예문에 따라 할 것을 강조했다(大本旣謬, 非講禮君子之所知也). 일반적일 경우에는 '好禮之人'이라고 하여 예법에 맞게 할 것을 당부했으나, 현실적 측면이 다소 강한 경우에는 시행자의 스스로 참작하여 결정하기를 당부했다(自酌其情禮而爲之). 다만 이미 예법에 벗어났거나 현실적 측면에서 예를 거행하고자 하는 경우, 예는 다른 이가 억지로 강권할 수 없다는 입장을 보여준다(旣有不獲已之勢, 而不免從俗, 則又非外人所敢勸也). 그런데 이러한 언급은 퇴계의 예문답에서 자주 보인다. 퇴계 예학과의 연관성에 주목된다.

## 2. 종법宗法과 제례除禮

### 1) 차자次子 장자長子 · 독자獨子의 입후立後 · 봉사奉祀

종법이란 무엇인가? 원래 종宗이란 조상을 제사지내는 조묘祖廟를 의미했다.[4] 이후 점차적으로 종족집단이나 부계친족관계를 의미하게 되었고, 조상 제사의 계승자가 그 친족집단의 중심이 됐다.[5] 조상 제사의 계승자는 적장자가 되는 것이 종법의 기본적 원칙이다. 주자朱子는 『주자가례』에서 관례 · 혼례 · 상례 · 제례에 앞서 통례通禮를 두어 사당祠堂 제도 및 종법 제도를 강조했다. 이는 구체적으로 관례 · 혼례 · 상례 · 제례를 행하는 주체 및 그에 대한 원칙을 말한다고 할 수 있지만, 더 나아가 종법을 가족의 윤리와 종족 결속의 원리이며 성리학적 사회 질서의 기초로써 인식한 것이다.[6]

하지만 종법 원리가 그대로 조선시대에 적용되지 않았다. 조상 제사의 계승자는 적적상승適適相承(맏아들에서 맏아들로 계승하는 것)이 원칙이지만, 현실적으로 후사가 없는 경우가 발생한다. 이처럼 적장자에게 후사가 없을 경우에 입후立後를 하는 것으로 되어있다. 그러나 『경국대전』에는 적자嫡子가 없으면 첩자妾子를 후사로 세우는 것이 아니라, 차자次子가 우선적으로 계승하는 것으로 되어 있다. 혹은 첩자 대신 동종同宗의 가까운 친속을 후사로 세울 수 있도록 했다.[7] 이것은 적서嫡庶 즉 적첩嫡妾의 차별이 영향을 미친 것이

---

4) 『說文解字』 '宗' 中華書局. 2001. 151下. 尊祖廟也. 從宀從示.

5) 溝口雄三 · 丸山松幸 · 池田知久 편저. 2003. 「宗法」. 『中國思想文化事典』. 김석근 외 역. 민족문화문고. pp.359-361.

6) 『朱子家禮』. 「通禮」. '祠堂' 附註, 程子曰, 管攝天下人心, 收宗族, 厚風俗, 使人不忘本, 須是明譜系, 收世族, 立宗子法. …. 又曰, 今無宗子, 故朝廷無世臣. 若立宗子法, 則人知尊祖重本. 人旣重本, 則朝廷之勢自尊. … 張子曰, 宗法若立, 則人各知來處, 朝廷大有所益.

다. 이를 통해 입후가 제대로 행해지지 않았고 차자에게 종통이 이어지는 경우가 적지 않았다.[8]

이러한 시대적 상황 속에서 한강은 어떻게 대처했으며, 당시 논란이 되었던 것은 무엇인가? 이번 절에서는 종자가 자식이 없을 경우, 차자의 장자長子 · 독자獨子의 입후 및 봉사에 대해 먼저 살펴본다.

> 【권태일權泰一(1569-1631)[9]의 질문[10]】 선백고비先伯考妣가 저를 양육하고 가르쳐주신 은혜는 본생本生 부모와 차이가 없습니다. 조부祖父께서 살아 계실 때 저를 후사로 삼아 종가의 제사를 받들게 하라고 명하셨는데 그 이유는 조부의 입장에서 볼 때, 저는 둘째 아들의 맏아들이므로 '둘째 아들의 맏아들이 또한 조부의 뒤를 잇는다'라는 정자程子의 설을 근거로 삼아 의리義理로서 일으켜 조처하겠다는 생각에서 그렇게 하신 것입니다.
>
> 저희 한 가정의 사정으로 말한다면 비록 참최삼년복을 입는다 하더라도 옳습니다. 다만 국법에 '반드시 예조에 정문呈文하여 입계入啓하도록 하고 그런 다음에 비로소 다른 사람의 후사를 잇는 것이 허용되어, 후사로 들어간 부모에 대해 무거운 복을 입고 본생부모에 대해서는 강등을 합니다. 그렇게 하지 않을 경우에는 본생부모가 더 중하기에 백고伯考[11]께서 살아 계실 때 조정에 상달하여 조처하지 않은 것입니다. …『국조오례의』와 『경국대전』의 '양부모의 상에는 재최齊衰[12]삼년복

7) 『經國大典』 卷三. 「禮典」 '奉祀'. p.276(1969. 『朝鮮王朝法典集』 1. 朝鮮總督府中樞院 편. 경인문화사), 若嫡長子無後則衆子, 衆子無後則妾子奉祀 (嫡長子只有妾子, 願以弟之子爲後者, 聽. 欲自與妾子, 別爲一支, 則亦聽).
'立後'. p.277. 嫡妾俱無子, 告官立同宗支子爲後 (兩家父同命立之. 父歿 則母告官. 尊屬如兄弟及孫, 不相爲後).

8) 김현수. 2010. 「明齋 尹拯의 禮論과 宗法思想」. 『유학연구』 23집. pp.119-125 참조.

9) 자는 守之, 호는 藏谷, 본관은 安東으로, 內侍敎官 權春桂의 아들이다.

10) 이 질문은 권태일의 백부 權春蘭이 죽은(1617년) 이후의 이루어진 것으로 판단된다.

11) 權春蘭(1539-1617)을 말한다. 권춘란는 자가 彥晦, 호가 晦谷, 본관은 安東이며, 具鳳齡 · 李滉의 문인으로, 柳成龍 · 鄭逑 등과 교유했다

12) 齊衰를 자최로 읽기도 하지만 이 글에서는 재최로 표기한다. 이는 『家禮諺解』에서 齊衰를 '직최'로 언해함을 따른 것이다.

을 입는다(양부모재최삼년養父母齊衰三年)'라는 법에 따라서 이미 성복成服를 했습니다. 설사 기년복을 입는다 하더라도 장기杖期로 하는 법이 있으므로 상장喪杖과 상복은 갖추어 놓았습니다만, 계속 상복을 입고 3년을 마치고 싶습니다. 다만, 어떤 사람은 말하기를 "예전禮典에 '양부모에 대해서는 재최삼년복으로 한다'라는 조항에 의하면 '본생부모가 살아 있을 경우 기년복을 벗은 뒤에 관직에서 물러나 심상心喪 3년을 한다'라고 했다. 나라의 제도가 이와 같으니 개인의 감정에 따라 행하고 예법을 무시할 수는 없는 것이다. … 제 생각에는 이미 재최복을 입었으므로 참최복을 두 군데서 입음으로써 높은 사람이 둘이 있다는 혐의가 사실 없으니, 현재 입은 상복 차림으로 3년을 마치는 것이 이치에 크게 잘못될 것은 없을 듯한데, 어떻게 생각하십니까?
【답변】 마땅히 사당에 들어가 대를 이을 것인데, 기년복만 입는다는 것은 정리상 매우 미안한 일입니다. 지금 이미 재최복을 입을 처지인데, 내 의견은 그대로 입고 3년을 마치더라도 아마도 안 될 것이 없습니다.[13]

위의 언급을 정리하면 다음과 같다. 1)조부가 자신(권태일: 둘째 아들의 장자長子)을 백부의 후사로 삼으려고 했다. 2)백부가 자신을 어렸을 때부터 양육했다. 3)남의 후사로 들어가면 본생부모와 관계는 숙부·숙모가 되며, 상복은 강등된다. 4)이 때문에 백부가 생전에 자신을 관官에 고하여 후사로 세우지 않았다. 5)하지만 돌아가신 백부모의 은혜(시양侍養을 말함)로 말미암아 백부의 상에 대해

13) 『寒岡集』 권6. 「問答」. 24-25板. "權府尹泰一問, 先伯考妣育養成己之恩, 與本主無間. 祖父生時, 命立爲後, 以奉宗祀. 蓋以泰一於祖考, 爲次子之長子, 據程子亦當繼祖之說, 義起而處之. 以一家情勢言之, 則雖斬衰三年可也. 只緣國法, 須呈禮曹入啓, 然後方許爲繼後服, 重於所後, 而降等於本生. 不然則本生爲重, 伯考在世時, 未得上達而處之. … 依五禮儀大典養父母齊衰三年之制, 已爲成服. 設使服期, 亦有杖期, 故具杖制服, 欲仍以衰麻終三年矣. 但或者言, 禮典養父母齊衰三年條, 本生父母在則期而除, 解官, 申心喪三年. 時王之制如此, 不可循情踰禮. … 妄意則旣爲齊衰, 固無二斬二尊之嫌, 仍以衰麻終三年, 似無大段害理, 如何? 【答】當入廟繼世, 而只服期喪, 情甚未安. 旣制齊衰之服矣,"

기년복이 아닌 보다 등급이 높은 재최삼년복을 입겠다는 것이다. 요컨대 혈연적 관계를 중시하는 사유로 인해 결국 입후하지 않았지만, 실질적으로 입후한 것과 비슷하므로 백부의 상 또한 이에 상응하는 복제를 하고자 한다는 의견이다. 예법에 근거하기 보다는 인정에 의해 예를 시행하려는 입장이라 할 수 있다. 그런데 이에 대해 한강이 긍정적으로 답변했다는 것이다. 왜 한강은 그렇게 대답한 것인가?

우선 장곡 권태일의 주장과 근거 관련이 있는 『경국대전』과 정자의 언급을 살펴본다.

【경국대전】 양부養父 〔3살 이전에 거두어서 양육한 사람〕 : 재최삼년복〔자기의 부모가 살아 있으면 기년복期年服으로 내려 입으며 벼슬을 그만두고 심상 3년을 한다. 만약 아버지가 죽었더라도 장자인 경우에는 기년복에 그친다(양모養母도 마찬가지이다). 사대부가 천인에 대해서는 시마복을 입는다〕[14)]

【정이천】 예에 장자는 비록 다른 사람의 후사가 되지 못하지만, 만약 형제가 없고 또한 조부를 계승하는 종宗이 끊어진다면 또한 마땅히 조부의 뒤를 이어야 한다.[15)]

『경국대전』의 언급은 「예전」의 '오복제도五服制度'에 규정된 것이다. '시양 아버지 즉 양부에 대해서 재최삼년복이며, 본생부모가 살아 있으면, 재최기년복 및 심상 3년을 한다'고 되어 있다. 더욱

14) 『經國大典』 三. 「禮典」 '五服 · 養父' 25板. "養父 〔三歲前收而養育者〕. 齊衰三年. 〔己之父母在, 則降服期, 解官, 心喪三年. 若父歿, 長子則期而除(養母同). 士大夫若於賤人緦麻〕."

15) 『二程遺書』 卷17. 「伊川先生語三」. "禮, 長子雖不得爲人後, 若無兄弟, 又繼祖之宗絶, 亦當繼祖後."

이 장자의 경우에는 이것이 인정되지 않고 무조건 재최기년복을 입는다고 규정되어 있다. 이것에 의하면 장곡 권태일은 백부에 대해서 무조건 기년복을 입어야 한다. 그런데 한강 또한 시양侍養한 부모에 대한 상에 대한 송암松巖 한응남韓應南(1572-?)[16]의 문의에 대해, 국법(『경국대전』)에 따라 '수양아들은 친부모가 살아 있으면 시양 부모에 대해 기년복을 입고 심상 3년 할 것'을 권한 예문답이 있다. 이를 통해서 보면 한강 역시 『경국대전』의 규정에 의한 양부養父에 대한 복제를 알고 있으며, 이를 의거해서 예를 적용했음을 확인할 수 있다.[17]

다음 정이천의 언급은 『하남정씨유서河南程氏遺書』에 나온다. 차자 독자獨子 입후立後의 근거로서 언급되어진 예설이다. 장곡 권태일의 집안 또한 이것을 근거로 장곡 권태일을 후사로 삼으려고 한 것이다. 그러나 『한강집』의 다른 예문답을 살펴보면, 이와 관련된 당시 입후 및 봉사의 경향을 비판한 내용이 있다.

> 【박정로朴廷老(1554-1632)[18]의 질문】 종자宗子가 아들이 없을 경우에 차자의 아들이 제사를 받드는 것은 지금 세상에서 다 그렇게 하고 있으나 옛날에는 이와 같은 예법이 없었습니다. 다만 정자程子께서 말씀하기를 '장자는 비록 다른 사람의 후사가 될 수 없으나 만일 형제가 없거나 또는 조부를 잇는 종통이 끊길 경우에는 또한 마땅히 조부를 이어 후사가 되어야 한다. 예문에서는 비록 언급하지 않았더라도 의리로서 그와 같이 할 수 있는 것이다'라고 했습니다. 이 말씀은 차자

16) 자는 士明, 호는 松巖, 본관은 淸州이다.

17) 『寒岡集』 卷6. 「問答」. 17-18板. 韓應南問, 有人生父母俱存, 而侍養父則先亡, 唯母同居, 而有喪則其服朞而後除之乎? 又以禫服終其喪乎? 【答】收養則國法許同己子, 若侍養則情有淺有深, 義有重有輕. 然收養子, 其父母在, 則只朞而心喪三年. 雖父沒, 而若長子則朞而除, 況侍養則尤當有斟酌.

18) 자는 汝獻, 호는 懶學子, 본관은 密陽으로, 副司直 朴起宗의 아들이다.

의 장자가 후사가 없는 종자의 후사가 될 수도 있다는 뜻에 불과한데, 지금 사람들은 후사를 세울 생각을 아예 하지 않고 종자가 후사 없이 죽으면, 누구나 다 차자의 아들이 버젓이 제사를 받들고 있습니다. 이것은 또한 무슨 근거가 있어서 그런 것입니까?

차자의 아들이 만일 조부의 제사를 받든다면 종자 부모의 신주는 사당에 그대로 보존해 둡니까? 만일 그대로 보존해 두고 또 제사를 받드는 당사자의 부모를 사당에 들여온다면 소목昭穆이 어지러워질 듯합니다. 종자의 부모를 내보내면 그 신주를 어디에 두어야 합니까? 별도의 사당을 세우더라도 이미 사당에 들어온 신주를 옮겨 내보낸다는 것이 미안한 일이니, 어떻게 하는 것이 좋겠습니까? …

【답변】 이 조목은 나도 항상 이해할 수 없는 점이며 또한 근거하는 바가 없습니다. 정자께서 말씀하신 '조부를 잇는 종통이 끊길 경우에는 또한 조부를 이어 후사가 되어야 한다'라는 뜻으로 살펴본다면, 마땅히 조부를 이어 종손이 되고 당사자 부모의 신주는 어쩌면 별도의 사당을 세워야 할 것 같으니, 이는 곧 정자가 의리로서 조처한 뜻입니다. 그러나 이미 확실한 근거가 없으므로 감히 쉽게 말할 수 없습니다.[19]

나학자懶學子 박정로朴廷老는 위의 예문답에서 "종자가 아들이 없을 경우에 차자의 아들이 제사를 받드는 것은 지금 세상에서 다 그렇게 하고 있으나, 옛날에는 이와 같은 예법이 없었다"고 지적한다. 그리고 많은 이들이 정이천의 언급에서 근거를 찾지만 '차자의 장자가 종자의 후사로 됨을 뜻하는 것이지, 후사도 세우지 않고 버젓

19) 『寒岡集』 권6. 「問答」. 42-43板. "朴廷老問, 宗子無子, 則次子之子奉祀者, 當世皆然, 而古無此等禮. 只有程子曰, 長子雖不得爲人後, 若無兄弟, 又繼祖之宗絶, 亦當繼祖爲後. 禮雖不言, 可以義起云云, 則次子之長子, 可以爲無後宗子之後, 而今人則不以立後爲意, 便以爲宗子無後以死, 則儼然奉祀者皆是, 此亦有據而然耶? 次子之子, 若奉祖祀, 則宗子父母之主, 因存于廟耶? 若仍存而又入奉祀人父母主, 則昭穆似亂. 出宗子父母, 則置于何處耶? 立別廟, 則已入廟之主, 遷出未安, 何如爲可耶? …【答】此一條, 常所未曉, 亦未有所據. 以程子繼祖之宗絶, 亦當繼祖爲後之意觀之, 則似當繼祖爲宗, 而父母之主, 或別廟, 此程子義起之意也. 然旣未有的處, 不敢輕言."

이 제사를 받들고 있다'고 비판했다.[20] 한강 또한 이에 동의하고, 만일 조부를 이어 후사가 된다면 당사자 부모의 신주는 별도의 사당을 세워야 한다고 언급했다. 즉 차자의 독자나 장자가 입후로 들어감을 의미하는 것이다. 참고로 차자의 소생을 후사로 세우는 것에 대해 퇴계와 한강의 문답이 있다. 당시 한강의 집안에 백형의 후사가 없었는데, 퇴계는 중형이나 한강의 소생으로 입후할 것을 권했으며,[21] 결과적으로 중형의 소생으로 입후를 세우게 된다.

만일 후사를 세우지 않고 예를 거행하게 되면 더욱더 많은 문제를 야기한다. 예컨대 백부모(종자)와 본생부모(차자)의 신주의 안치는 어떻게 두는가? 하는 점이다. 이와 같이 처음 종자 및 종법을 올바르게 시행하거나 예문에 근거하지 않으면, 이후 신주의 안치, 호칭 및 다른 제사의 시행 여부 등 연달아 문제가 생기기 때문이다. 실제로 장곡 권태일의 경우는 사사로운 인정을 위해 수많은 예 시행의 문제가 발생했고 이에 재차 한강에게 질문했었다.

그렇다면 이처럼 많은 문제가 제기되는데 왜 한강은 장곡 권태일

20) 이와 비슷한 예문답으로 석담(石潭) 이윤우(李潤雨, 1569-1634)와 예문답이 있다. 『寒岡集』 권8. 「問答」. 5板. 程叔子曰, 禮長子不得爲人後, 若無兄弟, 又繼祖之宗絶, 亦當繼祖云云. 以繼祖之重. 雖獨子而許爲人後, 則其私親後事, 何以爲之歟? 【答】程子之意, 蓋謂長子雖不得爲人後, 而若無兄弟, 又繼祖之宗絶, 則不得不後於伯父, 以繼先祖之宗, 使之不絶者, 實爲義起之大節. 竊謂大賢之論, 出於至公, 私親後事, 自當酌處, 不可以私親之故, 而絶先祖之祀也. 程子之意, 恐出於此, 不知如何?

21) 『退溪集』 卷39. 「答鄭道可(逑) 問目」. 1板. 【問】老母在堂, 而伯兄見背, 寡嫂獨存, 惟有二女子. 又仲兄出後大宗, 逑在母側, 而家廟卽繼祖之宗, 與仲兄同薦時事, 未知孰爲主人? 祝文書名, 初獻行禮, 不知何以, 乃爲合宜. 母意欲待吾仲季生子, 以立兄後, 如是則事無難處, 情禮俱得矣. 苟或未果也, 伯兄之祀, 當從俗例, 使外孫奉之耶? 抑依古禮, 班祔家廟耶? 【答】宗子成人而死, 則當爲之立後, 朱子答李繼善之書, 可考. 今尊堂欲爲長子立後, 甚合禮義. 兩君極宜贊成之, 一擧而百事皆順矣. 且宗子而已成人有室, 非旁親比, 而泛然班祔, 更恐非所宜爲, 故必以立後爲善耳. 廟祭祝文書名所宜, 亦有李繼善問答見於續集. 今依此處之, 則繼後子雖在襁褓, 亦當書其名, 而季也爲攝主以奠獻, 可也. 然則其未立後之前, 亦不得已權以季爲攝主, 不稱孝, 只書名稱攝而行之, 爲可. 仲則已出繼人後, 雖攝主, 恐亦未安也.

의 뜻에 동의했는가? 여기서 중요하게 살펴야 할 것은 장곡의 질문에 대해 한강이 처음 한 말이다. 한강은 "마땅히 사당에 들어가 대를 이을 것인데, 기년복만 입는다는 것은 정리상 매우 미안한 일이다"라고 언급했다. 이것은 한강이 장곡 권태일에 대해 '백부(종자)를 위해 대를 잇는다'는 관점에서 접근했다는 것을 의미한다. 장곡은 '이미 백부(종자)가 후사가 없으므로 집안에서 자신을 후사로 삼았는데, 당시 백부는 후사로 들어오면 본생부모에 대해 강등하는 예를 거행하는 것을 미안하게 여겨, 이를 조정에 상달하여 조치하지 않았다'고 설명했었다.[22] 한강은 이 점을 감안하여 장곡의 재최삼년복에 대해 긍정적으로 답변한 것으로 짐작된다. 이후 신주의 제자題字와 관련하여 문의할 때에도 한강은 장곡의 부친으로 하여금 이러한 전후의 사정을 기록하여 조정에 상언하는 것이 좋겠다고 말하기도 했다.[23] 요컨대 종자가 아들이 없을 경우에 그 대처 방안에 대해서, 한강은 우선적 1)차자의 아들을 후사로 세우거나, 후사를 세우지 않으면 반부 혹은 2)『경국대전』에 의거하여 예를 시행할 것을 주장했지만, 3)혈연적 관계를 중시하는 정서 및 여러 현실적 측면을 고려하여 시행했다고 정리할 수 있다.

### 2) 첩자봉사妾子奉祀

이번 절에서는 첩자봉사에 대한 한강의 인식을 살펴본다. 아래의 글은 나학자 박정로의 '종자가 아들이 없을 경우에 차자의 아들이 제사를 받드는 것'의 문제와 관련된 질문의 뒷부분에 해당한다.

---

22) 장곡 권태일은 또한 "스스로를 조고를 계승한 소종이다(泰一爲繼祖之小宗)"라고 언급했다.(『寒岡集』 卷6. 「問答」. 29板)

23) 『寒岡集』 卷6. 「問答」. 27板. 權府尹泰一問, … 【答】但尊府大人, 備將前後曲折, 援引他例呈上言. 下禮曹從實回啓, 萬一獲蒙恩允, 則積疑洞釋, 名義快正, 豈不幸甚矣乎?

【박정로의 질문】… 종자가 적자가 없고 첩자妾子만 있을 경우, 사대부의 신주를 첩의 소생에게 맡길 수 없다고 말들을 하는데, 그렇다면 옛날의 서자를 후사로 세울 때 덕이 있는 자를 세운다는 예법을 어디에 적용할 것입니까? 고금의 세상이 서로 다르고 예법도 그에 따라 같지 않아서 그런 것입니까?

【답변】… 사대부의 신주는 진실로 첩의 소생에게 맡길 수 없는 것입니다. 그러나 옛날에 서자가 부모의 후사가 된 예법이 있으니, 또한 반드시 서자가 선대의 제사를 받들었습니다. 그러나 이 또한 일률적으로 말할 수는 없고 마땅히 그 서자가 어떤 입장인가를 살펴보고 주장을 세워야 할 것입니다. 서자를 후사로 세울 때 덕이 있는 자를 세운다는 예문은 어떤 글에 있습니까? 반드시 그것을 상고해 본 다음에 마땅히 그렇게 말한 본뜻을 살펴보아야 할 것입니다.[24)]

위의 인용문에서 한강은 첩자로 후사를 삼고 봉사하는 것이 고례古禮에 있지만, 지금 상황을 감안하지 않고 적용하는 것에 문제가 있음을 지적했다. 첩자봉사에 대한 한강의 언급이 이 한 곳밖에 없어 단정할 수 없지만, 한강의 이와 같은 시각은 당시의 예학자와 비교하여 매우 보수적 혹은 현실적 관점이라 평할 수 있다. 예컨대 퇴계도 첩자봉사를 언급한 경우가 있는데, 다음과 같다.

서인庶人은 단지 고비考妣만을 제사 지낸다는 말은 오직 상인常人을 두고 하는 말일 뿐이다. 사대부로서 후사가 없는 자의 첩자가 승중을 할 경우 단지 고비만을 제사 지내지는 않을 것이다. 가령 지금 한명회韓明澮의 봉사奉祀와 같은 경우에도 조정에서 고비만을 제사 지내는 법률로써 금지한다는 말을 듣지 못했습니다.[25)]

---

24) 『寒岡集』 권6. 「問答」. 42-43板. "朴廷老問 … 宗子無嫡子, 只有妾子, 則士大夫之主, 不可委諸孽出云云. 然則古有立庶以德之禮, 施于何處耶? 古今之世不同, 禮亦有不同而然耶? 【答】… 士大夫之主, 固不可委諸孽出. 然古有庶子爲父母後之禮, 則亦必以庶子而奉先祀矣. 然亦不可一槩言, 當觀其爲庶子之身如何而立言耳. 立庶以德之禮, 在何書, 須待考見而後, 當察其立言之意耳."

퇴계의 위의 언급은 『경국대전』의 '봉사奉祀' 조의 '자기와 첩자를 별도의 일지一支로 만들고자 하면 또한 들어 준다'(각주 7참조)와 관련시켜 이해하면 쉽다. 즉 위의 내용은 첩자도 고조를 잇는 소종이 됨을 원칙적으로 인정한 것이다.

참고로 명재明齋 윤증尹拯(1629-1714)은 다음과 같이 언급했다.

> 그러므로 인가人家에서 혹 첩자로서 봉사하는 경우가 있고, 혹 첩자를 버리고 후사를 세우는 경우가 있고, 혹 첩자로서 다만 자신만 봉사토록하여 일지一支로 삼으며 할아버지 이상의 제사는 차자에게 옮겨서 받들게 하는 경우가 있는데, 오직 가장家長의 조처에 있을 뿐입니다. 그러나 첩자가 있으면 입후하지 않으며, 첩자로서 제사를 받들도록 하는 것은 예에 올바른 것입니다.[26]

명재는 적자가 없고 첩자가 있을 경우, 세 가지 측면에서 입후가 결정됨을 지적하고, 이 중 첩자로 하여금 입후하고 봉사라는 것이 예에서 가장 올바른 것이라고 지적했다. 이러한 입장은 한강의 경우와 대조적이라 평할 수 있다.

요컨대 한강도 첩자봉사를 원칙적으로 인정했지만, 현실적 긍정은 아니었다. 즉 조선사회의 현실에서 첩자봉사가 가능하지 않다고 인식한 것이다. 다만 '서자가 어떤 입장'인가를 고려해야 한다는 언급을 했는데, 이것 또한 조선사회의 현실적 측면을 고려해야 함을 지적한 것이 아닌가 판단된다.

---

25) 『退溪集』 卷27. 「答鄭子中別紙 庚午」. 15板. "庶人只祭考妣, 只謂閒雜常人耳. 若士大夫無後者之妾子承重者, 不應只祭考妣. 如今韓明澮奉祀之類, 未聞朝廷以只祭考妣之法, 禁之也."

26) 『明齋疑禮問答問』 卷1. 6板. "故人家, 或有以妾子奉祀者, 或有舍妾子而立後者, 或有以妾子只奉己祀爲一支, 而祖以上祀則移奉於次子者. 惟在其家長之處置而已. 然有妾子, 則不立後, 以妾子奉祀者, 禮之正也."

### 3) 외가外家 · 외손外孫 봉사奉祀

마지막으로 외가 · 외손봉사에 대한 한강의 인식을 살펴본다. 다음은 동호東湖 이서李紓(1566-1651)[27], 낙촌洛村 이도장李道長(1604-1644)[28], 외재畏齋 이후경李厚慶(1558-1630)[29]과의 예문답이다.

㉮ 【이서의 질문[30]】 아버지가 외삼촌의 후사가 되었을 경우, 아버지가 죽은 뒤에 그 신주를 본가의 사당에 들여올 수 있습니까, 아니면 따로 제사 지낼 곳을 설치하여 그곳에 안치해야 합니까?
【답변】 마땅히 별도의 사당을 설치해야 할 것입니다. 두 성씨가 한 사당에 있는 것은 온당치 못합니다.[31]

㉯ 【이도장의 질문】 저의 조부의 외가와 아버지의 외가가 다 후사가 없어 두 외조부의 신주를 제가 다 봉사하고 있습니다. 만일 시사時祀와 다례茶禮를 행할 때 정침正寢에서 함께 제사를 지낸다면 매우 미안할 듯합니다. 어떻게 하는 것이 옳겠습니까?
【답변】 외가의 신주를 봉사하는 것은 본디 예경禮經에서 언급하지 않았습니다. 그러나 지금 부득이하여 봉사한다면, 시사와 다례를 행할 때 먼저 조부의 외조를 제사 지내고, 그 다음 아버지의 외조를 제사 지내며 그런 다음에 조부와 아버지를 제사 지내면 될 것입니다. 하루 새벽에 세 번 제사를 지내느라 시간이 다소 늦어지기는 하겠지만, 늦게 제사를 지냄으로 인해 마음이 편치 않음을 느끼는 것이 합동으로 제사를 지낼 때의 미안함보다는 더 나을 것입니다.[32]

---

27) 자는 以直, 호는 東湖이며, 본관은 光州이며, 鎭川縣監을 지낸 李弘宇의 아들로 星州에 살았다. 한강의 처조카이며, 문인이다.
28) 자는 泰始, 호는 洛村, 본관은 廣州로 李潤雨의 둘째 아들이다.
29) 자는 汝懋, 호는 畏齋, 본관은 碧珍이다.
30) 이 질문은 이서의 부친인 李弘宇가 죽은 이후 대상 및 삼년상이 끝날 즈음에 한 것으로 판단된다. 『東湖集』에 의하면 부친은 선조27년(1594) 10월에 죽었다.
31) 『寒岡集』 권6. 「問答」. 11板. "父爲外三寸之後, 父亡之後, 其神主入祠堂耶? 別設祭所而安之耶? 【答】當設別祠, 兩姓一祠, 未安."

㉰ 【이후경의 질문】 저의 장인이 아들이 없어 장인이 죽은 뒤에 그 신주를 맡길 데가 없으므로 맏사위 김응감金應鑑이 별도로 자기 집에 상차喪次를 마련하고 아침저녁으로 제사를 지내왔는데, 지금 소상小祥 때가 되었습니다. 예문에 의하면 시집간 딸은 예문에 따라 최복衰服을 벗으니 13개월 만에 연제練祭를 행하고 15개월이 되면 담제禫祭를 행하게 되어 있습니다. 복을 벗은 뒤에 달리 제사를 받들 사람이 없는 경우에 딸이 비록 최복을 벗었더라도 아침저녁으로 지내는 제사를 행할 수 있는 것입니까?

【답변】 아들이 없어 영궤靈几를 딸의 집에 마련하는 일은 곧 예법의 변칙으로서, 예법에 없는 예가 되고 의리에는 합치되나 마땅치 않은 것입니다. 예에는 없는 것으로 예의 변칙이 되고, 또한 의리에는 합치되나 마땅치 않은 것이 되니, 비록 예학에 밝은 사람이라 하더라도 무어라 말할 수 없을 것인데, 하물며 예에 어두워서 적절히 참작할 수 없는 나의 경우에랴! 부득이 말해 보면, 궤연几筵을 마련한 곳에 반드시 제사 지내는 일을 맡아 도와주는 비복婢僕이 있을 것이니, 이것이 세속의 이른바 '행자行者'라는 것입니다. 만일 연제를 지낸 뒤에 급히 궤연을 거두는 것이 미안하여 계속 3년까지 남겨 두려 한다면, 차라리 이 사람에게 계속 제물을 올리게 하는 것이 낫지 않겠는가? 그러나 큰 근본이 이미 잘못되었으므로 예를 강론하는 군자가 알 수 있는 바가 아닙니다.[33]

---

32) 『寒岡集』 권8. 「問答」. 6板. "李道長問, 道長祖外家父外家俱無後, 二外祖神主, 道長皆奉祀矣. 若時祀茶禮之時, 同祭於正寢, 似甚未安. 未知何以則可乎? 【答】外家神主奉祀, 本非禮經. 今者不得已奉祀, 則當時祀茶禮時, 先祭祖外祖, 次祭父外祖然後當祭祖與考矣. 雖一曉三祭, 未免差晩, 而晩祭之妨, 猶勝於合祭之未安矣."

33) 『寒岡集』 권8. 「問答」. 8板. "李汝懋問, 厚慶妻父無子, 永葬後神主無託, 長女壻金應鑑別設喪次於其家, 朝夕行祭, 而今當小祥. 出嫁之女, 從禮文脫衰服, 十三月而練, 十五月而禫. 竣事, 無他奉祭者, 女子雖脫衰服, 亦當行朝夕祭邪? 【答】無子而靈几就設於女子之家, 斯蓋禮之變, 而爲無於禮者之禮也, 合於義而不宜焉矣. 於禮無之而爲禮之變, 且合於義而不宜焉, 則雖精於禮學之人, 猶不能爲之說. 況素昧於禮, 而不可以與權者乎? 無已則其於說, 几筵處必有掌祭祀之婢僕, 如俗所謂行者矣. 如以練後遽撤爲未安, 而欲仍留三年, 則無寧使此人仍奠之乎? 然大本旣謬, 非講禮君子之所知也."

위의 인용문에서 한강은 외가·외손봉사에 대해서 전반적으로 부정적 견해를 드러내고 있다. 정리하면 다음과 같다.

> ㉮ 외삼촌의 신주 안치 장소, 호칭에 대한 이서의 물음과 별도의 사당에 설치해야 한다는 한강의 답변
> ㉯ 조부와 부의 외조부 시사時祀와 다례茶禮를 행할 때의 방법에 대한 이도장의 물음과 조부의 외조부, 부의 외조부, 조부, 아버지 순으로 하라는 한강의 답변
> ㉰ 장인의 신주의 안치 장소와 시집간 딸의 탈상(13개월) 이후 상례 처리에 관한 이후경의 물음과 이에 예문에 없는 경우이며 부득이 비복婢僕에 의해 거행할 수 있으나, 그 근본이 매우 잘못됐다는 한강의 답변

한강은 "외가의 신주를 봉사하는 것은 예경에서 언급하지 않았다", "아들이 없어 영궤를 딸의 집에 마련하는 일은 곧 예법의 변칙으로서 예법에 없는 예가 되고 의리에는 합치하나 마땅치 않은 것이다"라고 하여 외가 및 외손봉사를 부정적으로 인식했다. 그러나 현실적 상황은 그렇지 않았다. ㉮, ㉯의 경우처럼 이미 외가·외손봉사를 시행하는 경우가 많이 존재했기 때문이다. 그러므로 부득불 외가 및 외손봉사의 의식 절차에 대해 설명한 것이다. 한강의 이와 같은 견해는 참고로 퇴계의 입장과 비교할 수 있다. 다음은 앞서 차자의 독자의 입후 및 봉사와 관련하여 언급된 『퇴계집』「답정도가(구) 문목」의 뒷부분이다.

> 다만 요즘 사람들은 아들이 없고 딸이 있는 경우에 사사로운 정에 이끌려 대의로서 결단하여 입후함이 드물고, 외손봉사外孫奉祀하여 한 사당에서 두 성씨를 함께 제사 지냅니다. 원래 하늘이 만물을 낳으실

> 때 뿌리가 하나이게 하셨거늘, 이는 뿌리가 둘이 되는 것이므로 매우 불가합니다. 지금 사람 중에 혹 불행히도 외가 조상에게 후사가 없어 그 신주가 갈 곳이 없는 것을 차마 보지 못한다면, 임시로 별도의 장소에 모셔 두고 오가면서 제사를 모시는 것도 안 될 것은 없습니다.[34]

위의 인용문에서 퇴계는 외손봉사에 대해 매우 비판적 입장을 드러낸다. 물론 현실적 측면을 고려한 대처법도 언급했지만, 사사로운 정에 이끌려 외손봉사를 하지 말고, 종자의 후사를 세워야 함을 강조했다. 이와 같은 견해는 한강의 외가 · 외손봉사에 대한 견해와 매우 흡사하다. 이미 현실적으로 거행하는 부분에 대해서 어쩔 수 없지만, 외가 · 외손봉사가 종법 원칙에 어긋남을 자주 지적하기 때문이다. 이 부분에서도 현실을 고려하여 시행하려는 사유가 보이지만, 기본적으로 예법에 맞게 종법을 적용시키려는 인식이 앞선다고 평가할 수 있다.

### 4) 기일忌日과 묘제墓祭

다음으로 제례에 대한 예문답을 살핀다. 제례는 크게 시제時祭, 기일忌日, 묘제墓祭 및 정월 초하루正朝, 동지冬至, 초하루, 보름에 하는 참례參禮 등이 있는데, 『한강집』에서 주로 논의된 것이 기일과 묘제에 관련된 부분이다. 이번 절에서는 기일과 묘제를 중심으로 한강 예학의 특징을 구체화한다.

---

34) 『退溪集』 卷39. 「答鄭道可(逑) 問目」. 1-2板. "但今人無子而有女, 牽掣情私, 鮮能斷以大義而立後. 至以外孫奉祀, 一廟而二姓同祭. 夫天之生物, 使之一本, 而此則爲二本焉, 甚不可也. 今人或不幸, 其外家祖先, 無後而未有所處者, 不忍其主之無歸, 則權宜奉置別所, 而往來奠省, 未爲不可. 若公然與其本親同享一廟, 則悖理莫甚, 所謂神不歆非禮者, 此類之謂也. 故今於外孫奉祀之問, 不敢苟徇, 而以爲可行也."

(1) 기일忌日

기일忌日이란 부모가 돌아가신 날이다. 『예기』 「제의祭義」편에서 기일에 대해 다음과 같이 언급했다. "'군자가 종신토록 상喪이 있다'는 것은 기일을 말한다. 기일에 다른 일을 하지 않음은 상서롭지 않아서가 아니다. 그 날에 마음에 지극한 바가 있어서 감히 다른 사사로운 일에 다하지 못함을 말하는 것이다"라고 했다 그리고 소疏에서 "효자는 종신토록 어버이를 생각하여 잊지 못한다. 기일이란 이 날이 좋지 않아서 별도의 금기禁忌가 있음을 말하는 것이 아니다. 효자의 마음이 닿는 곳이 있으니, 어버이를 생각하는 마음이 지극하여 감히 그 사사로운 정을 다하여 다른 일을 경영하지 못함을 말하는 것이다. 그러므로 길사吉事는 거행하지 않는다"라고 했다.35) 이처럼 기일은 효의 연장선상에서 이해했으며, 시제時祭와 더불어 시행되던 조선시대 대표적 제례였다.

그런데 당시 『한강집』의 예문답을 살펴보면, 기일과 관련하여 논란이 있었던 것으로 보인다.

【박정로朴廷老의 질문】 고비考妣의 기일忌日에 한 분만 받들어 제사를 행하는 것이 예법이기는 하나, 옛 현인들도 고비 내외분을 함께 제사 지낸 사람이 있었으며, 지금 사람들은 한 분에게만 제사 지내는 경우가 드뭅니다. 만일 함께 제사를 지낸다면 그 축문의 내용을 무엇이라고 써야 합니까?

【답변】 만일 오로지 『가례』를 따른다면, 반드시 『가례』에서 말한 대로 기일에 한 분만 받들어 제사를 행해야 할 것입니다. 만일 고비를 함께 제사 지내려고 한다면 그에 관한 축문의 내용이 풍선馮善의 『가

35) 『禮記正義』. 「祭義」. "君子有終身之喪, 忌日之謂也. 忌日不用, 非不祥也. 言夫日志有所至, 而不敢盡其私也. 【疏】孝子終身念親不忘. 忌日, 非謂此日不善, 別有禁忌. 謂孝子志意有所至, 極思念親, 不敢盡其私情而營求他事, 故不擧也.

례집설家禮集說』에 있으니 참고할 수가 있습니다. 그러나 아마도 온당치 못할 듯합니다.[36]

논란이 된 것은 기일에 신위 한 분만 모셔야 하는가, 아니면 고비考妣 두 분 모두 모셔야 하는가 하는 문제였다. 이에 대한 한강의 견해는 '『주자가례』 예문에 따라 한 분만 모셔야 한다'는 것이다. 『주자가례』「제례 · 기일」을 살펴보면, "예제禰祭(아버지 제사) 지내는 의례와 같다. 단지 하나의 신위만 설치한다"[37]라고 되어 있다. 질문했던 나학자 박정로도 한 분만 모시는 것이 예법이나 옛 선현 또한 고비를 함께 모셨으며, 이것이 당시에 일반적 경향임을 강조했다. 이 같은 경우는 회재晦齋 이언적李彦迪(1491-1553)의 『봉선잡의奉先雜儀』(1550)를 통해서 확인할 수 있다.

> 『문공가례文公家禮』를 살펴보건대, 기일에 한 분의 신위만 설치한다고 했고, 『정씨제례』에는 기일에 고비考妣를 함께 설치한다고 했으니, 두 분의 예가 같지 않다. 대개 한 분의 신위만 설치하는 것은 예의 올바름이고, 고비를 함께 제사지내는 것은 예가 인정人情에 근본한다는 것이다. 만약 죽은 이 섬기기를 산 사람 섬기듯이 하고 자리를 펼 적에 안석을 같이 설치하는 의미로 미루어보면, 예가 인정에 근본한다는 것 또한 그만 둘 수 없는 바가 있는 것이다.[38]

위의 글에서 회재는 비록 『주자가례』에 한 분의 신위만 설치한다

36) 『寒岡集』 卷6. 「答問」. 45板. "朴廷老問 … 考妣忌日, 只奉一位行祭, 禮也. 而古賢亦有竝祭之者, 今人則罕有一位之祭者. 若竝祭則其祝辭何以爲書? 【答】若一從家禮, 則須如家禮忌日奉一位行祭也. 若欲竝祭考妣, 則祝詞在馮善集說家禮, 然恐未安."

37) 『朱子家禮』. 「祭禮 · 忌日」. '設位', "如祭禰之儀, 但止設一位."

38) 『奉先雜儀』. 卷上. 「忌日」. 10板. "按文公家禮, 忌日止設一位, 程氏祭禮, 忌日配考妣, 二家之禮不同. 蓋止設一位, 禮之正也, 配祭考妣, 禮之本於人情者也. 若以事死如事生, 鋪筵設同几之意, 推之, 禮之本於情者, 亦有所不能已也."

고 했지만, 두 분의 신위를 함께 설치함도 『정씨제례』 및 인정人情에 근거하여 긍정했다. 이는 결국 당시의 시속을 인정한 것이며, 두 분의 신위를 함께 설치하는 경향은 더욱더 많은 가정에 일반화됐을 가능성을 높다. 이는 퇴계와 한강의 예문답에서도 보이는데, 퇴계는 기일에 한 분의 신위만 모시는 것을 주장했지만, 퇴계의 본가에서도 고비의 신위를 같이 제사지내고 있음을 확인할 수 있다.

> 【한강의 질문】 기일에 한 분의 신위에만 제사 지내려 하는데, 어떠합니까?
>
> 【퇴계의 답변】 내 생각도 그러합니다. 다만 중고中古 시대에도 두 신위에 제사 지냈다는 설이 있었으니, 깊이 구애될 것은 없을 듯합니다. 그러므로 우리 집 안에서는 전해오는 규례를 따라서 두 신위에 제사 지냅니다.[39]

또한 학봉 김성일이 지은 「퇴계선생언행록退溪先生言行錄」에는 다음과 같이 서술되어 있다

> 선생님께서 말씀하시기를, '사람들이 기제를 지낼 때 고비를 함께 제사지내는 것은 심히 예가 아니다. 고위考位의 제사에 비위妣位를 제사지냄은 그나마 괜찮지만, 비위의 제사에 고위를 제사지낸다면 어찌 감히 존자를 끌어들이는 의리가 있겠는가? 우리 집안에서도 일찍이 이처럼 하고 있으나, 내가 종자가 아니기 때문에 감히 멋대로 고칠 수 없다. 다만 내가 죽은 뒤에 이런 풍속을 따르지 말도록 했을 뿐이다'라고 하셨다.[40]

---

39) 『退溪全書』 卷39. 「答鄭道可問目」. 7板. "忌日欲祭一位, 何如? 【答】愚意亦然. 但中古, 亦有祭兩位之說, 似無甚礙. 故家間從先例兩祭."

40) 『鶴峯集』 續集 卷5. 「退溪先生言行錄」. 42板. "人忌祭時, 並祭考妣, 甚非禮也. 考祭祭妣, 猶之可也, 妣祭祭考, 豈有敢援尊之義乎? 吾門亦嘗如此, 而非宗子, 故不敢擅改. 只令吾身後, 勿用俗耳."

회재 및 퇴계의 언급을 통해서 당시에 많은 이들이 기제忌祭 때 고비의 신위를 모두 설치하고 제사지냈음을 확인할 수 있다. 그러나 회재는 긍정을, 퇴계는 부정을 했으나 한강과의 문답에서는 현실적 수용을, 학봉의 언행록에서는 고위의 제사에 비위는 가능하나 비위의 제사에 고위는 불가하다는 입장을 취했다.

다음은 한강과 우천牛川 김적金適(1564-?)[41]의 예문답이다. 이를 통해 점차적으로 『주자가례』 예문에 입각한 신위 설치 및 예적禮的 논리가 정립됨을 확인할 수 있다.

> **【김적의 질문】** 세속에서는 예컨대 고위考位에 제사를 지낸다면 비위妣位도 따라서 함께 제사 지내지만, 비위에 제사 지낼 때는 낮은 쪽이 높은 쪽을 끌어올 수는 없다 하여 고위에는 제사 지내지 않는 경우가 있습니다. 혹은 고비의 신주를 한 감실에 같이 보관하는데 그중에서 한 위패만 꺼낸다는 것이 정리상 미안하다고 하여, 고위에 제사 지낼 때 비위도 함께 지내고 비위에 제사 지낼 때 고위도 함께 지내는 경우가 있습니다. 혹은 고위에 제사 지낼 때는 고위만 진설하고 비위에 제사 지낼 때는 비위만 진설하는 경우도 있습니다. 마땅히 어떻게 절충해야겠습니까?
>
> **【답변】** 비위에 제사 지내는데 고위와 합제合祭하는 것은 본디 같이 할 수 없는 것이며, 고위에 제사 지내는데 또한 비위와 합제하는 것도 합당合當하지 않음이 예에 이미 당연한 것으로 되어 있으니, 한 분의 신위만 받들어 나와 제사 지내는 것이 어찌 미안하겠습니까?[42]

---

41) 자는 善吾, 호는 牛川이고, 본관은 安東이다.

42) 『寒岡集』 續集 卷3. 「答問」. 14板. "金適問, … 世俗如祭考則從祭妣, 祭妣則以爲卑不可援尊, 不祭考者有之. 或以爲考妣神主, 同藏一龕, 獨拈出一位, 於情未安, 祭考而從祭妣, 祭妣而從祭考者有之. 或祭考則只設考位, 祭妣則只設妣位者有之, 當如何折衷? 【答】祭妣而以考合祭, 固不一, 祭考而亦不當合祭妣, 禮旣當然, 則奉出一位祭之, 何至未安?"

위의 답변도 앞서 나학자 박정로의 예문답과 동일하게 한분의 신위만 설치하는 것을 합당하다고 보았다. 그런데 여기서 눈여겨 볼 것은 우천 김적의 질문 중 '고위에 제사지낼 때 비위도 함께 지내는 것도 옳지 않다'고 비판한 부분이다. 앞서 「퇴계선생언행록」에서 '고위에 제사지낼 때 비위도 함께 지낼 수 있다'고 하여 '높은 쪽이 낮은 쪽을 끌어올릴 수 있다'고 했는데, 한강은 이 또한 합당하지 않다고 본 것이다. 보다 『주자가례』 예문에 입각하여 기제의 신위 설치 및 그 논리를 진전시킨 것으로 해석할 수 있다.

(2) 묘제墓祭

다음으로 묘제墓祭에 대해 살펴본다. 묘제란 묘소에 가서 주변을 청소한 다음 음식을 진설하는 등 제사를 지내는 것이다. 그러나 고례에는 묘제에 대해 구체적 언급이 없다. 이에 『통전』에서는 진秦·한대漢代부터 시작된 것으로 이해한다.43) 정이천과 주자는 정상적인 예는 아니지만, 정서상, 혹 시속에서 유행되기 때문에 어쩔 수 없이 따른다고 했으며,44) 『주자가례』 예문에는 1년에 1회 즉 3월 상순에 날을 택해서 행하는 것으로 되어 있다.45) 그러나 당시 시속에서는 정월 초하루, 한식, 단오, 추석에 행했던 것으로 확인된다. 『봉선잡의奉先雜儀』에서 다음과 같이 언급했다.

---

43) 『通典』 卷52. 「上陵」. 三代以前, 無墓祭. 至秦, 始起寢於墓側, 漢因秦, 上陵皆有原寢, 故稱寢殿. 起居衣服象生人之具, 古寢之意也. 그러나 『常變通攷』에서는 『孟子』 「離婁下」의 '東郭墦間之祭'을 근거로 진·한에서 처음 시작된 것이 아니라고 지적했다.

44) 『二程遺書』 卷1. 「二先生語一·端伯傳師說」. 嘉禮不野合 … 如禮望墓爲壇, 並墓人爲墓祭之尸, 亦有時爲之, 非經禮也. 後世在士者, 未能制禮, 則隨俗未免墓祭.
『朱子語類』 卷90. 禮七. 「祭·淳錄」. 墓祭非古, 雖周禮有墓人爲尸之文, 或是初間祭后土, 亦未可知. 但今風俗皆然, 亦無大害, 國家不免亦十月上陵.

45) 『朱子家禮』. 「祭禮·墓祭」. 三月上旬擇日.

> 『가례』를 살펴보면, 묘제는 3월 상순에 날짜를 택하여 지낸다고 했다. 요즘 세속에서는 정월 초하루, 한식, 단오, 추석에 모두 묘소에 가서 청소하고 절하니, 지금은 세속을 따라도 괜찮다.[46]

회재는 앞서 기일의 경우처럼 속례俗例를 긍정했다. 세속에 따라 사명일四名日 즉 정월 초하루, 한식, 단오, 추석에 묘제 시행을 인정한 것이다. 이에 비해 한강은 서봉 하연상河淵尙(1586-?)[47]과의 예 문답에서 속례에 따라 4번 묘제를 하는 것을 비판했다.

> 【하연상의 질문】 묘소에 가서 지내는 제사는 『가례』에 3월 상순에 하도록 되어 있으나 세속 사람들이 사명일四名日(정조正朝, 한식寒食, 단오端午, 추석秋夕)에 많이 지내므로 누구나 옛 풍습을 그대로 답습할 뿐, 고례古禮에 따라 행하지 못합니다. 만일 세속의 폐단을 바로잡아 고례를 행하려고 하면, 모두가 하는 말이 '제사 지내는 예는 선조를 따르는 것이므로 고쳐서는 안 된다'라고 합니다. 이 말이 일리가 있는 듯도 하지만 일로 보면 불편합니다. 그래서 차라리 고례에 따라 3월과 10월에 제사를 지내는 법을 적용하고, 사명일에는 예주醴酒로 가묘家廟에서 예를 행하는 것이 어떻겠습니까?
> 【답변】 '선조를 따른다(종선조從先祖)'고 한 말은 선대부터 전해 오는 법이 예법에서 나오기는 했으나 약간 다를 뿐으로 그런대로 따를 만한 것을 뜻한 것이지, 예에 크게 어긋난 선대에서 해 오던 관행을 따라 답습하여 선대의 잘못된 예를 드러내는 것을 말한 것은 아닙니다. 우리나라는 가묘를 세우기 전에는 일반적으로 묘소에서 사시四時의 제사를 지냈으나 지금은 이미 가묘를 세우고 오로지 주자의 『가례』를 따르고 있으니, 가묘와 묘소에서 제사를 지내는 예가 나름대로 정해진 법이 있습니다. 그러니 군이 여러 말을 할 것이 없는 것입니다. 『가례』에서 말한 속절俗節이란 지금의 사명일과 같은 것입니다.[48]

---

46) 『奉先雜儀』 卷之上. 「墓祭」. 10板. "按家禮, 墓祭三月上旬, 擇一行之. 今世俗正朝寒食端午秋夕, 皆詣墓拜掃, 今此從俗, 可也."
47) 자는 晦之, 호는 西峯, 본관은 晉州이다.

위의 인용문에서 한강은 '선조를 따른다(종선조從先祖)'는 것은 예의 허용하는 범위에서 좇음을 말하는 것이지, 예에서 크게 벗어난 관행을 답습하는 것이 아니라고 하여, 무비판적으로 속례俗例에 따라 예를 시행하는 것을 비판했다.[49] 또한 묘제를 사시에 지낸 것은 가묘를 세우기 전의 일로, 지금은 각 집안마다 가묘를 세우고 『주자가례』에 따라 사시제四時祭 등을 준행하기에 마땅히 묘제도 『주가가례』에 따라 할 것을 당부했다.

## 3. 상례喪禮

예문답을 살펴보면 상례 절차 및 의복 등 상례에 관련된 내용이 상당히 많다. 이 중에서 시대적으로나 내용적 측면에서 중요하게 대두됐던 부분을 중심으로 살펴보기로 한다.

---

48) 『寒岡集』 卷7. 「答問」. 6-7板. "河淵尙問, 上墓之祀, 家禮令用三月上旬, 而世人多行於四名日, 襲舊循俗, 人不能遵行古禮. 若欲矯俗弊而行古禮, 則皆以爲祭禮從先祖, 不可改也云, 此言似亦有理, 而事有不便者. 寧欲依倣古禮, 而用三月十月之制, 四名日則以酒醴行禮於家廟如何? 【答】從先祖云者, 先世所傳, 雖出於禮, 而有或不同者, 或可從焉, 非謂先世失禮之甚者. 因仍踵襲. 以倡先世之非禮也. 我國未建家廟之時, 通行四時之祭於墓所, 今旣立家廟, 而一遵朱子家禮, 則家廟與墓所祭禮, 自有定規. 不必更爲之說而有所云云也. 家禮所謂俗節, 卽今四名日之類也."

49) 퇴계의 예문답에도 '선조를 따른다(從先祖)'는 말이 나온다. 그런데 한강의 『주자가례』 및 예문을 기준으로 하는 준행하려는 경향과 차이난다(『(增補)退溪全書』 卷28. 「答金惇敍」. 6板. 喪祭從先祖, 此意亦好. 且有父兄在, 如之何其聞斯行之, 故祭儀差失, 卒然改之爲難. 然吾之躬行, 出於誠篤, 父兄宗族, 漸以孚信, 則其不合禮者, 猶可以方便請改而從善矣. 恐不可終付之無可柰何而已也). 또한 『퇴계전서』에 퇴계와 한강이 '從先祖'에 대해 문답한 내용이 있다. 여기서도 서로 다른 입장을 확인할 수 있다(『(增補)退溪全書』 卷39. 「答鄭道可問目」. 9板. 喪祭雖曰從先祖, 量力可改, 則不若一從禮文之爲愈也. 【答】亦有不得盡如此者)

### 1) 부재위모상父在爲母喪과 궤연필삼년이제几筵必三年而除

우선 '아버지가 살아 계실 때의 어머니를 위한 상(부재위모상父在爲母喪)'을 먼저 살펴본다. 『주자가례』에서는 어머니의 상에 대해서 아버지가 살아 계신 여부와 상관없이 재최삼년복이라 했다. 그러나 주注에서 정이천, 주자 등이 아버지가 살아 계실 때 어머니를 위한 상은 재최기년복齊衰期年服으로 낮추어야 한다고 언급했다.[50] 참고로 『의례』와 『예기』에는 재최기년복으로 규정했고,[51] 『경국대전經國大典』에는 11개월에 소상小祥을, 13개월에 대상大祥을, 15개월에 담제禫祭를 하고 벼슬을 그만두며 심상삼년心喪三年을 한다고 되어 있다.[52] 이에 따라 많은 논란이 있었다.

한강의 '아버지가 살아 계실 때의 어머니를 위한 상'에 대한 기본적 입장은 '재최기년복 및 심상'이다. 김적金適과 예문답에서 확인할 수 있다.

---

50) 『朱子家禮』(家禮附註)에서 齊衰期年服을 언급한 곳은 다음과 같다.
① 「喪禮 · 成服」, '凡重喪未除而遭輕喪…'條, 【注】, 楊氏復曰, 心喪三年. 按儀禮 '父在爲母期'註, 子於母 雖爲父屈而期, 心喪猶三年. 唐前上元元年, 武后上表, 請父在爲母, 終三年之喪.
② 「喪禮 · 成服」, '凡重喪未除而遭輕喪…'條, 【注】, 先生(朱子: 필자가 삽입함)曰, 喪禮須從儀禮爲正, 如父在爲母期, 非是薄於母. 只爲尊在其父, 不可復尊在母, 然亦須心喪

51) 『儀禮』「喪服」과 『禮記』「雜器」에 보인다.
① 『儀禮註疏』「喪服」, 疏衰裳齊, 牡麻絰, 冠布纓, 削杖, 布帶, 疏屨, 期者. … 父在爲母. 傳曰, 何以期也? 屈也. 至尊在, 不敢伸其私尊也. 父必三年然後娶, 達子之志也. 【疏】… 云'父必三年然後娶 達子之志'者, 子于母屈而期, 心喪猶三年, 故父雖爲妻期而除, 三年乃娶者, 通達子之心喪之志故也.
② 『禮記正義」「雜記」, 十一月而練 , 十三月而祥 , 十五月而禫. 【注】此謂父在爲母也.
③ 『禮記正義」「喪服四制」, 天無二日, 土無二王, 家無二尊. 故父在爲母朞者, 見無二尊也.

52) 『經國大典』. 「禮典 · 五服」. 母, 齊衰三年. 父在, 則十一月而練, 十三月而祥, 十五月而禫, 解官, 心喪三年.

①【김적의 질문】 아내의 상사에 기년期年에 복을 벗고 한 달을 건너 담제를 행한다면, 마땅히 3년복을 입어야 할 그 자식은 아버지의 기년 상기喪期에 따라 최복衰服을 벗어야 합니까? 이미 아버지로 인해 상기가 꺾여 기년이 되었으면, 과연 무슨 복색으로 3년을 마쳐야합니까?
【답변】 아버지가 살아 계실 때의 어머니의 상사는 11개월 만에 소상을 행하고 13개월 만에 대상을 행하며 15개월 만에 담제를 행하되 소상 · 대상 · 담제의 복색 모두 3년상의 그것과 똑같이 입습니다. 담제 이후의 복색 또한 자연히 평소처럼 입고, 오직 심제心制(심상心喪)를 하는데, 3년을 마칠 때까지 의복은 화려하고 성대하지 않게 할 뿐입니다.[53]

한강은 '11개월 만에 소상小祥을 행하고 13개월 만에 대상大祥을 행하며 15개월 만에 담제禫祭를 지내는 것'으로 파악했다. 그리고 담제 이후 탈복脫服하지만 남은 기간 동안 심상心喪을 한다. 심상 동안 복제는 없지만, 평상복으로 화려하고 성대한 것을 피해야 함을 주장했다. 이러한 입장은 『의례』, 『예기』와 송대 정이천, 주자 등에 근거한 예설로 조선시대 전형적 입장이라 할 수 있다.

그런데 한강의 예문답을 살펴보면, 『주자가례』 대상장大祥章 주註에 주자의 '지금의 예는 궤연을 반드시 3년 만에 거둔다(금례궤연필삼년이제今禮几筵必三年而除)'라는 언급 등을 근거로, 궤연을 3년간 존속시키고 조석상식朝夕上食을 한다는 내용이 있다. 용담龍潭 임흘任屹(1557-1620)[54]과 안지태安之泰, 인재訒齋 최현崔晛(1563-1640)[55] 등과 예문답도 이와 관련된다.

53) 『寒岡集』 續集 卷3. 「問答」. 13-14板. "金適問, 妻喪期而除服, 中一月而禫, 則其子應服三年者, 從其父期而除衰乎? 旣爲父屈而期, 則當以何服終三年乎?【答】父在母喪, 十一月而練, 十三月而祥, 十五月而禫, 練祥禫之服, 一如三年之喪. 禫後之服, 亦自如常, 惟用心制, 終三年服, 不華盛而已."
54) 자는 卓爾, 호는 龍潭 · 晩悔齋 · 羅浮山人, 본관은 豐川이다.
55) 자는 季昇 호는 訒齋, 시호는 定簡, 본관은 全州이다.

② 【임흘의 질문】 아내에 대해서는 소상小祥 때 그 궤연几筵을 거두는 것이라고 말하는 사람이 있습니다만, 주자가 「두문경竇文卿(두종주竇從周)에게 답한 편지」에 '지금의 예는 궤연을 반드시 3년 만에 거둔다'고 했습니다. 미리 거두는 것이라고 한 그 사람의 말은 어느 글에 나옵니까? 만일 주공周公이나 공자의 가르침이 아니면 주자의 가르침을 따르지 않을 수 있겠습니까?
【답변】 1년 만에 영위靈位를 거두는 것은 옛날 예서에 많이 언급하였기 때문에 당唐나라 노이빙盧履冰이, 아버지가 살아 계신 자가 어머니의 상을 위한 예는 1년 만에 영위를 거두고 3년 동안 심상을 한다고 했습니다. 장횡거張橫渠의 이른바 '묵최로 지낸다(묵최종사墨衰從事)'라는 것은 의리로서 조처한 말이고, 주자의 이른바 '3년 만에 거둔다'라는 것은 그 당시 법령에 따라 한 말입니다. ⓐ그러나 근래에 나의 견해는 장자와 주자 두 선생의 말씀이 이미 그와 같으니, 아버지가 살아 계실 때의 어머니 상은 상제祥祭(대상大祥)와 담제禫祭를 마친 다음 어머니의 신주를 이미 다른 한 장소에 안치했다면 아침저녁으로 음식을 계속 올려 다시 1년이 지난 뒤에 그치는 것이 어쩌면 고례古禮에도 부합되고 지금의 제도도 온전케 하며, 예법을 되도록 후한 쪽으로 따르려는 자식의 지극한 정에 유감이 거의 없을 듯합니다. 이 의견이 어떻습니까?56)

③ 【안지태安之泰의 질문】 횡거 선생이 말하기를, '아버지가 살아 계실 때 어머니를 위해 삼년복을 입는다면 이는 한 가정에 두 사람의 존귀한 자가 있는 셈이므로 혐의가 있다. 오늘날 올바르게 대처하는 방안을 생각해 본다면 재최복齊衰服을 1년만 입고 그 나머지 기간은 묵최墨衰로

56) 『寒岡集』 卷7. 「問答」. 29板. "任卓爾問, … 妻小祥, 撤其几筵, 人有言之者, 而朱子答竇文卿曰, 今禮几筵必三年而除云云, 則或者撤之之論, 見於何書邪? 若非周公孔子之訓, 則朱子之訓其可不從邪? 【答】期而撤靈, 古禮多言之, 故唐盧履氷以爲禮, 父在爲母, 一周除靈, 三年心喪. 橫渠所謂墨衰從事, 義起之言也. 朱子所謂三年而除, 據當時令甲而言也. 然近來鄙見張朱兩先生之言旣如是, 則父在母喪, 祥禫旣盡之後, 母之神主旣別置一處, 則仍上朝夕之食, 更訖一周而止, 或近於合古禮全今制, 庶無慊於孝子從厚之至情, 此意何如?"

거상하는 것이 옛 예법에 부합되고 오늘날의 제도를 보전할 수 있는 길이다' 라고 하고, 주자는 말하기를, '졸곡 때 즉시 부묘祔廟하고 다시 영좌靈座에 목주木主를 세워 아침저녁으로 제물을 올리며 3년이 된 뒤에 그만두는 것이다'라고 했으며, 퇴계 선생이 말씀하기를, '아버지가 살아 계실 경우 어머니를 위해 복을 낮추어 입는 자는 조석제朝夕祭를 지낼 때 옥색 단령團領을 입는 법인데, 어떤 사람은 그것이 미안하다 하여 흰 베옷을 입으려고 한다. 그러나 이미 담복을 입고 심상心喪을 행하는 것이라고 말했으니, 옥색 옷을 입는 것이 옳지 않겠는가'라고 했습니다.

【답변】 노이빙盧履氷이 말하기를, '아버지가 살아 계실 때 어머니를 위하는 복은 1년 만에 복을 벗고 영좌를 거두며 3년 동안 심상을 하는 것이다' 라고 하고, 또 말하기를, '조부모가 살아 있는데 자손의 아내가 죽었을 경우 아랫방에 설치한 궤연을 2년 동안 놓아둔다는 것은 매우 그 근거가 없는 일이다'라고 했습니다. 이로 본다면 아버지가 살아 계실 때 당한 어머니의 상을 위해서는 1년 만에 복을 벗고 그 뒤에는 결코 궤연을 계속 놓아둘 수 없는 것입니다. 다만 세 선생의 말씀이 이미 그와 같으니, 예문에 따라 즉시 조석제를 거둔다는 것은 부모상을 당한 상주의 마음에 차마 그렇게 할 수 없는 점이 있을 듯합니다. 옛날 상주들 중에는 간혹 유상遺像을 설치하고 일생 동안 음식을 올리는 경우도 있었는데, ⓑ더구나 아버지가 살아 계실 때는 어머니의 신주를 별도로 한 곳에 따로 안치하도록 하라는 옛말도 있습니다. 그러니 아들이 심상을 행하는 동안에 궤연은 비록 거두었더라도 원래 장소가 아닌 다른 곳에서 조촐하게나마 계속 조석상식을 행하는 것이, 어쩌면 옛 예법에 부합되고 오늘날의 제도도 보전하는 방안에 가까울 뿐만 아니라, 어머니를 위해 후하게 해 드리고 싶은 자식의 정에도 유감이 없을 것입니다. 이 의견이 어떠합니까?[57)]

57) 『寒岡集』 卷8. 「問答」. 29-30板. "安之泰問, … 橫渠先生日, 父在母服三年之喪, 則家有二尊, 有所嫌也. 處今之宜, 但可服齊衰一年外, 可以墨衰從事, 可以合古之禮, 全今之制. 朱子日, 卒哭卽祔, 更立木主於靈座, 朝夕奠就之, 三年除之. 退溪先生日, 父在爲母降服者, 朝夕祭時, 用玉色團領, 或以爲未安, 欲著白布衣. 然旣日禫服, 行心

위의 인용문에서 용담 임흘은 주자의 '지금의 예에 궤연을 반드시 3년 만에 거둔다'를 근거로, 안지태는 장자, 주자, 퇴계의 언급을 인용하여 심상 동안의 '궤연의 존속 여부'를 질문했다. 이에 대해 한강의 답변은 기본적으로 '1년 만에 궤연을 거두는 것'이 예문에 합당하지만, 심상하는 동안 장자, 주자 등 선현의 언급과 어머니를 위한 인정을 고려하여 ⓐ, ⓑ와 같이 다른 곳에 궤연을 설치하고 조석상식을 할 수 있다고 답했다.

그렇다면 '아버지가 살아 계실 때의 어머니를 위한 상'은 재최기년복이며, 심상하는 동안 효자의 마음 등의 인정을 고려하여 궤연을 별도의 곳에 설치하고, 조석상식을 할 수 있다'는 한강의 견해는 어떻게 평가할 수 있는가?

인용문 ②의 ⓐ에서 '근래에 나의 견해'라는 언급이 나온다. 이를 통해 '1년 만에 영위靈位를 거두는 것'에서 '궤연을 반드시 3년 만에 거둔다'로 수정됐음을 짐작케 한다. 즉 장횡거의 '묵최로 지낸다'와 주자의 '지금의 예에 궤연을 반드시 3년 만에 거둔다' 및 어머니에 대한 자식으로서 정을 근거로 ⓐ, ⓑ와 같이 별도의 장소에 궤연을 존속시키고 조석상식 할 수 있다고 답변한 것이다.

이는 또한 퇴계의 견해가 영향을 미쳤을 가능성이 높다. 안지태가 인용하기도 했지만, 잠재潛齋 김취려金就礪(1526-?)[58]와의 예문답(1561년)에서 퇴계는 '아버지가 살아 계실 경우 어머니를 위해 복을 낮추어 입는 자는 (탈상 후) 조석제朝夕祭를 지낼 때 옥색 단령

喪, 則玉色衣, 無乃可乎? 【答】盧履冰以爲禮, 父在爲母, 一周除靈, 三年心喪. 又曰, 祖父母安存, 子孫妻亡沒, 下房筵几, 亦立再周, 甚無謂也. 以此觀之, 父在母喪, 既朞而除之後, 决不得仍存几筵矣. 但三先生之論既如彼, 則據禮即撤朝夕祭者, 孝子之心, 恐有所不能已者. 古之孝子, 或有設遺像, 終身上食者, 況父在而母之神主, 別置一處, 古有其言, 則子於心喪之內, 几筵則雖撤, 而就別處, 仍略上朝夕之食, 或近於合古禮全今制, 而庶無嫌於孝子從厚之情. 此意如何?"

58) 자는 而精, 호는 潛齋 · 靜庵이다.

團領을 입는다'[59]라고 했다. 이는 재최기년복을 입은 후 심상心喪을 하는 동안에 옥색의 단령을 입고서 조석으로 상식한다는 뜻이며, 조석으로 상식하려면 반드시 궤연을 설치해야 함을 의미한다. 퇴계의 입장은 다음의 언급에서 보다 명확히 나타난다.

> 또한 아버지가 살아 계실 때에 어머니를 위해 재최기년복을 입는 자의 경우에는 13개월이 지나서 대상大祥을 지내고 나면 마땅히 그 날에 반혼返魂한다.【반혼한 뒤에는 거처와 음식을 한결같이 상례에 의거하여 재기再期(2년)를 마치며, 재기가 지나고 궤연几筵을 거두는데, 이른바 '심상心喪'이라고 하는 것이 이것입니다】[60]

위의 인용문에서 퇴계는 1년 만에 궤연을 거두는 것이 아닌 재기 즉 대상 때 궤연을 치운다고 했으며, 이것을 심상으로 이해했다. 이것은 주자의 '궤연을 반드시 3년 만에 거둔다'를 수용한 견해이고, 이러한 입장은 한강과 비슷하다. 요컨대 한강의 ⓐ, ⓑ와 같은 답변은 단순히 인정 및 당시의 상황을 고려한 것이 아니라, 이를 근거할 만한 예문 및 장횡거 · 주자(후기 예학) · 퇴계의 주장을 통해 이루어진 것이다.

한편 최현과의 예문답에서도 '아버지가 살아 계실 때의 어머니를 위한 상'에 대한 언급이 있는데, 앞의 논의한 내용과 다소 차이를 보인다.

---

59) 『退溪全書』 卷28. 「答金而精」. 41板. "父在爲母降服者, 爲人後爲本親降服者, 朝夕祭時, 用玉色團領, 或以爲未安, 欲著白布衣.(圭菴說) 然旣曰禫服行心喪, 則玉色衣, 無乃可乎?"

60) 『退溪全書』 卷30. 「答金而精」. 5-6板. "且父在爲母服期者, 十三月而祥, 則宜此日返魂【返後居處飮食, 一依喪禮, 以終再期, 而除几筵, 所謂心喪者此也】."

④【최현의 질문】『예기』「잡기雜記 하」에 이르기를 '기년상은 11개월 만에 연제練祭를 행하고 13개월 만에 상제祥祭를 행하고 15개월 만에 담제禫祭를 행한다'고 했고, 정현은 말하기를 '이는 아버지가 살아 계실 때 어머니를 위한 것이다'라고 했습니다. 이는 곧 옛사람들이 기년상에는 15개월 만에 복을 벗는다는 말인데, 『가례』 '성복成服' 조에는 어찌하여 이러한 큰 절목이 없는 것입니까? 『가례』 '대상장大祥章' 주석에 이르러서야 주자가 혹자의 질문에 답하기를, '지금의 예에 궤연은 반드시 3년이 지난 뒤에 거두니 소상과 대상의 제사는 모두 남편이 주관하는 것이다. 다만 소상 후에는 남편이 이미 복을 벗으니 대상의 제사에는 아마도 남편이 소복素服을 입는 것이 옳을 것이다'라고 했습니다. 주자가 『예기』「잡기 하」의 내용을 취하지 않은 것은 아닌데, 어찌 이것을 드러내어 예로 정하지 않고 혹자에게 그와 같은 내용으로 답했습니까?

【답변】아버지가 살아 계실 때 어머니를 위한 상에 대해 송나라 복제령服制令은 재최삼년이고, 명나라 제도는 참최삼년으로 되어 있습니다. 사마온공司馬溫公이 『서의書儀』를 지을 때 감히 당대의 제도를 어기지 못했고, 주자가 『가례』를 지으면서 그대로 따랐기에 13개월 만에 상제를 행하고 15개월 만에 담제를 행하는 제도를 적용하지 못한 것입니다. 퇴계 선생께서도 이 문제에 관해서는 언급하기 곤란하다고 하셨습니다. ⓒ그러나 아버지가 살아 계실 때 어머니의 상을 만난다면 압존壓尊되어 감히 3년 뒤에까지 상제와 담제를 끌어가지 못하니, 선현이 밝혀놓은 정론定論이 있습니다. 예를 따르기 좋아하는 사람(호례지인好禮之人)이 스스로 참작하여 준행하는 것으로, 감히 더 이상 언급하여 어느 것이 옳다고 변론하지 못하겠습니다.[61]

61) 『寒岡集』 卷6. 「問答」. 31-32板. "崔季昇問, 雜記曰, 期之喪, 十一月而練, 十三月而祥, 十五月而禫. 鄭玄曰, 此爲父在爲母. 是古人之於期喪, 止十五月而除, 家禮成服條, 何無此大段節目乎? 至大祥章註, 朱子答或人問曰, 今禮几筵必三年而除, 則小祥大祥之祭, 皆夫主之. 但小祥, 夫已除服, 大祥之祭, 夫恐須素服可也. 朱子非不取雜記所論, 而何不著爲定禮, 而答或人之語如此耶? 【答】父在爲母, 宋服制令, 則齊衰三年, 大明則斬衰三年矣. 司馬溫公爲書儀而不敢違時王之制, 朱子撰家禮而仍之, 所以十三月而祥, 十五月而禫之制, 用不得也. 李先生亦於此難言之, 然父在而遭母喪, 則厭於

위의 문답은 대략 셋째 부인인 재령載寧 이씨李氏의 상(1615년/53세) 과 관련된 것으로 판단된다.[62] 여기서 눈여겨 볼 것은 ⓒ이다. 한강은 선현의 정론은 재최기년복이라 설명하면서도, '예를 따르기 좋아하는 사람이 스스로 참작하여 준행하는 것이며 어느 것이 옳다고 변론할 수 없다'고 말했다. 앞의 예문답과 일부 다른 입장을 보인다. 그런데 왜 갑자기 '예를 따르기 좋아하는 사람'이 스스로 판단할 일이라고 했는가? 만년에 한강의 입장이 변화된 것인가?

한강이 ⓒ와 같이 답변한 것은 세 가지 측면에서 해석이 가능하다. 첫째는 당시 최현의 나이가 53세 정도로 파악되는데, 한강이 최현의 신분과 지위를 고려하여 단정적으로 답변하여 강권하지 않고 스스로 결정하도록 배려한 답변이라는 해석이다. 둘째는 내용적 측면이다. 왜 『주자가례』(대문)에 이러한 규정이 없는 것인가 문의하자, 한강은 '아버지가 살아 계신 때 어머니를 위한 상'은 송대에 재최삼년복, 명대에 참최삼년복, 선현들은 재최기년복이라 답변했다. 따라서 비록 고례나 선현들에 근거해 재최기년복이 정례正禮라고 하더라도, 재최삼년복이나 참최삼년복도 시왕지제時王之制라는

---

尊, 而不敢引祥禫於三年之後, 有先賢定論. 好禮之人, 自當參酌遵行, 不敢復爲說, 以辨其如何耳."

62) 원래 인재 최현은 鶴峰 金誠一의 문하이다. 1581(19세)년에 학봉 문하에 들어갔고, 학봉은 1593년에 歿했다. 따라서 1593년 이후에서야 한강과 예문답을 했을 가능성이 높다. 그리고 연보(『訒齋集』)를 보면, 1609년 12월에 "泗水로 가서 寒岡先生을 뵙고 書院入享事와 喪禮諸條를 논했다〔三十七年(光海元年) 己酉(先生四十七歲) … 十二月, 自不知巖轉往泗水, 拜寒岡先生, 論書院入享事及喪禮諸條〕"고 하여, 1609년 무렵에서야  한강과 관계를 맺은 것으로 서술했다. 그런데 崔晛의 일생에서 '아버지(혹은 남편)가 살아 계실 때의 어머니(혹은 처) 상'에 해당하는 경우가 총 4번 있었다. ①1571년(9세)의 모친상, ②1587년(25세)에 부인상(義城 金氏), ③1592년(30세)에 부인상(昌寧 曺氏), ④1615년(53세)에 부인상(載寧 李氏)이다. 1609년 이후부터 한강과 관계를 맺고 서신을 교환했다고 본다면, 위의 예문답은 한강과 관계를 맺은 이후에 해당되므로, 세 번째 부인의 상(1615년)과 관계됐을 가능성이 높다.

근거를 가지고 있은 것이기에 나름 정당성을 가지고 있는 것이다. 따라서 한강은 예를 실행하는 주체의 판단에 맡긴다고 한 것이다. 마지막으로 최현이 재최기년복으로 하는 것에 다소 부정적 입장을 취해서 이렇게 답변한 것으로 해석할 수 있다. 위의 인용문 외에도 최현과 '아버지(혹은 남편)가 살아 계신 때 어머니(혹은 처)를 위한 상'에 대해 문답한 내용이 더 있다.63) 여기서 최현은 다시 재최기년복의 근거를 문의했는데, 이처럼 다시 거론한 것은 석연치 않음이 있다는 뜻이다. 이러한 상황에서 한강은 억지로 강권할 수 없다는 판단하고 ⓒ와 같이 답변한 것으로 해석된다. 요컨대 최현과 예문답은 한강의 정론이기보다는 현실적 상황 및 예를 실행하는 주체와 관련하여 언급한 내용이라 할 수 있다.

### 2) 부祔와 조천祧遷

이번 절에서는 부제祔祭의 시행 시기와 절차 및 조천祧遷에 대해 살핀다. 부제란 그 조부에게 다른 사당으로 옮겨가야 한다고 아뢰고, 새로 죽은 사람에게 사당으로 들어감을 아뢰는 것으로 아버지는 아버지의 조고에 합사하고 어머니는 조비에게 합사하는 것이다.64) 그런데 과연 '졸곡 이후에 하는가 아니면 3년상이 끝난 다음에 하는가'하는 시행 시기를 놓고 많은 논란이 있었다. 다음 장에서 살

---

63) 『寒岡集』 卷6. 「問答」. 38-39板. 崔季昇問, … 大祥下註, 子爲母大祥及禫, 夫已無服. 又曰, 今禮几筵必三年而除, 大祥之祭, 皆夫主之, 但小祥之後, 夫卽除服, 大祥祭, 夫亦須素服如弔服, 可也. 但改其祝辭, 不必言爲子而祭也. 然則子爲母朞而服除, 猶存几筵, 祥禫之祭如儀, 而今人父在母喪, 十一月而練, 十三月而祥, 十五月而禫者, 何據耶? 其曰不必言爲子而祭者, 何謂也? 【答】家禮之父在母喪, 齊衰三年者, 時王之制也. 十一月而練, 十三月而祥, 先王正禮也. 其曰不必言爲子而祭者, 謂夫自祭而告之也.

64) 『朱子家禮』. 「喪禮 · 祔」. 【補註】祔之爲言附也, 祔祭者, 告其祖父, 以當遷他廟, 而告新死者, 當入此廟也. 父則祔于父之祖考, 母則祔于祖妣.

펴볼 여묘제廬墓制도 부제 시기에 대한 논란을 가중시켰다. 또한, 부제의 절차도 문제가 됐다. 이는 여러 가지 측면이 복잡하게 얽혀 있는데, 특히 당시의 사당의 제도 및 실질적 적용과도 관련되며, 앞 장의 '아버지가 살아 계신 때 어머니를 위한 상'과도 연관된다.[65]

우선 『주자가례』의 예문을 살펴본다. 예문에 부제祔祭는 졸곡卒哭 후에 하는 것으로 되어 있다. 부제는 사당에 자리를 마련하고, 새로 죽은 사람의 조고祖考와 조비祖妣의 신주를 받들어 나오고, 새로 죽은 사람의 신주를 사당 안으로 들인 다음에 예를 행한다. 그리고 예를 마치면 각각의 신주는 원래 자리로 돌아가게 된다.[66] 이후 대상이 되면 신주를 체천遞遷하는 의식을 거행하는데, 그 전날 사당에 들어가 옮길 것을 아뢰고 예를 행한 다음, 친진親盡한 조상의 신주를 옮기고 동쪽의 감실 하나를 비워둔다. 그 다음날 대상 의례를 행하고 마치면 신주를 받들어 사당에 모시게 된다. 이때 영좌를 거두고 친진한 신주는 묘소 옆에 묻게 된다.[67]주자는 『주자가례』에서 졸곡 때에 부제하는 것에 대해, 『예기』「단궁」편에서 비록 '공자가 연제 후에 부제하는 것(은대의 의례)이 좋다'고 했지만, 지금 은대殷代의 예는 상고할 길이 없고, 부득이 주대周代의 예[68]에 따라 졸곡 이후의 부제한다고 설명했다.[69]

---

65) '아버지가 살아 계신 경우의 어머니를 위한 상' 또한 13개월 대상 이후 几筵을 거둔 다음에 합사하는데, 이때 안치 장소와 관련된다.

66) 『朱子家禮』. 「喪禮 · 祔」. 卒哭明日而祔, 卒哭之祭旣撤, 卽陳器具饌. 質明主人以下, 哭於靈座前. 詣祠堂, 奉神主出, 置于座. 還奉新主入祠堂, 置于座. 叙立, 參神, 降神, 祝進饌, 初獻 … 侑食闔門啓門辭神, 祝奉主各還故處.

67) 『朱子家禮』. 「喪禮 · 大祥」. 前期一日, 沐浴陳器具饌. … 告遷于祠堂. … 徹靈座斷杖, 棄之屛處, 奉遷主埋于墓側, 始飮酒食肉而復寢.

68) 『儀禮』. 「士虞禮」 記文에서 卒哭 이후 "明日, 以其班祔"라고 하여, 卒哭 이후 祔하는 것으로 되어있다.

69) 『朱子家禮』. 「喪禮 · 祔」. 檀弓曰, "殷旣練而祔, 周卒哭而祔, 孔子善殷", 註曰 "期

『한강집』을 살펴보면, 부제와 관련하여 많은 예문답을 살펴볼 수 있다. 질문의 핵심 및 내용은 앞서 언급한 시기, 절차와 관련된다. 우선 부제의 시기로, 졸곡이 아닌 3년상이 끝나서 시행한다는 주장을 살펴본다.

> 【이육李堉의 질문】 부제에 대해 정자程子는 '상은 3년을 기다려서 부제를 행한다'는 글이 있으므로, 3년 뒤에 행하고자 하는데, 잘 모르겠습니다만 이 예를 어떻게 해야겠습니까?
> 【답변】 주자의 『가례』에 졸곡한 뒤에 부제를 행하도록 하였으니, 부득이한 사정이 아니면 그것을 어길 수 없을 것 같습니다. 세상 사람들 중에는 간혹 시묘살이로 인하여 3년 뒤로 어쩔 수 없이 물리지만, 이는 이른바 형편상 부득이한 경우입니다.[70]

위의 심달당心達堂 이육李堉(1572-1637)[71]과 같은 질문은 권태일權泰一, 박명부朴明溥, 길회吉誨에서도 보인다.[72] 이들은 공통적으로

---

而神之人情." 殷禮旣亡, 其本末不可考, 今三虞卒哭, 皆用周禮次第, 則此不得獨從殷禮.

70) 『寒岡集』 續集 卷9. 「問答」. 8-9板. "李堉問 … 祔祭, 程子有喪須三年而祔之文, 欲於三年後行之, 不審此禮如何? 【答】朱子家禮令卒哭而祔, 非不得已, 則似不得違. 世人或有爲居廬, 而不得不退於三年之後者, 此則所謂勢不得已也."

71) 자는 士厚, 호는 心達堂, 본관은 完山, 昌城都護府使 李遵道의 아들이다.

72) 이육 외에 다음과 같다.

① 권태일: 『寒岡集』 卷6. 「答問」. 29-30板. 權府尹泰一問, … 前喪卒哭後, 未卽行祔祭, 蓋以其時有拘碍難便之事故也. 程子曰, 喪須三年而祔. 五禮儀, 亦移祔於大祥之後, 祥後之祔, 不爲無據, 故今將依此設行. 泰一爲繼祖之小宗, 新主當祔于曾祖考, 而曾考祠堂在繼高祖宗子之家, 當依禮文, 設虛位以祭. 但朱子曰, 古人所以祔于祖者, 以有廟制昭穆相對, 新死者安于祖廟, 故設祔祭, 使死者知其將來安於此位. 亦令其祖知是將來移上去也. 今不異廟, 只共一堂, 排作一列, 以西爲上, 新死者移在禰處. 如此則只當祔禰, 而今祔于祖, 全無義理. 退溪先生亦曰, 祔在卒哭後, 則遷廟尙遠, 猶或可也. 祔在祥後, 則正當諸位遞遷之日, 不及他位, 尤爲不當云云. 同宗一廟之內, 新主應入之處, 只祔祖而不祔禰, 先儒以爲不可之意如此. 況今爲別宗兩廟, 而只設祭於不當遷不當入之他廟, 全然無所事於應迭遷之禰位, 尤不合祔祭之本意也. 祔祖愛禮存羊之意, 雖不敢不從, 新主應入之禰廟, 亦難廢祭. 今依五禮儀, 合祭則如何? 但兩宗家神主, 竝享於一處, 亦未知其合禮否也. 且喪主當爲主人於繼祖之廟, 而不可爲主於繼曾祖之廟, 一處合祭, 亦無兩主人並行之理, 未知何以處之.

정이천의 "상은 3년을 기다려서 부한다(상수삼년이부喪須三年而祔)"를 중요 근거로 삼고, 3년상이 끝나서 부제를 거행하려 했다. 이에 대해 한강의 기본적 입장은 졸곡 후에 부제의 거행이다. 다만 형편상 부득이한 경우에는 현실적 사정을 고려하여 대상 뒤에 할 수 있다는 입장을 취했다.

둘째, 그렇다면 공통적으로 주된 근거로 인용된 정이천의 언급에 대해서 한강은 어떻게 파악했는가? 우선 정이천의 언급부터 분석해 본다. 이 정이천의 언급은 『주자가례』 상례편 부장祔章의 주注에 보인다. 그 내용은 다음과 같다.

> 정자가 말하기를, '상은 3년을 기다려서 부한다. 만약 졸곡을 지내고 부하면 3년 동안 도무지 일이 없다. 『예기』에 '졸곡에도 여전히 조석으로 곡한다' 고 했으니, 만약 신주가 정침에 없다면 어디에서 곡을 하겠는가?'라고 했다.[73]

---

【答】退溪先生之敎固當, 來諭亦善, 鄙意則存羊之義, 亦不可全廢. 祔祭旣行於大祥後一日, 則當令繼曾祖之宗子, 用紙牓, 行祔事於亡者之祖考. 宗子若遠在, 則以宗子之名代行, 無妨. 又於繼祖之廟, 略行告辭之祭, 恐或得之, 不知如何. 祥祭之日, 未可撤去几筵, 直俟明日奉主祔廟, 然後撤之, 詳見朱子大全答陸子壽書.

② 박명부: 『寒岡集』 卷8. 「答問」. 25-26板. 朴汝昇問 … 喪須三年而祔, 先儒之論定矣. 祥後遞遷之儀, 詳載於家禮大祥章下, 而有曰新主祔于祖廟云, 當以何日行祔祭邪? 詳之翌日, 祭而祔之, 然後乃撤几筵邪? …【答】卒哭而祔, 家禮旣有明文. 所謂祔祭於三年後, 先儒之說定矣云者, 未詳. 詳後遞遷者, 謂卒哭明日而祔, 大祥前一日, 則只以遞遷之意告之, 而虛東一龕, 以俟厥明祥畢, 奉新主入廟以安耳. 但卒哭之明日, 或差過, 未及行祔祭, 則不得已當於大祥之明日行祔事. 而朱子答陸子壽書曰, 旣撤之後, 未祔之前, 尙有一夕, 其無所歸也. 祥祭之日, 未可撤去几筵, (或遷稍近廟處) 眞俟明日奉主祔廟, 然後撤之, 則猶爲亡於禮者之禮耳. 以此觀之, 似當於祥祭之夕, 仍行夕上食, 以待明日祔遷, 而後方始撤得几筵矣.

③ 길회: 『寒岡集』 續集 卷9. 「問答」. 7板. 吉誨問, … 今當祔廟遷主之禮, 亦多未解之端. 玆令迷姪昌先, 敢進于左右, 欲決其疑. 伏乞俯採其口, 隨緖指示, 使知遵用之方, 何如? 【答】… 祔祭旣蹉過卒哭之明日, 今當以大祥之明日爲之. 但大祥之夕, 仍奉几筵于正廳, 以俟明日祔廟, 然後撤之. 朱子以爲旣撤之後, 未祔之前, 尙有一夕, 其無所歸也久矣. 故以此爲無於禮者之禮云耳.

73) 『朱子家禮』. 「喪禮 · 祔」. "程子曰, 喪須三年而祔, 若卒哭而祔, 則三年却都無事. 禮

만일 졸곡 후에 신주를 사당에 합사하면, 이후 신주 없이 어떻게 상례를 진행할 것인가 하는 것이 졸곡 후의 부제를 반대한 이유였다. 이에 대해 한강은 특별한 언급을 하지 않았다. 다만 권태일, 박명부, 길회의 답변에 공통적으로 『주자대전』의 「육자수陸子壽(육구령陸九齡)에게 답한 편지」를 언급하는데, 여기에 주자의 평이 있다.

> 정자의 설의 뜻 또한 매우 좋다. 그러나 정현의 설에 '대개 부제한 뒤에 (신주를) 정침으로 되돌리고, 연제가 지난 후에 사당으로 옮긴다'고 했으며, 『춘추좌전』에 또한 '(졸곡 뒤에 부제하며, 부제 뒤에 신주를 마련하여) 단독으로 신주에 제사 지낸다'는 문구가 있으니, 이것은 옛 사람들이 부제를 지내고 바로 궤연을 거두는 것이 진실로 아닌데, 정자는 여기에 대해 아마도 상고한 것이 상세하지 않은 듯하다.[74]

주자는 정이천의 설에 일리가 있으나, 『의례』와 『춘추좌전』을 살펴보면 부제이후 궤연을 거두지 않았고, 신주를 모시고 상례를 거행했음을 확인할 수 있으니, 정이천의 설에 미흡한 점이 있다고 보았다. 이와 같은 주자의 언급을 한강은 이미 알았으며,[75] 따라서 '상은 3년을 기다려서 부제한다'는 설에 중요한 의미를 두지 않은 것이다.

셋째, 부제는 조고祖考에게 합사하는데, 만일 조고를 잇는 종자와 따로 사는 경우에는 어떻게 하는가? 다음은 후천朽淺 황종해黃宗海(1579-1642)[76]와 예문답이다.

---

卒哭猶存朝夕哭, 若無主在寢, 哭於何處?"

74) 『朱子大全』 卷3. 「答陸子壽」. "程子之說意, 亦甚善, 然鄭氏說, 凡祔已反于寢, 練而後遷廟. 左氏春秋傳, 亦有特祀于主之文, 則是古人之祔, 固非遂徹几筵, 程子於此, 恐考之有未詳也."

75) 『五先生禮說分類』 卷6, 「喪禮 六」, '祔', 5-7板에 「答陸子壽」 全文이 있으며, 각주 74의 인용문에서 또한 「答陸子壽」을 언급했다.

【황종해의 질문】'부祔'라는 것은 조고의 사당에 부제祔祭하는 것을 말하는 것인데, 만일 아버지의 뒤를 이은 소종小宗으로서 조고의 사당이 없는 경우에는 어디서 부제를 지내야 합니까?

【답변】죽은 자의 조고 곁에 부제하되, 죽은 자의 조고의 종통을 이은 종자宗子가 주관하는 것입니다. 만일 죽은 자의 집안과 멀리 따로 살고 있을 경우에는 종자가 그 사유를 조고의 신위에 고하고 허위虛位를 설치하여 지방으로 제사를 지냅니다. 제사를 마친 뒤에는 지방을 불에 태워 없애 버립니다.77)

위의 언급에서 한강은 '고조를 잇는 종자가 조고의 신위에 고하고 허위 즉 지방을 사용하여 제사를 지낸다'라고 하여 『주자가례』에 따라 답변함을 확인할 수 있다.78) 그런데 이에 대해 장곡 권태일을 비롯하여 문인들이 조고에게 합사하는 것의 배경, 옛 사당과 현재 사당 제도의 차이점, 현재 사당 제도에서 조고에게만 부제하는 것에 대해 문제점을 제기한다.

【권태일의 질문】… 저는 조고를 계승한 소종입니다. 새 신주는 마땅히 증조고에게 부제해야 하는데, 증조고의 사당이 고조를 계승한 종자의 집에 있으므로 응당 예문에 따라 빈자리를 설치하고 제례를 행해야 할 처지입니다. 다만, 주자께서 말씀하기를 "옛사람들이 조고에게 배향했던 이유는 사당의 제도에 소목昭穆이 좌우로 서로 마주 대하고 있어 장차 새로이 죽은 자를 조부의 사당에 안치하게 될 것이므로, 부제를 행하여 죽은 자에게 그가 앞으로 조부의 자리에 안치될

76) 자는 大進, 호는 朽淺, 본관은 懷德이다.
77) 『寒岡集』 卷8. 「答問」. 15板. "黃宗海問, 凡祔者, 祔於祖廟之謂也, 而若繼禰之小宗, 無祖廟, 未知祔於何處. 【答】祔於亡者之祖考, 以亡者繼祖之宗子主之. 若異居, 則宗子爲告於祖而設虛位, 題紙牓而祭之. 祭訖, 焚而除之."
78) 『朱子家禮』. 「喪禮 · 祔」. '詣祠堂 奉神主出 置于座' 註, 若喪主非宗子, 而與繼祖之宗異居, 則宗子爲告于祖, 而設虛位以祭. 祭訖除之.

것임을 알리고, 또한 그 조부에게도 앞으로 윗자리로 옮겨 가게 될 것임을 알리기 위한 것이다. 그런데 지금은 사당을 따로 구분하지 않고 다만 한 당堂에 같이 있고, 서쪽을 상석으로 하여 한 줄로 배열하고 새로이 죽은 자가 곧장 부친의 자리로 가게 되어 있다. 이렇게 되면 마땅히 아버지의 자리에 부제해야 할 것인데 오늘날 조부에게 부제하니, 이는 전혀 의리가 없다"고 했습니다.

퇴계 선생도 또한 말씀하기를, '『주자가례』에서 말한 대로 부제를 졸곡 뒤에 행한다면 신주가 사당으로 옮겨 갈 시기가 아직 멀기 때문에 혹시 그럴 수 있는 일이지만, 부제를 대상 이후에 행하면 바로 마땅히 여러 대의 신주를 차례로 위로 옮겨 가는 시기인데 다른 신위에는 제사를 올리지 않으니, 이는 더욱 옳지 못하다'고 했습니다. … 조부에게 부제하는 것은 예를 아껴 양을 남겨 두려는 뜻이므로 따르지 않을 수 없지만, 새 신주가 응당 아버지의 사당에 들어가니 또한 제사하지 않는 것도 곤란합니다. 그러니 지금 『국조오례의』에 따라 아버지도 함께 제사하는 것이 어떻겠습니까? 다만 대종과 소종 양가의 신주를 한곳에서 함께 제사하는 것이 또한 예에 맞을는지 모르겠습니다.

그리고 상주가 조고의 사당에는 당연히 주인이지만, 증조의 사당에는 주인일 수 없으므로, 한곳에서 동시에 제향하려면 두 주인이 함께 행해야 하는데, 그러한 이치도 없으니, 어떻게 처리해야 할지 모르겠습니다.

【답변】 퇴계 선생의 가르침도 정말 합당하고 그대의 말도 좋지만, 내 생각으로는 사라지는 예를 아껴 양을 남겨 두려는 뜻 또한 완전히 폐할 수 없습니다. 부제를 대상 하루 뒤에 행하였다면, 증조를 이은 종손에게 지방紙牓을 사용하여 망자의 조고에게 부제를 지내도록 해야 합니다. … 대상을 치르는 날 궤연几筵을 치우면 안 되고, 다만 이튿날을 기다려 신주를 모시고 부묘한 뒤에 치워야 할 것이니, 이러한 내용이 『주자대전』의 「육자수에게 답한 편지」에 자세히 보입니다.[79]

---

79) 『寒岡集』 卷6. 「答問」. 29-30板. "權府尹泰一問, … 前喪卒哭後, 未卽行祔祭, 蓋以其時有拘碍難便之事故也. 程子曰, 喪須三年而祔. 五禮儀, 亦移祔於大祥之後, 祥後之祔, 不爲無據, 故今將依此設行. 泰一爲繼祖之小宗, 新主當祔于曾祖考, 而曾考祠堂在

장곡 권태일은 현재 사당의 제도는 옛 소목 제도가 아니라, 서쪽을 위로 하여 한 줄로 배열한 것이기에, 새로이 죽은 자가 소목에 의한 조부의 자리가 아닌 부친의 자리로 가게 됨을 지적하고, 이에 따라 부친에게도 부제함이 어떠하냐고 질문했다. 이에 대해 한강은 비록 합당하지만, '예가 비록 폐지되었더라도 양羊이라도 남아 있으면 이를 기억하고 후에 그 예를 회복할 수 있다'는 공자의 언급(『논어論語』「팔일八佾」)을 거론하면서 불가하다고 했다. 이러한 한강의 태도는 『주자가례』에서의 주자 언급과 상통한다. 주자 또한 이러한 문제점을 인정했지만 공자의 '예를 아껴 양을 남겨 두려는 뜻(애례존양愛禮存羊)'을 강조했기 때문이다. 다음은 주자의 언급이다.

> 옛날에는 사당에 소와 목의 차례가 있어서 소는 항상 소가 되고 목은 항상 목이 됐다. 그러므로 새로운 죽은 자를 그 조부의 사당에 부제한 것이니, 그 조부께는 의당 다른 사당으로 옮겨야 함을 아뢰는 것이고, 새로 죽은 사람에게는 의당 이 사당에 들어갈 차례임을 고하는 것이다 지금 국가와 개인의 사당이 모두 동당이실로 서쪽을 위로 삼는 제도이니 소목의 차례를 회복할 수 없고 한번 체천遞遷하면 뭇 실들이 모두 옮겨지고 새로운 죽은 사람은 의당 그 아버지의 옛 실로 들어간다. 이것은 예의 큰 절목이 옛날과 같지 않은 것이니, 예를 행

---

繼高祖宗子之家, 當依禮文, 設虛位以祭. 但朱子曰, 古人所以祔于祖者, 以有廟制昭穆相對, 新死者安于祖廟, 故設祔祭, 使死者知其將來安於此位. 亦令其祖知是將來移上去也. 今不異廟, 只共一堂, 排作一列, 以西爲上, 新死者移在禰處. 如此則只當祔禰, 而今祔于祖, 全無義理. 退溪先生亦曰, 祔在卒哭後, 則遷廟尙遠, 猶或可也. 祔在祥後, 則正當諸位遞遷之日, 不及他位, 尤爲不當云云. … 祔祖愛禮存羊之意, 雖不敢不從, 新主應入之禰廟, 亦難廢祭. 今依五禮儀, 合祭則如何? 但兩宗家神主, 竝享於一處, 亦未知其合禮否也. 且喪主當爲主人於繼祖之廟, 而不可爲主於繼曾祖之廟, 一處合祭, 亦無兩主人並行之理, 未知何以處之.【答】退溪先生之敎固當, 來諭亦善, 鄙意則存羊之義, 亦不可全廢. 祔祭旣行於大祥後一日, 則當令繼曾祖之宗子, 用紙牓, 行祔事於亡者之祖考. … 祥祭之日, 未可撤去几筵, 直俟明日奉主祔廟, 然後撤之, 詳見朱子大全答陸子壽書."

> 하는 자가 오히려 '조부께 부제한다'는 문구를 고집하는 것은 의의가 없는 듯하다. 그러나 드디어 변화시켜 아버지의 사당에 부제하는 것은 또한 예를 아껴 양을 남겨 두려는 뜻이 아니다.80)

주자 또한 지금의 사당 제도가 고례와 다르며 따라서 조부에게만 부제하는 것에 문제가 있음을 인식했지만, 옛 사당의 소목에 따른 예의 흔적을 차마 버릴 수 없다는 견해를 밝히고 있다. 결국 이러한 주자의 입장을 한강이 지지하고 당시의 부제 절차에 대해 적용한 것이다.

넷째, 부제 이후 천주遷主의 의례 절차는 어떻게 되는가? 앞서 장곡 권태일과 예문답에서 '대상을 치르는 날 궤연을 치우면 않고, 이튿날에 신주를 모시고 부묘한 뒤에 치운다'고 언급했다. 이는 『주자가례』 대문大文과 차이난다. 『주자가례』의 의식절차는 다음과 같다.

> 대상이 되면 그 전날에 … 사당에 들어가 옮길 것을 아뢴다(술과 과일로 아뢰니 초하루의 의식과 같다. 조상의 신주를 교체하여 서쪽으로 옮기고 동쪽의 감실 하나를 비워두고 새 신주를 기다린다). 이튿날 새벽에 행사하는데, 모두 소상小祥의 의식과 같다. 대상 의례를 행하고 마치면 신주를 받들어 사당에 모시게 된다. 이 때 영좌靈座를 거두고, 지팡이를 부러뜨려 구석지고 유은幽隱한 곳에 버린다. 친진한 신주는 묘소 옆에 묻게 되고, 비로소 술과 고기를 먹으며 침상에서 잔다.81)

---

80) 『朱子家禮』. 「喪禮 · 祔」. '祝奉主各還故處' 註, "朱子曰, 古者, 廟有昭穆之次, 昭常爲昭, 穆常爲穆, 故祔新死者于其祖父之廟, 則爲告其祖父以當遷他廟, 而告新死者以當入此廟之漸也. 今公私之廟, 皆爲同堂異室, 以西爲上之制, 而無復左昭右穆之次, 一有遞遷, 則羣室皆遷, 而新死者當入于其禰之故室矣. 此乃禮之大節, 與古不同, 而爲禮者猶執, 祔于祖父之文, 似無意義, 然欲遂變而祔于禰廟, 則又非愛禮存羊意." 본래 이 글의 출전은 『朱子大全』 卷58. 「答葉味道(賀)」이다.

81) 『朱子家禮』. 「喪禮 · 大祥」. "前期一日, … 告遷于祠堂.(以酒果告, 如朔日之儀. …

『주자가례』에서는 '대상 전날에 사당에 고하는 절차를 한 이후에 친진한 신주를 옮기고, 새 신주의 부묘는 대상 당일에 행해진다'고 되어있다. 『주자가례』 대문에서는 분명히 '새 신주를 사당에 모시고, 이후 영좌 즉 궤연을 거둔다'고 했다. 이에 반해 한강은 이튿날에 신주를 모시고 부묘한 뒤에 치운다고 했다.

다른 예문답에서 한강은 『주자대전』 권36의 「육자수에게 답한 편지」를 근거로, 구체적으로 대상에 궤연几筵을 치우지 않고 신주를 부묘한 뒤에 거두는 까닭을 구체적으로 설명했다.

> 상제(대상) 뒤에 체천을 한다는 것은 '졸곡 다음날 부제를 지내며, 대상 하루 전에는 신주를 체천하겠다는 뜻만을 고하고, 사당의 여러 감실 중 동쪽의 감실 하나를 비워 두었다가, 그 다음날 새벽 상제를 마친 뒤에 새 신주를 사당으로 모셔 들어가 안치한다'는 것입니다. … 그런데 주자가 「육자수에게 답한 편지」에 말하기를, '궤연을 거둔 이후부터 부묘祔廟하기 전까지 하룻밤 동안에는 죽은 이의 넋이 돌아갈 곳이 없습니다. 따라서 상제를 행하는 날 궤연을 거두면 안 되고(혹시 사당과 약간 가까운 장소로 옮길 수는 있다.), 다만 그 다음날 신주를 받들어 부묘할 때까지 기다렸다가 거둔다면 예법에 없는 예와 같은 것이 될 뿐이다'라고 했습니다. 이로 보면 마땅히 상제를 행한 그날 저녁에 이전과 다름없이 저녁상식을 행하고, 그 이튿날 옮겨 부묘한 다음에 비로소 궤연을 거두어야 합니다.[82]

---

遞遷而西, 虛東一龕, 以俟新主.) … 厥明行事, 皆如小祥之儀. 畢祝奉神主, 入于祠堂. 徹靈座斷杖, 棄之屛處, 奉遷主埋于墓側, 始飮酒食肉而復寢."

82) 『寒岡集』 卷8. 「答問」. 25-26板. "朴汝昇問, …【答】… 詳後遞遷者, 謂卒哭明日而祔, 大祥前一日°則只以遞遷之意告之, 而虛東一龕, 以俟厥明祥畢, 奉新主入廟以安耳. … 而朱子答陸子壽書曰, 旣撤之後, 未祔之前, 尙有一夕, 其無所歸也. 祥祭之日, 未可撤去几筵(或遷稍近廟處) 直俟明日奉主祔廟, 然後撤之, 則猶爲亡於禮者之禮耳. 以此觀之, 似當於祥祭之夕, 仍行夕上食, 以待明日祔遷, 而後方始撤得几筵矣."

한강은 '궤연을 거둔 이후부터 부묘하기 전까지 하룻밤 동안에는 죽은 이의 넋이 돌아갈 곳이 없기에, 대상 당일에 궤연을 거두지 않고 그 다음날 부묘한 다음에 거둔다'는 주자의 언급을 근거로, 대상 당일에 궤연을 거두지 말라고 밝힌 것이다. 『주자가례』 이후 주자의 후기 예설을 근거로 시행함을 엿볼 수 있다.[83]

마지막으로, '아버지가 살아 계신 경우의 어머니를 위한 상'을 재최기년복齊衰期年服으로 했을 때의 경우를 살펴본다. 재최기년복으로 하면, 소상 때 상기를 마치게 되고 궤연을 거두게 된다. 그렇다면 이때 신주의 안치 장소 및 부제는 어떻게 되는가? 그리고 재최기년복 이후 심상을 한다면 또한 어떻게 진행되어야 하는가?

『주자가례』「통례」에서는 "처와 형제와 형제의 처는 조부모에게 합사한다(처약형제약형제지처妻若兄弟若兄弟之妻, 부우조祔于祖)"라고 하여, 남편이 살아있을 때 처의 신주는 조부모(정확하게는 조모)께 반부班祔라는 것으로 되어있다. 그러나 한강은 임흘과 안지태의 예문답('3-1. 부재위모상父在爲母喪과 궤연필삼년이제几筵必三年而除'의 인용문 ②의 ⓐ와 ③의 ⓑ)에서 신주를 별도의 장소에 안치시키고 조석상식을 할 수 있다고 답변했다. 그런데 이는 『주자가례』의 대문과 다르며, 또한 『주자가례』「상례 · 부祔」의 주注에서 호영胡泳이 '고항高閌의 별도의 장소에 어머니의 신주를 봉안한다'는 것에 대해 '주자가 처상妻喪에서 신주를 조비에게 합사했던 예'를 근거로 비판한 것과 양복의 설명과 차이가 난다.[84]

83) 이는 『朱子大全』 卷63, 「答李繼善」과의 내용과 차이난다. 「答李繼善」의 내용은 『주자가례』 注에도 실려 있다. 여기서 朱子는 '다만 대상을 지냈으면 궤연을 치우고, 그 신주는 마땅히 조부의 사당에 합사했다가, 협제를 마치기를 기다린 후에 옮겨야 한다(但旣祥而徹几筵, 其主且當祔于祖父之廟, 俟祫畢然後遷耳)'고 했다. 撤去几筵에 대해서 『주자가례』 이후의 주자의 견해도 차이를 보인다.

84) 『朱子家禮』. 「喪禮 · 祔」. 【註】高氏曰, 若祔妣, 則設祖妣及妣之位, 更不設祖考位, 若父在而祔妣, 則不可遽遷祖妣, 宜別立室, 以藏其主, 待考同祔. 若考妣同祔, 則並設祖

왜 한강은 이렇게 답변한 것인가? 전후 문맥을 살펴보면, 임흘과 안지태에게 한 답한 내용은 당시의 예적 상황 즉 '아버지가 살아 계신 경우 어머니를 위해서 심상하는 동안에 궤연을 존속시키고 조석상식함'을 고려한 것이다. 『주자가례』에 따라 조비에게 합사했지만, 심상하는 동안 비妣의 신주를 모시기 위해서는 별도의 장소가 필요했고 여기에 궤연을 설치하고 조석상식을 해야 했기 때문이다. 그러므로 비의 신주를 별도의 장소에 안치시키고 조석상식을 할 수 있다고 말한 것이다. 따라서 이것은 『주자가례』 「상례·부」 주의 내용을 인지하지 못했거나 부정한 것이 아니다. 이 같은 사실은 노형운盧亨運과의 예문답에서도 '마땅히 조비祖妣에게 합사해야 한다'고 언급한 것에서 확인할 수 있다.

> 【노형운의 질문】 아버지는 살아 계실 경우에 어머니가 죽어 그 상기를 마친 뒤 신주를 부득이 사당으로 모셔 들인다면 마땅히 조비에게 합사해야 할 것이지만, 조비의 신주는 조고의 신주와 같은 감실에 있으니 반부할 신주를 어디에 놓아두어야 합니까?
> 【답변】 이미 조비의 감실에 반부하기 어렵다면 마땅히 사당 안의 동벽東壁 아래에 봉안해야 할 것 같습니다.85)

한강과 노형운 모두 『주자가례』 예문(어머니의 신주를 조비에게 합사한다)을 정확히 이해하고 시행하려는 태도를 엿볼 수 있다. 하지만 현실적 측면에서 이것이 어렵기에 사당의 동벽 아래에 봉안하

考及祖妣之位. ○胡氏泳曰, 高氏別室藏主之說, 恐未然. 先生內子之喪, 主只祔在祖妣之傍, 此當爲據. 楊復曰, 父在祔妣, 則父爲主乃是, 夫祔妻於祖妣, 三年喪畢未遷, 尙祔於祖妣, 待父他日三年喪畢遞遷祖考妣, 始考妣同遷也. 高氏父在不可遞遷祖妣之說, 亦是. 但別室藏主之說則非也.

85) 『寒岡集』 續集 卷3. 「問答」. 17板. "盧亨運問, 父在母喪畢, 不得已入廟, 則當祔於祖妣, 而祖妣神主, 與祖考神主同室, 祔主置之何處. 【答】既難祔於祖妣之室, 恐當安於廟中東壁下."

라고 답변한 것이다. 당시 현실적 측면이란 조부의 사당이 없고, 부친의 사당만 있을 경우로 판단되며, 이때문에 처의 신주를 예묘禰廟의 동벽 아래에 봉안하라고 한 것이다.

요컨대 부제에 대한 한강 인식을 정리하면 우선 『주자가례』의 예문에 따라서 준행하려 했다는 점과 지적할 수 있다. 부제의 시기(졸곡 이후) 및 사당제도에서의 소목에 따른 조부에 부제하는 것(애례존양愛禮存養의 뜻) 등에서 그러한 특징이 잘 나타난다. 또한 주자의 언급에 대한 분석과 고증 등을 통해 주자 후기 예학을 기반으로 예설을 전개시킨다는 점을 지적할 수 있다. 정이천의 '상은 3년을 기다려서 부제한다'에 대한 인식과 『주자대전』의 「육자수에게 답한 편지」에 근거하여 부제의 시기 및 절차 등을 논한 것은 주자 후기 예학을 통해 『주자가례』 보완 및 수정하려는 사유를 읽을 수가 있다.[86]

### 3) 여묘제廬墓制

여묘제廬墓制란 장사를 지낸 후 부모의 시신이 묻힌 묘소에 임시 거처를 마련하고 나머지 기간 동안 상례를 거행하는 것을 말하는데, '시묘살이', '여묘살이'라고 한다. 당시 많은 사람들은 '부모를 추모하는 마음을 지극히 드러내는 제도'로 이해하면서, 효를 여묘제를 통해 판단하기도 했다. 그러나 많은 예학자들은 반혼返魂 등과 관련

86) 『五先生禮說分類』(後集) 卷6, 「喪禮 五」를 살펴보면, 大祥 이후 절차가 『朱子家禮』와 차이난다. 『朱子家禮』는 大祥 이후 실질적인 절차는 禫祭로 끝나고 만다. 이에 반해 『五先生禮說分類』는 주자 후기 예학 등의 근거로 祥(大祥) 다음에 遷主→毁喪服→禫→喪畢祫祭→祧遷으로 편차되어 있다. 상기가 끝나면 상복을 어떻게 할 것인가? 협제를 지내야 하는가? 그리고 祧遷의 시기는 언제인가? 등의 논의가 예문답에 있는데, 이것이 『오선생예설분류』 편찬에 반영된 것으로 판단된다. 따라서 『오선생예설분류』 연구에 있어서 예문답 분석 및 그 연관성에 대한 심도 깊은 작업이 요구된다.

하여 여묘제가 잘못된 예의임을 지적했다. 예컨대『주자가례』「상례」에는 발인發引, 하관下棺, 성분成墳, 제목주題木主를 한 다음, 신주를 들고 집으로 돌아와 반곡反哭을 하고, 우제虞祭, 졸곡卒哭, 부제祔祭를 지내는 절차로 이어진다. 그러나 만약 묘소墓所에서 3년동안 여묘살이를 하면, 신주의 제작이라든지, 반곡, 우제, 졸곡, 부제 등이 헛된 것이 되고 만다. 퇴계도 여묘제가 잘못되었으며, 고례에 따라 행할 것을 주장했다.[87] 하지만 몇몇 학자들은 시묘살이의 긍정적 요소를 지적했다. 다음은 학봉鶴峰 김성일金誠一의 언급이다.

> 일찍이 말하기를, '상례는 인도의 대절이니 자식된 자들이 반드시 성신히 해야 할 것이다. 우리 나라는 포은 정몽주, 야은 김재 두 선생이 여묘하면서 3년상을 치른 이래 이를 듣고 본 사람은 감동을 받았다. 문경 김굉필, 문헌공 정여창을 비롯한 여러 선생들이 모두 이를 행했다. 비록 고례는 아니지만 부모를 읽은 상주가 차마 부모의 시신이 묻힌 곳을 서둘러 떠날 수 없었기 행하는 것이니 실로 부모를 추모하는 지극한 마음에서 비롯한 것이다. 혼이 사당으로 돌아가는 것이 비록 예경에도 기록된 바른 것이긴 하지만, 중등자질 이하의 사람들은 3년상의 기간을 견디면서 나태해지지 않는 사람이 드물다. 심지어는 부모상 중에 부부생활을 평시처럼 하고 집안일을 간섭하는 등의 짓을 하면서도, 여묘는 예가 아니다, 혼령을 사당으로 모시는 것이 예경에 부합하다고 말하니, 상례 기강의 문란함과 세상 도덕이 타락이 이상할 것이 무엇이 있는가?'라고 했다.[88]

87) 『退溪全書』 卷13. 「答金亨彦 泰廷 問目 ○己巳」. 25-26板. "今人廬墓成俗, 葬不返魂, 故卒哭明日而祔, 率不得依禮文. 退至於祥畢返魂之後, 是與程子喪須三年而祔之說, 名雖同, 而其實則大遠矣.【其失不在於三年而祔, 乃在於葬不返魂一事也.】今謹喪之家, 若能依古禮而返魂, 則事皆順矣, 旣不能然, 而行於祥後, 則不卜日, 當以返魂到家之日行之.【來諭疑禫日而祔, 非也. 又疑時祭日而祔, 亦非也. ○按五禮儀, 大祥祭行於靈座, 畢卽詣祠堂, 行祔祭.】"

88) 『鶴峰集』. 「附錄」 卷2. 74板. "嘗曰, 喪禮, 人道之大節, 人子必誠必信之也. 我東自圃隱冶隱兩先生廬墓終喪, 人皆觀感. 文敬文獻諸先生亦皆行之. 雖非古禮, 而孝子不忍遽

학봉의 언급을 통해 여묘제가 고례는 아니지만, 자식된 도리로 '부모를 추모하는 지극한 제도'로 받아들여졌으며, 이것이 포은, 야은, 문경공, 문헌공 모두 거행한 것으로 설명하고, 학봉 또한 시묘살이를 한 것으로 되어 있다. 비록 반혼 등이 예경에 기록되지만, 많은 사람들이 상례 기간임에도 불구하고 부부생활을 하는 등 부모를 슬퍼하고 예를 거행하지 않을 바에야 시묘살이가 오히려 낫다고 평가했다.

이와 같은 견해는 율곡栗谷 이이李珥에서도 나타난다.

> 오늘날 예법을 아는 집에서는 대부분 장사를 지낸 뒤에 바로 반혼返魂을 하는데, 이것은 진실로 정당한 예법이다. 그러나 사람들은 모두 이것만을 본받아서 드디어 여묘廬墓의 풍속을 없애버리고 말았다. 그리하여 반혼한 뒤에는 제각기 제 집으로 돌아가서 처자들과 한 방에서 거처하고 있으니, 이것은 예법에 크게 어그러지는 것으로 몹시 한심스러운 일이다. 무릇 부모의 초상을 당한 자가 자기 스스로 헤아려 보아서 일일이 모두 예법대로 행했고 터럭만큼도 어그러진 것이 없으면 마땅히 예에 의해 반혼해야 한다. 하지만 혹 그렇지 않을 때는 마땅히 옛 풍속에 의해서 여묘하는 것이 옳다.[89]

율곡도 여묘제를 긍정적으로 인식했다. 그들은 공통적으로 예문에 따라 반혼 등을 하는 경우, 현실적으로 부부생활을 하는 등 크게 어그러지는 경우가 많음을 지적했다. 따라서 반혼 등을 시행하는 것이 정례正禮이나, 현실적 측면에서 여묘제를 긍정적으로 평가했다.

---

離體魄之所藏, 實出於至情. 魂返室堂, 雖是禮經之正, 而中人以下, 鮮能久而不惰, 甚至內外混處, 經營家事, 如是而猶曰廬墓非禮魂返合經, 喪紀之紊世道之非, 何足怪哉?"

89) 『栗谷全書』 卷27. 「擊蒙要訣 · 喪制章第六」. 12板. "今之識禮之家, 多於葬後返魂, 此固正禮. 但時人效顰, 遂廢廬墓之俗. 返魂之後, 各還其家, 與妻子同處, 禮坊大壞, 甚可寒心. 凡喪親者, 自度一一從禮, 無毫分虧欠, 則當依禮返魂. 如或未然, 則當依舊俗廬墓可也."

이에 비해 한강은 여묘제를 비판했다. 다음은 한강과 황종해의 예문답이다.

【황종해의 질문】 세상에서 이른바 '무덤을 지키는 것'은 비록 예문禮文에는 그 내용이 없다고 하나, 자식으로서 차마 어버이의 무덤을 떠나지 못해 3년을 받들어 지키는 것이니, 이는 인정상 어쩔 수 없는 것입니다. 그리고 오늘날에는 가옥의 구조와 거처하는 장소가 옛날과 다르기 때문에 집안에 있으면서 거상居喪을 잘하는 사람이 없습니다. 지금 장사를 치른 뒤에 그대로 무덤을 지키고 반곡返哭을 하지 않으려고 하는데, 이 뜻이 어떻겠습니까? 또 의문이 나는 점이 있는데, 부제祔祭는 예법 중에서도 큰 의식인데 무덤을 지키고 있을 경우에는 그 형세상 부제를 행할 수 없습니다. 이것을 행하지 않으면서 무덤만 지키고 있다면 예의에 크게 어긋나지 않겠습니까? 그뿐만이 아니라, 초우初虞 축사祝辭에 '협사祫事'라 한 것과 삼우三虞와 졸곡卒哭을 강일剛日에 행하는 일련의 일들이 다 앞으로 부제를 행하겠다는 뜻이 담긴 것입니다. 또한 신주를 쓸 때 축사에 '신이 집안으로 돌아온다(신반실당神返室堂)'라고 말하는데, 이것들은 모두 무덤을 지키고 있는 사람의 일이 아닙니다. 만일 어쩔 수 없이 무덤을 지킬 경우 이와 같은 말은 어떻게 해야겠습니까?

【답변】 장사를 치른 뒤에 반곡하는 것은 예의 중요한 부분으로 진실로 의심할 여지가 없습니다. 그러나 세상의 상주들이 혹은 차마 즉시 무덤을 떠나지 못하거나 혹은 집으로 돌아갈 경우 거상을 잘하기 어려울 것이라는 혐의가 없지 않아서 마침내 시묘살이가 풍속이 되어 버렸습니다. 이미 즉시 반곡을 하지 않으므로 졸곡 이튿날 부제를 지내는 예도 폐지되고 결국 상기喪期를 마치고 나서야 반혼返魂을 하게 된 것입니다. 퇴계 선생이 어떤 사람의 질문에 답하기를, '상은 3년을 기다려서 부제한다(상수삼년이부喪須三年而祔)'라고 한 정자의 설과 그 이름은 같지만 실제 내용은 크게 다르다. 상례를 삼가 잘 따르는 집안에서 만일 고례에 따라 반혼할 수 있다면 모든 문제가 순조로울 것입니다. 이미 그렇게 하지 못

하고 상제祥祭 이후에 부제를 행한다면, 날짜를 점치지 말고 마땅히 반혼하여 집에 당도한 그날에 행해야 할 것입니다'라고 했습니다.[90]

위의 인용문에서 후천은 '자식된 도리로 어쩔 수 없이 3년동안 시묘살이를 하고자 했다. 그런데 문제는 반곡 이후의 상례의 중요 절차들이다. 만일 반곡하지 않는다는 『주자가례』 및 고례의 중요한 상례 절차들을 하지 못하게 되는데, 어떤 방법이 있는가' 하고 질문을 했다. 특히 앞에서 언급한 부제에 대해서도 후천이 질문했다. 이는 부제를 함에 있어 당시의 상황과 크게 관련됨을 엿보게 하는 것이다.

그러나 한강은 당시 많은 사람들에 의해 시행되던 시묘살이를 비판했다. 특히 반곡 및 부제가 예의 중요한 부분임에도 불구하고 시묘살이때문에 거행되지 않음을 지적했다. 한편 퇴계의 의견을 인용하여, 시묘살이에 대한 비판적 의견과 더불어 만일 시묘살이를 했을 경우의 반혼과 부제의 시기를 서술했다. 특히 여기서 '상례를 삼가 잘 따르는 집안(근상지가謹喪之家)'의 경우에는 고례에 따라 반혼한다'를 주목할 필요가 있다. 황종해가 시묘살이를 하겠다는 것에 대해 한강은 퇴계의 말을 인용하여 '시묘살이 이후 반혼과 부제'로 언급하고 있지만, 간접적으로 예법에 따라 반혼한다면 모든 상례 절차가 순조롭게 됨을 지적했다.

---

90) 『寒岡集』 卷8. 「答問」. 14-15板. "黃宗海問, … 世之所謂守墓雖曰禮經無文, 而人子不忍去親之墓, 奉守三年, 情之所不已也. 而且今之家室之制, 居處之地, 與古異宜, 故未有在家而善居其喪者. 今擬旣葬之後, 仍守墓而不返哭, 此意如何? 而又有所可疑者, 祔祭, 禮之大節, 而守墓則勢不可行者. 此之不行而守墓, 大失於禮義乎? 非特此也, 初虞祝辭稱祫事, 三虞, 卒哭用剛日, 斯皆將祔之義. 又題主祝辭云, 神返室堂, 凡此皆非守墓者事. 若無已於守墓, 則當如此等語何? 【答】葬而返哭, 禮之經也, 固無可疑. 世之孝子, 或有不忍卽離墳塋, 或因歸家, 不無難謹之嫌, 遂以廬墓成俗. 旣不卽返哭, 故卒哭明日而祔之禮亦廢, 遂以喪畢返魂之後爲之. 李先生答人問曰, 與程子喪須三年而祔之說, 名雖同, 其實則大遠矣. 謹喪之家, 若能依古禮而返魂, 則事皆順矣. 旣不能然, 而行於祥後, 則不卜日, 當以返魂到家之日行之."

## 4. 맺음말

지금까지 예문답을 중심으로 한강 정구의 예학을 구체화했다. 예문답을 통해 몇 가지 특성을 정리하면 다음과 같다.

첫째로 한강은 기본적으로『주자가례』예문에 따라 예를 시행하려 입장을 견지하고 있다는 점이다. 둘째로『주자가례』관련하여 논란이 된 경우(예컨대 절차가 없거나 예문禮文과 주註가 다를 경우 등),『주자대전』,『주자어류』에 실린 주자의 예설을 참조하여 고증·시행하려 했다는 점이다. 특히 한강의 예학이『주자가례』이후의 주자 예설에 대해 분석·고증을 통해 그 깊이가 심화됨을 엿볼 수 있다. 이러한 경향은 특히 상례 분야에서 잘 드러난다. 셋째로 예법에 따라 행할 것을 강조했지만, 현실적 측면을 고려했다는 점이다. 다만 회재나 퇴계의 시기와 비교하여 현실적 측면보다는 예법에 맞게 준행하려는 경향이 더 높아졌다.

한편 이 글의 분량이 많은 관계로 논의하지 못한 부분이 있다. 예를 들어 친영親迎 및 이와 관련된 혼례, 국상國喪 및 국상 중의 상례·제례의 절차, 상례의 복제服制 등이다. 또한 예문답에 대해 종합적이며 심도 깊은 작업이 진행되면『오선생예설분류』저술 동기·편찬 방향 등에 대해서 재조명이 가능하리라고 기대한다. 예를 들면『주자가례』에서는 상례의 절차가 담제로 끝나지만,『오선생예설분류』에서는 담제 이후의 절차(상필협제喪畢祫祭, 조천祧遷)도 존재한다. 이는 예문답에서 논의된 주자 후기 예학으로 지목된 부묘祔廟·조천祧遷 시기와 절차를 고려한 것으로 생각할 수 있다.

〈표-1.『寒岡集』의 禮問答 내용〉

| 인 물 | 시 기 | 내 용 | |
|---|---|---|---|
| 권3 | | | |
| 李滉<br>(1501-1570) | 1568<br>-1570 | 國喪 중 祭享시 服制<br>家廟의 四時祭와 禰祭 시기<br>忌祭에서 지방을 쓸 때의 迎神 절차<br>題主左旁 위치<br>大祥의 行禮節目 | 1板 |
| 禮曹判書 | 1608 | 國喪에서의 世子와 臣下의 服制 | 6板 |
| 郭趪<br>(1531-1593) | | 대상 때의 告遷의 시기와 절차 및 祔廟祭 | 13板 |
| 金長生 (2편)<br>(1548-1631) | | 深衣制度<br>握手之制<br>小斂에서 '舒絹疊衣'과 下帳, 大祥에서 未大祥間 暇(假)以出謁者의 의미<br>成服에서 散垂三尺의 의미<br>班祔에서 姪之父自立祠堂 則遷而從之의 의미 | 27板 |
| | | 深衣制度<br>公州本『退溪喪祭禮答問』 문제점<br>下帳, 大祥에서 未大祥間 暇(假)以出謁者, 服中死者 襲斂之制의 의미 | 30板 |
| 朴惺<br>(1549-1606) | | 嗣子의 관례 | 32板 |
| 권4 | | | |
| 金德民<br>(1569-) | 1619 | 尹孝全의 深衣說 언급<br>葬地의 풍수지리설 비판 | 7板 |
| 李潤雨<br>(1569-1634) | 1608<br>1614-7 | 國喪 중 從祖·從祖妣 喪 처리 여부<br>方履의 色 | 13板 |
| 金澤龍<br>(1547-?) | | 月川 趙穆의 陶山書院 從祀 | 24板 |
| 鄭謹 | 1608 | 國喪 중 黑巾 사용 문제 | 29板 |
| 郭趂 | | 書院 祭享 | 29板 |
| 권5 | | | |
| 沈惀 | 1615 | 관리가 타향에서 선대의 忌日을 만났을 때 | 1板 |
| 崔瓘 | 1609 | 『朱子實記』의 禮部에서 내린 祝文 내용<br>道東書院의 服色 | 1板 |
| 李厚慶<br>(1558-1630) | 1603 | 國喪의 卒哭 전의 忌日 시행 여부 | 4板 |

| | | | |
|---|---|---|---|
| 爵 | | 『五先生禮說分類』, 『五服沿革圖』 언급 | 5板 |
| 裵尙龍<br>(1574-1655) | | 슬픔을 자제하고 예법을 따를 것을 권함 | 7板 |
| 權終允 | | 스승과 벗을 위한 喪服<br>『溪門喪祭禮問答』과 『五先生禮說分類』 관련 언급 | 10板 |
| 任屹<br>(1557-1620) | | 『李先生禮說』 편차에 대한 문제점 언급 | 15板 |
| 申景翼 | | 소급하여 居喪하는 것과 奔喪 | 22板 |
| 권6 | | | |
| 禮曹判書 | 1608 | 國喪에서의 초상때의 世子의 복제와 『예기』의 童子不杖之文의 의미<br>동자복에서의 孝巾의 사용<br>國喪에서 世子, 內命婦, 宗親, 外戚, 文武百官, 庶人 등의 복제 | 1板 |
| 張顯光<br>(1554-1637) | | 入後 奉祀,<br>神主 書式,<br>납속한 경우 신주에서의 명칭 | 3板 |
| 李天培<br>(1558-1604) | 1602 | 程子·朱子의 位版의 길이와 너비(川谷書院)<br>祝式, 祭品, 節次 | 5板 |
| | | 川谷書院 移安, 川谷鄕校 移安<br>白衣致齋 | 6板 |
| 李天封 2편<br>(1566-?) | | 형이 후사 없을 죽었을 때의 상주<br>虞祭祝辭<br>翣扇<br>居喪 중에 죽은 사람의 治喪 등 절차<br>혼인할 때 主昏人이 없을 경우<br>윤달에 죽은 사람의 기일 시기<br>천연두가 크게 돌 때 忌祭를 지낼 곳 | 7板 |
| | | 川谷 忠賢祠의 위패 제주 및 봉안 절차 등 | 9板 |
| 李爵 (2편)<br>(1566-1651) | | 大祥 때 친척이나 친우의 訃音을 들었을 때의 哭 여부 및 병이 나서 참석하지 못할 때의 곡 여부 및 축문<br>時祭로 인한 改題 절차<br>外家 奉祀<br>中門에서 喪이 겹쳤을 때의 先墓의 掃事 | 10板 |
| 金澤龍<br>(1547-?) | | 陶山書院의 賜額 문제<br>鄕校祭規 | 12板 |
| 金烏院生 | | 金烏書院의 사액, 제향 인물, 칭호, 十賢을 모시기 위해 鄕賢祠 별립 문제 | 12板 |

| | | | |
|---|---|---|---|
| 權盼<br>(1564-1631) | | 喪祭에서 亡子보다 항렬이 높은 자의 拜 여부 | 17板 |
| 韓應南<br>(1572-?) | | 侍養했을 때의 喪<br>자식이 없이 남편이 죽었을 때의 신주<br>父喪 때 장자가 아플 경우 신주 축문 | 17板 |
| 宋光宅 | | 外家 제사를 하고 있을 경우 旁題 | 18板 |
| 或人 | | 嫡子의 庶母服(緦麻服과 齊衰期年服) | 18板 |
| 蔡夢硯<br>(1561-1638) | | 男歸女家婚과 廟見 시기 | 19板 |
| 李彥英<br>(1568-1639) | | 亡人(妻)이 어머니(妻母)의 大祥을 지나지 않아서 죽었을 경우, 朝夕간의 奠 · 祭에서의 肉 사용과 遣奠禮에서 脯 · 醢 사용 여부<br>妻喪의 遣奠 축문에서 '永訣終天' 사용 여부<br>夫가 없고 妻를 위한 致祭의 축문 형식<br>居喪 중 出入時의 服制 | 19板 |
| 西溪書院儒生 | | 享祀 때의 祭物 | 21板 |
| 知禮儒生 | | 鄕校 聖廟의 移安, 位版 | 21板 |
| 靈山校生 | | 鄕校 聖廟 重創 때의 奉安, 五聖位版 | 22板 |
| 裵尙龍<br>(1574-1655)<br>裵尙虎 | | 草殯 뒤의 尸床의 위치<br>廬墓制 때의 祔祭<br>破墓成殯 이후의 祭儀 | 23板 |
| 權泰一<br>(1569-1631) | 1617 | 入後, 侍養했을 때의 친부모 · 양부모의 상<br>伯考妣의 班祔<br>伯考의 稱號<br>祠堂에 告遷할 때의 服色<br>祔祭의 시기와 服色, 白笠 · 黑笠 문제<br>禫服 | 24板 |
| 崔晛<br>(1563-1640) | 1615 | 父在爲母喪,<br>병란으로 없어진 신주 중 親盡된 것을 소급하여 제작<br>고조 · 증조의 방친의 경우 班祔 여부와 축문 형식<br>후손이 없을 때 家廟에 祔하는 문제<br>형제 · 자매가 죽었을 경우의 神主 書式<br>祔食 축문, 祭儀 祝辭에서 顯字 사용 여부<br>櫝制<br>昭穆制度와 祔祭 · 班祔<br>妻의 銘旌, 父가 있을 때 父가 喪主가 되는 문제<br>奔喪시 복제 및 의절,<br>'大祥'條 주석의 '几筵必三年而除와 父在爲母喪<br>복을 벗지 않았을 때의 會哭, 상주 위차 | 31板 |

| | | | |
|---|---|---|---|
| | 1608<br><br>1608<br>1596 | 광해군의 世子 冊封禮 문제<br>改葬儀에서 再虞三虞가 없는 이유<br>臨海獄에 대한 평가<br>관동지 편찬 이유 | |
| 朴廷老<br>(1554-1632) | | 次子 獨子의 입후 봉사 및 程伊川의 언급<br>虞祭의 酌獻, 下殤 · 中殤 · 上殤의 경우 제사<br>孤哀의 칭호,<br>忌日에 竝祭 여부 및 축문<br>庶孫의 入後, 他子의 姪로 入後하는 경우 | 42板 |
| 권7 | | | |
| 盧亨運<br>(1584-1659) | | 衰絰을 벗지 않는 이유<br>雙墳을 할 때 다른 묘와 가까울 경우<br>朝祖의 禮, 返魂 뒤 廳事에서의 哭<br>父在爲母喪 시에 先妣神主의 所安之處 및 父喪의 祔祭 이후 우선적 先妣神主의 入廟 여부<br>練服<br>三年喪不祭<br>喪中의 墓祭<br>禫祭의 복제 및 의절,<br>우제, 家廟制<br>아내가 둘을 경우 櫝制<br>家廟에서의 神位의 위치<br>生辰禮, 친구가 禫服 중에 弔問을 온 경우 | 1板 |
| 河淵尙<br>(1586-?) | | 墓祭의 시기, 妻喪, | 6板 |
| 盧享(亨?)遇 | | 墓祭의 시기 | 7板 |
| 全士憲<br>(1565-?) | | 妻母의 喪에 神主가 없는 경우<br>스승을 위한 心喪三年 | 7板 |
| 朴宗祐 | | 禫服, 幞頭 · 角帶의 黲色 색깔과 사용 여부<br>祠堂에 告遷할 때의 축문<br>庶子 妻喪과 父母祭祀 | 8板 |
| 任屹<br>(1557-1620) | | 먼 곳에서 大小功의 訃音을 들었을 때의 月數 계산<br>부모 제사를 지낼 때의 曾祖父母 신주의 위치<br>심상 중 조부모 묘제 시행 여부<br>동네에 전염병이 돌 때 禫祭<br>문중에서 最長之房을 착각했을 경우<br>大小斂 때의 變服<br>入後했을 때 私親의 服<br>三年喪 朝夕上食 및 朔奠 儀節<br>父在爲母喪服<br>攝主受胙等禮 | 10板 |

| | | | |
|---|---|---|---|
| | | 禰祭攝主, 改葬·遷葬, 國恤 卒哭 뒤의 大中小 祭祀<br>書院 享祀<br>國恤 때의 白笠 착용, 『書儀』冠禮, 祭土地文<br>俗節에 墳墓에 제사지내는 것과 神主에 茶禮 지내는 것<br>禫祭, 嫡孫이 父喪과 祖母喪이 겹칠 경우 | |
| 李埈<br>(1572-1650) | | 鄕賢祠의 설치, 題主 吉服之文,<br>喪중의 冠禮, 묘제 축문 酌獻 | 43板 |
| 安夢尹<br>(1571-1650) | | 嫁之女가 百里 밖에서 訃音을 들었을 경우의 奔喪 | 46板 |
| 권8<br>鄭彦宏<br>(1569-1640) | 1614 | 趙穆의 위판 내용, 春秋享祀 때의 趙穆에 대한 축문<br>香燭의 別設 | 1板 |
| 李潤雨<br>(1569-1634) | | 『禮記』 중 의문 나는 문구들(以故滅命 등)<br>次子 獨子의 입후 봉사 및 程伊川의 언급<br>本宗의 후사가 없을 경우 다시 돌아가는 것에 대한 문제<br>州縣 廳舍에서 哭할 수 없을 때 僧舍에서 擧哀하는 문제 | 3板 |
| 李道長<br>(1604-1644) | | 外家奉祀 | 6板 |
| 盧景佖<br>(1554-1595) | | 昏禮의 儀式 節次 시행 및 從俗 문제 | 6板 |
| 李厚慶<br>(1558-1630) | | 壻의 外家(妻父) 喪禮 절차 | 8板 |
| 盧脊<br>(1575-1643) | | 前後妻의 신주 위치<br>亡妻의 축문<br>忌祭服色, 時祭忌祭, 墓祭 때의 添酒, 墓祭의 素帶 의식<br>紙牓 이후 迎神送神儀<br>母를 父의 墓에 同塋異室 했을 경우 | 9板 |
| 朴孝叔 | | 妻喪, 子喪 중 虞祭 때의 告辭와 題主 때의 告辭 | 10板 |
| 或人 | | 大祥 이후 祔와 朔望奠<br>嫡母가 살아 계시고 重喪(父喪) 중 孼子의 生母喪(心喪)<br>祔廟 때의 의식절차<br>孼子의 生母 心喪과 父在爲母喪에서의 心喪 적용 여부<br>父在爲母喪의 절차 | 11板 |

| | | |
|---|---|---|
| 黃宗海<br>(1579-1642) | 繼母가 계실 때의 專室 자식의 호칭<br>后土禮<br>廬墓制와 祔의 시행<br>卒哭 이전의 제사 시행 여부<br>祝板 제도 | 13板 |
| 權暐 | 最長房에서 '房'의 의미와 親盡한 神主 奉祀 | 16板 |
| 李善立 | 祖廟가 없고 禰廟만 있을 때 神主入廟禮<br>전염병이 돌 때의 禫祭<br>부인이 禫祭에 참석 못할 때의 脫服 절차<br>禫祭의 服制(『禮記』「間傳」 禫而纖)<br>三年喪 중의 墓祭 여부<br>后土祭儀 | 17板 |
| 或人 | 開土地, 祠后土禮 | 19板 |
| 李文雨 | 從兄의 喪 중 高祖考와 妣의 忌日 제사 여부 | 20板 |
| 權終允 | 虞祭 祝辭의 犧牲之文 | 21板 |
| 或人 | 자식이 1세일 경우 旁題, 祝文 | 21板 |
| 朴明榑 | 廬墓制<br>上食의 의식절차<br>三年喪 중 제사 여부<br>練服<br>祔祭의 시기<br>練祭를 지낸 뒤 朝夕哭을 그치는 문제<br>禫服에서의 黲紗와 白笠 사용 | 22板 |
| 或人 | 禫祭의 服制 | 27板 |
| 金坽<br>(1577-1641) | 부모상이 끝나기 전에 조부모상이 겹친 경우 次子의 禫祭 攝行 여부<br>嫡子孫이 有故시 지방 쓰는 법<br>孽孫 奉祀 시 축문 내용 | 27板 |
| 安之泰 | 妻喪일 때 粉面 서식<br>妾喪의 牌子<br>부모 追喪 여부<br>父在爲母喪 | 28板 |
| 속집 권3 | | |
| 任屹<br>(1557-1620) | 曾祖의 神主의 入廟 때, 父母 神主의 위치<br>進饌 때 사람이 넘어져 飯羹을 엎질렀을 경우<br>改葬 初喪 때의 銘旌 玄纁 明器<br>冠禮 절차, 祝板의 내용<br>忌日의 복제<br>家廟 薦新儀 | 1板 |

| | | | |
|---|---|---|---|
| 朴而章<br>(1540-1622) | | 童子不杖의 의미 | 6板 |
| 崔晛<br>(1563-1640) | | 班祔 때의 신주 위치<br>家長이 밖에 있을 때의 成服 日數<br>改葬 때 복제(緦麻服), 弔禮<br>改葬 때에 齊衰朞年喪을 만났을 경우 | 6板 |
| 李厚慶<br>(1558-1630) | | 妻家의 父喪,<br>夫喪 중 婦의 忌祭에서 魚肉 사용 여부<br>庶母의 葬 | 7板 |
| 盧脊<br>(1575-1643) | | 忌祭의 擧哀 | 7板 |
| 黃宗海<br>(1579-1642) | | 翣扇의 數, 網巾<br>告遷, 祧遷의 시기, 祫祭의 의미<br>左昭右穆 제도와 西爲上<br>祥禫祭의 易服, 祠堂의 四龕, 正寢, 廳事<br>前後室과 合葬할 경우의 원칙<br>奉柩朝祖之禮<br>大祥, 禫祭에서의 복제<br>祖廟가 없을 경우 祔의 위치<br>遷葬, 신주를 고쳐 쓰는 절차의 축문<br>墓가 집에서 가까울 경우 朝夕上食 시행 여부<br>禫祭 卜日 告辭 | 8板 |
| 金適<br>(1564-?) | | 父在爲母喪<br>大祥의 服制(父在爲母喪일 경우 大祥은 忌祭로 이해함)<br>考妣 合祭 여부<br>成服 전의 父가 歿했을 때의 嫡孫의 상제<br>重喪 중 前喪의 禫祭 服制 | 13板 |
| 金坽 | | 神主를 最長房에게 옮기는 의례 | 15板 |
| 道南院生 | | 書院 享祀 | 15板 |
| 裵尙龍<br>(1574-1655) | | 破墓 중의 喪主 告由<br>發引할 때의 祖奠, 柩衣, 奠儀 告辭 | 16板 |
| 朴明溥 | | 朔望 三獻 | 16板 |
| 李舒<br>(1566-1651) | | 祠堂에 부모의 신주만 있을 경우 忌祭의 竝祭 여부 | 16板 |
| 蔡夢硯<br>(1561-1638) | | 玄纁의 위치 | 17板 |
| 盧亨運<br>(1584-1650) | | 父在爲母喪이 끝난 후 어머니의 신주의 祔할 장소<br>祥祭 뒤에는 朝夕上食에서 哭 여부<br>장사가 끝난 뒤 衰服으로 忌祭 시행 여부 | 17板 |

| | | | |
|---|---|---|---|
| 韓應南<br>(1572-?) | | 부부가 같이 죽었을 경우 상례 절차 | 18板 |
| 孫處訥<br>(1553-1634) | | 先墓加土의 祝辭,<br>家禮圖에서의 進饌 위치 | 18板 |
| 或人 | | 撤几筵 禫祭前의 朔望奠 중 哭<br>尊客이 온 경우의 進飯<br>墓祭의 饌<br>父在爲母喪 중 禫祭가 끝난 뒤의 服制 | 19板 |
| 靈山校生 | | 香爐와 香榼 사용 여부 | 20板 |
| 西溪院生 | | 犯墓之賊의 형벌 | 20板 |
| 朴慶新<br>(1560-?) | | 亡妻 小祥 때의 設奠 | 21板 |
| 或人 | | 大小祥 하루 전 저녁 上食 때 殷奠의 진설 여부 | 21板 |
| 속집 권9<br>安餘慶<br>(1538-1592) | | 喪家에 고난·역병으로 祥祭를 행할 수 없을 경우의 脫服 | 5板 |
| 吉誨<br>(1549-1593) | | 棺槨<br>祔廟遷主之禮 | 6板 |
| 李堉<br>(1572-1650) | | 棺槨 石灰<br>祔祭의 시기 | 8板 |
| 별집 권2<br>徐思源<br>(1550-1615) | | 朝夕上食哭<br>薦新 告朔 吉凶 相襲 | 1板 |
| 黃宗海<br>(1579-1642) | | 생일에 부모에게 제사 여부<br>香卓의 數 | 2板 |
| 李舒<br>(1566-1651) | | 長子가 장가가지 않고 죽었을 경우 사당 안치 여부 | 2板 |
| 裵尙龍, 尙虎 | | 開土日 告墓 절차 | 2板 |
| 盧亨運<br>(1584-1650) | | 未除服者 會哭<br>宗子가 상장을 당했을 때의 父母 忌祭<br>神主 旁題<br>斂襲之具의 吉服 사용 여부 | 2板 |
| 蔡夢硯<br>(1561-1638) | | 父喪에서 三獻할 인물 | 3板 |
| 沈倏 | | 父在爲母喪에서의 15월 禫祭 이후 27개월 담제 시행 여부 | 4板 |
| 金坽 | | 시마, 소공 때의 윤달의 계산 | 4板 |

| | | | |
|---|---|---|---|
| 安之泰 | | 관례를 하고 장가가지 않고 죽었을 때의 牌子 여부 | 4板 |
| 李時馠 | | 妻喪 때의 축문 | 4板 |
| 任屹<br>(1557-1620) | | 改葬 奉柩 때의 設奠, 合葬 左右位,<br>묘가 가까울 때의 葬位 神位의 설치 | 5板 |
| 河淵尙<br>(1586-?) | | 俗人家에서의 祭物 品數 | 5板 |

# 제2부

# 정구의 경세관과 문학

· 김무진 한강 정구의 현실인식과 경세관

· 정시열 한강 정구의 상소문 연구

· 정우락 한강 정구의 무흘 경영과 무흘구곡 정착 과정

# 한강 정구의 현실인식과 경세관

김무진 | 계명대학교 사학과

## 1. 머리말

16 · 17세기 조선사회에는 성리학에 대한 이해가 깊어지면서 뛰어난 성리학자들이 대거 등장하였다. 정여창鄭汝昌 · 김굉필金宏弼 · 이언적李彦迪 · 이황李滉 뿐만 아니라 이이李珥 · 조식曺植과 같은 인물들이다. 이들은 개인적으로 혹은 사림파와 같은 정치세력이나 또는 재지사족층과 같은 향촌사회의 지배층으로 집단을 이루어 자신들이 수학한 성리학적 가치관을 스스로 지켜나가고 그것을 다른 사람들의 가치관으로 삼도록 노력하였다.

인간 존재에 대한 철학적 규명이 일차적인 과제로 대두되어 이기론이나 혹은 심성론에 관한 논의와 고구가 전개되었다. 다른 한편 그러한 사상에 바탕을 둔 사람들 사이의 관계를 새롭게 규정하고 그 관계를 유지하는 방법들에 대하여 관심을 갖기 시작하였다. 그 중심 문제들은 가족 관계에서의 가부장적 가족주의, 친족 중심의 혈연적 관계의 재조정에 따른 문벌 의식과 종법의 확대 적용, 개인대 개인을 넘어서 가족 대 가족으로서의 사회적 관계를 맺는 의례인 혼례 등 인간관계의 새로운 구성을 의미하는 것들이었다. 특히 의례는 사상의 사회적 실천 문제이었다.

위와 같은 시기의 한강寒岡 정구鄭逑는 잘 알려진 대로 위에서 거론한 김굉필의 외증손이고 이황과 조식의 문인이다. 그에 대한 평가는 여러 면에서 다양하다. 당해 시기의 가장 대표적인 예학禮學 전문인, 화재로 인하여 많은 책들이 멸실되었으나 왕성한 저술활동을 한 인물, 퇴계와 남명의 문하, 영남 남인의 학문을 허목許穆 등의 경남京南에게 이어준 인물로 꼽는다.

정구에 관한 연구는 몇 분야로 나누어 볼 수 있다.[1)]

첫째 예학에 관한 연구이다. 서인 김장생과 대비되는 남인 예학자로서의 학술사적 위치를 설명한 글들이다. 둘째는 그의 사상 일반을 다룬 글들이다. 그의 학문은 퇴계학의 종지를 계승하면서 남명학의 영향을 수용한 것이라는 학문 연원에 관한 것들과 학문 내용 그리고 학문적 위상에 관한 연구들이다. 또한, 역사서 분석을 통한 역사의식에 관한 연구와 읍지를 분석한 연구들이다. 셋째는 그의 문학에 관한 연구들이다. 넷째는 그의 정치활동에 관한 것이다.

이상의 연구 가운데 그의 경세관만을 다룬 연구는 없으며 부분적으로 언급한 것은 사상에 관한 연구에서이다. 예학과 경세학을 연결하여 이해한 것은 금장태의 연구에서이다.[2)] 정구는 성리학·예학·경세학을 전체적으로 종합시킴으로써 한국유학의 사상적 깊이

---

1) 우경섭. 2011. 「한강 정구의 학문연원과 도통적 위상」. 『한강 정구』. 남명학연구원 엮음. 이 분류체계를 수용하되 넷째로 분류한 학문적 위상이나 역사서 분석 등은 사상 일반에 대한 이해로 재분류 하였다.

2) 금장태. 2011. 「한강 정구의 예학사상」. 『한강 정구』. 남명학연구원 엮음. 245쪽. 이 글은 1992년 『유교사상연구』 제45합집에 실렸던 것이다. 이하 『한강 정구』에 실린 글은 별도로 최초 발표 연도 및 수록잡지를 기재치 않는다.

와 성격을 심어 주었다고 평가하였다. 상밀하고 구체적으로 논증한 것은 아니지만 다음과 같은 논지를 갖고 있다. 이황과 이이에 이르는 16세기 중반에는 성리학에 관한 토론이 활발하게 일어나 새로운 고도의 학문 수준을 형성하였다. 이러한 것을 바탕으로 이념적 인식과 연결된 문제로 관심이 확대되고 심화될 수 있었다. 곧 성리학의 관념적 관심은 예학의 실천적 관심으로 확산될 수 있었다는 것이다.

선조 이후에는 도학자의 정치적 역할이 증대되었고 특히 임난을 전후 한 시기에 이완된 사회기강을 재건하기 위한 방법으로서 도학이념에 의거한 강력한 교화체계가 요구되었다. 이러한 상황에서 예학은 사대부의 친족집단이나 향촌사회 및 국가체제의 통합적인 실천의례를 제시하게 되었다. 가묘의 설치가 확산되면서 가례의 구체적 실천 절차가 논의되었으며 나아가 서원의 활발한 건립에 따라 서원을 중심으로 의례를 통한 사회적 통합성의 강화가 추구되었다는 것이다.

이러한 예학에 대한 설명은 앞서 언급한 대로 성리학과 예학과 경세관을 종합하여 이해하려는 것으로 이해되지만, 이 역시 그의 경세관을 정면에서 다룬 것은 아니었다. 주목되는 것은 경세관과 예학을 연결하여 이해하려 한 점이다. 예의 실천은 곧 성리학적 질서의 수립을 의미하는 것인데, 그것은 곧 그렇게 예가 실천되는 사회를 건설하려는 경세관을 의미한다는 것이다.

장윤수 · 임종진의 연구에서 사회적 실천성을 강조하였지만 경세관 전반을 다룬 것은 아니었다.[3] 이황의 학문이 경을 위주로 한 내적 수양적 개인적 실천성이 그 특징이라면, 조식의 학문은 의를 위

3) 장윤수 · 임종진. 2011. 「한강 정구와 조선 중기 대구권 성리학의 연계성에 관한 연구」. 『한강 정구』. 남명학연구원 엮음. 196쪽.

주로 한 사회적 실천성이 특징이라고 규정하고, 양인의 학통을 모두 계승한 정구의 경우에는 내외적, 개인 사회적 실천을 모두 겸비한, 즉 경의협지敬義挾持의 성리학적 전통을 가장 잘 지닌 학자라는 것이다.

우경섭의 연구에서는 경세관을 직접 언급하지 않았지만 그의 경세에 관련된 것으로 역사서와 읍지를 거론하기도 하였다.[4)]

정구는 동 시기의 다른 인물보다는 관직으로의 진출이 비교적 늦었고 그것도 초기에는 지방관에 활동이 집중되었다. 그의 활동은 관료로서의 활동과 향촌사회에서의 활동으로 나누어 볼 수 있고 저술활동은 전 시기에 걸쳐 끊임없이 전개되었다. 중앙 조정에서의 활동도 예학과 관련된 분야뿐만 아니라 대사헌에 이르기까지 다양하였다. 향촌사회에서의 활동은 서원의 운영, 향촌사회의 단위 조직의 결성, 각 지역의 향론 형성에의 영향 등이었다. 지방관으로 재임하는 기간이나 혹은 향촌사회에 머물 때 그가 교육제도와 교화조직에 큰 관심이 있었다는 것은 경세의 출발과 결과를 동시에 보여준다. 같은 가치관, 같은 세계관을 가진 인간의 교육과 교화는 단순한 교육활동에 그치는 것이 아니라 그의 경세관의 한 표현이고 실현이다. 특정한 가치관을 가진 인간의 양성은 경세의 시작이다.

그의 경세관은 적극적으로 가치를 실현할 대상으로 세상을 보는 데서 출발한다. 그의 관심은 온통 예론禮論이었다. 그가 세상을 보는 것은 예禮를 통하여서이었고 예가 완성된 것이 세상의 완성이었

---

4) 우경섭. 2011. 앞의 논문. 107-108쪽; 고금의 정치규범과 득실을 논한 『고금충모古今忠謨』, 『고금치란제요古今治亂提要』, 『역대기년歷代紀年』 및 역대 명인들의 전기를 통해 역사적 교훈을 남기고자 했던 『고금인물지古今人物志』, 『고금명환록古今名宦錄』이 있다. 그리고 의약 관계 저술인 『의안집방醫眼集方』, 『광사속집廣嗣續集』이 있으며 고을 수령으로 재직할 당시 편찬한 『창산지』, 『동복지』, 『함주지』, 『통천지』, 『임영지』, 『관동지』, 『복주지』 등 7종의 지지류 같은 책들이 있다.

다. 예가 곧 사회의 질서이고 가치관인 것이다. 저서, 혹은 자문 등 여러 형태로 전개되었다.

그의 현실인식은 경세관에 터를 둔 것이다. 따라서 경세관의 기본 틀을 파악하는 것이 우선일 것이다. 이 글에서는 그의 활동을 재구성하여 경세관이 형성되는 실재하는 현실을 살펴보고 그의 경세관의 각 부분을 검토코자 한다. 특히 지방관으로 활동한 내용을 구체적으로 살펴봄으로 그의 통치의 중점과 경세관의 일단을 드러내고자 한다. 그의 정치사상을 엿볼 수 있는 소차류 및 문집에 보이는 여러 글을 분석하고 아울러 그의 생각을 반영하고 있는 문인 등의 글 그리고 『조선왕조실록』 등의 관변측 기록을 통하여 그의 경세관을 살필 것이다.

## 2. 관직생활과 향촌사회에서의 활동

### 1) 수학修學과 사환仕宦

정구의 수학 환경은 매우 좋았던 것으로 보인다. 잘 알려진대로 그의 조부는 한훤당寒暄堂 김굉필에게서 수학하였으며 성주 지역 역시 일찍이 세력을 형성한 성주 이씨 등 재지사족이 많은 유학 수업자를 배출하고 있었다. 그는 7, 8세에 『대학大學』과 『논어論語』를 배웠으며 1554년(명종 9) 12세 때에는 『통감通鑑』과 『주역周易』을 배웠다. 1559년(명종 14)에 덕계德溪 오건吳健이 성주의 향교의 교수로 부임하여 그를 가르쳤다. 오건은 그의 학문적 자질을 높이 평가하고 정구 역시 오건을 평생의 스승으로 삼았다.[5] 뒷날 정구는 오건의 소개서를 갖고 퇴계 선생을 찾아뵈었다 한다.[6] 1560년 성주 목사에 임명되어 4년을 재임한 황준량黃俊良 역시 그의 수학 환경으로 이해된다. 황준량은 정구의 집 앞 시냇가에 계숙정사溪塾精舍를 지었는데 한강은 항상 그 곳에 거처하여 학문을 닦았다 한다.[7]

신흠申欽은 「정한강신도비명鄭寒岡神道碑銘」에서 '퇴도退陶 이황·남명南冥 조식·대곡大谷 성운成運 세 선생을 찾아뵙고 학업을 물으니 세 선생은 다 진정으로 허여하였다'는 표현과 '선생의 문벌 세계世系는 한훤으로부터 나왔는데 일찍이 퇴도의 문정에 올라 연원이 있는 학문을 들어 알았고 또 남명과 대곡 사이에 유학하여 그 지기志氣를 갈고 닦았다'는 각각 의미의 차이가 있는 서술을 하였다.[8] 전자의 서술은 정구의 세 선생을 병렬하여 언급한 것이고 후자는 퇴계와 남명·대곡을 각각 다른 위치에 두었다. 정구의 학문은 퇴계를 따랐고 그 학문을 하는 품성은 남명·대곡을 따른 것이라는 평가이다.

장현광의 「행장」에도 1563년(명종 18) 21살 봄에 퇴계 선생을 찾아뵙고 1566년(명종21) 24살에 남명 조식 선생을 찾아뵙고, 대

---

5) 丁淳佑. 2001. 「星州地域의 退溪學脈 -寒岡과 東岡을 中心으로-」. 『韓國의 哲學』 第30號. 경북대학교 퇴계연구소. 185쪽; 최영성. 2011. 「한강 정구의 학문과 조선 유학사에서의 위치」. 『한강 정구』. 남명학연구원 엮음. 80쪽에서 오건에게서 수학한 시기의 한강의 나이에 대한 한강연보의 기록이 잘못되었다고 지적하였다. 이와 같이 부분적인 서술의 차이가 『德溪集』에도 보인다. 『年譜』卷一에서 오건을 訓導로 「德溪先生神道碑銘幷序」에서는 교수로 기술하고 있다. 『德溪先生年譜』卷之一 에는 "三十八年己未先生三十九歲正月. 權知成均館學諭. 授星州訓導. (先生以勉進後學爲己任. 揀取儒生. 分爲四等而訓誨之. 鄭寒岡自丱角時. 從先生學. 終始卒業."라 기록하였다.

6) 『광해군일기』 권148. 광해12년 1월 5일 전대사헌 정구 졸기.

7) 『旅軒先生文集』卷之十三 行狀 「皇明朝鮮國. 故嘉善大夫司憲府大司憲兼世子輔養官. 贈資憲大夫吏曹判書兼知義禁府事寒岡鄭先生行狀.」 "黃斯文俊良牧本州時. 爲築精舍於本坊溪上. 名曰溪塾. 卽先生宅前也. 先生恒處於斯. 以爲藏修之所焉." 이하 본문에서는 「행장」으로 표기한다.

8) 『象村稿』卷之二十六 「鄭寒岡神道碑銘」幷序 "往尋退陶南冥大谷三先生之門. 問業焉. 三先生俱心許之.", "先生家世之傳. 出於寒暄. 而早登退陶之門. 聞淵源之學. 且遊於南冥, 大谷間. 淬礪其志氣."

곡 성운을 찾아가 배알拜謁하였다고 기술하고 있다. 아울러 같은 「행장」에서 퇴도의 문하로 들어가 연원淵源의 학문을 듣고 귀숙歸宿할 곳이 있음을 알았으며, 높은 풍도風度를 남명에게서 전습傳習하고 고상한 취미를 대곡에게서 이어받아 기개氣槪와 지조志操를 자뢰하고 도움이 또한 많았다고 하였다.[9] 정구가 남명의 문인인 오건을 평생의 스승으로 삼았다하지만 그의 학문은 퇴도의 학문이었다.[10]

정구의 학문적 관심은 비교적 다양하였던 것으로 보인다. 청장년 시절에는 포부가 매우 커서 우주간의 모든 일을 모두 자신의 책무로 삼고 각 방면에 손을 대어 두루 관통하여 산수算數 · 병법 · 의약 · 풍수 등에 대해 그 실체를 다 알았으며, 만년에 이르러서는 학문을 강론하고 저술하는 일에 전념하였다.[11] 그는 풍수지리를 아는 사람으로 알려져 있어서 1600년(선조 33) 7월 의인왕후懿仁王后가 별세하자 묏자리를 결정하는 데 결정적인 역할을 하였다.[12] 그는 현재의 관심을 학문적으로 정리하는 모습을 보였다. 역사에 대한 관심이 각종의 역사서로 결과를 가졌듯이 안질에 고생하면서 그에 관한 지식을 취합하여 정리한 『의안집방醫眼集方』을 보면 그는 현실의 문제를 학문적으로 해결하려는 자세를 가졌음을 알 수 있다.

이렇게 실용적인 것으로서의 학문에 대한 견해를 가졌지만 그의 기본적인 학문관은 수신을 위한 학문이었다. 「행장」에 의하면 그는

---

9) 『旅軒先生文集』卷之十三 行狀 「皇明朝鮮國. 故嘉善大夫司憲府大司憲兼世子輔養官. 贈資憲大夫吏曹判書兼知義禁府事寒岡鄭先生行狀.」 "登退陶之門. 聞淵源之學. 而知有所歸宿焉. 至其襲高風於南冥. 承雅趣於大谷. 有以資助其氣槩志操者. 其亦多矣."

10) 우경섭. 2011. 앞의 논문. 65쪽에서 '정구가 대곡을 존경하기는 하였지만 스승으로 간주하기에는 부족한 인물이었다.'고 평가하였다.

11) 『象村稿』卷之二十六 「鄭寒岡神道碑銘」并序 "當其盛年. 抱負甚大. 宇宙間事. 無不以爲己責. 旁通曲暢. 淹貫殆遍. 算數兵陣. 醫藥風水. 俱曉源委. 及乎晩年. 一意講述. 爲文章亦宗晦庵. 不事浮華藻麗爲也."

12) 『선조실록』 권 129. 선조 33년 9월 14일, 『선조실록』 권 130. 선조 33년 10월 1일 등.

젊은 시절에 한번 향시鄕試를 보아 합격하였는데, 서울로 가서는 회시장會試場에 들어가지 않고 그대로 돌아왔으며 이 후로부터 과거 공부를 폐지하고 더욱 성인聖人의 학문에 힘썼다. 1573년(선조 6)에 선조가 학행이 뛰어난 선비들을 발탁하도록 명함에 따라 이조吏曹에서 그를 산야의 행실이 있는 사람으로 천거할 때의 신분은 유학幼學이었다.[13] 이러한 자세를 조식은 출처가 분명하다하여 정구에게 마음을 두게 되었던 것이다. 그는 이후 계속되는 천거에 응하지 않다가 1580년(선조 13) 창녕현감으로 나아갔다.

이후 정구는 수령으로 재임하면서도 관직생활에 마음이 불편하다는 의사를 표현하곤 하였는데 왜 이 시기 관직에 나아갔을까? 뚜렷한 언급을 하지 않았지만 창녕현감으로 나아가면서 선조와 나눈 대화는 그 이유를 일부 짐작케 한다.

> 선조가 또다시 "네가 힘쓰는 것은 무슨 책인가?" 하고 묻자, 대답하기를 "신은 일찍이 『대학』에 종사하였습니다." 하였다. 선조가 "『대학』의 공부 중에 어느 것이 가장 긴요한가?" 하고 묻자, 대답하기를 "삼강령三綱領과 팔조목八條目이 모두 자기 몸을 닦고 남을 다스리는 방법이오나, 선유先儒들이 말하기를 '천덕天德과 왕도王道가 그 요점이 오직 근독謹獨에 있다' 하였사오니, 신은 근독이 가장 긴요하다고 여겨지옵니다. 제왕帝王의 학문과 정치하는 근본이 어느 한 가지도 근독에 있지 않은 것이 없습니다." 하고는 인하여 의義와 이利, 공公과 사私의 구분을 아뢰었다.[14]

13) 『선조실록』 권 7. 선조 6년 12월 18일.

14) 『旅軒先生文集』卷之十三　行狀「皇明朝鮮國. 故嘉善大夫司憲府大司憲兼世子輔養官. 贈資憲大夫吏曹判書兼知義禁府事寒岡鄭先生行狀.」"上又問爾所著力者何書. 對曰. 臣嘗從事於大學矣. 上問大學工夫. 何者最要. 對曰. 三綱領八條目. 無非修己治人之方. 而先儒曰天德王道. 其要只在謹獨. 臣恐謹獨最爲緊要. 帝王之學. 出治之本. 無一不在謹獨上. 仍陳義利公私之辨."

근독을 강조하고 있다는 점에서 그의 학문적 관심은 여전히 수신에 두고 있음을 알 수 있으나 그 근독은 개인의 수신의 규범일뿐만 아니라 정치의 근본이기도 한것이다라는 생각을 하고 있음을 알 수 있다. 근본을 같이 하는 학문과 정치는 별개의 것이기는 하지만 학문을 하는 유자 곧 학자가 정치에 투신하여도 근독을 지킬 수 있다면 정치참여는 가능한 일로 되는 것이다. 지방관에 나서게 된 정구는 이 근독의 실현체로 예를 거론하게 되고 그 예를 학습하고 수행할 수 있는 교화를 우선 과제로 삼게되는 것이다.

그가 강조하는 『대학』에서의 진유眞儒는 박학과 독행에 있으며 그것은 의리를 궁구하고 덕행을 실천하는 것이다.[15] 문제는 덕행의 실천이 무엇인가 하는 것이다. 그것이 개인적인 수행을 의미하는 덕행을 말하면 제한적인 사회적 실천이라 하겠다. 곧 말한다면 스스로 그러한 가치관을 갖고 살면서 다른 사람에게 그것을 본받게 하는 교화인 것이다.

### 2) 관직생활기

정구의 정치적 업적을 7읍을 다스린 것에서 찾듯이[16] 관직 생활의 대부분은 지방관 경력이었다. 『조선왕조실록』의 졸기卒記는 "그는 주州·군郡을 두루 맡았고, 조정에 들어와서는 지평·승지가 되었으며, 강원도 관찰사를 지냈다."고 하였다.[17] 지방관 경력을 보면 1580년(선조 13) 창녕현감昌寧縣監(38세)을 시작으로 동복同福현감(42세), 함안咸安군수(44세), 통천通川군수(49세), 강릉부사(51

15) 『旅軒先生文集』卷之十一「祭寒岡鄭先生文」"遹知眞儒事業 在博學與篤行 所從事而孜孜者 義理之窮 踐履之實"
16) 위의 주 "至於歷典七邑之小績"
17) 『광해군일기』. 권148. 광해 12년 1월 5일.

세), 강원도관찰사(54), 성천成川부사(55세), 충주목사(60세) 안동부사(65세) 등이다.

그의 사회활동은 관직생활과 향촌사회에서의 활동으로 나누어 볼 수 있다. 관직생활 역시 관직생활과 귀향을 반복하였던 1차 관직생활 시기(1580-1594, 선조13-27)와 관직생활에 치중하였던 2차 관직생활 시기(1595-1608, 선조 24-광해 즉위)로 나눌 수 있다. 1차 관직생활기에는 지방관을 중심으로 활동하면서 중앙 관서에서 잠깐씩 활동한 시기이고 2차 관직생활기에는 중앙 관서에서 활동하다가 지방관으로 일시 근무하던 시기이다. 그 활동의 구분이 엄밀할 수는 없으나 경외의 관서를 기준으로 보면 임난 이후 중앙 관서에서 활동하기 직전인 강릉부사가 1차 활동기의 마지막 관직이다.[18] 2차 관직생활기의 말년의 실질적인 관직생활은 1603년 봄에 종료되었다가 1607년(선조 40)에 안동부사를 역임하고 그 이듬해 광해군 즉위년에 관직생활을 하였다. 지방관으로 재임한 기간 사이나 관직에서 물러난 이후에는 주로 성주에 머물렀다. 향촌사회에서의 활동은 주로 교육활동, 교화 그리고 저술이었다.

(1) 1차 관직생활기

이 시기에는 관직 생활과 귀향을 반복하였다. 1580년(선조 13) 봄에 창녕현감으로 나아갔다. 창녕에 부임하여서는 의례와 관련된 몇 가지 일을 시행하고 새로운 교육제를 만들어 시행하였다. 초하루와 보름에는 대궐을 향하여 망궐례望闕禮를 행하고 가을에는 석전

18) 그는 함안군수를 지내다 병으로 인해 1588년 가을에 성주로 돌아와 2년 여를 지내고 1591년 겨울 통천군수로 부임하였다. 이 점을 염두에 둔다면 1차 관직생활기는 함안군수를 지낸 시기까지이고 다시 통천군수로부터 2차 관직생활을 시작하였다고 볼 수 있다.

釋奠을 준행하였다. 그리고 사직社稷, 성황城隍, 여제厲祭를 친히 행하고 단壇과 담을 개축하였으며, 옆에 재사齋舍를 설치하여 제사를 받들기에 편리하게 하였다.[19] 향사례鄕射禮, 향음주례鄕飮酒禮, 양로연養老宴 등을 시행하였다. 향사례는 유자 개개인의 심신 수련을 위한 것이고 향음주례는 유자 상호 간의 관계를 강화하는 것이었다. 수령으로서 유교 가치관에 바탕을 둔 인간관계 및 사회 질서의 수립에 적극적으로 나선 것이다.

교육 부문에서 기존의 학교제를 강화하고 새로운 교육제를 시행하였다. 향교鄕校에 나아가 알성謁聖하고 명륜당明倫堂에 앉아 여러 생도들을 데리고 강론하여 하루를 마쳤으며, 학사學舍가 무너지고 훼손된 것을 보면 즉시 중수重修하고 제기祭器와 제복祭服을 일시에 새로 장만하였다.

가숙家塾제도를 따라 사방의 경내에 모두 서재書齋를 설치하고 훈장訓長을 선임하여 일과日課로 책을 가르치고 익히게 하였다.[20] 이 가숙은 최소 여숙閭塾 이상의 단위로 보인다.[21] 25가 단위의 여숙보다는 큰 면단위로 짐작된다.[22] 이 시기에는 서당이 이와 같이 서

---

19) 『旅軒先生文集』卷之十三 行狀 「皇明朝鮮國. 故嘉善大夫司憲府大司憲兼世子輔養官. 贈資憲大夫吏曹判書兼知義禁府事寒岡鄭先生行狀.」 "每朔望. 行望闕禮. 就校謁聖. 坐明倫堂. 引諸生講論終日. 見其學舍頹毁. 卽爲之重新. 祭器祭服. 一時具新. 其於春秋釋奠. 備盡嚴敬. 至於社稷城隍厲祭之事. 必皆親行. 壇壝頹毁. 擇地改築. 傍設齋舍. 以便將事"

20) 『旅軒先生文集』卷之十三 行狀 「皇明朝鮮國. 故嘉善大夫司憲府大司憲兼世子輔養官. 贈資憲大夫吏曹判書兼知義禁府事寒岡鄭先生行狀.」 "倣家塾之制. 四境皆設書齋. 擇定訓長. 日課敎讀."

21) 權近. 『禮記淺見錄』. 「學記」 4章, 柳長源 『孟子 四書纂註增補』 「滕文公上」 3章의 25가 단위의 閭塾이다.

22) 한국학문헌연구소. 1982. 『昌寧縣邑誌(1832년경)』 邑誌一 慶尙道編①. 아세아문화사. 906쪽; 宦蹟 "鄭逑 莅縣時 以奬勸人才爲先 境內置八書堂 周行敎授 絃誦洋洋" 19세기에 13개의 면이 있었던 것을 생각하면 서당이 면마다 있었던 것은 아니고 8곳에 서당을 두었다면 면에 하나 혹은 두 면씩 묶어 두었던 것으로 짐작된다.

재, 정사精舍 등의 이름으로 확산되고 있을 때이었다. 그 서당은 개인이 세운 사립학교이었다. 그런데 17세기의 면훈장제는 수령이 주도하는 것이었다. 면훈장을 면 단위로 설정하여 한 달 혹은 석 달에 한번 해당 면의 생도를 모아 교육 내용을 확인함으로 서당의 교육 내용을 통제하는 것이었다.[23] 정구의 서재는 이 시기 서당처럼 학동을 매일 직접 가르치는 성격으로 가숙 단위를 넘어서며 제도의 출발을 수령이 주도하는 것이었다.

간사한 아전들을 엄하게 제재하고 백성들을 사랑하여 구휼하였으며, 백성들에게 이로운 일을 일으키고 해로운 일을 제거하며, 선善을 권장하고 악惡을 징계하며, 자신을 봉양하는 것을 검소하게 하고 아랫사람들을 보태주는 것을 후하게 하며, '시민여상視民如傷' 네 글자에 항상 생각을 다하였다고 한다.[24] 이러한 표현은 수령의 치적에 대한 최고의 평가이다. 1581년(선조 14) 가을에 감사監司의 평가에 따라 지평持平을 제수하여 사은한 뒤에 사직소를 올렸으나 윤허하지 않았는데, 현감으로 있을 때의 추고推考로 피혐避嫌하여 체직되었다. 같은 해 12월에 사직서령社稷署令에 제수되자 사은하고 사직서社稷署에 들어가 업무를 수행하다가 오래지 아니하여 사직소를 올렸다.

1583년(선조 16) 봄에 강원도 도사에 제수되고 여름에 충청도 도사에 제수되었으나 모두 부임하지 않았으며, 또다시 병조兵曹, 호조戶曹, 공조工曹 3조曹의 정랑正郎에 제수되었으나 모두 부임하지 않았다. 1584(선조 17) 여름에 동복 현감으로 부임하였고 이듬해

---

23) 김무진. 1995.「조선후기 교화체제의 정비와 면훈장제」.『역사교육』58. 역사교육연구회.

24)『旅軒先生文集』卷之十三 行狀「皇明朝鮮國. 故嘉善大夫司憲府大司憲兼世子輔養官. 贈資憲大夫吏曹判書兼知義禁府事寒岡鄭先生行狀.」"嚴制奸吏. 仁恤小民. 興利除害. 勸善懲惡. 薄於自奉. 厚於益下. 以視民如傷四字. 書諸壁上. 而常致念焉. 其時方伯. 以闔境宴然褒啓."

1585(선조 18) 봄에 교정청낭청校正廳郎廳, 2월에 장악원첨정掌樂院僉正, 5월에 공조정랑工曹正郎을 제수받아 계속 사직하였던 바 8월에 말미를 받아 시골로 내려가 병으로 집에 있었다.

1586년(선조 19) 가을에 함안군수咸安郡守로 나아갔다가 1588년(선조 21) 가을에 병으로 사직하고 돌아왔다. 함안에서도 학교제도를 정비하고 구휼활동에 관심을 기울였다. 1591년(선조 24) 겨울에 통천군수通川郡守에 나갔다가 임진왜란을 겪었다. 1593년(선조 26) 겨울에 강릉부사江陵府使에 제수되었다. 정구는 전쟁을 경험하면서 전쟁 중에 백성을 다스리는 일을 하였다. 교화의 일에만 치중할 수 있는 것이 아니었다. 부임한 다음 일반 사무를 보면서 병기兵器를 정교하게 만들고 훈련을 엄격히 시켰으며 양식을 널리 모집하여 군량을 보충하고 둔전屯田을 많이 개척하여 경비를 보태었다. 전쟁 중 무엇을 우선해야 할 것인가를 판단하고 실행한 것이다.

그는 창녕현감으로 재직하며 일마다 잘못하지는 않았겠으나 뜻하는 대로만 되지는 않았던 것으로 보인다. 현감의 업무는 장부와 문서簿書 처리를 잘해서 백성들의 고통을 덜어주는 것이라 생각하였다. 그런데 노력을 하여도 잘 해결되지 않는 것이다. 그가 생각하기를 공부한 사람의 세상은 관부에 있든지 산림에 있는 것이다. 관부에 있다 하여도 그는 산림에 돌아가 북창을 머리에 두고 누울 생각을 하고 있다.[25] 정구는 관직생활에 긍정적이지만은 않은 생각을 하고 있다. 관료로 진출한 것은 허리를 굽힌 것이고 이것은 양곡을 위한 것이라는 생각이다. 관료로 생활하는 동안 판단은 흐려지고 관직에서 벗어나고 싶은 생각만 하고 있다.[26]

---

25) 『寒岡先生文集』 卷之一 詩 「昌山衙閣偶吟」 二首"失計昌山事事非. 思之百爾不如歸. 夢寬不省虛名縛. 夜夜無端遶故磯. 官府山林事豈同. 勞勞役役簿書中. 民病未醫身病急. 何如歸臥北窓風. 役役. 一作終日."

관직은 백성을 위해서 있어야할 제도이지만 정구 자신은 능력도 안되고 그 일을 수행하기도 쉽지 않다고 생각하였다. 그는 수신과 치인을 두고 생각할 때에 수신을 평생의 일로 생각하고, 근원이라 생각한 것으로 보인다. 「천곡서원川谷書院의 성정당誠正堂에 붙인 글」에서 보이는 것과 같이 언제 유감없이 관복을 내던질까라고 생각하는 것이다.

> 갓 세운 성정당을 늘그막에 찾아드니
> 부끄럽네, 세속 먼지 이내 의관 찌들었다
> 어느 제나 유감없이 관복을 내던지고
> 진종일 창가에서 옛 글을 뒤적일꼬27)

그렇다고 이러한 관직관이 생각의 전부인 것은 아닌 것으로 보인다. 관직에 나아갈 수 없는 나이에 이르기까지 그는 끊임없이 수령일을 맡고 있다. 따라서 위와 같은 시의 표현은 끝없는 수신의 필요를 말한 것이지 치인의 불필요를 말한 것은 아닌 것으로 여겨진다.

(2) 2차 관직생활기

중앙과 지방에서 비교적 지속적인 관직생활을 하던 시기이다. 이 시기의 지방관 재임은  중앙에서의 정치적 갈등을 일시 피한 양상을 보인다.

1594년(선조 27) 겨울부터 승정원의 승지로 경연에 참석하는 등 중앙에서 왕성하게 활동하였다. 이 시기 얼마나 자주 전직과 체

26) 『寒岡先生文集』 卷之一 詩 「次李玉山韻」“媿此長腰折. 寧非爲斗粟. 塵埃眯兩目. 何日反初服.”

27) 『寒岡先生文集』 卷之一 詩 「題川谷書院誠正堂」 “舊長來尋新院成. 却羞塵土滿衣纓. 何年可遂投簪計. 盡日晴窓閱古經.”

직을 하였는지 한 해에 10차례의 인사 발령이 있었다. 이듬해 경연관 참찬관이었던[28] 정구는 정월 우부승지右副承旨로 승진하고, 3월에 좌부승지左副承旨로 승진하였다. 4월에 사직하여 체직되고 의흥위호군義興衛護軍에 제수되었으며 6월에 장례원掌隷院 판결사判決事에 제수되었다.[29] 7월에 우부승지에 제수되었으나 사직소를 올려 체직되고, 8월에 호분위호군虎賁衛護軍으로 제수되었다. 9월에 다시 우부승지에 제수되고 10월에 좌부승지로 옮겼으며 12월에 체직되고 첨지중추부사僉知中樞府事로 있다가 얼마 후 좌부승지에 제수되었다.[30] 전쟁 중이었다.

이렇게 거듭 전직과 승진을 하고 있는 1595년 겨울에 정치적 타격을 주는 사건이 발생하였다. 이 사건은 청주에 사는 곽희정郭希貞이 이성남李成男[31] 등을 역모로 고변한 사건이다. 정구와 관련된 인물은 정인길鄭仁吉이었다. 정인길은 이성남의 최초 고변 대상인은 아니었으나 이성남과의 연계인물로 지목되었고 정구는 정인길로부터 이성남에 관한 이야기를 듣고도 고변치 않아 문제가 된다는 것이었다. 정구는 스스로 글을 올려 정인길의 부친 순년舜年이 자신의 이성異姓 6촌이라고 밝히고 평상시 성주星州를 왕래할 때에 혹 날이 저물 경우를 당하면 그 집에 들러서 유숙했던 사실 및 자신은 본 건과 무관함을 밝혔다.[32] 이 사건은 결국 두 달을 끌고 무고사건으로 결

28) 『선조실록』 권59. 선조 28년 1월 22일.
29) 『선조실록』 권64. 선조 28년 6월 25일.
30) 이에 관한 실록 기사와 「행장」 기록은 상이한 부분이 있다. 실록은 9월 22일 우승지로, 10월 14일 우승지, 11월 24일 좌부승지에 제수된 것으로 되어 있다. 「행장」은 9월에 우부승지, 10월에 좌부승지, 12월에 첨지중추부사, 좌부승지에 제수된 것으로 기록되어 있다. 임난을 전후한 시기에 관한 실록의 기사는 관에서 보존하고 있는 사초 자체가 부족하여 개인 기록을 많이 이용하였다. 내용도 소략하고 부정확한 부분이 산견된다.
31) 『선조실록』 권 69. 선조 28년 11월 1일.
32) 『선조실록』권 69. 선조 28년 11월 20일. 정구 자신의 봉서 내용이 소개되어 있다.

론이 났다.

정구는 1596년(선조 29) 봄에 강원도관찰사江原道觀察使에 제수되고 10월에 체직되었다. 선조는 산성山城을 수축하고 군량을 준비할 것을 당부하였으며 정구는 군량을 마련하여 바닷가의 왜적과 대치하고 있던 명군明軍에게 보급하였다. 또 장수를 가려 뽑고 승려僧侶들을 모집한 다음 영원鴒原에 성을 쌓고 식수를 저축하며 양식과 갑옷을 많이 비축하여 위급할 때에 쓰도록 하였다.

또 원충갑元沖甲의 사당을 세우고 원천석元天錫의 묘소에 제사하여 절의節義를 숭상하여야 함을 강조하였다. 이와 같은 일은 전쟁 중에 화급한 일이 아닐 수 있으나 정구의 평소의 통치에 관한 생각이 표출된 것이었다. 정구의 관찰사 장계가 모두 남아있는 것은 아니지만 실록에 보이는 강원감사의 장계의 내용은 정구다운 것이다.33) 그는 울진蔚珍에 사는 어려서부터 조행이 특이한 유학幼學 주경안朱景顔에 대하여 치계하였다. 주경안은 부모에게 효성스러울뿐 아니라 인성仁聖·인순仁順 두 대비大妃 및 명종대왕明宗大王 국상 때 3년 동안 복상服喪하였고 왜란이 일어난 뒤로 솔잎을 가늘게 썰어 죽에 타서 마시고 밥을 먹지 않으면서, 매일 분향하고 하늘에 빌며 재배하기를 3년 동안 하였다. 정구 스스로도 이것이 난리가 난 상황에서 군국軍國의 일에는 절실하지 못한 것이라는 점을 잘 알고 있었다. 그러나 이러한 고절苦節이 풍화에 관계되는 것이므로 상문上聞한 것이다.

강원감사를 그만 둔 뒤 양위부호군龍驤衛副護軍, 용양위대호군龍驤衛大護軍, 형조참의刑曹參議, 우부승지에 제수되고 이듬해 1597년(선조 30) 의흥위호군 겸 오위장義興衛護軍兼五衛將 그리고 판결사에 제수되었다. 1597년 7월에 성천부사成川府使로 부임하였다. 가을에 왜구가

33) 『선조실록』 권 74. 선조 29년 4월 7일.

재차 창궐하여 궁빈宮嬪과 왕자들이 성천으로 모여들자 그 뒷바라지를 하였다.[34] 그의 관품도 점차 높아져 1598년(선조 31) 겨울에는 특별히 가선대부嘉善大夫에 승진하였다.

1600년(선조 33) 정월 임기가 차서 체직되고 충좌위부호군忠佐衛副護軍에 제수되었으나 물러나려는 중 안질眼疾이 있어 임시로 양덕현陽德縣에 우거하였다. 그런데 앞서 거론한대로 7월에 의인왕후懿仁王后가 별세하면서 풍수지리에 능한 인재로 선택되어 묏자리 잡는 일을 맡게 되었다. 9월에 충무위사직忠武衛司直에 제수되었다. 10월에 오위도총부 부총관五衛都摠府副摠管에 제수되어 산릉山陵의 일을 논하였으며 인하여 관상감제조觀象監提調와 형조참판에 제수되었다. 선조는 풍수지리에 관해서 누구보다도 정구의 지식을 신뢰하였다. 정구는 자신의 견해를 정리하여 개진하면서 기내 30여 곳을 답사하면서 일을 마무리하였다.[35] 그러나 한편, 정구는 풍수지리를 그다지 신뢰하지는 않은 것 같다. 그 자신은 풍수지리에 관한 견해를 정리할 정도로 학문적인 축적은 되어 있으나 스스로 평소에 그 설을 깊이 믿지 않는다고 고백하였다.[36] 그러면서도 장지 결정에 대하여 문의한 김방량金邦良에게는 '여러 선생들이 산에 장사 지낼 때

34) 「행장」은 이 일을 '존경과 예를 다하여 각기 법도가 있게' 하였다고 서술하였고, 『선조실록』 권141. 선조 34년 9월 18일의 사관은 '후궁이 그 지방에 머물게 되자 백성들에게 너무 많이 거두어 섬겼으므로 사람들이 비평하였다'라 기록하였다. 『선조수정실록』 권35. 선조 34년 9월 1일의 사관은 실록의 이 기록을 평하여 '정구가 정인홍의 사람됨을 미워하여 이웃 고을에 살면서도 서로 왕래하지 않았기 때문에 인홍의 무리들이 멋대로 무함하고 비방한 것이다'라고 첨언하였다. 『선조실록』은 광해군 때 대북 정권의 주도로 편찬되었기 때문에 서인과 남인들에게 불리한 기사가 많았다. 이때문에 인조반정 후 『선조수정실록』의 편찬이 시작되어 효종 8년에 완성되었다.

35) 『선조실록』 권129. 선조 33년 9월 4일의 기사는 각 풍수지리 학자들에 대한 정구의 종합적 평가를 보고하였다. 『선조실록』 권130. 선조 33년 10월 7일 기사에는 그가 20일 동안 기내 30여 곳을 답사하였음을 보고하였다.

36) 『寒岡先生文集』 卷之四 書 「答金邦良 (德民)」.

의 묏자리를 논한 부분은 사마광司馬光의 장설葬說이 가장 절실하다' 고 평가하여 그 내용을 간추려 보내 주었다.

1601년(선조 34) 3월 의흥위사직義興衛司直, 9월에 영월군수寧越郡守, 10월에 용양위호군 겸 교정청당상龍驤衛護軍兼校正廳堂上에 제수되었는데 사직소를 올려 체직되었다. 이듬해 정월 용양위 호군에 제수되었다가 곧바로 충주목사忠州牧使에 임명되었다. 3월에 공조참판에 제수된 것을 보면 충주목사로는 얼마 봉직하지 않았다.[37] 교정청 당상으로 부름을 받고 조정으로 돌아와 용양위 호군, 용양위 사직에 제수되었다. 가을에 호분위 호군, 용양위 부사직, 겨울에 호분위 사직, 용양위 부호군, 의흥위 부호군에 제수되었다.

충주목사에서 돌아와 중앙의 여러 관직을 제수받았지만 사실 가을 그의 중형 서천부원군의 병이 위중해지면서 관직에서 떠난 것이나 마찬가지이었다. 1603년(선조 36) 봄 마침내 물러가 목천木川 땅에 거주하다가 가을이 끝날 무렵 성주로 돌아갔다. 그 이후에도 한 두 차례 부름이 있었다. 1604년 해주목사海州牧使, 공조 참판에 임명되었으나 모두 부임하지 않았다. 1605년 홍주목사洪州牧使, 1606년(선조 39) 가을 광주목사光州牧使에 제수되었으나 병으로 사양하는 글을 올리고 부임하지 않았다.

1606년(선조 39) 12월에 안동부사安東府使에 나아가 이듬해 겨울이 되어서 돌아왔다. 1608년 광해군 즉위 직후 오위도총부 부총관五衛都摠府副摠管, 3월에 사헌부대사헌 겸 세자보양관司憲府大司憲兼世子輔養官, 6월에 형조 참판에 제수되었다. 그 후 곧바로 대사헌이 되었으며 이때에 은혜를 온전히 하여야 한다는 차자를 올린 일로 사직하고 7월에 고향으로 내려왔다. 9월에 상소하여 참판에서 체직되고 충

37) 『선조실록』 권172. 선조 37년 3월 12일.

좌위대호군忠佐衛大護軍에 제수되었다. 그의 마지막 관직은 대사헌이었기에 그 후는 전 대사헌 정구라 부르게 되었다.

그는 지방관으로 재임하면서 교육과 교화의 일에 큰 관심을 보였고 여러 가지 일들을 수행하였다. 물론, 그가 관직에 나간 초기에는 주로 교화와 진휼에 관한 기록이 주이었으나 점차 수령 7사의 다양한 업무를 수행한 것으로 여겨진다. 그는 가는 곳마다 읍지를 편찬하여 통치에 대비하고 후대의 통치에도 도움이 되고자 하였다. 때로는 전쟁을 겪으면서 그에 따른 업무를 집행하기도 하였다. 그러나 그의 궁극적인 관심이 덕을 갖춘 진유에 있듯이 그가 지방관으로서 행한 일들은 주로 유교가치관을 사회의 기준으로 삼고자하는 것들 곧 유교의례와 예속이 준용되고 확산되는 범위의 것들이었다. 그것은 경외의 관직을 가릴 일이 아니었다. 지방관으로나 혹은 조정의 관리로서나 그의 현실인식과 경세관이 결합되어 나타난 일이었기 때문이다.

### 3) 향촌사회에서의 활동

정구는 38세의 나이에 창녕현감으로 나아가기 전에 퇴계선생과 남명선생을 찾아뵙고 학문을 닦고 있었고 예학에 관심이 있어 고례古禮를 준용코자하는 노력을 하였다. 아울러 누차 언급한대로 관직생활 사이에 혹은 관직에서 물러나 낙향한 이후에 향촌사회 주로 성주에서 여러 활동을 하였다.

이 시기 관혼상제冠婚喪祭는 고려 이래의 속례俗禮이었고 서서히 『주자가례』가 보급되고 일부 시행되고 있었다. 정구는 젊은 나이에 『가례家禮』를 따르려 경전經傳의 예문禮文들을 널리 연구하여 관혼상제의 의식을 초抄하여 만들었다. 옛 제도에 맞는 옷을 지어 입고 그릇을 만들어 사용하였다. 점차 그 의례를 시행하는 사람들이 늘어났다.

성주에서는 선조초년 영봉서원迎鳳書院을 천곡서원川谷書院으로 바꾸었다. 영봉서원은 1558년(명종 13)에 노경린盧慶麟 목사와 성주의 대족인 성주 이씨 일족들과 함께 세우는 과정에서 제향 대상이 문제가 되었다.[38] 이씨들은 이조년李兆年과 이인복李仁復을 제향하려 하였고 다른 사람들은 김굉필을 포함하여 3인을 제향하려 하였다. 그런데 이조년의 화상에 그가 염주를 들고 있음으로 해서 성주 및 영남 전체의 논란을 유발하였다. 결국 선조 초년에 정자程子를 새로이 입향케 하고 김굉필만을 배향하는 것으로 낙착되었다.

정구는 26세 때인 1568년(선조 1) 퇴계선생에게 천곡서원을 세우는 일에 대하여 이해를 구하고 도와주기를 요청하였다.[39] 영봉서원의 이름을 천곡서원으로 바꾸게 되었다는 것은 단순히 이천伊川과 운곡雲谷의 지명을 본 따 새로 정하게 되었다는 표면적 진술 이상의 의미가 있었다. 성주 향촌사회 내의 세력의 구도가 바뀌고 있음을 의미하는 것이며 그 중심에 정구가 있음을 말하는 것이다. 천곡서원이라 한 다음 퇴계 선생에게 손수 현판懸板을 써 줄 것을 청하여 현판을 게시하였다. 고을 사람들이 그를 서원의 원장院長으로 추대하자, 그는 주자의 백록동규白鹿洞規를 본 따 과조課條를 세워 서원의 기틀을 잡았다. 서원은 1573년(선조 6) 사액된 이후 임란에 병화를 입어 중건되고 1606년(선조 39)에 재차 사액될 정도로 향촌 내외에서 그 중요성이 인정되었다.

정구의 향촌사회에서의 위상은 천곡서원 건뿐만 아니라 1573년(선조 6) 이조의 천거대상이 됨으로 더욱 높아졌을 것이다. 그는

---

38) 이 과정에 대해서는 김무진. 1999.「조선후기 성주 향촌사회 재지사족층의 동향」. 『한국사연구』 105와 정순우. 2001. 앞의 논문이 참고된다.

39) 『寒岡先生文集』 卷之三 書「上退溪李先生」.

이 해에 『가례집람보주家禮輯覽補註』를 저술하였으며 이어서 1579년(선조 12)에는 『혼례昏禮』, 1582년(선조 15)에는 『관의冠儀』를 저술하여 그의 예학에 대한 관심을 학문적으로 정리하고 있다.[40) 1573년에 한강정사寒岡精舍를 지어 공간을 마련하였다. 이러한 공간의 조성은 이후 계속되어 회연초당檜淵草堂(41세), 사창서당社倉書堂(49세), 숙야재夙夜齋(61세), 오창정五蒼亭(62세), 천상정川上亭(62세), 무흘정사武屹精舍(62세), 노곡정사盧谷精舍(70세), 사양정사泗陽精舍(75세)[41)를 각 곳에 지었다.

이러한 공간은 정구 개인의 수학 공간일뿐만 아니라 자신과 학문적 뜻을 같이 하는 동료나 문인들의 수학공간이 되는 것이다. 또한, 개인적으로는 휴식의 공간이어서 마음이나 몸의 새로운 활력을 충전할 수 있는 공간이다. 그리고 그 공간은 대부분 자연 속에서 자연의 일부로 존재하는 형태이어서 유자들의 자연관을 반영하는 것이었다. 아울러 학문적 동지 혹은 가치관을 공유하는 사람들의 공간 이용은 그들 상호 간의 결속을 강화하는 매개 통로이기도 한 것이었다. 정구는 각종의 정사와 서재를 마련함으로 향촌사회의 주도적 위치를 점할 수 있는 기반을 갖고 있는 셈이다.

1580년(선조 13) 창녕현감에 부임하여 성주를 떠났다가 1582년(선조15) 봄에 군자감판관軍資監判官에 제수되었으나 정순呈旬하고 남쪽으로 돌아왔다. 1583년(선조16) 회연檜淵에 옮겨 터를 닦고 초당草堂을 지었는데 그 곳에 대나무와 매화나무를 심어 백매원百梅園

---

40) 금장태. 2011. 앞의 논문. 235쪽; 고영진. 1995. 『조선중기 예학 사상사』. 한길사. 308-335쪽에서는 정구 예학의 학설사적 위치를 다음과 같이 평가하고 있다. 말년까지 진행된 정구 예학의 성격은 이황 중심의 남인의 예설과는 거리가 있고 그에 따라 정구와 허목의 관계는 직접 가르친 학문적 사승관계 보다는 정치적 관계의 성격이 강하다고 지적하였다.

41) 정우락. 2011. 「한강 정구의 무흘정사 건립과 저술활동」. 『한강 정구』. 남명학연구원엮음. 410쪽; 정사에 관한 정리가 참고된다.

이라 하였다. 그 후 향촌사회의 사족들을 대상으로 매월 초하루에 강회講會하는 계契를 만들었다. 성주 향촌사회의 재지사족층을 결속할 수 있는 조직체를 만든 것이다.

1584년(선조 17) 여름에 동복현감으로 나갔다가 중앙을 거쳐 이듬해 8월에 병을 이유로 귀향하였다. 1586년 가을에 함안군수로 나갔다가 1588년 가을에 병으로 귀향한 이후 1591년 겨울 통천군수로 나아가기까지 성주에 머물렀다. 지방관으로 나간 기간이나 성주에 머문 기간이 교대로 바뀌고 기간의 양도 비슷한 정도이었다.

1591년 통천군수로 나간 이후는 지방관으로 재임하는 곳이나 주로 서울에서 생활하였다. 1593년에는 강릉, 1594년(선조 27) 겨울 이후 서울, 1596년에는 강원도 감사, 10월 이후 서울, 1597년 6월부터 1600년(선조 33) 정월까지 성천에 있었으며 안질眼疾이 있어 임시로 양덕현陽德縣에 우거하다가 7월 의인왕후의 별세 소식을 듣고 서울로 가서 산릉 일을 하였다. 1602년(선조 35) 초에 잠깐 충주에 목사로 부임했다가 곧 서울로 돌아와 여러 관직을 제수받았지만 사양하고 1603년(선조 36) 봄에 목천木川에 거주하다가 늦가을에 성주로 돌아갔다. 이때 한강寒岡의 옛터 북쪽에다가 숙야재를 지었으며 이듬해 1604년에는 수도산 자락에 무흘정사를 지었다. 이후 1607년 안동부사로 1년 가까이 재임한 시기와 1608년 광해군이 즉위한 해를 제외하고는 성주에 머물렀다.

정구는 임난을 거치면서 향촌사회에서의 성리학적 질서의 붕괴를 걱정하였다. 1605년(선조 38) 계회를 조직하여 초하루와 보름에 통독通讀하였다. 약법과 모이는 의식은 대체로 평상시 정한 강계講契의 것과 같으나 약간 증손하여 행하였다.[42] 이 약속에 가입한

42) 『旅軒先生文集』卷之十三 行狀 「皇明朝鮮國. 故嘉善大夫司憲府大司憲兼世子輔養官. 贈資憲大夫吏曹判書兼知義禁府事寒岡鄭先生行狀.」"遂約爲朔望通讀之會. 在約者凡七

자가 모두 70여 명으로 대규모이었다. 일차적으로는 기초적인 성리학 교재를 통독하여 공동으로 학습하는 수학 기회를 제공하는 것이 목적이고 이차적으로는 그러한 가치관에 의거한 향촌사회 질서의 유지이었다. 이러한 가운데 이들과 숱한 문답을 주고받는데 주로 예학에 관한 것들이었다. 정구의 가르침은 계회나 통독회만을 통한 것만이 아니라 편지를 통하여 이루어지고 있음을 확인할 수 있다.

1606년(선조 39) 겨울에 정구는 문하생 약간 명과 함께 오건, 조식, 정여창鄭汝昌의 묘소를 찾아가 차례로 제사하였다. 이는 그 다음해 황준량과 이황의 묘소에 제사 지낸 일과 함께 주목되는 움직임이었다. 이황 등에 제사를 지낸 것은 그가 안동부사로 부임하였기에 평소 재임하는 곳의 현자를 존숭하는 의례로 볼수도 있으나 그 전년의 치제와 연관하여 해석된다.[43] 정구는 그간 경외의 관직을 두루 역임하고 낙향하여 성주 인근의 후학들을 직접 가르치기도 하고 원근 각처에서 문의하는 여러 문제에 답서를 보내주면서 생활하였다. 그러한 일들이 자신을 닦는 일이기도 하지만 다른 사람을 위한 일들이었다. 남행南行의 동기나 목적은 쉽사리 단정할 수는 없지만 그 결과의 의미는 짐작되는 바가 있다. 정구는 수기의 완성에 지극한 관심이 있었던 바 20여 년을 치인의 삶을 살았던 그로써는 학문의 연원, 사상의 연원을 살펴볼 기회를 갖게된 것이었다.

정구의 향촌사회에서의 삶이 편안한 것만은 아니었다. 1610년(광해군 2) 이른바 박이립朴而立 사건이 불거졌다.[44] 박이립과 정인

---

十餘人. 其約法會儀. 大槩如平時所定講契之式. 而略加增損以行之."

43) 본 서에 수록한 김학수, 「정구의 생애와 학맥 연원」의 견해는 정구의 일련의 행위를 '영남맹주 의식'의 발현으로 규정하고 있다.

44) 김무진, 1999, 앞의 논문에 박이립 사건을 상세하게 설명하였다.

홍의 문도들이 1609년 겨울과 1610년 봄에 정구를 공개적으로 비판하자 정구의 문인들은 그에 대응하였다. 정구는 광해군 즉위 후 대사헌에 특배되었으나 임해군臨海君에 대한 처리를 둘러싸고 광해군 및 집권세력과의 의견 차이로 스스로 탄핵하여 물러난 터이었다. 조정에서 별다른 법적 조처가 없었지만 더 이상 문제 삼을 수는 없었다. 이미 전은설을 광해군이 받아들이지 않은 상태에서 대북세력과 계속적으로 대립할 수 없었다. 실록의 사관은 정구가 1612년 봄에 팔거현 노곡蘆谷으로 옮기게 된 것이 정인홍을 피하고 문도들을 받아 들이지 않으려 먼 곳으로 이사한 것이라 하였고,[45] 「행장」은 정인홍의 거주지인 합천陜川과 거리가 있는 곳으로 옮긴 것이라고 같은 뜻으로 해석하였다.

향리에 머문다고 하여 중앙의 정치에 전혀 무관심한 것은 아니었다. 1613년(광해군 5) 계축옥사가 일어나자 영창군 모자를 두둔하는 봉사를 올리기도 하였다. 이것이 정치적으로는 마지막 공식 문서이었다. 1618년(광해군 10) 자전 폐위 건이 발생했을 때에는 상소를 포기하였다. 말년에는 육체적으로 무척 힘든 시간을 보낸 것으로 여겨진다. 1604년(선조 37)에 말에서 떨어져 몸을 다쳐 고생하였고,[46] 1615년(광해군 7)경에는 중풍을 앓기 시작하였다.[47]

정구는 어려서 수학한 곳도 성주이었고 관직에 나가기 전에 이미 그의 경세관을 실천하던 곳도 성주 향촌사회이었다. 서원을 설립하고, 강독계회를 조직하고, 예학을 정리하는 일들이 이루어졌다. 관직생활을 하는 중간에도 일시 귀향하여 정사, 서재 등을 건립하고 계회를 조직하였다. 그가 관직생활을 마치고 돌아온 뒤에도 그의

45) 『광해군일기』 권31. 광해 2년 7월 28일.
46) 『寒岡先生文集』 卷之二 疏 「擬上再辭安東府使疏」.
47) 『寒岡先生文集』 卷之二 疏 「丁巳擬上疏」.

저술활동을 왕성하게 전개하였으며 문인들을 양성하고 성리학을 보급하는 데 힘을 기울였다. 정쟁의 여파가 그에게 향촌사회에서의 생활에 어려움을 주기도 하였지만, 영남의 대표적인 학자로 활동하였다.

## 3. 현실인식과 경세론의 구조

### 1) 현실 사회의 구성 및 현실인식

#### (1) 사회구성과 조직

정구는 사회의 구성원을 각각의 여러 기준으로 나눈다. 도덕적 완성도에 따라 성인과 범인 혹은 유학을 수업하는 유식자와 그렇지 않은 사람, 혈연관계를 가진 친척, 거주 위치에 따른 이웃 등등 다양한 성격의 구성원이 사회를 구성하고 있다고 생각한다. 이러한 구분은 기준이 다르듯이 사회에서의 기능 혹은 직분에 따라 해야 할 일을 규정하기 위한 것이다. 또한 이들을 묶는 사회의 기초 단위들이 조직된다.

성인이나 현인의 경지에 들어가는 일은 하늘을 오르는 것처럼 특별히 높거나 먼 것은 아니고 사실 사람의 이치상 당연한 것으로, 남자는 밭을 갈고 여인은 베를 짜듯 각자의 직분에 따라 당연히 행하는 평범한 것이다.[48] 성현이 되는 것은 특별하거나 어려운 것은 아니고 일상의 삶을 영위하면 얻게 되는 결과인 것이다. 그런데 그 삶은 각자 주어진 직분이 있는 삶이다. 예가 지켜지는 사회의 실현

---

48) 『寒岡先生文集』 卷之九 雜著 「契會立議」. "聖人之聖. 賢人之賢. 蓋非高遠異常如昇天梯空之爲. 實人理當然如男耕女織職分常事."

은 각자의 직분을 지키는 것이다. 성인이 되어 세상의 기준을 제시하거나 현자가 되어 분별력 있는 삶을 사는 것은 자신에게 주어진 직분을 충실히 준용할 때에 이루어진다는 것이다. 정구는 성현이 되는 것이 지극히 평범한 일이라고 하였지만 엄연한 사실은 구성원을 성현과 비성현인을 나누는 것이고 그것은 마치 성별 구분이나 성별 분업과 같이 자연스럽고 마땅하다는 것이다.

그는 『함주지』서에서 "위로는 나라에 내는 부세의 의무를 다하고 아래로는 몸가짐과 가정 생활을 올바로 하는 법도를 잃지 않은 바탕 위에서 친척과 이웃 간에 서로 화목하고 어린이와 어른 상호간의 서열을 어기지 말며 옳은 도리와 학문을 갈고닦아 깊은 경지에 도달함으로써 우리 한 고을의 습속이 누구를 막론하고 다 인의도덕의 위치로 올라가 우리 임금께서 펴시는 문명의 정치에 부끄러움이 없도록 한다면, 이것이 곧 오늘날 내가 간곡히 기원하는 바이다"라 하였다.49)

한 고을 사람들은 국가와의 관계를 가진 존재들이다. 국가는 이들 구성원에게 부세를 수취하고 구성원은 부세를 감당함으로 관계가 유지된다. 고을의 구성원은 가정을 기본단위로 하며 지켜야할 공동의 법도가 있다. 위와 아래 사람이 있으며, 그들은 서로 혈연적 관계가 맺어진 친척이고 이웃이며, 나이의 적고 많음에 따라 소장으로 나뉜다. 이러한 향촌사회 구성원의 상호 위상은 때로는 상이하다. 그 가운데 아래로 몸가짐과 가정생활의 법도를 잃지 않을 사람이며 나이 적은 사람에 대하여 나이 많은 사람이 중심이 된다. 물론 몸가짐과 가정생활 등의 법도인 인의와 도덕으로 표현되는 가

---

49) 『寒岡先生文集』 卷之十 序「咸州志序」. "上旣謹乎公家之賦. 而下不失指身居家之方. 親鄰相睦. 少長順序. 磨礪講究. 深造自得. 俾一郡之習俗. 共相躋於仁義道德之場. 而無愧於當宁文明之化. 則斯今日所拳拳者."

치관은 함께 지켜야할 것이다.

이러한 사회를 공동 혹은 동일한 가치관으로 형성하고 견인하는 것이 교화이다. 교화의 근본을 바로 세울 책임은 수령으로부터 상층 지배신분에게 있는 것이다. 정구는 1583년(선조 16) 성주에서 계회를 조직하고 입의立議를 남기고 있다.[50] 거리 30리를 기준으로 참가자들의 계회 참석회수를 규정한 이 조직은 한강이 오당제현吾黨諸賢이라 표현하는 그의 향우들과 문인들을 대상으로 하는 것이었다. 향약뿐만 아니라 학규學規를 숙지하고 준행하는 것을 필요로 하는 양반층의 조직이다. 교화는 그 가치관의 담지자가 먼저 그 가치관을 수행하는 것이다.

이와 같은 향촌사회의 조직은 양반층만의 것일 수는 없었다. 정구는 그가 사는 사촌동沙村洞에서 전 마을 사람들이 참여하는 동계를 1619년(광해 11)에 만들었다. 동계는 평소 그가 사회를 유지하기 위한 가치이자 행위규범으로써의 예의를 지켜나가기 위한 것이었다. 이 시기 교화의 대상이 확대되었듯이 아래로는 천예賤隷에 이르기까지 같은 구성원이 되어 상호 예속을 지키고 길흉을 축하하고 위문하는 것이었으며 공동규제의 내용을 가진 것이었다. 이 동계는 향약의 일반적 성격을 가진 동계로 여겨진다. 위에서 예를 실천하는 것을 목적으로 삼았다지만 상호부조의 기능을 강조하고 있다. 임진왜란을 겪은 직후의 향촌사회는 사회 자체를 재건하고 유지하기 위하여 가치관의 확립도 중요하였지만, 생산조건의 확보도 대단히 중요한 일이었다. 생산자 농민과 토지소유자가 환난의 일을 함께 극복해야할 사정이었다. 가까운 곳 대구부의 하동에서 1600년

---

50) 『寒岡先生文集』 卷之九 雜著 「契會立議」. 송준식. 2011. 「한강 정구의 사회교육사상」. 『한강 정구』. 남명학연구원 엮음; 에서는 이러한 조직들을 사회교육이라는 측면에서 검토하고 있다.

을 전후해서 서사원徐思遠이 시행한 하동리사계약河東里社契約이 상하가 함께하는 동계로 향촌민을 동기同氣로 표현할만큼 향촌사회의 재건은 절박하였다.[51)]

정구는 이와 같은 지연을 근거로 하는 구성원의 결속 이외에도 혈연에 기반한 종족 범위에서의 결속에도 관심이 깊었다. 이 시기는 부계 중심의 친족 개념이 재형성되면서 가문과 문벌이 형성되고 종족적 범위의 계회가 조직될 때이었다. 그럼에도 불구하고 종회나 족회가 쉽게 조직되고 모임을 갖는 것은 아니었다. 정씨 족회도 참석자가 적은 모임을 가진 후 다시 모임을 가진 것으로 보인다. 그는 서원 정씨의 족회를 감격스럽게 기술하면서 참석의 범위가 사위와 생질을 포함하고 있음을 매우 긍정적으로 평가하고 있다. 그로 인하여 집안의 자매와 딸들이 서로 감탄하는 바가 있을 것이라 하였다.[52)] 자매나 딸로 표현되는 여성은 참석 범위가 아니었다. 단, 그가 생각하는 친족 구성원의 범위는 사위와 조카를 포함하는 것이었다.

향촌사회는 혈연적 유대가 있는 구성원 그리고 천예가 포함되는 다양한 연결고리를 가진 사회이었다. 이들은 인의와 도덕 혹은 예의로 표현되는 동일한 가치관으로 교화되며 양반만의 종회나 족회 및 계회 혹은 상하동약 등의 다양한 조직체로 결속되었다. 물론 여기에는 이들이 조직한 것은 아니지만 국가 차원의 향교가 있으며 이들이 건립한 서원 등이 있었다.

### (2) 시세론時勢論과 역사의식

그의 경세관은 현실에 대한 판단에 반영된다. 따라서 현실을 어

51) 김무진. 1986. 「조선중기 사족층의 동향과 향약의 성격」. 『한국사연구』 55. 39쪽.
52) 『寒岡先生文集』 卷之十 序 「西原鄭氏族會圖序」. “許令諸壻羣甥. 幷來同參. 以爲我姊妹女子子聞之 其必有相望感歎之懷也.”

떻게 인식하고 있는가 하는 것을 파악하는 것은 그의 경세관이 무엇인가를 확인하는 것이다. 또 거꾸로 경세관을 파악한다는 것은 그의 현실에 대한 인식이 어떠할 것인가를 아는 것이기도 하다. 현실인식과 경세관은 상호 규정적인 것이다.

그는 정세를 치세와 난세로 구분하여 현실을 진단하였다. 치란의 결정 요인은 첫째 어떠한 인물이 세력을 이루어 현실에 보다 큰 영향을 미치는가에 있다. 곧 군자와 소인 가운데 어느 쪽이 진출하고 물러나는가에 따라 치란은 결정된다는 것이다.[53] 둘째 요인은 군주이다. 군주는 군자가 진출할 수 있게 해야 하며 혹은 군자가 진출하여 바른 방향을 제시한다하여도 군주가 그것을 받아들이지 않으면 난세가 되는 것이다. 세 번째는 예의 존부이다. 후술하겠지만 예가 준용되는 사회는 치세인 것이고 그렇지 않으면 난세 혹은 망국이 되는 것이다. 그러한 세상은 교화가 근본이 없고 예법이 일어나지 않아 오직 법령과 규제만 엄할 뿐이다.[54] 여기에 교육과 교화의 필요성이 발생하고 그에 의한 군자의 양성이 요구되는 것이다. 이러한 생각은 그가 목민관으로 권력을 갖고 통치하는 현장에서나 혹은 물러나 향촌사회에 머물 때에 해야 할 통치와 교화의 방향을 결정하였다.

> "사람들이 스스로 살피지 못하고 행실을 닦지 못함으로 인하여 아는 자가 드물고 행하는 자는 더욱 드물어 온 세상이 다 깜깜하고 혼탁한 물결이 거세게 일렁인다."[55]

---

53) 『寒岡先生文集』 卷之十 序 「治亂提要小敍」. "一治一亂. 在於君子小人進退之間."

54) 『寒岡先生文集』 卷之十 序 「咸州志序」.

55) 『寒岡先生文集』 卷之九 雜著 「契會立議」. "只緣人自不察. 不能自修. 知者旣鮮. 行者尤鮮. 擧世昏昏. 濁浪滔滔."

정구가 생각하는 현금의 세상은 깜깜하고 혼탁하다. 그 원인은 각 개인의 수신이 잘못된 데에 있다. 세상의 사리를 아는 자도 적을 뿐만 아니라 바르다고 생각하는 것을 실천하는 자도 드물다는 데 기인한다. 곧 사상적인 기준이 있어서 사회가 지켜야할 가치관은 있으나 그것을 이해하는 자도 적고 자신이 수업한 것을 준용하는 자도 적어서 발생하는 문제이었다. 려말 선초 이래 성리학이 수용되고 그것에서 제공하는 가치관이 사회의 가치관으로 받아들이고 있으나 그것을 받아들인 자도 소수이고 그 가치관을 현실에서 실천하는 자도 소수라는 이야기이다. 바르다고 생각하는 것은 그의 관심에서 보면 가례의 준용이다. 계회를 시행하던 1583년경의 조선 사회에는 아직 『주자가례』의 전면적인 보급과 준용이 이루어지지 않았을 때이다.

그가 관직에 나아갔을 때는 정치적으로 불안정한 요소들이 산재했다. 그의 관직 생활기에는 동서 당쟁이 점차 옥사獄事를 동반하는 양상으로 전개되어 1589년(선조 22)의 이른바 기축옥사가 발생하였다. 더군다나, 미증유의 임진왜란을 겪기도 하였다. 7년여의 전쟁은 그야말로 난세 중의 난세이었다. 그 와중에 의병을 지휘하게 된 후일의 광해군인 세자를 중심으로 새로운 세력이 형성되고 광해군 즉위 직후 집권과정에서 무옥誣獄과 같은 잦은 정치적 충돌이 일어났다. 정구도 뜻하지 아니하게 1595년(선조 28) 이성남 사건에 휘말리게 되었던 것은 전술한 바 있다. 관직생활의 말년에는 광해군의 즉위로 대북정권이 출현하여 임해군 사건이 발생하기도 하였다. 오래되고 깊어지는 고질병인 당쟁은 난세를 가리키는 지표이었다.

정구가 판단할 때에 경제적 처지도 낙관적인 것은 아니었다. 수령과 생산자 농민이 노력하지만 자연재해를 극복할만한 생산 조건을 갖추지 못하였고 그에 따라 각종의 부세수취와 역역의 부담은 경제적 형편을 더욱 어렵게 하는 것이었다. 난세라고까지 표현은 하지 않았으나 경제적으로 대단히 어려운 시기이었다고 생각하였다. 자기의 분수를 지키며 농사에 힘을 기울여야 하는 시기이었다.[56]

정구의 현실인식의 또 하나의 기준은 지나간 역사에 있었다. 각종 지리지의 편찬은 지난 역사 경험을 체계화하여 통치의 기초 자료로 삼고자 한 것이었으며 그의 역사의식은 자신의 통치를 미래지향적으로 통찰하게 하였다. 과거를 살펴 지금의 감계로 삼듯이 현재의 통치는 미래의 기록으로 남아 다른 사람의 감계가 될 수 있다는 생각이다.

정구는 임진왜란이 채 끝나지 않은 상황에서 『관동지關東志』를 편찬하였다. 당연히 나라 형편도 어렵고 적을 물리치는 일도 급한데 따른 반대 의견이 비등하였다. 그러나 그는 지리지地理志 편찬이 미룰 수 없는 일로 판단하였다. 전쟁으로 인하여 현재의 서적들도 없어지고 있기에 보고들은 것들을 수습해 두어 후세에 전해야 한다는 것이다. 전쟁 중이지만 문관文官 유사儒士들로 하여금 각자 각 고을의 풍토와 인물에 관한 자료를 채집하게 하였다.[57] 그의 이러한 주장은 곧 역사사실의 전승과 기록의 전승을 말하는 것이다.

그것은 『함주지』에서 "고을 안에서 전후 시대에 걸쳐 일어난 어떤 기록할 만한 일이거나 증명해둘 만한 유적에 관해서는 비록 굳이 후세에 전할 것은 없으나 그렇다고 또 전하지 않을 수도 없다"[58]라 한데서도 확인된다.

---

56) 『寒岡先生文集』 卷之十 序 「咸州志序」. "至於爲編戶於玆焉者. 亦退而思所以自安夫其分也. 力穡懋學. 俛焉日惟孜孜."

57) 『寒岡先生文集』 卷之六 答問 「答崔季昇」.

정구는 후세의 평가를 의식한다. 전임 수령들의 행적을 기록하면 결국 그들 행실의 옳고 그름이라든가 정사의 잘잘못을 평가하게 되는 것이다. 그로 미루어 뒷사람이 지금 사람을 그렇게 볼 것인가 생각하면 두렵다는 것이다.[59] 그는 역사를 감계할 만한 것으로 보고 있다.[60] 그러하기에 그는 수령으로 부임하는 곳마다 전임자의 행적에 관하여 관심을 보이고 그 가운데 자신의 통치의 기준을 찾고자 노력하였다. 그는 현실의 문제를 해결하는 방법을 역사 속에서 찾아보고자 하였다. 그는 1615년(광해군7)에 『역대기년歷代紀年』과 『경세기년經世紀年』을 다듬었다.[61]

### (3) 군주론

정구는 정치구조에서 차지하는 군주의 위상을 높게 잡고 군주의 권한을 강조하였다. 강력한 군주력이 문제를 해결할 수 있다고 생각하였다. 아울러 국가에 대한 개념을 가진 것으로 보인다. 월천月川 조목趙穆을 도산서원陶山書院에 종향從享하였는데, 이를 두고 조정에 알려야 할 것인가 말 것인가를 두고 논란을 빚었다. 정구는 주자가 백록동서원白鹿洞書院에 대해 조정에서 사액해 줄 것을 청하여 국가의 학당으로 만들었는데, 지금 도산서원도 이미 사액을 받았으니 당연히 국가의 학당이라 할 수 있다는 것이다.[62] 그는 사액서원을

---

58) 『寒岡先生文集』 卷之十 序「咸州志序」.
59) 『寒岡先生文集』 卷之十 序「成川守臣題名案序」. "後人視今. 其不猶今之視前也邪. 吁其可畏也夫."
60) 『寒岡先生文集』 卷之十 序「咸州志序」. "於是凡郡之可考可述可鑑可戒者. 無復有餘蘊. 而諸君之所以爲志者. 其斯畢矣."
61) 『寒岡先生文集』 卷之四 書「與李茂伯」. 정구의 역사서에 관해서는 김항수. 1986. 「한강 정구의 학문과 ≪역대기년≫」. 『한국학보』 45가 참고된다.
62) 『寒岡先生文集』 卷之六 答問「答金施普」. "朱子於白鹿洞書院. 請賜額以爲國庠. 今亦旣蒙賜額. 當爲國庠矣. 然則從祀重事. 不得不經啓稟. 而徑自擅擧. 似不若具由上疏. 蒙允回下而後爲之也."

국상國庠이라 한 것이다. 가숙당상家塾黨庠을 생각하면 그것은 읍상邑庠이 되어야 하는데 비록 사적으로 건립한 서원이라 하여도 사액이라는 절차를 통하여 국가가 그 기관을 인정하였기에 이는 국가의 학당이 된다는 것이다. 국상이라고 해서 곧 소유나 관리에 대한 권리를 국가가 가지고 있다는 것은 아닐 것이다. 이는 가숙 · 당상 · 술서術序와 같이 어느 격의 학당인가의 규정으로 보인다. 환언하면 국가의 사액으로 인하여 사립 서원은 마을 혹은 고을 문중의 것이 아닌 국가의 기관으로 위상이 바뀌는 것이다. 그는 국가에 대하여 상당히 무게있는 생각을 하였다.

그렇다고 하여 모든 면에 정도 이상의 국가의 개입을 원했던 것은 아니었다. 서원에 본부의 관리 5인이 오자 2인을 되돌려 보냈다. 그에 대한 견해를 밝히면서 '유자의 입장에서 볼 때, 서원에 관속이 많이 머무른다는 것은 사실 사리상 옳은 일이 아니라'고 밝혔다.[63)]

정구는 정치권력 구조에서 군주권이 대단히 중요하다고 보았다. 그는 1608년 광해 즉위 해에 기강紀綱을 세울 것에 대하여 말하였는데 그의 기강론은 군주의 위상에 관한 것이었다.[64)] 그는 주자의 언급을 근거로 "기강은 천하 국가의 중대한 일의 근본이고 또 그 근본은 임금의 바른 마음에 달려 있음을 말한 것입니다"라 하였다. 이러한 주자의 말이 나오게 된 것은 구휼을 하려면 조세를 공정히 하고 줄여주는 것인데 특히 군정을 바로 해야 한다는 것이다. 그것을 위해서는 기강이 세워져야 한다는 것이다.

---

63) 『寒岡先生文集』 卷之三 書 「答琴壎之」. "斯文之地. 多留官屬. 實非事理所宜. 此一院本府吏來屬者五人云. 故除三人而還屬二人矣."

64) 『寒岡先生文集』 卷之二 箚 「擬上箚」 戊申.

"기강의 요체는 재상과 대간에게 있고 그 근본은 또 임금의 지극히 공정한 마음에 있다는 것이니, 임금이 만약 지극히 공정한 마음으로 위에서 자신을 공손히 하여 굽어본다면 온 나라의 신하와 백성 중에 누가 감히 재상이 기강을 지키고 대간이 사심 없게 하는 것에 대하여 분발하고 힘쓰지 않겠습니까. 꿋꿋한 명예와 절조, 행검行檢이 자연히 풍속이 되고 세력가에게 빌붙어 결탁하는 버릇이 저절로 사라질 것입니다."

결국 다스리는 데 결정적인 위치에 있는 사람들인 최고의 결정권을 자진 재상과 대간이 바로 서야 하는데 그것도 군주에 따라 달라지는 것이다. 군주의 바른 마음에 달려있다. 인주의 정심이 문제인 것이다. 그의 기강론은 곧 군주론이라 하겠다.

그는 이 차자에서 군주가 행한 인사에 다른 의견이 있음을 파악하고 있다. "몇 달 사이에 민간에서 간혹 서로 모여 의심하는 자들이 없지 않으며 또한 개인적으로 비판하는 자가 없지 않습니다"라 파악하였다. 그는 이러한 일이 일어난 원인의 하나는 군주가 대신을 믿지 못한 데에 있음을 지적하였다. 그의 군주론은 군주 자체의 막강한 권한을 강조하는 것이 아니라 현철과의 협력을 전제로 하는 것이었다. "대간은 임금의 귀와 눈이요, 승정원은 임금의 목과 혀이니, 임금이 아무리 밝은 눈과 밝은 귀를 지녔다 하더라도 만약 이들을 통하지 않는다면 총명할 수 없다"라는 것이다. 그 협력은 엄밀하게 말하자면 군주를 중심으로 하는 것이다. 군신 간의 구분은 매우 엄중하여 벗들끼리 서로 다정하게 생각하는 사이와는 다르니, 이런 관점으로 서로 깊이 헤아리고 신중히 해야만 임금을 사랑하는 정성과 벗끼리 사귀는 도리가 모두 완전하게 되어 정말로 옛 사람의 기풍이 있게 될 것이라는 것이다.65)

그의 당파에 대한 견해도 역시 군주를 중심으로 전개되었다.

> "수십 년 동안 조정의 신하들이 고질병이 들어 치유할 방도가 없었던 것은 피차간에 당파로 분열된 점이었는데 성상께서 왕위를 계승하신 초기에 내리신 하교가 매우 간곡하였습니다. 그래서 뭇사람의 마음이 화합하고 과거의 폐단이 저절로 혁파되는 것을 기대할 수 있겠다고 생각했었는데, 근래에 분열하고 편당하는 버릇이 어쩌면 지난날보다 더 심하여 어떻게 수습할 도리가 없게 되었습니다."

정치적 분열과 당파에 따른 대립을 혁파할 군주의 의사는 천명되었지만 사태는 종전보다 심화되었다는 것이다. 정구는 이를 해결할 방법은 있다고 보았다.

> "인재를 분별하여 취사선택하는 것은 전적으로 성상의 통찰에 달려 있습니다. 성상께서는 공정함을 유념하시어 친분을 먼저 맺은 자를 위주로 하지 마시고 공정하지 못한 말에 혹시라도 현혹되지 말아야 할 것이니, 이렇게 하면 이러한 병폐가 어쩌면 거의 치유될 것입니다."

당파 문제의 해결은 인재의 선발에 달려있다고 보고 있으며 결국 그것은 군주에 달려있다는 것이다. 군주는 공정하여야 하며 친분 등에 의하여 그 기준이 흔들려서는 안된다는 것이다. 다시 말하자면 군주는 공정을 유지할 수 있는 능력을 가져야 하는 것이다.

주지하다시피 임해군의 정치적 제거를 둘러싸고 논의가 치열할 때에 정구는 이른바 전은론全恩論을 펼쳤다. 임해군이 죄인이라 하

65) 『寒岡先生文集』 卷之三 書 「答徐行甫 思遠」. ○癸卯 "君臣之分甚嚴. 非朋交情昵之比 以此相確. 而卽相受而爲然. 吾見愛君之誠. 交友之道. 兩得其美. 而眞介有古人之風矣."

나 임금의 은의를 베풀 대상임에는 분명하니 선처를 변통해달라는 요청이었다. 그것은 분명 공도에 어긋나는 것임에도 불구하고 많은 사람의 의견이 그러하다면 중정의 덕을 밝히는 것이 될 수 있다고 생각하는 것이다.66) 그는 군주의 결정권은 일반적인 법도를 뛰어넘을 수 있는 것으로 생각하고 있다고 여겨진다.

전은론은 널리 퍼져있기는 하지만 그것을 이해하거나 평가하는 입장은 정치적 입장에 따라 다양하였다. 그 뒤에도 전은론에 관한 사실을 모르면서 평가하는 자부터 알면서도 정치적 입장에 따라 해석하는 경우까지 다양하였다.67) 정구의 주장에 대하여 맹렬한 반대가 있었음은 물론이고 그 자신은 결국 「전은자핵차자全恩自劾箚子」를 올렸다. 그 자신 말하듯이 다른 사람은 그렇다 하여도 대사헌의 자리에 있으면서 법을 굽히자는 주장은 대의를 모르고 직무를 제대로 수행하지 못하였다고 스스로를 탄핵한 것이었다.68)

위의 사건 전개를 보면 정구의 군주론은 때로는 공도를 벗어날 수 있는 특별한 지위에 있는 군주를 상정하고 있음을 알 수 있다. 군주의 위치는 그러하지만 다른 한편에서는 그 군주는 위에서 살펴본 바와 같이 공론을 중요시해야 하며 그러한 군주가 바른 판단력을 갖고 현철의 도움을 받아 바로 설 때에 정치가 바로 선다는 것이다. 군주는 인사를 통하여 바른 정치를 추진할 인재를 확보하고 그들의 협력을 얻어 통치를 하는 것이다.

우리가 주목하는 것은 정구의 문제 해결 방식이다. 당금의 정치

---

66) 『寒岡先生文集』 卷之二 箚 「大司憲辭職箚」. 戊申 "伏念今日參酌恩義. 變通善處. 豈無其道乎. 唯在殿下深思不以公盡法之義. 公聽達聰. 益昭中正之德. 命推鞫大臣. 勉加明愼. 獄不必盡究. 人不必盡問. 罪不必盡覈. 法不必盡施. 寧有不經之失者存乎其間. 而臨海亦蒙不死之貸. 涵濡天恩. 以畢其生. 則光武之反側自安. 而文帝之尺布斗粟. 無復謠於今日矣."
67) 『葛庵集』. 「己甲辛癸錄」.
68) 『寒岡先生文集』 卷之二 箚 「以都憲時請全恩自劾箚」.

적 최대 과제인 당쟁의 문제 해결도 군주의 정심에서 출발하는 것이다. 다른 문제에 대한 해결 구조도 동일하지만 정구는 사회의 문제를 해결하기 위한 지배층의 수신을 거론한 것 같이 국가의 문제를 해결하기 위한 궁극적인 방법은 결정권을 가진 군주의 수신에서 찾고 있는 것이다.

### 2) 정치운영론의 구조

#### (1) 공론公論의 정치

조선조의 정치운영 방식은 공론의 정치이었다. 이것은 종전보다 의사결정에 보다 많은 사람이 참여하는 것을 의미하였다. 조선국가의 양반관료제를 실질적으로 양반층의 입장에서 운영할 수 있는 토대이었다. 공론 결정의 장은 중앙 조정은 물론이고 지방의 향촌사회를 포함하는 것이었다. 중앙 조정에서의 의사결정은 일차적으로는 관료층 내에서 이루어지는 것이었고 사안에 따라서는 전국적인 범위에서 의견을 묻는 일도 있었다. 향론의 경우 그것은 수령이 주도하는 것은 아니었다. 사안에 따라 재지사족 혹은 수령이 향론을 조성하였다. 향론의 경우의 결정력은 중앙 조정에서의 정책 결정과는 성격이 달랐다. 향론은 영향력을 가지나 법적인 강제력을 수반하지는 않았다.

정구는 여론을 중요하게 여겼다. 곧 공론에 의한 의사결정을 존중하는 입장이었다. 그는 1591년(선조 24) 통천 군수로 부임한 이듬해 임진왜란이 일어나자, 각 고을에 격문을 보내 의병을 일으켜서 적을 토벌하였다. 그리고 이때 선조대왕의 친형 하릉군河陵君 이린李鏻이 난리를 피해 통천의 산골에 숨어 있다가, 토적土賊이 왜적을 인도하여 함께 잡으러 오자, 목을 매달아 자살하고 시체가 행방

불명된 사건이 일어났다. 정구는 혐의자를 국문한 끝에 시체를 찾아내어 임시로 매장하였다. 그 일로 통정대부로 올려주니 1593년(선조 26) 8월에 이를 사양하는 상소를 하였다.

> "비록 한 자급의 경미한 품계라 하더라도 반드시 여망에 맞추어서 온 사방과 후세 사람들로 하여금 이론異論이 없게 한 뒤에야 사기士氣를 격려하고 흉적을 소탕할 수 있는 것입니다. 신처럼 형편없는 자가 어찌 조금이라도 그럴듯한 공이 있었기에 이처럼 품계를 올려 주는 조치를 내리신단 말입니까. 인정에 합당하지 않으니 여론은 또 뭐라고 하겠습니까. 한미한 신의 사적인 의리야 굳이 감히 말할 것이 못 되지만, 무엇보다 공을 세운 사람에게 보답하는 조정의 벼슬이 수많은 신하들을 격려하는 소지가 되지 못할까 염려스럽습니다."[69)]

군주의 결정보다 중요한 것은 여론인 것이다. 그 여론은 두 가지의 기준 곧, 사방이라고 표현한 현재의 여론과 후대의 평가까지 예상한 것이다.[70)] 아무리 사기를 올리려 하는 인사라 할지라도 그것이 여론과 일치되지 않으면 취소해야 한다는 것이다. 정구가 자신의 관품을 높여주려는 것에 대하여 사양하는 마음에서 그렇게 주장했다하여도 이것은 여론을 거론하여 군주의 결정을 취소시키려는 것임에는 변함없다. 물론 그러한 군주의 여론 청취는 앞서의 군주론에서도 거론된 바 있다. 군주의 판단을 위한 정보의 취합과 그것을 정리하기 위한 논리적 사고가 필요함을 역설하였다. '대간은 임금의 귀와 눈이요, 승정원은 임금의 목과 혀이니, 임금이 아무리

---

69) 『寒岡先生文集』 卷之一 「辭通政疏」. 通川郡守時 "雖一級之輕. 必叶人望. 使四方後代無異議. 然後可以激勵士氣. 蕩盡兇類. 如臣無狀. 寧有一毫彷彿之功. 而有此超陞. 人情不協. 物議云何. 微臣私義. 固不敢言. 深恐朝廷酬酢之典. 或未爲臣下勸."

70) 정구는 곳곳에서 후세의 평가를 유념해야 함을 언급하였다. 『寒岡先生文集』 卷之十 序 「成川守臣題名案序」. "後人視今. 其不猶今之視前也邪. 吁其可畏也夫."

밝은 눈과 밝은 귀를 지녔다 하더라도 만약 이들을 통하지 않는다면 총명할 수 없다'고 주장하였다.[71]

정구는 자신이 역임하였던 곳에 의견을 보내어 수령의 의사결정에 영향력을 행사하였다. 그는 1584년(선조 17) 동복현감에서 물러났는데 현재의 김부륜金富倫현감이 유생들의 시험을 보려하자 백성들에게 피해가 갈 것을 염려하여 말리고 있다.[72] 그뿐 아니라 몇 종류의 조언을 하면서 결정은 현재의 현감이 하도록 권유하고 있다. 여론의 청취나 경험의 수합을 적극적으로 활용하면서도 그 결정은 결정권을 가진 자가 행사하여야 한다는 생각이다.

그는 천곡서원의 건립과정에서 여론을 형성하는 과정을 경험하였다. 다른 의견을 가진 사람들에게 어떻게 대응하고 자신의 의견을 관철하기 위하여 어떻게 해야 하는가를 경험한 것이다. 결정적으로 퇴계선생의 의견을 힘입음으로 향론 조성의 또 다른 경로를 터득하였을 것이다. 향론은 때로는 마을이나 고을 범위를 넘어서는 지역의 인물들로부터 지원을 받기도 하고 반대에 부딪히기도 한다. 그리고 때로는 수령의 동조가 결정적인 요인일 수 있다. 대표적인 서원의 설립이 해당 고을의 수령의 지원하에 이루어졌음을 보면 알 수 있다. 그 밖에 향약을 시행한다든가 하는 경우나 종회나 족회의 경우에도 관련 인물들과 사전 의견 조율을 거치기도 하는 것이다. 특히 공동의 조직체일 경우 이러한 과정은 원만하고 정상적인 조직체의 운영을 위해서도 필요한 것이었다.

71) 『寒岡先生文集』卷之二 箚「擬上箚」戊申 "臺諫者. 人主之耳目也. 政院者. 人主之喉舌也. 四目之明. 四聰之達. 苟不由是焉. 人主不以爲聰明也."
72) 『寒岡先生文集』 卷之四 書「答金同福 富倫」.

### (2) 안민론安民論

유교통치론에서의 위민爲民은 결국 안민을 위한 것이다. 그러한 안민은 안민의 조건이 충족되어야 하는 것이다. 그 조건은 백성으로 보아서는 안팎의 문제이었다. 안으로는 안정된 삶의 조건을 위한 항산恒産이었다. 곧 농업재생산 기반을 확보하여 생산력 수준을 유지하거나 높이는 것이고 밖으로는 그러한 조건들을 방해하는 장해 요소들을 제거하는 것이었다. 가장 많이 거론되는 것은 과도한 역 부담과 부세수취 과정에서의 횡렴이었다.

지방통치에서 그 내용을 정령의 전달과 교화의 실현이라고 할 때에 정령의 전달 내용은 적극적으로는 생산을 장려하고 공정한 부세수취를 행하는 것이었다. 정구는 지방관으로 정령의 전달과 교화의 실현 가운데에 후자를 중시하는 입장이었다. 후자의 문제를 해결하지 않으면 근본적인 문제는 해결되지 않는다는 것이었다. 전자인 통치의 내용 가운데서도 생산의 장려보다는 부세수취의 견감에 비중을 둔 것으로 보인다. 창녕현감 수행에 대한 평가이었던 '흥리제해'로 표현되는 것이었다. 지방관을 평가하는 용어로서 '흥리제해'를 사용할 경우 그 내용은 각기 상이하다.

앞서 거론한대로 정구의 통치는 궁극적으로 안민을 목적으로 하는 것이었다. 백성들에게 피해를 줄 수 있는 하리下吏를 엄격하게 통제하고, 삶을 유지하고 재생산 보장을 위한 구휼을 행하고, 백성들에게 이로운 일을 일으키고 해로운 일을 제거하며, 제시한 가치관을 확산키 위하여 권선징악을 하는 것이다. 그 결과 감사가 안민이 성공하였음을 평가하였다.

정구의 안민론은 주장으로 그치지 않고 앞서 관직생활에서 살펴보았듯이 통치 현장에서 실천되었음이 일부 확인된다. 그의 안민론은 읍지 편찬으로 나타나기도 하였다. 그는 가는 곳마다 읍지를 편찬하였다. 이것은 백성을 위한 것이었다. 다스리는 고을에 관한 모든 정보가 기록된다. 알아볼만한 것, 기록할만한 것, 거울로 삼아 따르거나 경계로 삼을만한 것으로 표현되는 모든 것이었다. 이러한 읍지편찬이 정구로서는 수기치인의 이념을 실천하기 위한 기초자료의 확보이었으며 읍지 편찬을 통하여 지방사회에 유교식 예제를 보급하고, 충효를 권장하여 지방사회의 안정을 꾀할 수 있었다. 또한 읍지를 통하여 정몽주 · 길재 · 김종직 · 김굉필 · 정여창 · 이황 · 조식으로 이어지는 학통의 계승을 의미하는 것이었다.[73]

정구는 수령이 읍의 사정에 대해서 정확하게 아는 것이 통치에 대단히 필요하기는 하지만 그것만으로는 부족하다고 생각하였다. "백성이 가난한 이유가 비록 땅의 척박함과 자연현상의 재해로 인한 것이기는 하나 부역이 많고 형벌과 정사가 혹독하여 관리들이 동서남북에서 종횡무진으로 떠들고 못살게 하니, 설사 백성이 기름진 땅에 산다 하더라도 어찌 스스로 보전할 자가 있겠는가"하는 것이다. 백성들에게는 제거해야할 폐해가 적지 않았다.

흥리는 구체적으로 거론하지 않으나 제해는 구체적으로 거론하고 있다. 안민을 가로막는 것, 곧 제해의 대상은 수령의 통치 방해, 향리의 부정, 군현민의 과중 부담, 자연재해 등이었다.

첫째, 군현 외부의 사정이 수령이 정상적인 통치를 하는 데 방해가 된다고 생각한다. 공문은 날로 쌓이고 국경의 경보는 날로 급하며 백성에게 징수하는 것은 많고 상부에서의 질책이 준엄하여 수령으로 있는 자가 항상 정해진 기간 안에 재물을 출납하거나 각종 문서를 처리하는 데에 시달리느라 제 한 몸도 돌아보지 못할까 우려

73) 김문식. 2011.「16-17세기 한강 정구의 지리지 편찬」.『한강 정구』. 남명학연구원 엮음. 521쪽.

하는 처지에서, 어느 겨를에 백성을 살리는 방도와 선비를 배양하는 일에 유념할 자가 있겠는가 하는 것이다.[74] 과중한 업무에 백성을 위한 정책은 세우지도 못한다는 것이다. 안민은 역시 백성을 그 대상으로 삼는 개념이어서 그 주체의 하나인 수령의 근무 여건이 중요한 것은 분명하였다.

사실 수령이 제대로 된 안민관이 없으면 수령 자체가 방해 요인이었다. 남형과 같은 혹독한 정사 처리는 안민의 경제적 조건을 갖춘 군현민이라 하여도 견디기 어려운 것이었다.

둘째, 향리의 부정이 통치를 더욱 어렵게 하는 것이다. 정구는 곳곳에서 하리에 대한 통제를 언급하였다. 창녕현감으로서의 경험은 그 후 다른 고을에서도 적용되었을 것이고 제해 대상으로 꼽는 데 크게 주저하지 않았을 것이다. 향리가 때로는 부세수취 과정에서 중간 수탈자이어서 정해진 부담도 만만치 않은데 가외횡렴을 떠안아야 했다.

셋째, 군현민의 과중한 부담이다. 이 시기 징수하는 것이 많아 수령의 업무 수행에 지장이 있을 정도인 것이 부세·부역이었다. 수령이 자의로 줄이거나 없앨 수 없는 것이라는 데 문제가 있었다. 가령 특정한 공납물은 지정되던 시기와 생산 조건이 달라져 전혀 생산이 없든지 극심하게 줄어든 경우도 있었다.

넷째, 자연재해가 재생산 유지의 큰 장해이었다. 수령의 업무 가운데 하나는 농업생산 장려이었다. 농업생산 기술을 개량하여 자연재해에 대응하려 하였으나 쉬운 일이 아니었다. 수리시설을 개선하고 농업생산을 철에 맞추어 독려하고 심지어는 강우량을 철저히 조사하여 대비하였지만 인력으로는 견디기 어려운 생산 조건을 가지고 있었기에 그 피해는 막심하였다. 고을 수령이 위와 같은 것들을

74) 『寒岡先生文集』 卷之十 序 「咸州志序」.

깊이 경계하되 그 원인이 무엇인가를 살펴보며 그 근본에 관해 한층 더 힘쓰되 백성을 편히 해 주어야 하는 것이다. 그런데 정구는 백성들도 해야할 일이 있다는 것이다.

> "이 고을에 호적을 두고 있는 백성들도 뒤로 물러나, 어떻게 하는 것이 자기의 분수를 지키는 것인가를 생각하여 농사에 힘을 기울이고 학문에 힘쓰되, 중단하지 말고 꾸준히 계속해야 한다. 그리하여 위로는 나라에 내는 부세의 의무를 다하고 아래로는 몸가짐과 가정 생활을 올바로 하는 법도를 잃지 않은 바탕 위에서 친척과 이웃 간에 서로 화목하고 어린이와 어른 상호간의 서열을 어기지 말며 옳은 도리와 학문을 갈고닦아 깊은 경지에 도달함으로써 한 고을의 습속이 누구를 막론하고 모두 인의 도덕의 위치로 올라가 군주의 문명의 정치에 부끄러움이 없도록 한다"는 것이다.[75]

이와 같은 정구의 안민론은 안민이 수령의 통치에 의해서 펼쳐지지만 그 완결은 백성들에 의한 것이다라는 것이다. 정구는 다스리는 자의 노력만으로는 부족하다고 생각하였다. 다스림을 받는 자의 협조 내지 나아가서는 적극적인 의지가 필요하다는 것이다.

### (3) 예치론禮治論

정구는 『주자가례』가 보급되는 현실에서 그 밖의 여러 예설들을 취합하여 『오선생예설분류五先生禮說分類』를 만들었다. 주자 이외의 견해를 정리한 이 예서는 정구의 학문적 관심의 결과물임을 알 수 있다. 예라는 대상 내용뿐만 아니라 편찬 방식 또한 그다운 방식이다. 『주자가례』라는 예의 전범典範이 있지만 그의 학문적 호기심은 거기에 그치지 않고 다른 견해를 취합하는 것으로 나타났다. 그가

---

75) 위의 주와 같음.

언명하였듯이 주자의 예를 포함하여 수집된 자료를 모두 해체하여 재편집하는 방식을 버리고 『주자가례』를 전범으로 인정하고 보완하는 별도의 서책을 만든 것이다.

예라는 것은 하늘의 이치를 형상화하고 인간의 일에 법칙이 되는 것이다. 그것을 분산시키면 예의禮儀 삼백 가지와 위의威儀 삼천 가지가 질서정연하고, 한군데로 집약하면 모든 사람들 각자의 몸과 마음의 근간이 되는 것으로, 잠시 잠깐이라도 군자의 몸에서 떠나지 않는다. 그리하여 도덕과 인의가 이것으로 인해 이루어지고 군신君臣, 부자, 형제 상호간의 구분도 이것으로 인해 정해진다. 이때문에 옛사람은 보고 듣고 말하고 행동하는 등 신변의 가까운 행위에서부터 더 멀리는 한 가정과 고을, 그리고 나랏일에 이르기까지 예의 본질인 성誠과 경敬을 다하지 않은 경우가 없었던 것이다.[76]

예가 가치의 근본이고 가치를 실현시키고 사회질서를 유지하는 것이라면 그 예에 의하여 견인되는 것을 예치라 한다. 예치를 명확하게 표현한 것은 장현광이다.

> "사람은 단 하루라도 예를 떠나서는 안 되며 천하와 국가는 단 하루라도 예가 없어서는 안 되니, 이른바 예가 다스려지면 나라가 다스려지고, 예가 혼란하면 나라가 혼란하며, 예가 보존되면 나라가 보존되고, 예가 망하면 나라가 망한다는 것이 어찌 확고한 의논이 아니겠는가. 그러므로 가르침은 예교禮敎보다 먼저할 것이 없고, 배움은 예학禮學보다 간절한 것이 없으니, 예로부터 성인聖人이 예를 중히 여기심은 이때문일 것이다."[77]

76) 『寒岡先生文集』 卷之十 序「五先生禮說分類序」. "節文乎天理. 而儀則乎人事. 散之爲三百三千之有秩. 統之爲一身一心之所幹. 未嘗斯須去乎君子之身. 道德仁義以之而成. 君臣父子兄弟以之而定. 所以古之人. 自視聽言動之近. 達之家鄕邦國之遠. 無所不用其誠敬焉."

77) 『旅軒先生文集』 卷之十 跋「五先生禮說跋」. "人不可一日離其禮. 天下國家. 不可一

앞서 안민을 위한 우선적인 노력은 경제적 조건의 형성에 그치지 아니하고 교화의 실현에까지 기울여야 하는 것이다. 그리고 그 교화의 기준과 내용은 예가 되는 것이다. 예치라는 것은 수신과 그의 실천으로서의 예의 실현 그리고 가치관의 실현이었다. 예가 다양한 인간관계에 따라 삼백 가지 삼천가지로 나타나기도 하지만 예는 그러한 사회의 기본적인 가치관이고 질서화의 매개가 되는 것이다. 앞서 『함주지』의 「서」에서 언급하였듯이 분수를 지키고 농사에 힘쓰고 학문에 힘쓰고 부세 의무를 다하는 것에 그치는 것이 아니다. 온 고을의 습속이 인의 도덕에 맞아야 하는 것이다. 따라서 그가 지방관으로서 읍지를 편찬했다든가 혹은 향촌사회에서 계회를 조직했다든가 하는 것들은 예치를 실천하기 위한 정지작업이며 그 자체이었다.[78] 이것이 정구가 원하는 사회이었다.

이러한 백성들을 중심으로 예를 말하자면 백성은 자신을 닦을 뿐만 아니라 가정 생활에서도 예를 지키고 이루며, 친척과 이웃 간에도 그리고 마을과 고을을 넘어서서 장유 간에 예를 지켜야 하는 것이다. 예가 곧 질서라면 백성들은 자신과 관계된 모든 구성원인 가족, 친척, 이웃과 국가에 대한 현재의 질서를 지켜야 하는 것이다.

## 4. 맺음말

정구가 살았던 시기는 어느 때보다 더 많은 문제가 드러나고 있었다. 정치적으로는 공론의 정치 운영이라는 형식이 당쟁으로 번지

---

日無其禮. 所謂禮治則治. 禮亂則亂. 禮存則存. 禮亡則亡. 豈非確論哉. 故教莫先於禮教. 學莫切於禮學. 自昔聖人之重禮也. 其以是哉."

78) 李範稷. 2004. 『朝鮮時代 禮學研究』. 國學資料院. 282쪽.

고 있었고 각각의 정치세력은 역사의 여러 조건의 변화에 따라 대립과 갈등을 증폭시키고 있었다. 그것은 임진왜란이라는 장기간의 전쟁 중에도 진행되는 것이었다. 사상적으로도 성리철학 수준의 심화로 종결되는 것이 아니라 그 가치관에 따른 사회적 질서의 재편에 논리를 제공하고 선도해야 하는 것이었다.

정구가 바라보는 현실은 그렇게 조선초로부터 적용하여 온 정치운영의 문제점을 안고 있으며 아울러 선초 이래 추구하여온 성리학적 가치관이 아직은 덜 실현되는 사회 곧 예가 모든 관계의 기준으로 제시는 되었으나 전면적인 실천은 이루어지지 않은 사회이었다. 그것은 다른 말로 표현하면 원칙이 지켜지지 않는 사회이었다. 지켜야 할 근본이 바로 세워지지 않은 현실이었다.

정구는 수신의 완성을 추구하면서 사환의 길에 뒤늦게 나아갔다. 그는 관직생활과 귀향을 반복하였는데 1차시기는 주로 지방관으로 활동하였던 시기이었다. 창녕, 동복, 함안 등 여러 곳의 지방을 다스리면서 보다 더 현실에 대한 이해를 넓게 한 시기이었다. 2차시기는 중앙에서의 관직생활을 유지하면서 1차시기 보다는 규모가 큰 부·목을 다스렸다. 강원도 관찰사를 역임하기도 하였다. 목민관으로서 경험한 지방의 현실은 다양하였고 그 일부는 전쟁의 와중이었다. 그의 업무는 일반적인 수령의 7사 범주를 벗어나는 것은 아니었으나 무엇보다도 교육과 교화에 큰 관심을 보였다.

향촌사회에서의 활동은 관직에 나아가기 전과 광해군 때에 완전히 낙향한 후를 제외하면 간헐적으로 이루어진 것이었다. 서원과 정사의 설립, 각종 계회의 조직, 종회의 참석 등은 물론이고 지속적인 저술활동을 하였으며 예학의 전문가로서 편지 등을 통하여 여러 사람에게 자문하였다. 이러한 활동들은 자신이 생각한 예가 오로지 실현되는 사회를 만들기 위한 것이었다.

앞서 거론한 대로 문제가 있는 현실은 변통이 가능한 현실이었다. 군주 혹은 수령, 양반층으로부터 시작하여 다시 기준을 세우고 세상을 바로 잡을 수 있다고 생각하였다. 그것은 또한 다스리는 대상인 백성들이 함께 해야 하는 것이었다. 공통의 가치관을 확인하고 공동의 일들을 찾아 함께 노력해야 하는 것이었다. 이것은 정구가 철저하게 교화를 통치의 기본 틀로 이해하고 있는 것을 의미한다. 교화는 교화 주체의 가치관의 획득과 준용만으로 완성될 수없는 것으로 피교화자의 자발적 참여로 완성되는 것이다. 그 점이 안민이라는 통치의 경우에도 그 틀을 강조하는 것이었다. 그에 있어서는 안민과 예치가 별개의 것이 아니었다.

그를 실현할 수 있는 기준 가운데 하나가 예학이었다. 가족으로부터 시작하여 친족이라는 혈연 범위를 넘어서서 함께 사는 향촌사회를 세워 나가야 하는 것이었다. 그것은 예치론으로 전개되었다. 정구의 생각은 예를 알고 갖춘 개인을 양성하고 그러한 예가 사회의 공동의 가치로 지켜지는 사회를 건설하는 것이었다. 그것은 그의 모든 각론에 공통적으로 등장하는 화두이었다. 안민론 역시 귀결은 예의 실천이었다. 정구의 안민은 경제적인 안민을 의미하는 것이 아니라 예를 기본 가치로 삼고 예를 지키는 안민이었다. 정구가 생각하는 경세의 도구는 예이며 경세하여 이룰 세상 역시 예禮의 사회이었다. 그는 성리학 · 예학 · 경세학을 전체적으로 종합시킴으로써 한국유학의 사상적 깊이와 성격을 심어 주었다.[79]

---

79) 금장태. 2011. 앞의 논문. 245쪽.

# 한강 정구의 상소문 연구

## - 說君을 위한 修辭의 要諦 -

정시열 | 영남대학교 국어국문학과

### 1. 머리말

이 글은 한강寒岡 정구鄭逑(1543-1620)의 상소문上疏文과 차자箚子에 나타난 수사적修辭的 특징에 대한 분석을 목적으로 한다. 상소문과 차자는 신하가 군주에게 올리는 글로서 주소류奏疏類 또는 주의류奏議類에 속한다. 특히, 다소 생소한 명칭인 차자는 주소류의 글 중에서도 그 전달할 내용의 핵심을 직절적直截的으로 제시한 글로서 간략한 형식의 상소문이라 할 수 있다.[1)]

『한강집寒岡集』에는 9편의 상소문과 12편의 차자가 수록되어 있는데, 이 글에서는 일반적인 치사致仕에 관한 내용보다는 쟁점이 분

1) 이 글에서는 한강 정구의 上疏文과 箚子만을 논의 대상으로 했기에 奏議類 산문의 전반적 특징에 대한 서술이 없다. 주의류 산문의 특징과 통시적 전개에 대해 살피고자 한다면「奏議類 散文의 特徵과 展開樣相」(최식. 2006.『동방한문학』 제31집. 동방한문학회. 203-227쪽)을 참고하면 된다. 그리고 상소문이라고 하면 일반적으로 공식적인 성격의 딱딱한 글을 떠올리는 경우가 있는데, 실제로 상소문을 보면 문예적·미학적 성격이 강함을 확인할 수 있다. 여기에 대해서는「상소문의 문예미학 탐색」(신두환. 2004.『한국한문학연구』 제33집. 한국한문학회. 235-263쪽)을 참고하면 된다.

명히 드러난 사안들에 주목하고자 한다. 한강은 왕실 내부의 갈등인 임해군과 영창대군 문제에 있어서는 관대한 처분을 주문했고, 인목대비 사건에 대해서도 변함없는 효성만이 자식의 도리임을 주장했다. 경자년과 무신년에 일어난 두 차례의 산릉 문제에 대해서는 애초의 결정을 번복하지 말 것을 주청했고, 조정 백관의 복상服喪 의례도 정돈할 필요가 있음을 역설했다.

사실 한강이 가장 역점을 두고 원만히 해결되기를 희망했던 왕실 문제는 두 왕자의 죽음과 인목대비의 유폐라는 비극으로 결말이 났기에 군주의 뜻을 바꾸기에는 그의 상소가 역부족이었음을 확인할 수 있다. 하지만 이런 결과만을 두고 한강의 '세군說君' 방식이 서툴렀다고 단정할 수는 없다. 목적을 향한 군주의 강한 의지와 군주의 의도에 부응하려는 조정의 대세는 일개 신하의 충정으로 어찌할 수 있는 부분이 아닌 까닭이다. 이 글에서는 한강이 올리려다 그만둔 상소까지 논의에 포함시켰는데, 이는 모두 한강의 손에서 나온 글이기 때문이다.

앞서 이 글의 부제와 연구 목적에서 '수사修辭'라는 언급이 나왔는데, 일반적으로 수사학修辭學이란 사상이나 감정을 효과적으로 표현할 수 있도록 문장과 언어의 사용법을 연구하는 학문을 말한다.[2] 이러한 정의에 기반해서 본다면, 이 글에서 분석하고자 하는 수사적 특징이란 한강이 자신의 뜻을 군주에게 관철시키기 위해 상소문에 사용한 설득 기법을 의미한다. 여기서 '기법'이라 칭한 것은 일찍이 한비자韓非子가 「세난說難」편에서 언급했듯이 '세군說君' 즉 군주를 달래는 데도 적절한 기술이 필요하다는 점을 의식한 까닭이다.

---

2) 「〈諫廢妃疏〉의 수사학적 분석」(최선경. 2011. 『수사학』 제15집. 한국수사학회. 295쪽)에서는 수사학이란 설득을 목표로 하며, 설득의 기술을 탐구하는 학문이라고 정의했다.

한강은 1543년(중종38년) 경상북도 성주에서 출생했으며, 20대에 당대 삼현三賢인 퇴계退溪 이황李滉(1501-1570), 남명南冥 조식曺植(1501-1572), 대곡大谷 성운成運(1497-1579)의 문하에서 수학했다. 정통 성리학자로서 과거에 뜻을 두지 않고, 학문에 정진한 한강은 주로 관직을 고사하는 입장이었으며, 출사하더라도 내직보다는 외직인 경우가 많았다. 또한 그는 임란 후 광해군이 집정했던 민감한 시기에 관직에 몸담고 있었던 만큼 조정의 예민한 사안에 입장을 표명해야 할 경우가 종종 있었다. 한강은 국가의 기강이나 천륜에 관계된 문제에 직면했을 때 신하로서 외면하지 않는 것이 도리라고 믿었기에, 그가 왕에게 올린 상소와 차자를 보면 자신이 믿는 질서를 회복시키고자 애쓴 흔적이 역력하다. 하지만 한강은 자신의 입장만 계속해서 내세우는 한갓 용기만 갖춘 백면서생이 아니라 군주의 처지와 생각을 읽을 줄 아는 영명함을 겸비한 인물이었다.

한강의 상소문과 차자를 읽으면서 특징적으로 느낀 점은 크게 세 가지다. 첫째, 군주에게 간하는 내용이 철저하게 역사적 사실에 근거하고 있으며, 둘째, 국가의 기강과 관련된 문제에 있어서는 합리성에 바탕을 둔 논리적인 사유와 입론을 통해 자신의 주장을 전개했으며, 셋째, 왕실 내부의 갈등적 요소에 대해서는 감정논리에 입각해서 군주에 대한 정서적인 압박과 호소를 통해 그 해결 방안을 모색했다는 점이다. 이러한 요소들은 군주를 효과적으로 설득하기 위해 한강이 구사한 의도적인 수사였으며, 이를 통해 볼 때 그에게는 자신의 논리를 세우는 나름대로의 방식, 이른바 글쓰기 전략[3]

3) 「상소문의 글쓰기 전략 연구」(염은열. 1996. 『국어교육연구』 제3집. 서울대 국어교육연구소. 78쪽)를 비롯한 여러 편의 논문에서 상소문은 수신자가 군주였던 만큼 고도의 표현 전략이 요구되는 글쓰기였음을 지적했다.

이 있었음을 알 수 있다.

그럼 한강의 상소문과 차자에서 이러한 특징들이 어떤 양상으로 전개되고 있으며, 그것이 어떤 의미를 갖는지 그 구체적인 세부를 살펴보도록 하겠다.[4)]

## 2. 사실史實에 근거한 설득: 경계警戒와 면피免避의 수단

군주를 설득하기란 분명 어려운 일이다. 특히 군주가 명확한 자기 견해를 갖고 있을 때 신하가 그것을 알아차리지 못하고 반대의 논리를 전개한다면 그 신하는 오히려 화를 입을 수 있다. 그래서 한비자는 「난언難言」편에서 군주를 설득하는 어려움에 대해 다음과 같이 말했다.

> 비록 현명하고 어질면서도 죽음에서 도망가지 못하고, 굴욕을 피하지 못한 것은 무슨 까닭입니까? 그것은 어리석은 군주에게 유세하기가 어렵기 때문입니다. 그래서 군자는 말하는 것을 어려워하는 것입니다. 또 지극히 좋은 말은 귀에 거슬리고 마음에 거슬리는 것이어서 현명하고 어진 군주가 아니면 들어주지 못합니다.[5)]

한비자의 지적대로라면 현명한 신하는 군주에게 간언하기에 앞서 자신이 빠져나갈 수 있는 여지를 만들어 둔다. 이 글의 논의 대상인 한강의 경우, 역사적으로 실재했던 사례 즉 사실史實을 그러한

---

4) 『寒岡集』에 수록된 상소문과 차자에 대한 번역은 『국역 한강집(1-4)』(송기채 번역. 2001-2004. 민족문화추진회)에 크게 힘입었다.

5) 『韓非子』. 「難言」. 雖賢聖不能逃死亡避戮辱者, 何也. 則愚者難說也. 故君子難言也. 且至言忤於耳而倒於心, 非賢聖莫能聽.

여지로 삼았음을 확인할 수 있다. 현재 조정의 상황과 유사한 사실을 근거로 군주에게 진언할 경우 진언의 타당성을 확보함으로써 군주가 오판하지 않도록 경계할 수 있고, 또 일이 어긋났을 경우 역사를 명분으로 삼아 신하가 책임을 면피할 수 있다는 이점이 있다.

현재의 사건과 성격상 부합하는 지난날의 특정한 사례를 근거로 제시하면서 주장을 개진한다면 그 의견은 강한 설득력을 지닐 수 있기에 군주에게 경계가 된다. 그리고 설령 그 간언이 군주로부터 거부당하고 심지어 문책을 당하는 지경에 이르더라도 신하는 역사가 그러했음을 면피의 구실로 삼을 수 있는 것이다.[6)]

'온고지신溫故知新'이란 말에서 알 수 있듯이 지난날의 자취는 우리 인생에 크나큰 지침이 된다. 앞에서 한비자의 지적처럼 비록 군주의 지위에 있는 자라 할지라도 우둔한 자가 있기 마련이다. 다행히 자신의 모자람을 알 정도의 군주라면 당연히 역사적 사실을 귀감으로 삼으려 할 것이다. 이런 측면에서 본다면 사실에 근거한 설득은 중요한 결정의 대목에서 군주에게도 숨 쉴 통로를 제공하는 셈이다.[7)]

그럼 실제 원문을 통해서 이러한 특징에 대해 살펴보겠다. 다음에 제시된 글은 한강이 1600년 의인왕후의 산릉 자리에 대해서 올린 상소문의 일부이다.

---

6) 「상소의 설득구조에 관한 연구」(오인환 · 이규완. 2003. 『한국언론학보』 제47집. 한국언론학회. 9쪽)를 보면 상소란 절대 권력을 가진 군주에게 올리는 글이었기에 신하들은 자신의 안전을 도모하고 글의 설득력을 높이기 위해 다양한 장치를 발전시켰다는 언급이 나온다.

7) 군주는 판단이 잘 서지 않는 사안에 대해서도 결정해야 했으므로 신하가 올린 상소문은 군주의 판단과 결정에 긍정적으로든 부정적으로든 영향을 끼쳤을 것이다. 「눌재 양성지의 상소문에 나타난 현실대응논리」(신두환. 2000. 『한문학보』 제3집. 우리한문학회. 93쪽)를 보면 상소문이란 과거를 바탕으로 현재를 이해하며, 번잡한 사건도 조리 있게 진술하여 문제의 핵심을 잡아서 풀어내는 장치라는 언급이 나오는데, 이러한 성격의 상소문은 군주가 상황을 파악하는 데 상당 부분 도움을 주었을 것이다.

> 사마광司馬光의 경우는, 그가 할아버지의 상을 당했을 때 숙부들이 술사術士에게 유혹되어 사마광의 말을 믿지 않고서 선대先代가 예로부터 묻힌 곳을 버리고 소목昭穆의 차례를 어지럽히려 하였는데, 사마광이 말로는 이겨낼 수 없음을 알고, 술사에게 후한 뇌물을 주어 숙부들에게 거짓으로 옛 묘역을 칭찬하여 자기의 생각대로 움직이게 한 다음 예법대로 장례를 치렀습니다. 그 뒤로 집안 사정이 매우 좋아지자 사마광은 더욱 술사들의 말을 믿지 않았으며, 이런 사실을 인용하여 후세에 훈계를 남기기까지 하였습니다. 신이 그 글의 전부를 기억하지는 못하겠으나 대강은 이렇습니다. 풍수가들의 분분한 설은 들을 필요가 없다는 것이 대체로 이와 같습니다.[8)]

경자년 선조 임금의 비인 의인왕후가 죽자 산릉자리를 결정하는 문제로 조정에서 분란이 발생했다. 전 참봉 박자우의 상소로 인해 원래 예정됐던 포천의 자리가 취소되는 과정에서 찬반양론이 대립되어 격론을 펼쳤는데, 당시 한강은 자리를 옮기는 것을 반대하는 입장에서 상소를 올렸다. 그는 중국 북송의 학자요, 정치가였던 사마광司馬光(1019-1086)의 사례를 들어가며 주장을 개진했는데, 『자치통감資治通鑑』으로 유명한 이 대학자를 거론함으로써 자신의 의견에 힘을 실으려 했다.

일반적으로 풍수지리를 신봉하는 것은 조상의 음덕蔭德과 명당발복明堂發福에 대한 믿음 때문인데, 한강이나 사마광은 기본적으로 이러한 믿음보다는 국가 운영의 현실적 측면을 중시했던 듯하다. 이미 결정된 일을 다시 거론하는 것은 국력의 낭비를 초래하는 요인이 된다는 점에서도 그들의 생각에는 객관적 타당성이 있다. 상소

---

8) 『寒岡集』 卷2. 「請勿改卜山陵疏」. 至於司馬光, 則當祖父之喪, 以諸父惑於術士, 不信光之言, 將棄先人舊葬, 而亂昭穆之序, 光旣不能辨, 則厚賂術士, 俾誑諸父, 令稱譽舊塋, 得行其計, 而以禮葬焉. 其後家世極其隆顯, 光以此益不信術者之言, 引此說以垂訓後世. 臣不能全記本文, 而大槩如是. 風水家紛紛之說, 其言不足聽, 盖如是矣.

를 올린 한강의 의도는 자신의 이러한 생각을 임금에게 이해시키는 것이었는데, 옳은 것이라고 해서 막무가내로 주장해서는 오히려 화를 입을 수도 있었기에 여기에는 요령과 기술이 필요했다.

한강이 선택한 세군說君의 방법은 역사적으로 실재했던 사례를 이용하는 것이었다. 그는 사마광의 일화를 통해 술사들이 내세우는 풍수설이 국가의 기강과 운영에 우선할 수 없는 일임을 분명히 했다. 이처럼 설득의 방법으로 사실을 인용할 경우 군주의 뜻을 경계할 수 있으며, 신하에게는 면피의 수단이 된다.

다음 글은 한강이 75세 되던 1617년에 작성한 것으로서, 인목대비 사건과 관련된 상소의 일부이다. 연보를 보면 한강은 광해군에게 더 이상 간언을 올릴 수 없음을 깨닫고 이 상소를 태웠다고 한다.

> 날마다 순舜을 죽이는 것을 일로 삼은 부모였지만, 순임금이 거기에 대처한 것은 하늘을 원망하고 부모를 사모한 것일 뿐이며 하늘에 대고 울부짖은 것이었을 뿐, 자식으로서의 직분은 공순히 수행하지 않은 것이 아니었습니다. 순임금 조정에 벼슬한 뭇 신하들이 임금을 위해 원수를 갚고 싶은 마음이야 어찌 한량이 있었겠습니까만, 그들 역시 변고에 대처하는 문제에 관하여 한마디도 언급한 것이 있다는 말은 못 들었으니, 이것이 어찌 천만년을 두고 자식 된 자와 신하 된 자가 마땅히 기준으로 삼아 따라야 할 것이 아니겠습니까. 종묘사직에 큰 반역을 저지르고 천하에 큰 죄를 진 자를 따지면 당나라의 무조 같은 사람이 누가 또 있겠습니까. 송나라 때 신하 장식의 경우는 그 당시 그를 폐하지 않은 것을 매우 잘못된 일로 여겼으나, 주희의 주장은 그의 아들인 중종中宗의 처지로서는 결코 어미를 내쫓는 일을 감히 할 수 없었을 것이라고 하였습니다. 신은 일찍이 주자의 그 글을 읽고 생각하기를 '군신과 부자간의 의리는 그 엄중하기가 이와 같구나. 그래서 비록 저 무조처럼 어미답지 못한 자에 대해서도 주자의 주장이 이와 같았으니, 이는 참으로 의리가 정밀하고 오묘한 부분으

> 로서 만년을 두고 마땅히 법으로 삼아야 할 것이 어찌 여기에 있지 않겠는가.' 하였습니다.[9]

광해군이 왕위를 계승한 후 연이어 발생한 옥사로 인해 임해군과 영창대군이 희생되었고, 이런 일련의 과정 속에서 선조의 계비였던 인목대비의 입지는 여러모로 좁아질 수밖에 없었다. 게다가 설상가상으로 대비에게 저주 사건의 혐의까지 더해지자 대북 정권의 칼날은 시시각각 변고의 조짐을 보였다. 위에 인용한 한강의 상소를 통해 인목대비가 서궁에 유폐될 무렵의 상황을 짐작할 수 있다.

위의 글에서 한강은 순임금과 당나라 중종의 일화를 역사적 사례로 들었는데, 그는 이러한 사실로써 광해군이 그간의 일을 자성하고 그 패륜적 행태에 종지부를 찍기를 원했던 듯하다. 순임금의 경우 부친인 고수瞽瞍와 계모가 그를 죽이고자 수차례 시도했으나 매번 슬기를 발휘해 위기를 모면했으며, 그 후로도 태연히 자식의 도리를 다한 인물로 유명하다. 한강은 그러한 순임금의 조정에서도 그 부모를 처벌하자는 논의는 거론된 적이 없었음을 강조했다. 또한 그는 당나라 중종의 모친으로 당대의 권력을 장악하고 전권을 행사했던 무조武曌〔측천무후則天武后〕와 같은 극단적인 사례를 제시함으로써 인목대비에 대한 논란을 그치게 하고자 했다.

인목대비가 비록 선조의 계비였지만 광해군이 그녀에게 자식의 도리를 다하는 것이 종묘사직을 생각했을 때 떳떳한 처신임은 분명

9) 『寒岡集』 卷2. 「丁巳擬上疏」. 日以殺舜爲事之父母, 而帝舜之所以處之者, 則怨慕而已, 號泣而已, 子職則不得不恭爲焉. 虞廷群臣, 爲君欲讎之心, 寧有紀極, 而亦未聞有一言及於處變, 此豈非萬古爲人子爲人臣者之所當則而法焉者乎. 爲宗社之大逆, 負天下之大罪者, 孰有如唐之武曌. 至於宋臣張栻, 深以當時不廢爲病, 而朱熹之論, 則以爲在中宗, 則決不敢爲黜母之事. 臣嘗讀朱子之書, 以爲君臣父子之義, 其嚴若是. 雖以武曌之不母, 而朱子之立論如是, 眞是義理精微, 處萬古之所當法者, 豈不在是.

했다. 하지만 인목대비를 옹호하는 한강의 주장은 대북파가 주도하던 당시 조정의 대세에 역행하는 위험한 시도였다. 그래서 그는 상소를 올리는 데 있어 면피를 위한 최소한의 안전장치로서 순임금과 당나라 중종의 일을 본보기로 제시했던 것이다. 물론 이러한 사실의 서술에는 군주를 일깨우고자 하는 강한 경계의 의도도 포함되어 있었다.

다음 글은 한강이 국가 기강의 요체에 대해 광해군 즉위년에 작성한 차자의 일부이다. 전체적인 내용을 보면 공사公私를 엄격히 구분하여 국사에 정실情實이 개입되지 않도록 해야 한다는 주청이다.

> 그러나 순임금이 우禹에게 "나의 잘못을 그대가 보필하라." 하였으니, 그렇다면 순임금도 혹시 잘못이 있었던 것이 아니겠습니까. 그리고 이윤伊尹이 탕임금에게 "간언諫言을 따라 어기지 마소서." 하였으니, 그렇다면 탕임금도 혹시 간할 만한 일이 있었던 것이 아니겠습니까. 이렇게 볼 때 잘못과 간할 만한 일이 순임금, 탕임금에게도 없지는 않았는데, 보필하여 바로잡는 것을 허락하시고 간언을 어기지 않으셨기에 순임금, 탕임금과 같은 성스러운 임금이 되셨던 것입니다. 그렇다면 오늘날 어찌 전하께 올릴 만한 말씀이 없겠습니까. 다만 전하께서 간언을 살펴 받아들이고 어기지 않는다면 순임금, 탕임금처럼 되는 시초가 바로 여기에 있을 것입니다.10)

요순우탕堯舜禹湯은 과거의 선성왕先聖王들로서 성군聖君을 상징하는 대표적 인물들이다. 한강은 자신의 진언 이전에 순임금과 탕임금의 사례를 언급함으로써 군주의 마음을 달래고자 했다. 충언은 귀에

10) 『寒岡集』 卷2. 「擬上箚」. 然舜之命禹曰, 予違汝弼, 則舜亦有違焉者乎. 伊尹之稱湯曰, 從諫弗咈, 則湯亦有可諫者乎. 然則違與可諫, 舜湯亦所不免, 而唯其許弼而弗咈, 所以爲舜湯也. 然則今日亦豈無爲殿下可言者哉. 唯殿下省納而弗咈焉, 則希舜希湯之幾, 其不在是乎.

거슬린다는 말처럼 비록 충정에서 우러나온 간언이라 할지라도 군주의 심사를 불편하게 만든다면 그 설득은 실패할 것이 자명하기 때문이다.

순·탕과 같은 역사적으로 유명한 두 성군도 아랫사람의 보필을 받고, 그들의 조언을 잘 수용했기에 훌륭한 치적을 이룰 수 있었듯이, 군주에게 있어서 자신이 모든 일에 능통할 수 없음을 인정하고, 타인의 의견을 받아들이는 포용적 자세는 성군이 되는 출발점이다. 한강은 바로 이러한 점을 강조함으로써 갓 즉위한 군주인 광해군의 미숙하고 불합리한 국정 운영에 경계를 주고자 했으며, 더 나아가 자신의 진언이 초래할 군주의 진노를 피하고자 했던 것이다.

다음 제시문은 한강이 영창대군 사건과 관련해서 광해군에게 올린 차자의 일부이다. 어린 왕자를 보호하려는 일념하에 역사적 사실을 근거로 해서 군주를 설득시키려는 노신老臣의 간절함이 느껴지는 글이다.

> 노양공魯襄公 30년에 주경왕周景王의 조정에 적신賊臣 담괄이 반란을 일으켜 왕자 영부를 천자로 옹립하려 하였는데, 영부는 곧 경왕의 아우로서 사실 담괄이 자기를 옹립하려 한다는 사실을 몰랐습니다. 얼마 지나지 않아 일이 탄로되어 담괄은 도망을 가고, 영부는 윤언다와 유의 등 다섯 사람의 주도하에 죽음을 당하였으니, 그 죽음은 왕명이 아니었습니다. 공자가 『춘추』에서 그 사실에 관해 쓰기를 "천왕이 그의 아우 영부를 죽였다." 하였는데, 선유先儒는 논하기를 "대체로 왕이 사람을 죽일 때는 그 사실을 쓰지 않고 반드시 죄가 없는 자를 죽일 때에만 쓴다." 하였습니다. 천자는 독단으로 사람을 죽일 수 있으므로 영부의 죽음은 마땅히 쓰지 말아야 하는데도 그 필법이 이와 같았으며, 영부가 역모에 가담하지 않은 점에 대해서는 성인이 그를 무죄로 처리하였습니다. 사실을 따져 법을 적용한 그 뜻이 어찌 깊고

> 절실하며 분명하지 않습니까. 그리고 영부의 죽음은 애당초 경왕의 뜻이 아니었고 다만 그것을 막지 못했을 뿐입니다. 그러나 『춘추』의 뜻을 풀이할 때, 좌씨는 "죄는 왕에게 있다." 하였고, 곡량씨는 "왕이 지나쳤다." 하였으며, 두예는 "골육을 해쳤다." 하였습니다. 그러니 경왕이 지은 허물이 과연 어떠합니까. 그리고 보면 경왕의 허물은 저 다섯 명의 대부가 만들어 낸 것이었는데, 오늘의 일은 우연히도 그와 비슷한 점이 있습니다.[11]

한강은 계축옥사가 일어나고 영창대군의 목숨이 위태로워지자 『춘추春秋』에 기록된 많은 사건들 중 당시 조정의 상황과 유사한 노양공魯襄公 시절 주경왕周景王의 일을 가져와 광해군을 설득하고자 했다.[12] 한강의 이러한 시도는 춘추필법春秋筆法이라 불리는 『춘추』의 엄정한 역사관을 의식한 데서 기인한 것으로 보인다. 비판적이고 예리한 필법으로 기록된 『춘추』는 대의명분을 밝혀서 역사를 서술한 것으로 널리 알려져 있다. 한강은 광해군이 이러한 『춘추』의 사실을 타산지석他山之石으로 삼아 역사적 과오를 재범하지 않기를 기원했을 것이다.

광해군은 이미 즉위하면서 자신의 친형인 임해군을 사사한 허물이 있었기에 동생인 영창대군마저 처형한다면 그 행위는 되돌릴 수

---

11) 『寒岡集』 卷2. 「癸丑箚子〔再箚〕」. 魯襄公三十年, 周景王有賊臣儋括造亂, 欲立王子佞夫, 佞夫卽景王之弟, 實不知儋括之欲立己也. 未幾事發, 儋括出奔, 尹言多, 劉毅等五人, 共殺佞夫, 非王命也. 孔子書之曰, 天王殺其弟佞夫, 先儒論之以爲凡王殺不書, 必殺無罪而後書. 夫天子主專殺, 佞夫之死宜不書, 而書法如是, 佞夫之不與聞, 聖人蓋以無罪處之矣. 其原情按法之意, 豈不深切而著明也哉, 且佞夫之死, 初不出於景王, 特莫之禁也爾. 然而解春秋之義, 而左氏則曰, 罪在王也, 穀梁子則曰, 甚之也, 杜預則曰, 殘骨肉也. 其爲景王之累, 何如哉, 然則景王之過, 五大夫成之也, 今日之事, 偶然如有所彷彿焉者.

12) 『春秋左氏傳』을 보면 魯襄公 30년에 "천왕이 그 아우 영부를 죽였다.(天王殺其弟佞夫)"는 구절이 나온다. 그리고 "아우라고 칭한 것은 골육을 해친 왕을 미워해서이다."(稱弟, 以惡王殘骨肉)라고 주석되어 있다.

없는 오점으로 남을 수밖에 없는 상황이었다. 그런 측면에서 볼 때 광해군에게도 1613년 당시의 계축옥사는 정치적 부담이 큰 사건이었음에 틀림없다. 그래서 한강은 『춘추』에 기록된 주경왕의 아우 영부의 죽음을 통해 광해군의 마음을 돌릴 수 있으리라는 일말의 믿음을 가졌던 것으로 보인다.

공자孔子가 영부의 억울한 죽음을 기록하고 그의 무죄를 인정했음은 광해군에게 시사하는 바가 컸으리라 여겨진다. 영부의 죽음은 곧 영창대군의 죽음이며, 아우를 죽이고 후세의 비판을 면할 수 없었던 주경왕은 바로 광해군 자신이 될 수도 있다는 점을 한강은 내비쳤던 것이다. 한강의 이러한 표현법은 군주의 심중에 자리한 위험한 뜻을 에둘러서 경계한 것으로 볼 수 있다. 또한 그의 이러한 설득 방법은 군주의 분노를 사게 되더라도 신하된 입장에서 역사적 사실史實을 거론했음을 명분으로 삼아 처벌을 피할 수 있다는 이점을 갖는다.

## 3. 논리적 사유思惟와 입론立論: 국가 기강의 확립

한강은 국가 기강의 확립과 관련된 사안에 대해서는 엄격한 입장을 견지했다. 이러한 점은 정통 성리학자인 그의 사상과 관련된 것으로 보인다. 군주를 중심으로 국가를 경영하는 데 있어 체계적인 절차의 부재는 국정의 파탄과 직결되기에 한강은 엄정한 잣대를 가지고 국사에 임했다. 동서고금을 막론하고 사익을 위해 국가적 중대사를 농단하는 무리가 있기 마련인데, 한강의 입장에서 보자면 이들은 모두 국가의 질서를 무시한 채 사람들을 현혹시키는 협잡꾼

이었다. 그는 이러한 무리에 맞서 군주가 정도正道를 걷도록 설득하고, 나라의 기강을 굳건히 하는 것이 신하된 자의 소명이라고 믿었다.

일찍이 한비자는 「세난說難」편에서 "유세遊說의 대의가 군주의 뜻을 거스르지 않아야 하고, 말투도 걸리고 얽히는 데가 없어야 한다. 그런 뒤에라야 지혜로운 언변을 마음껏 구사할 수 있다."[13]고 했다. 여기서 '걸리고 얽히는 데가 없다'는 말의 의미는 다양하게 생각할 수 있겠지만 대체로 논리가 정연함을 뜻하는 것으로 볼 수 있다. 설득력 있는 논리를 갖춘 후라야 한비자의 말처럼 자신의 의견을 막힘없이 펼칠 수 있는 것이다.

한강은 국사國事나 인사人事에 정실이 개입되는 것을 위태롭게 여겼으며, 국가적 의례를 진행하는 데 있어서도 이미 합의된 사안이 몇몇 개인의 사견에 의해 번복되고, 조정이 갈팡질팡하는 것을 안타깝게 생각했다. 한강이 국록을 받던 시기에 발생한 이러한 일련의 상황들은 그의 국가관과 상치되는 사건들로서, 국가의 기강이 해이해진 데서 생겨난 소동이었다. 한강은 자신의 주장을 체계화해서, 이성적이며 객관적으로 이들 사태에 접근하고자 했다. 이처럼 논리를 갖춘 합리적 사유에 바탕을 두고, 논의를 세우는 것이 국정에 임하는 그의 기본 방침이었다.

그럼 실제 원문을 통해서 이러한 특징에 대해 살펴보겠다. 다음에 제시된 글은 한강이 쓴 차자의 일부로서 광해군이 즉위한 무신년에 작성된 것이다. 이 당시 광해군의 하교 가운데 대간과 승정원을 통하지 않은 것이 있었는데, 이로 인해 여러 신하들의 심중에 의혹이 일었다. 글 전체의 내용으로 보아 그것은 인사와 관련된 문제였다.

---

13) 『韓非子』. 「說難」. 大意無所拂忤, 辭言無所繫縻. 然後極騁智辯焉.

이 말은, 기강은 천하 국가의 중대한 일의 근본이고 또 그 근본은 임금의 바른 마음에 달려 있음을 말한 것입니다. 또 "이른바 기강이란 어질고 어질지 않음을 판별하여 위아래를 정하며 공과 죄를 규명하여 상과 벌을 공정히 하는 것이다. 기강을 진작시키는 방법은 재상이 기강을 잡고 흔들리지 않고, 대간臺諫이 보좌하고 살펴 사심이 개입되지 않게 하며, 임금이 또 지극히 공정한 마음으로 위에서 자신을 공손히 하여 굽어보는 것이다. …(중략)…" 하였습니다. 이 말은 또한 기강의 요체는 재상과 대간에게 있고 그 근본은 또 임금의 지극히 공정한 마음에 있다는 것이니, 임금이 만약 지극히 공정한 마음으로 위에서 자신을 공손히 하여 굽어본다면 온 나라의 신하와 백성 중에 누가 감히 재상이 기강을 지키고 대간이 사심 없게 하는 것에 대하여 분발하고 힘쓰지 않겠습니까. 명예와 절조, 점잖고 바른 몸가짐이 자연히 풍속이 되고 세력가에게 빌붙어 결탁하는 습속이 저절로 사라질 것입니다.14)

나랏일에도 개인의 사정을 봐 준다는 뜻에서 "국사에도 사정이 있다."고 말하지만 실제로 국사에 정실이 개입되기 시작하면 국가의 기강이 무너지는 건 결국 시간문제다. 백성의 위에 군림하며 다스리는 위치에 있는 자가 모범이 되지 못한 채 공명정대함을 잃고 일을 집행한다면 그러한 사례는 관례가 되고 습속이 되어 종국에는 국가 전체에 부정부패가 만연해질 수밖에 없다. 그래서 공자도 "그대가 선하고자 하면 백성들이 선해지는 것이니, 군자의 덕은 바람이요, 소인의 덕은 풀이다. 풀에 바람이 가해지면 풀은 반드시 쓰

---

14) 『寒岡集』 卷2. 「擬上箚」. 此言紀綱, 當天下國家大務之本, 而又其本則在於人主之正心矣. 又曰, 所謂紀綱者, 辨賢否而定上下, 覈功罪而公賞罰. 其所以振之者, 則宰執秉持而不敢失, 臺諫補察而無所私, 人主又以大公至正之心, 恭己於上而照臨之. …(中略)… 此亦紀綱之要, 在乎宰執臺諫, 而其本則又在乎人主大公至正之心, 人主苟以大公至正之心, 恭己照臨於上焉, 則擧一國臣民, 孰敢不矜奮飭勵於宰相之秉持, 臺諫之無所私哉. 名節行檢, 自然成風, 而奔競締結之習, 不期掃而自去矣.

러진다.”[15]는 말로 정사를 묻는 계강자에게 가르침을 주었던 것이다.

위의 차자를 보면 한강 역시 국사에 정실이 개입되는 것을 철저히 경계했음을 확인할 수 있다. 그는 감정의 동요 없이 한결같이 차분한 어조로 국가의 기강은 군주의 바른 마음에 달려 있음을 강조했으며, 아울러 국가 운영의 중추적 역할을 담당하는 재상과 대간의 공평무사한 일처리를 중시했다.

전국시대 진나라의 상앙이 법이 행해지지 않는 것은 위에서 그것을 지키지 않기 때문임을 지적했듯이,[16] 한강은 부정한 경로로 세도가에게 청탁을 넣는 행위를 근절하기 위해서 국가 기강의 정의, 국가 기강의 진작 방법, 국가 기강의 요체에 대해 논리적으로 역설했다. 그런 점에서 이 차자는 즉위한 군주가 첫발을 잘 내디딜 수 있기를 염원하는 노신의 충정이 묻어난 글이라 할 수 있다.

다음 인용문은 경자년인 1600년에 올린 상소로서, 선조의 비인 의인왕후의 산릉 자리를 결정하는 문제로 조정의 의견이 분분할 때 작성한 것이다.

> 감히 성상께 외람되이 진달하여 박자우의 술법이 전혀 믿을 것이 못 됨을 밝히오니, 성상께서는 굽어살피시기 바랍니다. 신은 일찍이 지리가地理家들이 내세우는 설에는 두 가지가 있다는 말을 들었습니다. …(중략)… 대체로 선유先儒들은 지리설地理說에 대해서 분명한 정론을 내렸습니다. …(중략)… 박자우라는 인물에 대해서 신이 일찍부터 알고 있었으나 그가 지리를 안다는 말은 아직 듣지 못하였으며, …(중략)… 앞으로 다른 자리를 잡을 경우 과연 합당한 길지吉地가 있을지 알 수 없으며 또 과연 박자우처럼 이설異說을 제기하는 자가 없을지도 모를 일입니다. …(중략)… 신이 통탄스럽게 여기는 것은, 단지 길지

15) 『論語』. 「顔淵」篇. 子欲善, 而民善矣, 君子之德, 風, 小人之德, 草. 草上之風, 必偃.
16) 司馬遷. 『史記』. 「商君列傳」. 法之不行, 自上犯之.

를 잡은 지 이미 오래되어 역사가 반도 더 진행되었는데 갑자기 한 사람의 말 한마디에 저지되어 가만히 앉아서 낭패를 당하게 됨으로써 장례 치를 기한을 맞추지 못하고 허둥지둥 다른 묏자리를 잡느라 분주한 모습이 마치 갓 초상난 날과 같은 점입니다. …(중략)… 그리고 인산因山은 어려운 일이라서 비록 나라가 안정되어 태평한 때라 하더라도 재력이 축나고 백성들의 생활이 힘겨워지므로 적대 관계에 있는 이웃 나라가 그 틈을 엿보게 되는 것입니다.[17]

인산因山은 국가적인 중대사다. 그럼에도 불구하고, 선조 33년 한 장의 상소로 인해 조정이 결정이 번복되는 사건이 발생했다. 1600년 의인왕후가 세상을 떠나고 인산의 역사役事가 마무리 되어 가는 시점에 능참봉 출신의 박자우가 이미 결정된 포천 신평의 산릉 자리가 불길한 곳임을 아뢰는 상소를 선조에게 올린 것이 사달의 시작이었다. 이로 인해 장지를 선정하는 문제로 몇 개월 간의 지리한 공방이 이어졌고, 결국 다른 곳으로 정하게 되었는데, 위에 인용한 한강의 상소는 이 과정에서 작성된 것이다.

한강은 국사를 처리하는 데 있어 이미 의결된 사항을 앞에 두고, 술사의 한마디에 온 조정이 들썩이는 것은 국가 기강의 부재를 보여주는 단적인 증거로 생각했던 듯하다. 그는 인산에서 발생한 이러한 사태가 향후 조정의 다른 일에도 충분히 영향을 줄 수 있다고 여겼기에 보다 엄정한 대처를 선조 임금에게 주청했다.

위에 제시된 한강의 상소문에서는 논리성과 체계성을 갖추어 자

17) 『寒岡集』 卷2. 「請勿改卜山陵疏」. 敢冒陳於明主之前, 以明子羽之術全不足取信, 願, 聖鑑之有以下察焉. 盖臣嘗聞地理之家其所以爲說者有二. …(中略)… 大抵先儒於地理之說, 明有定論. …(中略)… 朴子羽之爲人, 臣曾知之, 而其曉解地理則未之聞, …(中略)… 將更卜他地, 則不知果更有吉地十分恰當, 而無復有朴子羽者乎. …(中略)… 臣之所痛者, 只是卜吉已久, 爲役過半, 而遽爲人一言所沮, 坐取狼狽, 旣不及吉之期, 遑遑奔走於改卜, 有同初喪之日. …(中略)… 只因山重役, 雖在太平安堵之日, 財力耗竭, 生民困悴, 有爲隣國之所窺覘.

신의 주장을 임금에게 납득시키고자 애쓴 한강의 집념을 확인할 수 있다. 한강은 우선 박자우의 주장을 무력화시키기 위해서 일반 풍수가와 선유先儒들의 학설을 제시하는 것을 시작으로 결정의 번복이 부당한 이유를 차례로 열거했다. 더 나아가 그는 인산의 문제를 민생 및 국가 안보와도 관련지어 서술함으로써 자기 주장의 타당성을 확고히 하고자 했다.

전란이 끝나고 10년이 채 안 된 시점에서 조정의 의논이 이처럼 사소한 자극에도 다시 요동치는 것은 분명 국가의 기강이 바로 서지 못했기 때문이다. 군주와 대신들의 심지가 굳었다면 한갓 참봉 출신의 술사가 내뱉은 말에 온 조정이 휘둘리는 상황은 연출되지 않았을 것이다. 비록 한강의 이 상소가 군주를 설득하는 데는 실패했지만 그의 문장이 갖는 논리적인 힘은 결코 가볍지 않다.

다음 인용문은 무신년인 1608년에 작성한 차자의 일부이다. 선조 임금의 산릉 자리를 선정하는 데 있어 기왕의 결정을 따르자는 한강의 권고가 주된 내용을 이룬다.

> 당초에 선왕께서 여러 술관術官의 말을 채택하고 거기에 예단睿斷을 참작하여 건원릉의 두 번째 등성이를 훗날 묻히실 능 자리로 정하시고 그 후 9년 동안 그 생각에 변함이 없었습니다. …(중략)… 일을 집행하는 신하가 우연히 근거 없는 말을 거짓으로 선창하자 이곳을 '장례 지낸 해의 간지干支와 상극이 되는 방향'이라 하고는, 마침내 선왕이 듣지도 알지도 못하신 다섯 번째 등성이로 옮겨 정하였으니, 이것부터가 벌써 합리적이지 못한 일이었습니다. …(중략)… 조정에 만약 기강이 있었다면, 일개 요망한 내시가 어찌 감히 함부로 근거 없이 나불대어 우리 선왕께서 편안히 잠드신 곳을 뒤흔들 수 있었겠으며, 어찌 누구 하나 그것을 바로잡지 못하였겠습니까. …(중략)… 그러므로 죽은 사람에게 아비가 없으면, 장사 지내는 해의 간지와 상극

이 되는 방향을 따지지 않는 것이 세상의 지사地師들 사이에 통용되는 정상적인 예입니다. 더군다나 이 말은 『극택통서剋擇通書』에서 나왔는데, 이 책은 잡서 중에서도 가장 근거 없는 것입니다. …(중략)… 조정에 가득한 신하들은 묵묵히 한마디 말도 할 수 없었단 말입니까. 화복禍福을 따지는 생각이 마음속에 한 번 일어나자, 차라리 선왕의 유언을 저버릴지언정 감히 한마디도 논쟁하지 못했던 것이 어찌 아니겠습니까.[18]

국가적 중대사에 호사가가 개입하여 혼란을 조장하는 경우가 종종 있다. 인산의 절차와 산릉을 결정하는 일이 합의된 대로 순조롭게 진행된다면 더할 나위 없이 좋겠지만 실제로는 그렇지 못한 경우가 허다했다. 선조 임금이 1608년 2월 승하한 후 기자헌이 정종주를 사주하여 수원 객사의 뒷산을 길지라고 추천하는 사건이 발생했다. 선조 임금 생전에 결정한 산릉 자리와는 다른 곳이었다. 기자헌은 앞서 1600년 의인왕후의 인산 때도 전 참봉 박자우를 협박하여 산릉 자리를 옮겨야 한다는 상소를 올리게 했던 인물이었다.[19]

이처럼 몇몇 신하의 농간에 조정의 결정이 번복되는 일이 재발하자 한강은 이 모든 원인을 국가 기강의 부재에서 찾고자 했다. 한강은 무신년에 일어난 이 산릉 문제를 앞에 두고 광해군이 올바른 선택을 할 수 있도록 논거를 차례로 제시하며, 최선을 다해 자신의 논리를 펼쳤다. 위에 인용한 상소문을 살펴보면 그는 선왕의 결정

---

18) 『寒岡集』 卷2. 「擬上箚」. 當初先王親採諸術官之言, 參以睿斷, 以健元陵第二岡, 定爲壽陵之卜, 九年之間, 聖意無他, …(中略)… 偶因執事之臣誣倡不經之說, 謂之年剋, 而遂移定於先王所未聞知之第五岡, 已非合理. …(中略)… 朝廷如有紀綱, 一介妖豎, 安敢恣魍魎之跳踉, 而動搖我先王永安之所而莫之正乎. …(中略)… 故亡者無父, 則不計年剋, 此爲時師通用之恒例云. 況此出於剋擇通書, 其爲書, 在雜書中, 最爲誕妄不經. …(中略)… 而滿朝群臣, 默乎其無一言也. 豈禍福計較, 一動于中, 則寧負先王, 而莫之敢出一言以爭乎.

19) 『朝鮮王朝實錄』. 『光海君日記(中草本)』. 「1608년 4월 22일 8번째 기사」 참고.

을 따르는 것이 도리이며, 근거 없는 학설과 잡서에 흔들려서는 안 된다는 점을 분명히 했다. 더 나아가 화복禍福을 염려하는 마음이 지나쳐 군주가 정도正道를 걷도록 보필하지 못 한 조정 대신들을 질타했다.

이처럼 국정 운영의 근본이 되는 국가의 기강을 바로 세우는 데 있어, 한강은 한 치의 양보도 허용하지 않는 강경한 입장을 고수했다. 또한 그는 감정이 아닌 정연한 논리에 기반을 두고 자신의 주장을 펼쳤기에 한결같이 당당한 자세를 취할 수 있었다.

다음 인용문은 한강이 작성한 차자의 일부로서 상례 제도의 개혁을 건의한 내용이 담겨 있다. 이를 통해 예학자로서 한강의 걸출한 면모를 확인할 수 있다.

> 그리고 신은 오늘날 백관들의 복장에 대하여 늘 내심 의심을 품어왔습니다. 포모布帽와 포원령布圓領과 마교대麻絞帶도 이미 신하가 임금을 위하여 입는 바른 참최斬衰가 아니었는데, 졸곡卒哭이 끝난 뒤에 모두 검은 관冠과 검은 띠와 흰 단령을 사용하였으니, 어찌 더욱더 예에 어긋나 너무나도 가당치 않은 것이 아니겠습니까. …(중략)… 신은 과거 유학자들의 정설을 인용하여 전하께 아뢰고자 합니다. 송나라 주희의 학설에 따르면 …(중략)… 어리석은 신이 삼가 주자의 말을 가지고 내심 생각해 보건대, …(중략)… 삼가 바라건대, 예관禮官에게 명하시어 상례喪禮 제도를 상고하여 미리 지정하도록 하시고 서민과 군사와 관리들도 각자 분수에 따른 의리를 참작하여 가볍고 무거운 제도를 정하게 하소서. 이렇게 하면 주자의 이른 바 '과거 수백 수천 년의 고루함을 한 번 정돈하여 수백 수천 년의 후세에까지 완성된 법을 전해 준다.'라는 것이 어찌 오늘날에 실현되지 않겠습니까. 그렇게 된다면 또한 어찌 아름답지 않겠습니까.[20]

---

20) 『寒岡集』 卷2. 「擬上箚」. 且臣於今日百官之服, 常竊疑焉. 夫布帽布圓領麻絞帶, 已

왕실의 상례는 국가적 의례로서 법식에 따라 절도 있게 행해져야 했다. 한강과 같은 예학자들은 상례를 진행함에 있어 그 절차가 무시된다면 의례의 의미에 손상이 간다고 여겼기에 의례의 전 과정을 무척 중시했다.

한강이 작성한 위의 차자를 보면 당시 왕실의 상장례 예절 가운데 원칙에 어긋난 부분이 많다는 지적이 나온다. 한강은 위로 국가의 의례 제도가 바로 서야 아래로 민간의 의례가 바로 설 수 있고, 이를 통해 국가의 기강이 굳건해 질 수 있다고 믿었다. 그래서 그는 과거의 고루하고 잘못된 법식을 바로잡아 후세에 올바른 법을 전해주자고 주청했던 것이다.

위의 차자에서 한강은 논의하고자 하는 내용의 성격만큼이나 자신의 주장을 논리적으로 전개했다. 그는 송나라 유학자 주희의 학설을 인용해서 자기 논리의 근거로 삼았으며, 이어서 자신이 생각한 바를 정리하고, 군주가 앞으로 해야 할 바를 제시하는 것으로 글을 마무리했다. 앞에서와 마찬가지로 국가 기강과 관련된 사안에 대해서는 그 사유하고 입론하는 방식이 논리적이고 체계적임을 확인할 수 있는 대목이다.

## 4. 정서적 압박과 호소: 왕실 문제의 해결

광해군은 1608년 선조에 이어 34세에 즉위했다. 왕위 계승에 있

---

非人臣爲君服斬之正, 而至於卒哭之後, 幷用烏帽烏帶素圓領, 豈不尤爲違禮不可之甚者乎. …(中略)… 臣請引先儒之定論, 爲殿下陳之. 宋臣朱熹之說曰, …(中略)… 臣愚謹因朱子之言竊思之, …(中略)… 伏願命下禮官, 詳考禮制, 預行指定, 而庶民軍吏, 亦各參酌分義, 定爲輕重之制. 則朱子所謂一整數千百年之陋, 垂數千百年之成憲者, 其不在今日乎. 豈不休哉.

어 세자 시절부터 가졌던 그의 불안감은 즉위 후 왕실 내부의 심각한 갈등이라는 형태로 표출됐다. 공빈 김씨의 소생으로 친형이었던 임해군과 인목대비의 소생인 영창대군의 죽음으로 막을 내린 두 차례의 옥사와 선조의 계비였던 인목대비의 서궁 유폐는 그 복잡한 사연을 차치한다고 하더라도 광해군에게는 지우기 어려운 오점일 수밖에 없는 사건들이다.

앞서도 언급했듯이 정통 성리학자로서 인륜을 중시했던 한강은 광해군이 이러한 상황에 직면할 때마다 상소를 올렸다. 그런데 흥미로운 것은 국가의 기강과 관련된 사안에 대해서는 논리적이고 이성적인 처결을 주장하던 한강의 목소리가 왕실 내부의 문제에 있어서는 감정논리를 내세웠다는 점이다. 여기서 감정논리란 논리적인 것처럼 보이지만 실제로는 감정에 따라서 생각이나 판단이 좌우되는 일을 말한다. 그는 인륜과 직결된 왕실 문제는 감정논리에 따라 해결될 사안으로 보았기에 정서적인 측면에서 군주를 설득하고자 했던 것이다.[21)]

실제 1608년 당시 한강의 차자에 대한 광해군의 비답批答을 보면, "나는 박덕한 사람으로 이와 같은 천륜의 변을 당하고 보니, 밤이나 낮이나 괴로워 어찌해야 좋을지 모르겠다."[22)]는 언급이 나온다. 이것으로 미루어 보건대 광해군 자신도 이러한 사건들 앞에서 심리적 갈등이 심했음을 짐작할 수 있다.

한비자는 군주를 설득하는 일과 관련해서 다음과 같은 말을 남겼다.

---

21) 상소문의 문학성은 이러한 정서적인 측면의 영향이 크다. 「藥泉 上疏文의 文藝美와 現實對應」(성당제. 2005. 『인문과학』 제36집. 성균관대 인문과학연구소. 225쪽)에서는 상소문 가운데 문학성을 갖춘 산문 작품으로 간주할 만한 것도 있음을 언급했다.
22) 『寒岡年譜』 卷1. 1608年 3月 26日. "予以薄德, 遭此天倫之變, 日夜疚懷, 罔知所爲"

위험하고 해로운 일이라는 것을 말하고자 할 때는 그것에 대한 세상의 헐뜯음과 비난을 분명히 드러내서, 그것이 군주에게 근심거리가 될 수 있음을 넌지시 보여주어야 한다.23)

왕실 내부의 알력과 관련해서 올린 한강의 상소문들은 한비자의 이러한 언급에 잘 부합한다. 한강은 현재의 민심과 후세의 평가를 언급하며, 훗날 인간적인 후회가 없도록 원만히 처결하라는 주문을 일관되게 했다. 그는 이러한 사안들에 대해서는 국법에 기댄 냉정한 대처보다는 천륜을 생각해서 인정을 베푸는 쪽이 보다 대국적인 견지의 해결책이라고 생각했던 것이다.

그럼 실제 원문을 통해서 이러한 특징에 대해 살펴보겠다. 다음에 제시된 글은 「대사헌을 사직하는 차자」의 일부로서, 이를 통해 임해군 문제에 대한 한강의 생각을 알 수 있다.

성상의 형제들 가운데 같은 어머니에게서 소생한 형제는 임해군 한 분뿐인데, 선빈先嬪은 일찍 세상을 떠나고 형제 두 사람이 외로이 함께 자라 잠자리에 들거나 음식을 대할 적에도 서로 떨어져 있지 않으셨으니, 신은 전하의 지극한 정으로 볼 때 더한층 차마 못하는 점이 있으실 줄 압니다. 그런데 임해군이 스스로 용서받기 어려운 큰 죄를 지어 성상께 크나큰 근심과 슬픔을 끼쳤으니, 신은 이때문에 심장이 썩고 창자가 찢어질 것만 같습니다. 삼가 생각건대, 오늘날 은정과 도리를 참작하여 임시변통으로 잘 처리할 그만한 길이 어찌 없겠습니까. 그것은 오직 전하께서 공도公道에 따라 법을 적용하려고만 하지 않는다는 의리를 깊이 생각하시는 데에 달려 있습니다. 그러니 많은 사람의 의견을 두루 청취함으로써 중도에 맞고 올바른 덕을 더욱 닦으시어 죄인을 추국하는 대신에게 더 신중히 처리할 것을 명하

23) 『韓非子』. 「說難」. 欲陳危害之事, 則顯其毀誹, 而微見其合於私患也.

> 소서. 옥사를 끝까지 조사할 필요가 없고 혐의자를 끝까지 물을 필요가 없으며, 죄상을 끝까지 밝힐 필요가 없고 법을 완전히 시행할 필요가 없습니다. 차라리 정도를 따르지 않은 잘못이 그중에 있게 된다 하더라도, 임해군이 사형을 면함으로써 임금의 깊은 은혜 속에 여생을 마친다면, 반역자들을 안심시켰던 광무제光武帝와 같은 조처가 되어, 한 자의 베와 한 말의 곡식도 동기간에 주기를 아까워했다는 문제文帝에 대한 그와 같은 야유가 오늘날 다시 일어나지는 않을 것입니다.[24]

임해군(1574-1609)은 선조와 공빈 김씨(1553-1577) 사이의 소생으로 서자였지만 세자에 책봉될 수 있는 위치에 있었다. 그러나 그는 난폭한 행실로 인해 세자가 되지 못했을 뿐만 아니라, 1608년 선조가 승하한 후 그를 왕으로 추대할려는 일부 대신들과 명나라의 세력에 불안감을 느낀 동생 광해군에 의해 사사賜死되었다. 한강의 상소는 이런 상황을 배경으로 작성되었다.

한강은 앞서 국가의 기강 문제와 관련된 사안에 대해서는 논리적이고 엄정한 대처를 주장했으나 이와는 반대로 왕실 내부에서 발생한 종실 간 문제에 대해서는 인정에 바탕을 둔 해결책을 권고했다. 물론 당시의 정황상 그러한 언급이 직설적으로 이루어지지는 않았으나,[25] 글의 논리가 그렇게 흘러갔다. 한강이 임해군에 대해 같

---

24) 『寒岡集』 卷2. 「大司憲辭職箚」. 聖上同氣之中, 與之同胎, 只有臨海, 先嬪早世, 兄弟二人, 零丁同長, 寢食不相離, 臣知殿下至懷, 尤有所不忍焉. 而自構大孽, 罪窮天壤, 仰貽聖上憂哀迫切之痛, 此臣所以心欲腐而腹欲裂者也. 伏念今日參酌恩義, 變通善處, 豈無其道乎. 唯在殿下深思不以公盡法之義. 公聽達聰, 益昭中正之德, 命推鞫大臣, 勉加明愼. 獄不必盡究, 人不必盡問, 罪不必盡覈, 法不必盡施. 寧有不經之失者存乎其間, 而臨海亦蒙不死之貸, 涵濡天恩, 以畢其生, 則光武之反側自安, 而文帝之尺布斗粟, 無復謠於今日矣.

25) 「조선시대 상소문에 나타난 설득방식과 표현에 관한 연구」(최인자. 1996. 『선청어문』24집. 서울대 국어교육과. 107-108쪽)에서는 상소문이란 고도의 정치적 담론으로서, 제도적으로 공인된 것이었지만 왕과 신하라는 권력적 역학 관계 속에서 작

은 모친에게서 태어나 어린 시절부터 함께 지내온 동기간임을 강조한 데서도 그가 올린 상소의 의도를 짐작할 수 있다.

그는 법대로 처결하는 대신 권도權道의 사용을 염두에 둘 것이며, 원칙대로 소상히 추국하는 대신 형제간의 천륜을 우선시하라고 상소했다. 그리고 앞서 한비자의 언급처럼 현재의 냉정한 일처리가 후세에 부정적인 평판을 불러일으킬 수 있다는 점을 내비쳤다. 한강의 이러한 주청은 감정논리에 입각해서 정서적으로 광해군을 압박하는 동시에 원만한 처결을 호소한 것이었다.

자신의 입지를 굳건히 하고자 한 광해군의 의지가 강했다 하더라도 자신의 친동기를 처형하는 문제에 있어서는 망설임이 있었을 것이다. 한강은 군주의 이러한 점을 공략해서 임해군의 죽음을 막고자 했으나 뜻을 이루지는 못했다. 하지만 그의 이러한 시도는 군주를 설득하는 데 있어 각 상황에 맞는 적절한 논리가 있음을 보여주었다.

다음 인용문은 한강이 1613년 계축옥사 때 광해군에게 올린 차자의 한 부분이다. 앞서 임해군 사건 때와 마찬가지로 한강이 사안에 접근하는 논리가 감정적인 측면에 기대고 있음을 확인할 수 있다.

> 한편 생각하면 이 일은 그에 대한 대처가 매우 어렵습니다. 대의大義를 가지고 보면 진정 그 죄를 용서할 수 없으니, 마땅히 지금 크게 일어나고 있는 물의처럼 쉽게 그만둘 수 없는 점이 있습니다. 그러나 전하의 입장에서 그에 대처할 때 혹시라도 미진한 점이 있다면, 천하와 후세의 의심을 초래하여 마침내 성상의 몸에 누가 되지 않을 수 없다는 것을 또한 염려하지 않으면 안 되니, 참으로 신중히 해야 할 일입니다. 삼가 원하건대, 전하께서는 옛날 제왕들의 이미 지난 행적

---

성되었기에 사실상 그 언술에 제약이 있었음을 지적했다.

을 두루 상고하고 옛 성인이 변고에 대처한 도를 깊이 생각하여, 정도正道와 권도權道의 경중을 따져 헤아리고 상례와 변칙 어디에도 치우치지 않게 할 것을 생각하며, 이치상 당연한 것이 무엇인가를 살펴보아 성상의 마음에 반드시 편안한 것을 찾아냄으로써 조금도 미심쩍은 점이 없이 진선진미하도록 하소서. 그렇게 하신다면 온 사방이 다 기뻐하고 후세에서 법으로 취할 것입니다.[26)]

영창대군(1606-1614)은 선조 임금의 막내 아들로서 14명의 왕자 중 유일한 정궁 소생이었다. 이러한 영창대군과 광해군을 사이에 두고 소북파와 대북파의 대립이 이어졌으나 1608년 광해군의 즉위와 함께 결국 대북파가 집권하게 되었다. 위에 제시된 한강의 차자는 영창대군과 그 일파를 제거하고자 대북파가 일으킨 계축옥사를 배경으로 하고 있다.

위의 차자에 나타난 한강의 논리를 보면, 우선 광해군의 난처한 입장을 십분 이해한다는 말로 시작해서 영창대군에 대한 관대한 처분을 점차적으로 요청하고 있다. 이번 사건에 대한 적절치 못한 대처는 훗날 광해군에게 누가 될 수 있음을 언급한 부분은 간청이라기보다는 차라리 역사의 평가를 볼모로 한 위협에 가깝다.

한강은 변고에 대처한 성인의 도를 심사숙고할 것이며, 정도正道와 권도權道의 선택을 적절히 하여 상례와 변칙, 어디에도 치우치지 말 것을 광해군에게 주문했다. 그의 이러한 언급은 영창대군 사건을 처리하는 데 있어 권도와 변칙의 사용을 고려해야 한다는 말과 다

26) 『寒岡集』 卷2. 「癸丑箚子」. 第念此事, 其處之也極難. 夫其大義, 則固有所不可以貸焉者, 宜如物議之激發, 而有不可以已焉者矣. 然而在殿下而處之, 或有所未盡, 則不能不來天下後世之疑, 而終爲累於聖躬者, 又不可以不慮, 誠不可以不愼也. 伏願殿下博考前古帝王已往之蹟, 深惟古聖人處變之道, 酌輕重於權經, 思不偏於常變, 審至理之當然, 求必安於聖心, 使在我者無一毫之不慊, 爲盡美而盡善焉. 則四方咸悅, 後世取則.

름없다. 특히, 무엇이 이치에 맞는 것인지, 무엇이 마음에 편안한 것인지를 생각해서 결정해야 한다는 언급은 천륜을 저버리는 일의 불가함을 호소한 것이라 할 수 있다. 앞서 임해군을 사사賜死해야 했던 광해군에게 한강의 이러한 차자가 주는 정서적 압박감은 상당했으리라 여겨지지만 군주의 마음을 돌리기에는 그의 상소가 역부족이었던 듯하다.

다음 인용문은 영창대군 사건과 관련해서 한강이 두 번째로 올린 차자의 일부이다. 앞의 차자에서와 마찬가지로 군주의 올바른 판단을 염원하는 노신의 간절함이 묻어난다.

> 만일 살펴본다면 임금을 잘못이 없는 쪽으로 인도하자는 것이 신하로서 지닌 지극한 소원이니, 아마도 장차 전일의 주장을 바꿔 전하의 지극한 정을 받들어 따라야겠다는 생각이 반드시 저절로 일어날 줄로 압니다. 삼가 원하건대, 신이 전후에 걸쳐 아뢴 뜻을 깊이 헤아려 뭇사람의 논의에 흔들리지 마시고 대의大義를 정밀하게 구분하며 대륜大倫을 온전히 보전하소서. 그렇게 하신다면, 성상의 마음이 편안하여 유감이 없을 것이고 성상의 행위도 그지없이 아름답고 거룩할 것입니다. 그리하여 후세에서 오늘을 보기를 마치 오늘날 옛 성인을 보듯이 하여 모두 모여들어 법으로 삼을 것이니, 그 어찌 성대하지 않겠습니까. 그러나 또 한편 신은 사적인 걱정과 부질없는 우려가 없지 않습니다. 법을 적용하라는 계청이 한창 빗발치는 데도 성상께서는 대궐에서 내보내는 정도로만 허락하였으니, 그처럼 높고 두터운 은혜와 사랑은 일찍이 들어보지 못했습니다. 그 누가 감격하고 기뻐하지 않을 수 있겠습니까.[27]

---

27) 『寒岡集』 卷2. 「癸丑箚子〔再箚〕」. 苟有所察焉, 則納君於無過之地, 人臣之至願, 恐將回前日之論, 而思將順殿下之至情者, 臣知其必有所不能已也. 伏願深諒臣前後所陳, 勿爲群議所撓, 以精大義, 以全大倫. 則聖心泰然而無憾, 聖躬盡美而盡善. 後世之視今, 猶今之視古聖人也, 咸來則焉, 豈不盛哉. 抑臣不能無私憂過計者. 按律之啓方勤, 而只許閭家之出, 恩愛隆厚, 古所未有瞻聆所及. 孰不感悅哉.

위의 글에서 한강은 사람이 마땅히 지켜야 할 큰 도리인 대의大義와 대륜大倫을 언급했다. 또한 그는 주변의 논의에 좌우되지 말고 자신의 지극한 정이 향하는 곳으로 마음을 정하라고 왕에게 권했다. 이 말은 영창대군을 겨냥한 대북파의 공세에 휘말리지 말고, 이성적으로 상황을 판단하라는 직언이다.

한강은 앞서 올린 차자에서 "신은, 성상께서 타고난 사랑의 마음에 차마 해치지 못하는 아픔이 깊을 것이고, 골육의 지극한 정을 누르지 못해 나름대로 올바른 방침이 이미 정해져 있을 것이므로 어리석은 신이 감히 무엇이라고 입을 놀릴 일이 아닌 줄을 압니다."[28]라는 말로 군주에 대해 조심스러운 태도를 갖추는 한편, 군주의 정서적인 측면에 자극을 가하는 심리전을 구사했다.

위의 차자는 아마도 영창대군을 강화도에 위리안치 한다는 광해군의 결정이 있은 후에 작성된 것으로 보인다. 하지만 영창대군을 제거하려는 대북 정권의 공세가 수그러들지 않은 시점이었기에 그의 글에는 긴장감이 서려 있다. 역모에 관련된 사건이지만 동시에 동기간의 일이기에 후세에 귀감이 될 만한 선례를 남기라는 한강의 호소는 차자에도 나와 있듯이 '은혜'와 '사랑'이라는 두 단어로 요약될 수 있을 것이다.

대북 정권은 왕권을 위협하는 인물로 지목했던 영창대군과 함께 그의 모친인 인목대비(1584-1632)에 대해서도 공세를 늦추지 않았다. 아래에 인용한 한강의 차자는 비록 상황이 어렵긴 하지만 선왕의 계비인 인목대비를 잘 모시고, 그녀와 원만한 관계를 유지해야 한다는 점을 광해군에게 호소한 부분이다.

---

28) 『寒岡集』卷2. 「癸丑箚子」. 臣誠知天縱仁愛. 痛切不忍. 至情難遏. 成算已定. 非臣朦陋所敢容喙.

> 삼가 원하건대, 전하께서는 옛 성인이 부모에게 효성을 다하던 뜻을 깊이 생각하시어 오늘의 변고에 대처하신다면 과연 어떠하겠습니까. 이른 새벽부터 밤늦도록 두려워하고 삼가되, 반드시 순 임금의 마음을 내 마음으로 삼아 이 세상에는 옳지 않은 부모는 없다는 생각을 가지고 지난날 섬기시던 그 자세를 한결같이 변하지 않는다면, 순 임금 같은 성군이 되시는 것도 여기에서 벗어나지 않을 것이니, 오로지 한층 더 힘쓰시기를 바랄 뿐입니다. 다시 말하면 도외시할 수 없는 것은 종묘사직의 대계大計이고 정성을 다 바쳐야 할 것은 모자간의 지극한 정입니다. 정성을 바치는 길은 여러 말 할 것이 없고 오직 잘못을 이해하고 불만을 참는 것으로 마음을 굳게 가지실 것이며, 설사 감히 접근할 수 없는 떠도는 말이 있더라도 부모에게 효도하고 뜻을 따르며 사랑하고 공경하는 도리를 다하면서 간곡하고 지극한 정성을 오랫동안 쌓는다면 그 어찌 감동하여 마음이 풀리지 않을 리가 있겠습니까.[29)]

인목대비는 1613년 대북파의 모략으로 계축옥사가 일어나자 부친 김제남과 아들인 영창대군을 비명에 보냈으며, 1618년에는 본인마저 서궁에 유폐되는 비극을 겪었다. 계축옥사 당시 그녀는 궁녀들로 하여금 유릉에 저주를 하도록 사주했다는 혐의까지 받게 되어 그 입지가 무척이나 위태로웠는데 위의 차자는 그 시기의 정황을 잘 보여준다.

앞서의 논의에서도 드러났듯이 종실 간 문제에서 한강이 중시한 점은 역시 인륜이었다. 광해군에게 있어 인목대비는 비록 선왕의

---

29) 『寒岡集』 卷2. 「癸丑箚子〔再箚〕」. 伏願殿下惟深思古聖人烝烝之意, 以爲使之處於今日, 則當如何哉. 夙宵戰兢, 必以舜之心爲心, 謂天下無不是底者, 而一無變於前日之所以事之者焉, 則其所以爲舜, 亦不越乎是, 正惟加勉焉而已矣. 蓋其所不得已者, 宗社之大計, 有以伸自盡者, 母子之至情. 其所自盡, 不容多言, 惟在包含隱思, 益堅聖志, 設有行言靡或敢近, 極孝順之道, 畢愛敬之理, 至誠惻怛, 積久不已, 其不有藹然孚感者乎.

계비요, 자신의 계모였지만 효성을 다해야 할 대상이었다. 한강의 차자는 바로 이 점에 초점을 두고 작성되었다. 그는 계모의 간계에도 불구하고 부모를 지극히 섬겼던 순임금을 예로 들면서 효가 성군聖君이 되는 바탕임을 강조했다. 비록 용납하기 어려운 사건에 직면했지만 강력한 처벌로 분을 풀 것이 아니라 종묘사직과 모자간의 천륜을 생각해야 한다는 것이 당시 한강의 입장이었다.

이 글에서 인용은 안했지만 이 차자의 뒷부분에서 한강은 혐의를 둘 만한 모든 사건들의 진위 여부를 떠나 의심스러운 자들을 포용하는 것만이 종실 내부의 갈등과 그로 인한 후유증을 최소화 하는 길임을 누차 강조했다. 이처럼 그는 왕실 내부의 문제에 대해서는 일관되게 감정논리에 입각해서 해결책을 모색하고자 했다. 그런 까닭에 이런 성격의 상소문에서는 군주에 대한 정서적인 압박과 호소가 빈번히 등장한다.

## 5. 맺음말

조선 중기의 문신이자 학자인 한강 정구는 동방오현東方五賢의 한 분인 한훤당寒暄堂 김굉필金宏弼의 외증손으로 퇴계와 남명의 학문을 통합 · 계승하여 자신의 학통을 세운 인물이다. 한강은 출사보다는 학문에 더 뜻을 두었으나 주변의 천거로 내외직을 두루 역임했다. 그는 통천군수 재직 시에 임란이 발발하자 의병을 일으켜 왜군의 북상을 저지하고, 선조의 형 하릉군의 시신을 찾아 장례를 지내는 등 일단 출사를 하게 되면 신명을 바쳐 자신의 본분을 다하고자 했다.

이 글에서는『한강집寒岡集』에 실려 있는 상소문과 차자 가운데 일반적인 치사致仕의 내용이 아닌 쟁점이 뚜렷한 사안들을 논의 대상으로 했다. 한강은 왕실 내부의 갈등인 임해군과 영창대군 문제에 대해서는 관대하게 처분하자는 입장이었고, 인목대비 사건에 대해서는 종묘사직을 생각해서 자식의 도리를 다할 것을 광해군에게 강조했다. 또한 경자년과 무신년에 일어난 두 차례의 산릉 문제에 있어서는 처음의 결정을 번복하지 않는 것이 국가의 기강 확립을 비롯한 여러 측면에서 국익이 됨을 주장했고, 조정 백관의 복상服喪 의례도 체계적으로 정리할 필요가 있음을 강조했다.

한강이 올린 상소와 차자의 처리 결과를 보면 대부분이 군주의 마음을 돌리는 데 실패했음을 확인할 수 있는데, 이러한 결과만을 놓고, 그의 '세군說君' 방식이 서툴렀다고 단정할 수는 없다. 왜냐하면 목적을 향한 군주의 강한 의지와 의도, 그리고 거기에 부응하고자 하는 조정의 대세는 일개 신하의 충정만으로는 어찌할 수 없는, 불가항력적인 측면이 있기 때문이다.

한강의 상소문과 차자에서 특징적인 부분은 크게 세 가지였다. 첫째, 군주에게 간하는 내용이 철저하게 역사적으로 실재했던 사실史實에 바탕을 두고 있었으며, 둘째, 국가의 기강과 관련된 문제에 대해서는 논리적인 사유와 입론을 통해 주장을 전개했으며, 셋째, 왕실 내부의 갈등에 대해서는 감정논리에 바탕을 두고 군주에 대한 정서적인 압박과 호소를 통해 해결 방안을 찾고자 했다는 점이다. 이러한 방법들은 군주를 효과적으로 설득하기 위한 한강의 의도적인 수사로서, 그에게는 자신의 논리를 세우는 나름대로의 방식, 이른바 글쓰기 전략이 있었던 것이다. 이 글에서는 한강의 상소문과 차자에 나타난 이러한 특징들이 군주를 설득하기 위한 수사적 요소임을 염두에 두고, 이 부분에 대해 구체적으로 살펴보았다.

# 한강 정구의 무흘 경영과 무흘구곡 정착과정

정우락 | 경북대학교 국어국문학과

## 1. 머리말

조선의 선비들은 성리학으로 이념을 무장하고 있었다. 성성재惺惺齋 등과 같이 성리학적 용어를 성리서性理書에서 찾아 편액을 달거나 아호로 삼기도 하고, 구곡산九曲山이나 이천伊川 등과 같이 성리학 및 중국 성리학자들과 관련된 지명을 이름으로 취하기도 했다. 어떤 경우는 이미 있어오던 불교적 지명을 성리학적 용어로 고쳐 붙이면서 이 땅에서 성리학적 이상세계를 꿈꾸기도 했다. 이처럼 조선의 선비들은 그들이 사는 공간을 중심으로 성리학적 호중천壺中天을 만들어갔던 것이다.

성리학적 이념이 자신의 은거처를 중심으로 가장 폭넓게 적용된 것이 구곡원림九曲園林의 조성과 그 경영이다. 이로 보면, 구곡원림은 당호堂號나 정호亭號, 집과 그 주변에 적용시키던 성리학적 이념을 인근의 산수로 확대하였다는 측면에서 그 적용 범위가 가장 넓은 것이라 하겠다. 구곡원림의 경영과 이에 따른 구곡시가九曲詩歌의 창작은 주자학의 성쇠와 그 궤를 같이 하는데, 이러한 구곡 문화는 조선 말기까지 지속되었다.[1)]

주희朱熹(회암晦庵, 1130-1200)의 「무이도가武夷櫂歌」에 대한 이해와 무이산에 대한 관심에서 비롯된 조선의 구곡가 계열의 시가는, 한시로 화차운和次韻하는 데 그치지 않고, 여기서 훨씬 나아가 국문 시가인 시조나 가사의 형태로 확장되어 나타나기도 했다. 이 뿐만이 아니다. 「무이구곡도武夷九曲圖」를 그려서 주희가 「무이도가」를 통해 노래하고자 하던 자취를 시각화하여 체득하기도 하고, 자신이 사는 곳을 중심으로 구곡을 지정하고 경영하면서 이에 따른 시를 짓고 그림으로 그려 주희의 무이고사를 효방效倣하기도 했다.

이른 시기부터 연구자들은 이러한 구곡문화에 관심을 갖고 연구성과를 축적해왔다. 최근에는 그동안의 연구성과를 바탕으로 구곡원림을 문화적 측면에서 접근할 것을 요구하며, 구곡문화를 이루는 곳에 대한 문화산업을 강조하고 나서기도 했다. 사실 구곡문화가 집중적으로 형성되어 있는 경상북도 지역은 자연 경관이 수려할 뿐만 아니라 그 경관을 중심으로 많은 작품이 창작되었기 때문에 품격 높은 문화산업이 가능한 곳이라 하겠다.

이 방면에 대한 기존 연구를 일별해보면, 구곡문화의 정착 과정에 대한 연구가 없지 않으나 자료를 분류하여 제시하는 수준에서 그치는 등 평면적 논의에 머물고 있는 것이 실정이다. 주자학이 유입된 이래 주희의 「무이도가」는 유학자들에게 끊임없는 관심의 대상이 되어왔다고 하겠는데, 특히 구곡문화의 정착 과정에서 창작된 구곡시九曲詩가 구곡 실경實景과 얼마나 밀착되어 있으며, 당대의 문

---

1) 정우락. 2010. 「주자 무이구곡의 한국적 전개와 구곡원림의 인문학적 의미」. 『자연에서 찾은 이상향 九曲文化』. 울산대곡박물관.

화사적 흐름 속에서 어떻게 변개되어 갔는지에 대한 논의는 거의 이루어지지 않았다는 것이다. 이에 따라 일부에서는 심각한 오해가 있어온 것도 사실이다.

이 글은 정구鄭逑(한강寒岡, 1543-1620)의 무흘 경영[2]과 구곡 심의心意를 중심으로, 이른바 '무흘구곡'이 어떤 과정을 거치면서 정착되었는가 하는 문제를 살피기 위한 것이다. 필자는 일찍이 정구의 무흘정사武屹精舍 건립과 저술활동을 다루면서, 남은 과제로 이에 대한 구체적인 논의를 제의한 바 있다.[3] 이 글은 바로 여기서 남긴 문제를 해결하기 위해 마련된 것이라 하겠다. 정구는 주희의 「무이도가」에 대하여 10수로 된 「앙화주부자무이구곡시운십수仰和朱夫子武夷九曲詩韻十首」를 짓게 되는데, 후인들은 이것을 정구가 실경 무흘구곡에 근거하여 지은 것이라 해석하고, 아예 '정구의 무흘구곡'이라 했다. 이와 관련하여 다음과 같은 세 가지의 가설이 성립된다.

〈가설1〉: 정구는 주희가 은거한 무이산武夷山 구곡을 상상하며 「무이도가」에 화운하였다.

〈가설2〉: 정구는 무흘구곡을 경영하면서 그 실경에 근거하여 「무이도가」를 화운하였다.

〈가설3〉: 정구는 무흘구곡의 실경에 대한 심의心意를 지니고 「무이도가」에 화운하였다.

표면적으로 보면 제목이 「앙화주부자무이구곡시운십수仰和朱夫子武

---

2) 이때의 '무흘 경영'은 '무흘구곡 경영'을 의미하지 않는다. 정구가 무흘에 무흘정사를 짓고 그 일대의 자연경관에 대하여 다양한 이름을 붙이며 경영하게 되니, 여기서의 '무흘 경영'은 무흘정사 일대에 대한 경영이라는 제한적인 의미로 쓰인다.

3) 정우락. 2009. 「한강 정구의 무흘정사 건립과 저술활동」. 『남명학연구』 28. 경상대 남명학연구소. 307-308쪽 참조.

夷九曲詩韻十首」이니 정구의 구곡시는 〈가설1〉에 해당한다. 그러나 조선시대의 많은 선비들은 〈가설2〉에 입각하여 무흘 실경을 보면서 정구를 떠올리고 주희와 함께 그의 학덕을 기렸다. 기존의 논의는 대체로 〈가설2〉를 묵시적으로 받아들이면서 논의를 전개시켰다. 김수진 등이 무흘구곡을 전통조경학적 측면에서 논의하면서 「한강寒岡 정구鄭逑(1543-1620)의 무흘구곡武屹九曲 경영經營과 이상향理想鄕」4)이라는 논제는 이를 상징적으로 보여주는 대표적인 사례가 된다. 지금까지 나온 거의 대부분의 연구나 보고서에서도 〈가설2〉의 입장에서 무흘구곡을 조사하고 연구했다.

〈가설1〉은 〈가설2〉의 반대편에 있다. 논자에 따라 〈가설1〉을 인식하고 있으나 이에 대한 구체적인 논의를 본격적으로 진행한 바는 없다. 〈가설1〉은 중국의 무이에 대한 상상 속의 자연경관이며, 〈가설2〉는 무흘에 대한 실제의 자연경관이니, 이 둘 사이에는 커다란 간극이 존재한다. 이 간극에 서서 후인들은 고민하였고, 지역을 거점으로 한 선비들은 마침내 정구가 '심의心意'를 지니고 있었다고 파악하고 이를 찾아 나서지 않을 수 없었다.5) 이 지점에서 비로소 〈가설3〉이 성립된다. 이에 입각한 이들은 한편으로 정구의 구곡시에 대한 차운시를 새로이 짓기도 하고, 다른 한편으로 무흘정사를 중수하거나 무흘동천 바위에 구곡의 명칭을 새기는 등 일련의 무흘사업을 벌여나가기도 했다.

이 글은 정구가 지은 주희 「무이도가」에 대한 화운시를 후인들이

4) 김수진 · 김태수 · 심우경. 2008. 「寒岡 鄭逑(1543-1620)의 武屹九曲 經營과 理想鄕」. 『한국전통조경학회지』 26. 한국전통조경학회.

5) '심의'가 마음 속에 간직하고 있었던 뜻이니, '정구의 구곡 심의'는 정구가 마음 속에 간직하고 있었던 구곡에 대한 뜻이다. 사실 정구의 구곡 심의 여부는 알 수가 없다. 그러나 후인들은 정구가 무흘에 대한 구곡 심의가 있었다고 파악하고 그가 지은 주희의 「무이도가」 화운시를 중심으로 무흘의 실경과 결부시키면서 정구의 심의를 찾아 나섰다. 이 글에서의 '심의'는 바로 이러한 의미로 사용한다.

‘정구-무흘 실경-구곡시’라는 함수 관계 속에서 이해할 수 있던 사정을 살핀 것이다. 이것은 정구 구곡시의 의경意境이 주희의 그것보다 무흘 실경에 더욱 밀착되어 있기 때문에 가능한 것이다. 따라서 이 글은 후인들이 〈가설2〉에 입각하여 정구의 주희 화운시를 이해할 수 있었던 근거를 〈가설3〉에 두고, 이를 증명하는 방향으로 논의를 진행할 것이다. 이는 정구가 주희의 「무이도가」를 어떻게 이해하고 있었던가 하는 문제와 맞물려 있다는 측면에서 중요한 의미를 지닌다.

그동안 정구와 무흘구곡에 대한 관심은 여러 방면에서 나타났다. 일찍이 이민홍은 조선시대 사림파 문학을 연구하는 과정에서 정구의 구곡시를 주목하였고,[6] 이은창은 전통경관의 하나로 구곡원림九曲園林을 떠올리고 유학자의 복거卜居와 구곡경영을 논의하였으며,[7] 최기수는 한국 전통경관의 구조를 곡曲과 경景에 입각하여 해석하면서 무흘구곡을 탐구하였다.[8] 여기서 나아가 문화적 측면에서 구곡을 주목한 문화재청(연구책임자 김덕현)은 전통명승 동천구곡에 대한 학술조사를 진행한 바 있으며,[9] 경상북도와 경북대 퇴계연구소(연구책임자 김문기)는 경북의 구곡문화를 지역별로 나누어 조사 · 소개하기도 했다.[10] 이들의 논의는 한국 내지 경북의 구곡 전체를 대상으로 하고 있지만 비교적 보존이 양호한 무흘구곡을 매우 중요한 자료로 다루어 일정한 성과를 거두었다.

무흘구곡에 대한 단독 연구는 김수진 등에 의해 처음으로 전통조

6) 이민홍. 1987. 『사림파문학의 연구』. 형설출판사.
7) 李殷昌. 1987. 「韓國儒家 傳統園林의 硏究-儒學者의 卜居와 九曲經營을 中心으로-」. 효성여대.
8) 崔杞秀. 1989. 「曲과 景에 나타난 韓國傳統景觀 構造의 解釋에 관한 硏究」. 한양대학교 대학원 박사학위논문.
9) 김덕현 등. 2007. 『2006 전통명승 洞天九曲 조사보고서』. 문화재청.
10) 김문기 · 강정서. 2008. 『경북의 구곡문화』. 경상북도 · 경북대 퇴계연구소.

경학적 측면에서 이루어졌는데, 정구가 무흘구곡을 경영하며 성리학적 이상향을 추구한 것이라 했다.11) 이와 달리 정우락은 무흘구곡 가운데 가장 핵심적인 공간인 '무흘정사'에 관심을 두면서, 정구의 무흘 입동 이유와 무흘정사의 구조 및 연혁 등을 두루 살폈다.12) 나아가 무흘정사의 주요건물인 장서각 서운암에 보관되었던 서적의 성격을 밝히기도 했다.13) 한편, 윤진영은 1784년 김상진金尙眞(영재嶺齋, 1705-?)이 그린 「무흘구곡도」를 주목하고 이 그림에 대한 현황과 특징을 살폈고,14) 김학수는 정구 종가를 논의하면서 종가 주변의 유교문화경관으로 무흘구곡을 들고 이를 소개했다.15)

이 글은 이상의 연구성과를 바탕으로 정구가 주희의 「무이도가」를 어떻게 이해하고 있었던가, 이를 본받아 그 자신 무흘정사를 짓고 그것을 어떻게 경영하였던가, 이 과정에서 지은 주희의 「무이도가」에 대한 화운시는 주희의 것과 무엇이 같고 다른가, 이후 정구의 후손과 지역의 선비들은 정구의 심의라고 여기는 부분을 어떻게 드러내고 있었던가 하는 점을 두루 다룬다. 이를 통해 우리는 정구가 표면적으로는 주희의 「무이도가」를 화운하며 무이구곡을 상상한 듯하지만, 기실 그의 구곡시는 무흘의 실경과 더욱 밀착되어 있었

11) 김수진 · 김태수 · 심우경. 2008. 「寒岡 鄭逑(1543-1620)의 武屹九曲 經營과 理想鄕」. 『한국전통조경학회지』 26. 한국전통조경학회.

12) 정우락. 2009. 「한강 정구의 무흘정사 건립과 저술활동」. 『남명학연구』 28. 경상대 남명학연구소.

13) 정우락. 2011. 「산중도서관 '무흘정사 장서각'의 장서 성격과 의미」. 『영남학』 20. 경북대 영남문화연구원.

14) 무흘구곡에 대한 학계의 관심은 지방자치단체에서의 유적 보존과 개발로 바로 이어졌다. 즉 경상북도는 정구가 62세에 세웠던 武屹精舍 일대 2,651㎡을 2011년 12월 22일 '寒岡武屹講道址(경상북도 기념물 제168호, 경북 김천시 증산면 평촌리 670)'로 제정하였고, 성주군과 김천군은 대경권 선도프로젝트인 3대문화권 문화 · 생태 관광기반 조성의 일환으로 2010년 12월 총 35.7km에 달하는 무흘구곡 경관가도에 대한 기본계획을 수립하였다.

15) 김학수. 2011. 『낙중 지역 강안학을 열다, 한강 정구 종가』. 예문서원.

던 사실을 이해하게 될 것이다. 이것은 후인들이 정구의 심의를 읽으며 무흘정사를 중건하고 「무흘구곡도」를 그리는 등 다양한 무흘 사업을 일으킬 수 있었던 사정과 긴밀하게 결합되어 있음은 물론이다.

## 2. 정구의 무이산 인식

정구는 1604년(선조 37) 그가 62세 되던 해에 무흘에 들어가게 된다. 그 바탕에는 주희에 대한 경모景慕와 무이산에 대한 혹호酷好가 있었다. 그러나 무흘에 대한 관심과 애착은 이보다 훨씬 앞선다. 그가 37세에 쓴 「유가야산록遊伽倻山錄」에 이미 무흘이 자세하게 나타나기 때문이다.[16] 이때 정구는 주희가 쓴 「운곡기雲谷記」나 「무이산기武夷山記」를 휴대하였고, 나아가 자신이 본 가야산 경관을 무이산 경관과 대비시켰다. 즉 1579년(선조12) 9월 14일 가야산 봉천대奉天臺에 올라 주희의 「운곡기雲谷記」를 읽게 되는데, 당시 그는 '가슴속이 더욱 툭 트여 내 몸이 어느새 저 중국의 노봉蘆峯과 회암晦庵 사이에 놓여 있는 것만 같았다.'[17]라고 한 바 있다. 나아가 「무이산기」에 대해서는 다음과 같이 적고 있다.

---

16) 정구는 외가의 선영이 무흘 虎坪에 있어 한강정사와 이곳에 지은 草堂 사이를 자주 다닌다. 「與李茂伯」(『寒岡集』 卷4)에 '저번에 산중으로 들어가려 하다가 마침 날씨가 추워지고 게다가 글씨 쓰는 사람을 불러와 禮書를 교정하고 다듬느라 虎坪의 물가 초당에 머물러 있은 지 한 달 남짓한데, 또 오늘 先妣의 忌日에 곡하기 위해 寒岡 아래로 돌아온 지 며칠이 되었네. 또 며칠 뒤 先人의 사당 제사를 마치면 다시 호평으로 들어가 반달 정도 머무르다가 연말 무렵에 돌아올 예정이네.'라고 한 데서 사정의 이러함을 알 수 있다.

17) 鄭逑. 「遊伽倻山錄」. 『寒岡集』 卷9(『韓國文集叢刊』 53, 273쪽). "又讀朱子雲谷記, 胷次益覺豁然, 不知此身在蘆峯 · 晦菴之間也."

> 두루 둘러보다가 각자 너무 피곤하여 바위를 베고 잠시 잠을 잤다. 잠에서 깨어난 뒤에는 다시 함께 배회하며 여기저기 바라보다가 또 『주자연보』를 펼쳐놓고 주 부자의 「무이산기武夷山記」와 「남악창수서南嶽唱酬序」 및 주周 · 장張 두 선생의 시를 읽었는데, 그 가운데는 오늘 관람한 것과 참으로 같은 점이 너무도 많았다. 이를테면 이른 바 '바로 이 마음이 원대해지기를 기대함이지, 눈앞의 넓은 경치를 탐한 것은 아니라네.(직이심기원直以心期遠 비탐안계관非貪眼界寬)'와 같은 구절은 어찌 오늘 산에 오른 우리들이 법으로 삼는 정도에 그치겠는가. 모두가 알지 않을 수 없는 것이다.[18]

1579년(선조 12) 9월 14일의 기록인데, 가야산 제1봉에 오른 후 당시의 감동을 기록한 것이다. 이곳에서 정구는 「무이산기」와 『남악창수집』 및 주희와 장식張栻의 시도 함께 읽었다.[19] 이 과정에서 정구는 자신의 가야산 유람을 주희 등이 형산을 유람할 때와 최대한 같은 분위기 속에서 진행하려고 했고, 갖고 갔던 주자서를 틈틈이 읽으며 그 유람에서 오는 자연의 흥취와 정신 경계를 동일시하고자 했다. '오늘 관람하는 사정과 흡사한 점이 너무도 많았다.'라고 하거나, '직이심기원直以心期遠 비탐안계관非貪眼界寬'이라는 구절을 인용한 것을 통해 이를 확인할 수 있다.

정구의 무이산에 대한 관심은 날이 갈수록 깊어갔고, 급기야 피지의식避地意識과 독서양성讀書養性을 위해 무흘을 찾아든 무흘 시대(1604-1612)에는 이 같은 생각이 더욱 간절하였다. 이때문에 당

---

18) 鄭逑, 「遊伽倻山錄」. 『寒岡集』 卷9(『韓國文集叢刊』 53, 273쪽). "縱觀之餘, 各倦甚, 枕巖小睡, 睡罷, 復相與徘徊瞻眺. 又開年譜, 讀朱夫子武夷山記與南嶽唱酬序及周張兩先生詩, 或多有逼眞於今日之觀, 如所謂直以心期遠, 非貪眼界寬之句, 則豈止爲今日登高之法, 抑亦凡在山遊人, 皆不可不知也."

19) 정구의 「유가야산록」에는 '周張兩先生詩'라고 되어있으나, 『南嶽唱酬集』이 朱熹 · 張栻 · 林用中 등 세 사람이 1167년 11월에 형산을 유람하며 그 감회를 읊은 시를 엮은 것이니, '朱張兩先生詩'라고 해야 할 것이다.

시 선비들 사이에 떠돌던 명나라의 양긍楊亘과 양역楊易이 편찬한 『무이지』를 구하여 탐독하기에 이른다.[20] 이 책은 서사원徐思遠(낙재樂齋, 1550-1615)이 김도원金道源의 것을 베껴 정구에게 올린 것이었고,[21] 정구는 이에 편지를 보내 감사의 뜻을 표하기도 했다. '전일에 부쳐 주신 『무이지武夷志』를 펼쳐 읽으며 마치 대왕봉大王峯과 옥녀봉玉女峯을 내 발로 직접 밟고 오른 것만 같고, 임씨林氏와 원씨袁氏가 남긴 작품의 운치를 내 눈으로 직접 보는 것 같은 상상을 하면서 신음하는 가운데 항상 스스로 위안이 되었습니다.'[22]라고 한 것이 그것이다. 그러나 정구는 당시의 『무이지』에 많은 문제가 있다고 생각하고, 그 스스로 이를 개편하기로 마음을 먹었다. 무흘로 들어갔던 1604년의 일이다.[23]

정구가 새로 편집한 『무이지』는 현재 그 잔편과 발문이 남아 있어 개편 방향을 대체적으로 알게 한다.[24] 정구는 무이산武夷山이 그

---

20) 『무이지』는 원래 송나라 劉夔가 편찬한 것인데, 이본이 19종에 이른다고 한다. 이 가운데 현존하는 것으로는 명대의 勞堪 · 江維楨 · 徐表然 · 袁仲孺 등이 편찬한 4종, 청대의 藍闓之 · 王梓 · 王復禮 · 倪煒 · 董天工이 편찬한 5종이 그것이다. 楊亘 형제가 편찬한 『무이지』는 중국에서 일실된 상태이며, 이것의 체제나 내용을 살펴볼 수 있는 유일한 자료가 정구의 『무이지』다. 이에 대해서는 전병철. 2008. 「『청량지』를 통해본 퇴계 이황과 청량산」. 『남명학연구』 26. 남명학연구소. 309쪽 참조.

21) 徐思遠. 「上寒岡先生」. 『樂齋集』 卷3. "武夷志, 乃金道源册也. 曾已謄傳之, 故今始呈上, 罪仰罪仰." 서사원은 이 글에서 『무이지』에 그림이 빠졌다는 것을 언급하면서, 난리 중에 전사하면서 화가에게 그리게 할 겨를이 없었기 때문이 아닐까 라고 하였다.

22) 鄭逑. 「答徐行甫」. 『寒岡集 · 別集』 卷1(『韓國文集叢刊』 53, 488쪽). "前荷惠寄, 武夷志披閱, 想像如親躡大王玉女之間, 如冒接林袁之餘韻, 呻吟之中, 常用自慰矣."

23) 정구가 『무이지』 개편을 시작하면서 발문을 쓴 것은 1604년(甲辰)이다. 3년 뒤 1607년 안동부사 재임시절에 화공을 만나 九曲圖를 삽입하고, 2년 뒤인 1609년(己酉)에 드디어 『무이지』를 출판하기에 이른다. 이러한 사실은 「書武夷志附退溪李先生跋李仲久家藏武夷九曲圖後」(『寒岡集』 卷9)를 통해서 확인할 수 있다.

24) 고려대학교 도서관에 정구가 개편한 『무이지』 6권 3책 가운데 1-2권 1책이 남아 있다. 이 책은 현재 귀중본으로 분류되어 있으며, 1책에 목차가 실려 있다. 즉 책머리에 「武夷新志序」(費宏)와 11개의 圖, 권1 山川, 권2 書院, 권3 宮觀, 권4 古蹟 · 土産, 권5 寓賢, 권6 紀遊, 부록 公移 · 武夷志詩文姓氏 등이 그것이다.

자체로도 천하의 명산이지만 이에 더하여 주희가 도를 닦던 산이니 더욱 중요하다고 생각했다. 그리고 그 스스로 '나는 치우친 땅에서 너무 늦게 태어나 주자의 문하에서 학문을 직접 배우지 못하였고 또 무이구곡武夷九曲의 하류에서 갓끈을 씻어 볼 길이 없으니, 어찌 너무도 불행하지 않겠는가.'[25]라고 하면서 새로 구한 『무이지』를 읽노라면, 정신이 마치 은병봉隱屛峯과 철적정鐵笛亭 사이에 맴돌며 주희가 끼친 도덕의 향기에 젖어드는 것 같다고 했다.

그러나 정구는 우선 양씨 형제가 편찬한 『무이지』의 편찬체제가 마음에 들지 않았다. 그가 본 책은 사본이었으므로, 오자가 상당히 있었을 뿐만 아니라 책머리에 있어야 할 그림도 빠진 상태였다. 이 때문에 오자는 수정하고 그림은 화공을 찾아 옛 판본에 근거하여 모사해 끼워 넣고자 했다. 이렇게 되면 『무이지』를 그림과 함께 읽을 수 있어, 비록 실경과는 다를 수도 있지만 주희가 무이산에 은거하면서 도학을 닦던 일을 상상해 볼 수 있을 것이라 믿었던 것이다. 일찍이 정구는 「무이구곡도」에 남다른 애착과 관심을 갖고 있었는데, 이는 이황의 발문이 첨부되어 있는 이담李湛(정존靜存, 1510-1575)의 가장본家藏本을 보면서 구체적으로 나타났다. 이 그림을 보면서 그는 무이산과 주희에 대한 숭모의 생각을 가졌고, 『무어지』 개편에 적극적으로 반영시켰던 것이다.

정구는 『무이지』의 내용도 너무 소략하다고 생각했다. 그는 『무이지』라면 무이산과 관련된 주희의 모든 것이 수록되어 있어야 한다고 보았다. 이때문에 '저 두 양씨楊氏는 어떤 인물인지 알 수 없으나 주 부자의 시문詩文을 감히 이 산의 기록에서 선별해 실었다는 것이 말이 될 일인가.'[26]라며 질타하였던 것이다. 주희의 시 가운

25) 鄭逑, 「武夷志跋」, 『寒岡集』 卷10(『韓國文集叢刊』 53, 292쪽). "吾生偏晩, 既不得摳衣函丈之下, 亦無由濯纓九曲之下流, 豈不甚不幸哉!"

데 「앙고당仰高堂」·「추진정趨眞亭」·「매촌梅村」·「월산月山」 등이 빠져있다며 구체적인 예를 들기도 했다. 따라서 다른 사람의 시문 가운데서도 취할 만한 것이 있으면 싣고 산천 중에 반드시 들어가야 하는 것이 있으면 이 또한 빠뜨리지 말아야 한다고 했다. 이러한 생각에 입각해서 다음과 같이 개편 방향을 분명히 정했다.

> 나는 이 책을 옮겨 쓸 때, ①『주자대전朱子大全』에 실린 시집에서 이 산에 관계된 작품을 전부 취하여 이것을 기본 내용으로 삼고, ② 아울러 『일통지一統志』에서 채집하여 누락된 산천을 해당되는 편에 따라 끼워 넣었으며, ③ 또 부록으로 「간소簡霄」와 「호련胡璉」 등의 시를 각 해당되는 부문에 거두어 넣었다. ④ 또 편집한 시문의 형식이 분명치 않아 이전의 예를 약간 변경하여 줄을 나누어 기록하고, ⑤ 구곡九曲의 여러 시도 다 해당되는 곡曲 밑으로 모았다. ⑥ 그리고 우리나라 퇴계 이 선생의 시와 발문을 그 밑에 달았다.[27]

이처럼 여섯 가지의 개편 방향에 따라 누락된 내용을 보충하거나, 관련 작품을 풍부하게 수집하여 분류 삽입하고, 알아보기 쉽도록 시문의 형식을 체계화하거나, 이황의 시와 발문을 실어 우리나라의 주자학 이해에 대한 자부심을 드러내기도 했다. '퇴도退陶 선생이 일생 동안 우리 주 부자의 도학에 마음을 쏟았는데, 주 부자를 흠모하여 읊조리고 노래한 작품이 원나라와 명나라 인물들의 작품 속에 끼일 수 없겠는가.'[28]라고 한 데서 정구의 생각을 분명하게

---

26) 鄭逑.「武夷志跋」.『寒岡集』卷10(『韓國文集叢刊』53, 292쪽). "彼兩楊, 不知爲何如人, 朱夫子之詩文, 而敢有所取捨於玆山之志哉!"

27) 鄭逑.「武夷志跋」.『寒岡集』卷10(『韓國文集叢刊』53, 292쪽). "余於傳寫時, 就大全詩集, 全取其及於此山者, 以爲之主, 仍幷採一統志, 山川之見漏者, 逐篇追入. 又以附錄簡霄胡璉等詩, 收入於各類. 又所編詩文條界不明, 則稍變舊例, 列行分書, 九曲諸詩, 亦皆湊聚於逐曲之下. 又以吾東方退陶李先生詩跋, 繫于其丁."

28) 鄭逑.「武夷志跋」.『寒岡集』卷10(『韓國文集叢刊』53, 292쪽). "退陶先生, 一生潛

읽을 수 있다. 이렇게 만들어진 『무이지』는 그의 문하생 사이에도 비상한 관심의 대상이 되었다. 임흘任屹(용담龍潭, 1557-1620)이 정구의 개편 『무이지』를 빌려가 베낀 것은 그 대표적인 예가 된다.[29]

정구는 '자세하고 분명하게'라는 입장에서 『무이지』를 편하였다. 이것이 무이산을 제대로 드러내는 방법이라고 생각했기 때문에, 기존의 것도 이에 부합하지 않으면 수정되어 마땅하다고 생각했던 것이다. '명산을 찬양하는 글은 그 주안점이 오직 자세하고 분명히 하는 데에 있는 법이니, 애초에 어찌 한 번 정하면 다시 움직이지 못할 일이 있겠는가.'[30]라고 한 데서 사정의 이러함을 쉽게 알 수 있다. '자세하게' 하는 방법은 무이산과 관련된 글을 수집할 수 있는 대로 수집해서 싣는 것이고, '분명하게' 하는 방법은 주희의 작품을 모두 수렴해서 예각화 하는 것이다. 여기에 이황의 글을 더하였으니, 이황이 명나라 유학자와 견주어 볼 때 훨씬 훌륭한 주자학자라는 것을 보이기 위함이었다. 정구는 1609년에 다음과 같은 기억을 하기도 했다.

> 나에게 이전부터 「구곡도九曲圖」가 있었는데, 이는 이 선생이 발문을 쓰신 것으로 이정존李靜存이 소장한 중국본의 모사품이다. 이 그림을 대하면 정말이지 이른바 시야에 가득 들어온 구름이며 안개가 정묘의 극치를 다하여 마치 귓전에 소리까지 들리는 듯 황홀하다. 또 중국본 책자 속에서 무이산의 총도總圖와 서원도書院圖를 발견하였는데,

---

心我朱夫子, 則其所慕望吟詠之篇, 尙不得見班於元明諸子哉!"

29) 정구가 任屹에게 보낸 「答任卓爾」에 의하면, '『武夷志』와 『仁誠敬』 등의 책은 비록 멀리 빌려 줄 수는 없지만 그렇다고 어찌 한번 자세히 열람하는 것 정도야 못하게 하겠는가.'라고 하거나, '『무이지』는 베껴 쓰는 일이 지금 절반이 넘었다고 하니 매우 반갑네.'라고 한 데서 이러한 사실을 알 수 있다.

30) 鄭逑. 「武夷志跋」. 『寒岡集』 卷10(『韓國文集叢刊』 53, 292쪽). "神山好事之書, 唯在詳備明白, 初寧有一定, 難動之嫌哉!"

> 지난번 화산花山에 있을 때 우연히 화가를 만나 이것까지 아울러 『무이지』에 본떠 그려 넣게 하고 거기에 이 선생의 발문을 첨부하였다.[31)]

이 글에 의하면 정구는 일찍이 이담李湛(정존靜存, 1510-1575)이 소장하고 있었던 중국본 모사품인 「구곡도」를 갖고 있었는데 이 그림에는 이황의 발문을 붙어 있었다. 그가 안동부사 재임시절인 1607년에 그곳의 화가를 만나 『무이지』를 만들면서 책머리에 「구곡도」를 그려 넣고, 「구곡도」 말미에 실려 있었던 이황의 발문 역시 실었다. 위의 글은 정구가 1609년(광해군 1) 3월에 쓴 것인 바, 안동부사로 잠시 나갔다가 다시 무흘로 돌아온 뒤였다. 이렇게 간행한 『무이지』를 정구는, '한가로울 때마다 때때로 한 번씩 열람하고 있노라면 내 몸이 외진 조선 땅, 그것도 400여 년 뒤에 살고 있다는 것을 깨닫지 못하곤 한다. 당시 매일 주 부자를 모시고 강도하면서 무이구곡에서 노래 부르며 살던 사람들은 그 기상과 흥미가 과연 어떠하였겠는가.'[32)]라고 하면서, 『무이지』에 첨부하였던 「구곡도」의 삽입 전말을 기록하였다.

정구가 무흘로 들어간 것은 만년에 해당한다. 정인홍과의 불편한 관계에서 촉발되어 행동으로 옮긴 것이지만, 이것은 젊은 시절부터 오랫동안 꿈꾸어 오던 주희적 삶을 실천하기 위한 것이기도 했다. 이때문에 세 칸으로 된 무흘정사를 짓고 가장 먼저 하였던 작업이

---

31) 鄭逑. 「書武夷志附退溪李先生跋李仲久家藏武夷九曲圖後」. 『寒岡集』 卷9(『韓國文集叢刊』 53, 259쪽). "余舊有九曲圖, 卽李先生題跋李靜存所藏唐本之摹寫者也. 信乎所謂滿目雲烟, 精妙曲盡, 怳若耳邊之有聞矣. 又於唐本册子中, 得總圖與書院圖, 頃在花山, 偶値畫手, 竝令模入志中, 係以李先生跋文."

32) 鄭逑. 「書武夷志附退溪李先生跋李仲久家藏武夷九曲圖後」. 『寒岡集』 卷9(『韓國文集叢刊』 53, 259쪽). "每於閑中時一翻閱, 不覺此身之落在東偏, 四百有餘年之下, 不知當日日侍講道而歌詠周旋於其間者, 其氣像意味, 又復何如也邪."

바로 양긍楊亘 형제가 편찬한 『무이지』를 개편하는 것이었다. 주자학과 관련한 무이산의 중요성을 철저하게 인식한 결과이다. 이 작업에서 정구는 이황의 글도 함께 싣는다. 이것은 명나라의 주자학자를 비판하면서 조선 주자학의 자부심을 드러내는 것이기도 했다. 이로써 조선의 구곡문화는 독자적 가능성을 확보할 수 있도록 했고, 그 자신 무흘을 경영하면서 주희의 「무이도가」에 대한 화운시를 주희와는 전혀 다른 방향에서 창작할 수 있었다.

## 3. 정구의 존주적尊朱的 무흘 경영

장현광張顯光(여헌旅軒, 1554-1637)은 정구의 행장에서, '성주의 서쪽에 수도산修道山이 있었는바, 산의 동쪽에는 샘물과 돌이 맑고 깨끗하며 마을과 멀리 떨어져 있었다. 선생은 궁벽하고 조용함을 좋아하여 다시 작은 서재를 지어 책을 보관하고 놀며 휴식하는 장소로 삼고는 이름을 무흘武屹이라 하였다.'[33]라고 했다. 이로써 우리는 '무흘'이라는 이름은 정구가 명명한 것임을 알 수 있으며, 그가 여기서 무흘정사를 지어 서책을 보관하며 장수지처藏修之處로 삼고자 했던 것도 알게 된다.

1604년 정구는 무흘에 들어가 무흘정사와 함께 산천암을 짓고, 그 주위에 비설교 등의 시설물을 설치하거나 여러 자연물에 만월담 등의 이름을 붙인다. 이로 보아 정구의 무흘 경영은 오늘날 널리

33) 張顯光. 「皇明朝鮮國, 故嘉善大夫司憲府大司憲兼世子輔養官, 贈資憲大夫吏曹判書兼知義禁府事寒岡鄭先生行狀」. 『旅軒集』 卷13(『韓國文集叢刊』 60, 235쪽). "州西有修道山, 山之東畔, 泉石明潔, 逈隔人煙, 先生樂其僻靜, 又構小齋, 以爲藏書遊息之所, 名之曰武屹."

알려진 무흘구곡 전체가 아니라 무흘정사와 그 일대라는 것을 알 수 있다. 이러한 사실은 그의 문도를 통해서도 분명하게 확인된다. 제자 최린崔轔(매와梅窩, 1597-1644)이 무흘정사 주변을 읊은 「무흘팔영武屹八詠」은 그 대표적이다. 그 한 수는 이렇다.

夫子道高深　선생님의 도는 높고 깊어서,
較看千尺瀑　견주어 보노라니 천 척의 폭포 같구나.
流行泓作淵　流行하여 넓디넓은 연원이 되었으니,
使我開心目　나로 하여금 마음과 눈을 열게 하셨네.[34)]

최린의 「무흘팔영」 가운데 「완폭정翫瀑亭」으로, 정구의 도가 깊어 그 유행이 장대하다는 것을 노래한 것이다. 완폭정은 무흘정사 위쪽으로 5-6리 되는 곳에 위치한 것으로, 폭포를 감상할 수 있는 자리에 풀을 베어내고 땅을 고르고는 그렇게 이름한 곳이다. 이밖에도 '운곡〔주희〕에 서식한다.'라는 의미를 담은 장서각 「서운암棲雲庵」, 무흘정사로 가는 길에 놓은 다리 「비설교飛雪橋」, 연못에 비치는 달을 통해 천 년 동안 전해지는 군자의 마음을 느꼈던 「만월담滿月潭」, 무흘정사 오른쪽 바위 모서리에 나무를 이용하여 지은 「자이헌自怡軒」, 비설교 위쪽 10여 보 쯤에 지었던 작은 집 「산천암山泉庵(석천암石泉庵)」, 물속에 가로로 놓여 있는 모습이 누워 있는 용과 같아 그렇게 이름 한 「와룡암臥龍巖」, 반석이 마당처럼 평평하게 펼쳐져 있어 명명한 「장암場巖」 등이 있다. 바로 이곳이 정구가 무흘을 경영한 대표적인 장소가 되는데, 최린은 이를 「무흘팔영」이라며 각각 시를 지었던 것이다.

그렇다면 정구는 어떤 자세로 무흘을 경영하였던가. 존주적尊朱的이라 할 만하다. 사물에 대한 명명의식 등 다양한 측면에서 유사성

34) 崔轔. 「武屹精舍八詠」. 『梅窩集』 卷1.

이 발견되기 때문이다. 정구는 주희와 지명적 친연성을 갖고 있었던 신안新安, 즉 성주에서 태어나 활동의 거점을 마련한다.[35] 31세에 건립하였던 한강정사寒岡精舍의 '한'은 주희의 한천정사寒泉精舍의 '한'과 같으며,[36] 49세에 세웠던 사창서당社倉書堂(신묘, 1591)은 주희가 숭안崇安에서 실시하였던 사창社倉(신묘, 1171)과 다름이 없었다. 그리고 70세에 건립하였던 노곡정사는 주희의 노봉蘆峯과 운곡雲谷에서 각각 한 자씩 딴 것이다.

무흘 역시 마찬가지이다. 주희의 무이와 정구의 무흘은 중국음으로 '〔wǔ yí〕(무이武夷)'와 '〔wǔ yì〕(무흘武屹)'로 비슷하게 읽힌다. 이로 보아 정구가 자신이 정사를 짓고 은거한 곳을 무흘이라 명명한 것은 지극히 의도적이라 할 만하다. 무흘정사 주변에는 자이헌自怡軒과 비설교飛雪橋가 있었고, 비설교에서 10여 보 위에 두 간으로 된 산천암이라는 작은 집이 있었다. 이 '산천암' 역시 주희의 시 가운데 「무이정사잡영武夷精舍雜詠·은구재隱求齋」의 승구承句 '새벽 창가에는 숲 그림자 어른거리고, 밤에는 베게 머리에 산 속 샘물 소리 들리네(신창임영개晨窓林影開 야침산천향夜枕山泉響).'에서 그 뜻을 취한 것이다.[37] 이 뿐만 아니라 무흘정사에서 개울을 따라 1리쯤에 있는 바위를 와룡암臥龍巖이라 명명했다. 이 역시 주희가 1184년(55세) 여산廬山 기슭에 와룡암臥龍庵을 건립하고, 아울러 제갈량을 향사하기

35) 성주는 원래 신라의 세력권에 들게 되어 碧珍郡 또는 本彼縣 등으로 불리다가 757년(신라 경덕왕 16)에 新安縣으로 개칭하여 星山郡에 속하게 된다. 성주의 고호 '新安'은 주희의 관향이자 고향으로 중국 徽州 婺源의 옛 지명과 동일하다.

36) 손처눌은 정구의 서재 寒岡精舍의 '한'은 주자의 寒泉之義의 '한'에서 땄다고 했다. "往拜鄭先生于寒岡精舍: 先生解鄭先生名堂之義曰謂之寒者, 取朱文公寒泉之義(『慕堂集』 卷6 「年譜上」)"이라 한 것이 그것이다.

37) 『寒岡言行錄』 卷3. "前臨小溪, 溪上橫木作橋, 命曰飛雪橋, 於右邊巖角, 因樹架屋, 命曰自怡軒, 橋上十餘步, 立小屋, 名曰山泉庵, 取朱夫子晨窓林影開, 夜枕山泉響之義也."

위해 지은 무후사武侯祠에 연유한다.

정구는 이처럼 주희의 고향과 동일한 지명인 신안新安에서 태어나 살면서 존주적인 명명의식을 갖고 『무이지』를 저술하거나 스스로 주희의 「무이도가」에 대한 화운시를 지었다. 이러한 정구의 의도적 행위는 그의 문하생들 사이에서 주희와 정구의 동일시 현상으로 나타나기도 했다. 훨씬 후대의 일이기는 하지만, 이만운李萬運(묵헌默軒, 1736-1820)은 「사창서당기社倉書堂記」를 써서, '당세에 말 잘하는 선비들은 선생을 일컬어 주중회朱仲晦의 후신'[38]이라고 했다면서 당대의 분위기를 전했다. 정구와 주희의 동일시 현상은 그의 직전 제자 그룹에서 바로 나타났다. 정구와 7세밖에 나이 차이가 나지 않았던 서사원의 경우를 보자.

武夷雲谷聳閩中　무이武夷와 운곡雲谷은 민 땅에 우뚝하고,
千載雄名仰晦翁　천 년의 위대한 명성 주자를 숭상하네.
至澤縱嫌阻萬姓　지극한 은택은 비록 만백성에게 막히는 것 싫지만,
斯文猶幸啓羣蒙　사문은 오히려 몽매함을 깨우쳐주니 다행이라네.
當年嫡統源流遠　당년의 적통은 원류에서 멀지만,
此日伽倻會運通　이제 가야산으로 운이 통하게 되었다네.
縹渺林間開一畝　아득히 숲 사이에서 한 이랑을 개척하니,
隱然眞樂自無窮　남모르는 참 즐거움이 저절로 끝이 없네.[39]

정구의 존주적 자세를 가장 적극적으로 지지한 사람은 서사원이라 해도 과언이 아니다. 정구가 개편한 『무이지』 필사본도 기실 서사원이 그에게 바친 것이다. 이로 보아 서사원은 정구의 의도를 충

38) 李萬運. 「社倉書堂記」. 『默軒集』 卷7(『韓國文集叢刊』 251, 333쪽). "當世能言之士, 稱先生爲朱仲晦身者, 亦可謂知先生矣."
39) 徐思遠. 『樂齋集』 卷2. 「武屹, 上寒岡鄭先生」(『韓國文集叢刊』 續7, 40쪽).

분히 파악하고 여러 측면에서 지원을 아끼지 않았던 것 같다. 나아가 그는 「무흘武屹, 상한강선생上寒岡先生」이라는 7언 율시 두 수를 지어 정구의 주자주의적 풍모를 찬양하였던 바, 위의 작품은 그 첫 번째 수이다. 이에 의하면 무이산에서 흘러내린 주희의 적통嫡統이 가야산 자락 무흘의 정구에게로 이어지고 있음을 보였다. 둘째 시에서, 선경仙境의 옥 같은 물소리가 정구를 기다려 순임금의 음악을 연주한다고 하여 도통이 어떻게 이어지고 있는지를 비유적으로 나타내기도 했다.[40] 이러한 생각에 기반하여 이규수李奎壽(산옹散翁, ?-?)는 「서정경헌무흘구곡첩후書鄭警軒武屹九曲帖後」에서 정구와 주희가 합치되는 것이 한 둘이 아니라면서 '우리 한강 노선생의 연원정맥淵源正脈은 실로 회옹晦翁의 적전嫡傳이다.'[41]라고 할 수 있었다.

서사원은 정구의 와룡암도 같은 방법으로 이해하고 있었다. 그는 「와룡암臥龍菴」이라는 고시형태의 장편시를 쓰면서 먼저 주희의 와룡고사를 떠올리고 주희의 덕을 사모하였다. 그러나 정구의 와룡암으로 끝을 맺었다. '그댄 우리나라에도 용이 누운 곳이 있는 것을 보았는가. 무흘 가야 동천에 꽃들이 무성하다네. 용이 연못에 누워 꼼짝 못한 날이 또한 오래니, 떨쳐 일어나 우리 백성들에게 큰 은택 베풀기를 기원하노라.'[42]라고 한 것이 그것이다. 서사원의 이 생각 안에도 도통의식이 개입되어 있다. 『서경』「대우모大禹謨」의 십육자결十六字訣을 떠올리며 '빛나고 빛나는 문미의 열여섯 자, 빛나는 붉

40) 徐思遠이 「武屹, 上寒岡鄭先生」(『樂齋集』 卷2, 『韓國文集叢刊』 續7, 40쪽)에서, "競秀爭流於此盡, 幾年壺裏待先生. 玉溪一壑虞韶奏, 琪樹千章夏幄成."라 한 것이 그것이다.

41) 李奎壽. 「書鄭警軒武屹九曲帖後」. 『全城世稿』 卷1. "惟我寒岡老先生淵源正脈, 實晦翁之嫡傳也."

42) 徐思遠. 「臥龍菴」. 『樂齋集』 卷2(『韓國文集叢刊』 續7, 47쪽). "君看我國亦有卧龍處, 武屹倻洞花람鑑毶. 龍之淵卧確乎不拔日亦久, 我願起作大霖大霔東民覃."

은 마음은 작은 감실을 밝히네.'[43]라 한 것도 모두 이때문이었다. 그는 여기서 더욱 나아가 아예 정구를 주희와 동일시하기도 했다.

> 아울러 생각하건대 무이산에 가을이 깊어지니 훌륭한 경치가 바야흐로 짙습니다. 물이 푸르고 산이 붉은 이 날은 바로 선생님을 모실 때일 것입니다. 그믐과 초하루 사이로부터 보잘 것 없는 저의 정신과 꿈은 하루도 빠짐없이 은병산隱屛山과 선장산仙掌山의 동천으로 날아가고 달려갑니다. 서리 내리고 추운 계절이 가까이 왔는데 보잘 것 없는 병이 다시 일어나 뱃속이 들끓어 아직도 괴롭지만 치료하기가 쉽지 않습니다. 바야흐로 떠나려고 하는데 또 집 아우의 일이 유배 가는 지경에 이르니 우환이 집안에 가득하여 부끄럽고 위축되며 황공하고 민망하여 얼굴을 들 수가 없습니다.[44]

위의 글은 서사원이 정구에게 올린 편지의 일부이다. 얼핏보면 무이산이나 은병산 · 선장산과 같이 중국의 무이인 듯하지만, 자세히 들여다보면 무이는 바로 무흘을 말하는 것임을 알 수 있다. 무흘에 가을이 깊어 아름다운 때, 달려가 스승 정구를 모시고 싶지만 몸에 병이 들었을 뿐만 아니라 동생 집마저 우환이 생겨 그러지 못하게 되었으니 부끄럽고 황공하다고 했다. 우리는 여기서 서사원이 '무흘'을 '무이'로, '정구'를 '주희'로 인식하면서 글을 올리고 있다는 것을 알 수 있다. 확인할 수 없지만, '은병'이나 '선장'이라 한 것도 무흘의 어느 봉우리를 지칭한 것일 터이다. 정구의 문도들

43) 徐思遠, 「臥龍菴」. 『樂齋集』 卷2(『韓國文集叢刊』 續7, 47쪽). "煌煌楣上十六字, 炳炳丹忠輝小龕."

44) 徐思遠. 「上寒岡先生」. 『樂齋集』 卷3(『韓國文集叢刊』 續7, 54쪽). "思遠拜違許久, 日覺鈍滯, 疵吝山積, 無計振滌, 兼想武夷秋深, 勝賞方濃, 碧水丹山, 此正追陪杖屨之日也. 自晦初之間, 區區魂夢, 無日不飛馳於隱屛仙掌之洞天, 霜寒邇來, 賤疾復作, 腹沸猶苦, 調效未易, 方欲發未果之際. 又見舍弟之事, 至於流配之極, 憂患盈門, 媿縮惶悶, 無以爲顏."

에게 이러한 의식은 많이 퍼져 있었던 것으로 보인다. 다음 시 역시 같은 측면에서 읽힌다.

萬重雲壑隔塵寰　만 겹으로 구름 낀 골짜기 티끌세상을 막고 있어,
古澗淸冷響玦環　옛 시내의 맑은 물은 옥 소리로 울린다네.
宇宙名山三十六　우주의 명산 서른여섯 봉우리,
祇今人道武夷山　단지 지금 사람들은 무이산 만을 말하네.[45]

이 작품은 이주李紬(학가재學稼齋, 1599-1669)가 쓴 「무흘」이다. 이주는 정구와 장현광의 문인으로, 그 역시 「무흘」 이라는 시를 쓰면서 정구와 주희를 동일시하고 있다. 무흘산이 오히려 우주의 명산이라 일컬어지는 무이산과 견주어 볼 때 전혀 손색이 없다고 했다. 스승 정구의 무흘은 주희의 무이, 바로 그것임을 의미한다. 정구의 직전제자 그룹에서 진행되고 있었던 이러한 동일시 현상으로 미루어 볼 때, 성주의 무흘은 바로 조선의 무이라는 생각이 선비사회에 넓게 퍼져 있었던 것으로 보인다.

이상에서 보듯이 정구는 존주적 자세를 시종 견지하면서 무흘을 경영하였다. 그러나 그 범위는 무흘정사 주변으로 제한되어 있었다. 정구는 무흘정사를 지은 뒤 주변의 사물을 명명할 때도 주희와 긴밀하게 연관되도록 했고, 그 스스로 주희의 「무이도가」에 대한 화운시를 짓기도 했다. 사정이 이러하므로 정구의 문도들은 정구가 주희의 적전임을 기회 있을 때마다 강조했고, '무흘'과 '무이', '정구'와 '주희'를 동일시하는 현상까지 생겼다. 이러한 동일시 현상은 신안이라는 지명과 함께, 건물의 건축되는 연차年次나 경관의 명칭 등과 맞물리면서 더욱 증폭될 수 있었다.

---

45) 李紬. 「武屹」. 『學稼齋集』 卷1.

## 4. 정구의 구곡 심의心意

일찍이 주희는 무이산에 은거하면서 무이산 물줄기 9.5km에 걸쳐 펼쳐진 아름다운 경관 아홉 굽이를 설정하고, 각 굽이마다 7언 절구 한 수씩을 지었다. 제1곡 승진동升眞洞, 제2곡 옥녀봉玉女峯, 제3곡 선조대仙釣臺, 제4곡 금계동金鷄洞, 제5곡 무이정사武夷精舍, 제6곡 선장봉仙掌峯, 제7곡 석당사石唐寺, 제8곡 고루암鼓樓巖, 제9곡 신촌시新村市가 그것이다. 주희의 「무이도가」는 여기에 서시序詩를 더해 도합 10수로 이루어져 있다. 이에 의거하여 정구는 「앙화주부자무이구곡시운십수仰和朱夫子武夷九曲詩韻十首」를 지어 주희를 경모하게 되는데, 이 시는 아마도 무흘정사를 짓고 『무이지』를 편찬하는 가운데 자연스럽게 창작되었던 것이 아닌가 한다.

정구는 제자 서사원이 그에게 『욕기도浴沂圖』와 『무이산도武夷山圖』을 선물하자 감사의 뜻을 표하며 답신한 바 있는데 여기서 그는 '주부자의 무이도가武夷櫂歌를 귀로 직접 듣는 것만 같다.'46)라고 하였다. 또한 '내가 주자의 「무이구곡武夷九曲」 시를 본떠 지은 시 10수와 임금에게 진상하고 남은 도서圖書 한 통을 삼가 군선君善의 편에 바쳐 올리니, 한번 살펴보시기 바랍니다.'47)라고 하기도 했다. 이 모두가 주희의 「무이도가」에서 깊은 감동을 받았기 때문이라 하겠는데, 그 스스로 오랫동안 잠심해서 탐구해오던 주자학을 이 땅에서 재현하기 위한 것이라 하지 않을 수 없다.

정구의 구곡시는 표면적으로 보면 앞서 제시한 〈가설1〉처럼, 주

46) 鄭逑. 「答徐行甫」. 『寒岡集』 卷3(『韓國文集叢刊』 53, 148쪽). "今得浴沂武夷之圖, 宛然身入舞雩之下, 親聆櫂歌之聲."

47) 鄭逑. 「答徐行甫」. 『寒岡集』 卷3(『韓國文集叢刊』 53, 148쪽). "曾爲摹九曲十疊, 又得封餘圖書一貼, 謹附君善呈上, 伏惟視至."

희가 은거한 무이산武夷山 구곡을 상상하며 지은 것이다. 제목이 「앙화주부자무이구곡시운십수」이니 제목 자체에 이러한 사실이 분명히 나타난다. 이 작품의 서시에도 '천하의 산 가운데서 어느 곳이 가장 신령스러울까? 인간 세상에서 이처럼 그윽하고 맑은 곳은 없다네. 자양紫陽이 일찍이 깃들었던 곳, 만고에 길이 흐르는 도덕의 소리여!'[48]라고 읊고 있어, '주희의 서식처'인 무이를 상상하고 있음을 알 수 있다. 여기서 말하는 자양은 바로 주희이기 때문이다. 이러한 현상은 다음과 같이 구체적인 소재로 나타나기도 한다.

| | |
|---|---|
| 二曲亭亭玉女峰 | 이곡이라 우뚝한 옥녀봉이여, |
| 挿花臨水爲誰容 | 꽃을 꽂고 물가에 있으니 누굴 위한 단장인가? |
| 道人不復陽臺夢 | 도인道人은 다시 양대陽臺의 꿈을 꾸지 않는데, |
| 興入前山翠幾重 | 흥에 겨워 앞산으로 들어가니 푸르름이 몇 겹이 드뇨?[49] |

| | |
|---|---|
| 二曲佳姝化作峰 | 이곡이라 아름다운 아가씨가 봉우리로 화해서, |
| 春花秋葉靚粧容 | 봄꽃 가을잎으로 얼굴을 단장하네. |
| 當年若使靈均識 | 당년에 만일 굴원에게 알렸더라면, |
| 添却離騷說一重 | 이소경離騷經 한 두 구절 덧붙였을 것을.[50] |

앞의 작품은 주희의 「무이도가」 가운데 제2곡이고, 뒤의 작품은 정구의 화답시 가운데 제2곡이다. 기구의 우뚝한 옥녀봉과 아름다운 아가씨가 화해서 된 봉우리, 승구의 예쁜 단장은 거의 유사한

48) 鄭逑. 「仰和朱夫子武夷九曲詩韻十首」. 『寒岡集』 卷1(『韓國文集叢刊』 53, 112쪽). "天下山誰最著靈, 人間無似此幽淸. 紫陽況復曾棲息, 萬古長流道德聲."

49) 朱熹. 「淳熙甲辰中春精舍閑居戱作武夷櫂歌十首呈諸同遊相與一笑 · 其二曲」. 『朱子大典』 卷9.

50) 鄭逑. 「仰和朱夫子武夷九曲詩韻十首 · 其二曲」. 『寒岡集』 卷1(『韓國文集叢刊』 53, 112쪽).

시적 소재를 활용한 것이다. 경향의 이러함은 제3곡에서도 그대로 이어져 주희가 '삼곡이라 그대 가학선을 보았는가? 노 젓기를 멈춘지 몇 해 되는 줄을 알지 못하겠네(삼곡군간가학선三曲君看架壑船 부지정도기하년不知停棹幾何年).'라고 하였고, 정구는 여기에 대하여 '삼곡이라 이 구렁에 누가 배를 숨겼나, 밤에 몰래 짊어지고 가는 사람 없어 지난 세월 이미 천년(삼곡수장차학선三曲誰藏此壑船 야무인부이천년夜無人負已千年).'이라 하였다. 이로 보아 정구가 주희의 「무이도가」를 깊이 의식하며 화운하고 있다는 것을 바로 알 수 있다.

주희의 구곡시와 정구의 이에 대한 화운시는 위와 같은 동질성이 있음에도 불구하고 많은 이질성이 보인다. 이러한 이질성은 정구의 심의라고 생각되는 부분을 찾을 수 있는 핵심적인 부분이라는 측면에서 주목할 필요가 있다. 특히 주희의 시와 정구의 시는 시적 의상이나 전개방식의 측면에서 매우 다른 요소가 발견된다. 이것은 정구가 「무이구곡도」나 『무이지』를 통해 존주적 자세를 견지하고 있었다고는 하나, 동시에 정구가 자신이 은거한 공간을 도학적으로 해석하고 있음을 의미한다. 즉 주자학을 조선적 조건에 맞추어 주체적으로 재해석하고 있다는 것이다. 이 같은 입장에서 주자의 구곡시와 정구의 구곡시가 어떻게 다른가 하는 것을 몇 가지로 나누어 살피기로 하자.

첫째, 주희의 「무이도가」에 보이는 도가적 신선사상을 정구는 그의 화운시에서 철저하게 배제하고 있다는 점이다. 주희는 서시에서 '무이산 아래 선령仙靈이 있어'라고 노래했다. 무이산은 원래 신선 무이군武夷君이 살았다는 전설을 담고 있는 곳으로 도가적 신선사상의 색채가 농후한 곳이다. 주희의 '선령'도 이러한 측면을 염두에 둔 것이다. 그러나 정구는 '천하의 산중에 어느 곳이 가장 신령스러울까'라고 하여 무이산 자체의 신령스러운 점을 강조하였을 뿐, 도가적 신선사상은 연상되지 않게 했다. 이것은 정구의 화운시가 재도주의적載道主義的 색채가 농후한 쪽으로 변화되었다는 것을 의미한다. 다음 작품 역시 이를 이해하는 데 있어 좋은 자료가 된다.

四曲東西兩石巖　사곡이라 동서로 두 바위가 우뚝한데,
巖花垂露碧㲯毿　바위에는 이슬 맺힌 꽃이 어지러이 피어있네.
金鷄叫罷無人見　금계의 울음소리 그치고 보이는 사람도 없는데,
月滿空山水滿潭　달은 빈산에 가득하고 물은 연못에 가득하네.[51]

四曲雲收百尺巖　사곡이라 백 척 바위에 구름 걸리고,
巖頭花草帶風毿　바윗머리 화초들 바람에 살랑이네.
箇中誰會淸如許　그 중 맑음이 이 같은 줄 누가 알겠소?
霽月天心影落潭　하늘 가운데 개인 달그림자 못에 지는데.[52]

앞의 것은 주희의 것이고 뒤의 것은 정구의 것이다. 바위의 개수가 둘과 하나로 서로 다르기는 하나 높은 바위 위에 핀 꽃들은 그 소재적 측면에서 다르지 않다. 그리고 연못에 비치는 달그림자도 같은 의상을 지니고 있다. 그러나 앞의 시 전구에서는 '금계의 울음소리〔금계규金鷄叫〕'를 제시하였고, 뒤의 시 전구에서는 '더없는 맑음〔청여허淸如許〕'을 제시하였다. 주자의 이 4곡시는 금계동金溪洞을 소재로 하고 있는 바, 이는 날아든 금계가 산다는 도가적 전설에 근거한 것이다. 그러나 정구는 맑은 물, 혹은 인욕이 사라진 맑은 마음을 비유적으로 나타내면서 도가적 신선사상을 배격하였다. 주자가 1곡시에서 '홍교虹橋'를 내세워 신

51) 朱熹. 「淳熙甲辰中春精舍閑居戱作武夷櫂歌十首呈諸同遊相與一笑 · 其四曲」. 『朱子大典』 卷9.
52) 鄭逑. 「仰和朱夫子武夷九曲詩韻十首 · 其四曲」. 『寒岡集』 卷1(『韓國文集叢刊』 53, 112쪽).

선 무이군 전설을 말했으나, 정구는 '연진인간념捐盡人間念'이라 하여 수양론을 언급한 것도 모두 같은 측면에서 이해된다.

둘째, 주희의 「무이도가」가 배를 띄울 수 있는 강을 배경으로 하고 있다면, 정구의 화운시는 개울을 배경으로 하고 있다는 점이다. 주희는 1곡시에서 '일곡이라 시냇가에서 고깃배에 오르니, 만정봉 그림자가 맑은 시내에 드리워지네(일곡계변상조선一曲溪邊上釣船, 만정봉영잠청천幔亭峰影蘸晴川)'라고 하였고, 정구 역시 1곡시에서 '일곡이라 여울 어귀에 고깃배 띄우니, 석양 부서지는 냇가에 실 같은 바람 감도네(일곡탄두범조선一曲灘頭泛釣船, 풍사요요석양천風絲繚繞夕陽川).'라고 하여 '조선釣船'이 공통적으로 등장한다. 그러나 주희의 시에서는 2곡시처럼 '흥에 겨워 앞산으로 들어가니 푸르름이 몇 겹이드뇨(흥입전산취기중興入前山翠幾重)?'라고 하거나, 5곡시처럼 '어기영차 뱃노래 소리 속에 만고심만 깊어지네(애내성중만고심欸乃聲中萬古心).'라고 하여 지속적으로 배가 등장한다. 다음의 시를 통해 이것을 조금 더 관찰해 보자.

| | |
|---|---|
| 七曲移船上碧灘 | 칠곡이라 배를 저어 푸른 여울에 오르며, |
| 隱屛仙掌更回看 | 대은병과 선장봉을 다시 돌아본다네. |
| 却憐昨夜峰頭雨 | 어여쁠손, 어젯밤 바위 위에 내린 비가, |
| 添得飛泉幾道寒 | 폭포에 더해지니 얼마나 더 차가울까?[53] |

| | |
|---|---|
| 七曲層巒遶石灘 | 칠곡이라 층층한 봉우리 돌여울을 둘러 있어, |
| 風光又是未曾看 | 이러한 경치 일찍이 보지 못하였네. |
| 山靈好事驚眠鶴 | 산신령 일이 좋아 잠자는 학 놀라게 하니, |
| 松露無端落面寒 | 소나무 이슬 무단히 얼굴에 떨어져 차갑네.[54] |

53) 朱熹. 「淳熙甲辰中春精舍閑居戲作武夷櫂歌十首呈諸同遊相與一笑·其七曲」. 『朱子大典』 卷9.

각기 주희의 작품과 정구의 작품 가운데 제7곡시이다. 주희의 「무이도가」나 정구의 화운시는 모두 물을 거슬러 오르며 창작된다. 7곡에 이르게 되면 많이 거슬러 올라왔다고 하겠는데, 주희의 경우 여전히 풍부한 수량을 확보하고 있어 대은병과 선장봉을 바라보며 푸른 여울로 배를 저어간다고 했다. 이것은 배를 띄울 만한 상황 속에서 가능한 것이라 하겠다. 그러나 정구의 경우 7곡이 층층의 봉우리로 둘려 있는 돌여울이다. 배를 띄울 수 없는 개울임을 바로 알 수 있다. 정구의 구곡시는 1곡을 제외하면 어떠한 곳에서도 실제 배가 등장하지 않고 있어, 그의 시가 개울을 배경으로 해서 창작되었다는 것을 분명히 확인할 수 있다. 이는 같은 구곡시가 다른 지역적 환경 하에 창작되고 있다는 것을 의미한다.

셋째, 주자의 「무이도가」와 정구의 화운시는 모두 자신의 은거처를 배경으로 하고 있다는 점이다. 주희의 「무이도가」는 무이산이 작품의 생성공간이다. 이때문에 이와 관련된 실제적 지명 등이 많이 나타날 수 있었다. 무이산武夷山(서시) · 만정봉幔亭峰(1곡) · 옥녀봉玉女峰(2곡) · 가학선架壑船(3곡) · 금계金溪(4곡) · 대은병大隱屛과 선장봉仙掌峰(7곡) · 고루암鼓樓岩(8곡) 등의 지명에서 이것은 확인된다. 그러나 정구의 주희 화운시에는 이러한 용어들이 하나도 나타나지 않는다. 이것은 정구의 구곡시가 무이산을 상상하며 창작한 것이 아니라는 것을 보여주는 중요한 증거가 된다. 다음 작품을 통해 이를 구체적으로 살펴보자.

九曲將窮眼豁然　구곡이라 막 다하는 곳에서 눈이 확 트여,
桑麻雨露見平川　뽕나무와 삼밭에 비와 이슬 내리는 평천이 보이네.

54) 鄭逑. 「仰和朱夫子武夷九曲詩韻十首 · 其七曲」. 『寒岡集』 卷1(『韓國文集叢刊』 53, 112쪽).

漁郎更覓桃源路　어부는 다시 도화원 가는 길을 찾지만,
除是人間別有天　이 밖에 인간세상에서 별천지가 있겠는가?[55]

九曲回頭更喟然　구곡에서 머리 돌이켜 다시 탄식하노니,
我心非爲好山川　내 마음은 산천만 좋아함이 아니로세.
源頭自有難言妙　처음 샘솟는 곳은 말하기 어려운 묘한 것이 있어,
捨此何須問別天　이를 두고 어찌 별천지를 물으랴.[56]

주희와 정구의 제9곡시이다. 주희는 신촌新村을 읊은 것이기 때문에 확 트인 공간을 노래할 수 있었다. 이때문에 '막 다 하는 곳에서 눈이 확 트여.'라고 하였던 것이다. 여기에는 '상마우로桑麻雨露'로 표현되는 일상의 삶이 보인다. 그러나 정구의 9곡시에는 개울이 시작되는 '원두'가 나타난다. 이것은 심성론적으로 이해할 수 있기 때문에 '말하기 어려운 묘한 것'이라 하였다. 사실 정구의 구곡시에는 오늘날 비정批正하는 무흘구곡과 합치되는 곳이 한 둘이 아니다. 실경을 연상케 하는 이미지가 다량 포함되어 있다는 것이다. 배를 띄울 수 있는 1곡은 물론이고, 골짜기에 숨어 있는 배바위(3곡), 백 척으로 솟은 입암(4곡), 송죽으로 이루어진 숲(5곡), 겹겹의 바위로 둘려진 돌여울(7곡), 감도는 계류(8곡) 등이 모두 그러한 곳이다.

정구의 구곡시는 다양한 측면에서 주자의 구곡시보다 도학적 세계관에 더욱 밀착되어 있으면서도 자신이 은거하고 있는 곳의 지역성을 담보하고 있다. 이것은 그가 구곡시를 지으면서 표면적으로는

55) 朱熹, 「淳熙甲辰中春精舍閑居戱作武夷櫂歌十首呈諸同遊相與一笑 · 其九曲」, 『朱子大典』 卷9.
56) 鄭逑, 「仰和朱夫子武夷九曲詩韻十首 · 其九曲」, 『寒岡集』 卷1(『韓國文集叢刊』 53, 112쪽).

주희의 「무이도가」에 화운하였지만, 그 이면에 무흘의 실경을 노래하려는 '심의'가 내장되어 있었기 때문에 가능한 것이라 하겠다. 이때문에 〈가설3〉에서 제시한 것처럼, 정구는 무흘 실경을 염두에 두면서 주희 「무이도가」에 대한 화운시를 지었다는 입론이 성립된다. 이 '심의'를 찾는 것이 정구의 문도와 후손들에게 남은 과제였다. 이 과제가 어떻게 구상되고 실천되었는가 하는 것을 살피는 것이 다음 장의 과제다.

## 5. '정구 무흘구곡'의 정착과정

오늘날 널리 알려져 있는 무흘구곡은 성주와 김천에 걸쳐 있고, 그 길이는 35.7km에 달한다. 1곡 봉비암鳳飛巖, 2곡 한강대寒岡臺, 3곡 무학정舞鶴亭, 4곡 입암立巖, 5곡 사인암捨印巖, 6곡 옥류동玉流洞, 7곡 만월담滿月潭, 8곡 와룡암臥龍巖, 9곡 용추龍湫 등이 그것이다. 이 구곡은 정구 시대 이전부터 이미 그 이름이 있어온 것도 있고, 정구가 명명한 것도 있으며, 후인들이 명명한 것도 있다. 이로 보면 무흘구곡 각각의 명칭은 지역의  선비들이 오랜 시간을 갖고 함께 명명한 합작품이라 할 만하다. 그 중심에는 물론 정구의 심의를 어떻게 찾을 것인가 라고 하는 문제의식이 내재되어 있었다.

정구 당대부터 이미 있어온 명칭으로는 봉비암, 입암, 무학정(주암舟巖 · 선암船巖), 사인암(사인암舍人巖 · 사신암捨身巖) 등이다. 봉비암은 정구가 그 남쪽 기슭에 회연초당, 망운암 등을 지을 만큼 많은 관심을 둔 곳이다. 이에 대한 명칭은 정구 시대에도 이미 널리 사용되고 있었으며,[57] 그 최초의 기록은 이보다 훨씬 앞서 조선초기의 김종직金宗直(점필재佔畢齋, 1431-1492)이 남긴 자료에서 확인된다. 입암과 주암, 그리고 사인암에 대해서는 정구가 젊은 시절부터 관심을 갖고 주변의 경관에 대하여 기록해 둔 바 있다. 관련 자료를 제시하면 다음과 같다.

(가) 못(연淵)은 성주의 서쪽 20리쯤에 있다. 작은 봉우리가 가야천 서쪽 언덕에서 갑자기 솟아 있는데, 봉우리의 등은 평지로, 시냇물에 침식되어 구덩이가 되어 못을 이루었다. 일찍이 고을의 호족이 있어 대를 봉우리 꼭대기에 쌓아두고 기생을 끼고 노닐었었는데, 한 기생이 있어 이름을 봉비鳳飛라 하였다. 술자리가 무르익자 일어나 춤을 추게 되었는데 실족하여 이 못에 떨어지고 말았다. 후인들이 이로 인해 못을 이름한 것이다.[58]

(나) 호평虎坪 앞 냇가에 이르러 또 말에서 내려 지나갔는데, 그곳은 내 외가의 선영이 있기 때문이다. 재각齋閣에 가서 밥을 먹은 뒤에 연석암軟石菴을 거치고 주암舟巖을 지나 보천步川을 건너 입암立巖에 당도하니, 아직 정오가 되지 않았다. 돌이 고르게 깔려 있었는데 매끄럽기가 잘 다듬은 옥 같았고, 푸른 물은 잔잔히 흐르는데 맑기가 밝은 거울 같았다. 우뚝 솟아 있는 바위는 그 높이가 50길은 됨직하고, 소나무가 바위틈에서 자라느라 늙도록 크지 못하였다. 백옥 같은 널찍한 바위가 물위에 드러나 있는데 그 위에 3, 40명은 앉을 만하였다. 그 맑고 기이하며 그윽하고 고요한 느낌은 며칠 전에 구경한 홍류동에 비할 정도가 아니었다.[59]

---

57) 정구의 제자 朴而章(龍潭, 1547-1622)이 「祭鄭道可文」(『龍潭集』 卷4)에서 "嗚呼哀哉! 百梅花前, 鳳飛巖頭. 講禮論道, 踊躍共遊. 今雖欲又, 胡可得乎?"라 한 데서 이러한 사실을 알 수 있다.

58) 金宗直. 「鳳飛淵」. 『悔堂稿』 張17. "淵在星州西二十里許, 有小峯, 突起於伽倻川西岸, 峯背平地, 爲水囓食坎而爲淵, 昔有鄕豪築臺峯上, 携妓遊賞, 有一妓名鳳飛者, 酒酣起舞, 失足墜此淵, 後人因以呼淵."

59) 鄭逑. 「遊伽倻山錄」. 『寒岡集』 卷9(『韓國文集叢刊』 53, 273쪽). "至虎坪前川, 又

> (다) 자리에서 일어나 말을 타고 사인암舍人巖을 찾아갔다. 물이 맑고 물살이 빨랐으며 산봉우리가 가파르고 높았다. 옛날에 일찍이 사인舍人 벼슬을 한 어떤 사람이 이곳의 아름다운 수석을 사랑하여 이 바위 아래에 자리를 잡고 살았기 때문에 그렇게 이름하였다 하는데, 어떤 사람은 말하기를, "이곳이 바로 몸을 놓아 버린다는 사신암捨身巖이다. 이곳에 온 사람은 자신도 모르게 자기의 몸과 마음을 다 잊어 인간세상의 몸을 놓아 버리고 이곳과의 인연을 영원히 맺기를 원한다." 라고 하였다. 이런 설은 다 시골 마을의 속된 말로, 믿을 만한 것이 못 된다.[60]

(가)는 김종직이 『회당고悔堂稿』에서 「봉비연」이라는 제목으로 시를 지으면서 서문의 형식을 빌려 제시한 지명유래담인 바, 봉비연은 봉비라는 기생의 실족사와 관련된 것이라고 한다. 이로 보면 봉비연이 정구에 의해 회연檜淵으로 바뀌게 되었고 이를 자신의 초당 이름으로 삼았던 것을 알 수 있다.[61] 봉비가 떨어졌다는 바위도 정구 시대에 이르면 '봉鳳'과 관련된 바위로 변화된다. 정구의 제자 이주가 봉비암에 대하여 '채색 날개로 날아간 봉은 천년토록 돌아오지 않고, 지금은 다만 맑은 자취만 우뚝한 봉우리에 남아 있네.'[62)

---

下馬以過, 余外家先塋也. 就飯齋菴, 歷軟石巖, 過舟巖涉步川, 至立巖, 日猶未午矣. 白石平鋪, 瑩如磨玉, 碧水安流, 澄似明鏡, 危巖屹立, 高可五十丈, 苦松生於石隙, 老而不能長, 白玉盤陀, 露出水面, 可坐三四十人, 淸奇夐靜之趣, 又非曩日紅流之可擬也."

60) 鄭逑. 「遊伽倻山錄」. 『寒岡集』 卷9(『韓國文集叢刊』 53, 273쪽). "決策跨馬, 訪舍人巖, 水石淸駛, 峯巒峭拔. 古有曾爲舍人之官, 愛此泉石之勝, 卜築巖底故名, 或云卽捨身巖也, 人之到此界者, 不覺身心兩忘, 願捨人世之身, 永結此地之緣, 皆出村野之諺, 不足傳信."

61) '회연'이라는 이름의 연원에 대해서는 세 가지 설이 있다. 첫째, 『성산지』 「面洞」 주에 '海松子 밭이 가야산 남쪽에 있었는데 동불암부터 尋源寺까지 수십 리나 되었다.'라는 것에 근거하여 '海松子'를 '檜'로 보아 회연으로 하였다는 설, 둘째, 곡부의 공묘 大成門 좌측에 위치한 '先師手植檜'에서 보듯이 '手植檜'에 근거하여 '공자 연원'을 의미한다는 설, 셋째는 고로들이 전하는 말로 물이 돌아 흐르는 回淵이 있어 이것을 '檜淵'으로 바꾸었다는 설이 그것이다.

62) 李紬. 「登鳳飛巖」. 『學稼齋集』 卷1. "彩羽千年去莫回, 秖今寒影秘崔嵬. 雖知一片溪

라고 한 것에서 이것을 확인할 수 있다.

(나)와 (다)는 모두 정구가 「유가야산록」을 통해 제시한 '주암'과 '입암', 그리고 '사인암'에 대한 기록이다. 이 모두에 정구는 지대한 관심을 갖고 있었다. 주암은 '선암'으로도 불리는데 형상이 배처럼 생겼기 때문이고, '무학정'으로도 불린다. 이때문에 김상진의 「무흘구곡도」에서 「무학정」도 아래쪽에 '일명선암一名船巖'이라 기록할 수 있었다. 입암은 지금까지도 이름이 그대로 전해지며 수많은 시인들에 의해 제영의 대상이 되어왔다. 사인암은 (다)에서 보듯이 정구 당대에는 '사인암舍人巖' 혹은 '사신암捨身巖'으로 불렸다. 이것은 오늘날 널리 알려져 있는 것처럼 사인암捨印巖으로 다시 바뀐다.[63)]

정구 시대 이전에 이미 있어온 명칭도 있지만 한강대나 만월담, 그리고 와룡암은 정구가 직접 명명한 것이다. '한강'은 정구가 한강정사를 세우면서 지은 이름이니 31세(1573년) 때의 일이며,[64)] 만월담과 와룡암은 정구가 62세(1604년)에 무흘정사를 건립하고 무흘을 경영하며 지정한 곳이다.[65)] 이밖에 정구가 세상을 떠난 후 후인들에 의해 무흘구곡이 정착되면서 명명된 곳으로는 옥류동과 용추가 있다. 옥류동은 정구의 제자인 여찬呂燦(석촌石村, 1578-1646)의 아

---

邊石, 撐得天東半壁來."

63) 현재 성주군 금수면 영천리 소재의 사인암은 사실과 다르다. 원래의 사인암은 지금 지정되어 있는 사인암의 반대편에 있었던 층층의 절벽으로, 행정구역으로는 김천시 증산면 유성리 산1-6번지에 해당한다. 여기에는 '捨印巖'이라는 각석이 있었는데, 1990년대 초 성주댐 건설로 인한 도로 확장공사로 파괴되고 말았다.

64) '한강대'라는 이름은 후손들이 한강 선조가 노닐었던 곳이라며 그렇게 명명한 것이지만, '한강'을 정구가 명명하였으므로 여기서는 '한강대'를 정구의 명명에 포함시켜 다룬다.

65) 만월담과 와룡암 등에 대해서는 정우락. 2009. 「한강 정구의 무흘정사 건립과 저술활동」. 『남명학연구』 28. 경상대 남명학연구소. 228쪽에서 관련 자료를 제시하였으니 참고 바란다.

들 여효사呂孝思(월담月潭, 1612-1661)가 「가은팔경可隱八景」으로 특별히 지정하여 노래한 곳이고, 용추는 구폭臼瀑으로도 불렸는데 18세기말 정동박鄭東璞(경헌警軒, 1732-1792)이 「무흘구곡운武屹九曲韻」66) 을 지으며 적극적으로 활용했던 명칭이다. 용추에 대하여 정구는 다만 폭포가 잘 보이는 곳에 땅을 정리하여 '완폭정'이라 이름하였을 따름이었다.

이처럼 무흘구곡의 명칭은 시간대를 달리하면서 정착되어 갔다. 정구의 문도나 당대인들은 이들 구곡의 각 구비를 적극적으로 작품화하였다. 무흘구곡의 자연경관들은 정구가 특별히 관심을 가진 곳이기도 하지만, 이들 또한 이곳이 그들의 대표적인 유상처遊賞處였기 때문이다. 서사원의 「와룡암」, 최린의 「무흘정사팔영」 가운데 「만월담」과 「와룡암」, 그리고 용추를 완상하는 「완폭정」, 이주의 「등봉비암登鳳飛巖」·「유입암遊立巖」·「차정계응입암운次鄭季膺立巖韻」·「사신암捨身巖」, 오장의 「사신암」 등이 대체로 그것이다. 이밖에도 여효사는 무흘구곡의 다양한 곳을 시로 지어 읊조리는데, 그가 지은 「봉비암」·「주암」·「입암」·「옥류정」·「사인암舍人巖」 등도 같은 입장에서 이해된다. 이들의 시편 가운데 여효사의 「봉비암」 일부를 살펴보면 이렇다.

造物眞豪縱　조물주는 정녕 호탕하여,
蒼岩萬丈爲　푸른 바위를 만 길로 만들었구나.
削應經鬼劍　깎아지른 것은 귀신의 칼로 만든 것이요,
高是拔山肢　높이 솟은 것은 산의 다리를 뽑은 것이로다.
……
物色無增損　물색에는 더하고 더는 것이 없지만,

66) 鄭東璞, 「武屹九曲韻」, 『警軒遺稿』 卷1 참조.

風流有盛衰　풍류에는 성하고 쇠하는 것이 있다네.
撫岩傷往事　바위를 어루만지며 지난 일에 가슴 아파하고,
向隴拜先師　언덕을 바라보며 선사先師께 절을 하노라.67)

여효사는 무흘의 광원廣院에 살면서 스스로 정구의 유적에 대하여 많은 관심을 보였다. 그가 태어나던 해 정구는 이미 70세였지만, 봉비암 기슭에 회연서원이 있어 정구와 밀접하게 관련이 되었기 때문이다. 위의 시 「봉비암」은 5언 24구 형태로 된 고시인데 위의 인용시는 그 일부이다. 이 시에서 여효사는 한편으로는 깎아지르듯 서 있는 봉비암의 모습을 노래하며, 다른 한편으로는 물색과 풍류를 생각하면서 정구에 대한 경모심을 표하고 있다. '선사'라고 한 것은 바로 정구를 의미하기 때문이다. 이처럼 무흘구곡의 제1곡인 봉비암은 정구가 세상을 떠난 후에 바로 선비들에 의해 정구를 연상하며 제영의 대상이 되었던 것이다.

그렇다면 후인들은 정구의 구곡 심의를 어떻게 찾으며, 무흘구곡을 정착시켜 갔던가. 정구는 주희의 「무이도가」에 대한 화운시를 지으면서도 단순히 무이만을 상상해 짓지 않고, 자신이 은거하고 있는 무흘에 보다 밀착될 수 있게 했다. 정구 스스로 이를 표방하지 않았지만, 후손이나 지역의 선비들은 정구의 심의를 찾으면서 일련의 무흘 문화를 만들어 갔다. 이는 여러 단계를 거치는데, 앞에서 언급한 바와 같이 주희와 정구, 무이와 무흘의 동일시는 정구 재세시에 이미 그 학단에서 있어 왔으므로 심의 찾기는 당대부터 시작되었다고 할 수 있다.

정구의 구곡 심의 찾기가 구체화 된 것은 무흘에서 한강학단이 일정한 활동을 시작하면서부터인 것으로 보인다. 정구가 세상을 떠난 후

67) 呂孝思, 「鳳飛巖」, 『月潭集』 乾.

13년 뒤인 1633년(인조 11)에 배상룡裵尙龍(등암藤庵, 1574-1655)이 무흘산장武屹山長이 되어 무흘사업을 벌인다. 배상룡은 무흘정사를 보다 큰 규모로 확장하고 장서각도 새로 세웠던 것이다.[68] 이때 그는 성주의 여러 학궁學宮에 통문을 띄워 성주의 유생들이 이 일에 적극 동참하도록 독려하기도 했다. 이때부터 정구의 구곡 심의라고 생각되는 부분은 조금씩 외현되기 시작하였다. 이후 배상룡과 함께 정구의 동문이기도 한 허목許穆(미수眉叟, 1595-1682)은 배상룡의 묘갈명을 지어 '무흘산武屹山의 천석泉石을 따라서 늙었다.'[69]라고 하면서, 배상룡과 무흘의 관계를 특기하고 있다. 또한 허목 자신이 무흘에 깊은 관심을 갖고 무흘정사 서운암에 보관되어 있는 '정씨장서'를 언급한 바 있으며, 스승 정구와 관련된 곳에 다양한 편액을 쓰기도 했다. 허목의 연보에는 이와 관련하여 다음과 같이 적고 있다.

> 신유년(1681, 숙종7) 선생 87세조: 덕휘당德輝堂 · 망운암望雲庵 · 봉비암鳳飛巖의 액자를 전서篆書로 쓰다. 성주 회연서원 유생의 요청에 따른 것이다.[70]

허목이 87세(1681년, 숙종 7)되던 해의 일인데, 이때 '봉비암'을 썼으니 정구가 세상을 뜬지 61년이 지난 해이다. 이것은 회연의 유생들이 봉비암을 무흘구곡 제1곡으로 인식하고 있었음을 의미한다. 위에서 보듯이 허목은 세 편의 전서를 쓰게 되는데, 이 가운데 '망운암'은 회연서원 강당에 편액을 만들어 달았고, '봉비암'은 바

---

68) 裵尙龍 등 성주 선비들이 중심이 되어, 무흘정사 옛 터의 아래쪽으로 수 백보를 옮겨 무흘정사를 36간의 규모로 확장하고, 남쪽 10보쯤 되는 곳에 장서각 서운암 3동을 세운다.

69) 許穆. 「藤庵處士銘」. 『記言』 19(『韓國文集叢刊』 98, 102쪽). "從武屹巖泉以至老."

70) 許穆. 「眉叟許先生年譜」. 『記言』 2(『韓國文集叢刊』 99, 358쪽). "辛酉, 先生八十七歲 … 篆德輝堂, 望雲庵, 鳳飛巖號. 從星州檜淵書院儒生之請也."

위에 새겼다.[71] 이밖에도 봉비암 기슭에는 정구의 「회연우음」을 새기고,[72] 한강대에도 '한강대寒岡臺' 각석과 함께 정구가 한강정사에서 지은 「효기우음」을 새긴다. 이들 시를 새긴 연도는 기록이 없어 확인할 수 없으나, 허목의 글씨로 봉비암을 새겼던 때를 전후한 시기가 아닌가 한다. 즉 17세기 말에 해당한다.

'봉비암'과 '한강대' 각석은 지역 선비들이 벌인 정구의 구곡 심의 찾기에 대한 노력의 결과이지만, 허목의 글씨로 '봉비암'을 새길 당시까지만 해도 여타의 곡에 대해서는 그 이름이 새겨지지 않았다. 1716년[73]에 와서 비로소 입암을 비롯한 옥류동玉流洞, 수송대愁送臺, 사인암捨印巖, 와룡암臥龍巖 등의 글씨가 바위에 새겨지게 된다. 이것은 18세기초에 들어 이미 새겨둔 봉비암 및 한강대와 더불어 무흘구곡을 하나의 체계 속에서 인식하였다는 것을 의미한다.

1716년 무흘구곡의 곡명을 각기 곡마다 새길 때 옥류동에 딸린 경관 가운데 하나인 '수송대'라는 글씨도 새기게 된다. 이것은 중요한 의미를 내포하고 있다. 정구가 무흘정사를 중심으로 많은 이름을 붙이며 무흘을 경영하였듯이, 후인들은 이에서 나아가 무흘 전체를 이러한 구도 속에서 이해하였다는 것을 보여주기 때문이다. 예컨대, 입암의 환선도喚仙島와 소학봉巢鶴峯, 옥류동의 수송대愁送臺·백천교百川橋·분옥폭噴玉瀑, 만월담의 관란대觀瀾臺와 비설교飛雪橋, 와룡암의 장암場巖 등 각 구비의 주변에는 또 다른 부속 경관이 있었던 바, '수송대' 각석은 그것을 상징적으로 보여준다. 여기에는 물론

71) '德輝堂' 眉篆은 어떻게 활용했는지 알 수 없으며, '봉비암'은 봉비암 기슭의 바위에 새겼는데, 오늘날 회연서원 마당에 그 잔편이 전해지고 있다.

72) 鄭逑, 「檜淵偶吟」, 『寒岡集』 卷1(『韓國文集叢刊』 53, 113쪽). "伽川於我有深緣, 占得寒岡又檜淵. 白石淸川終日翫, 世間何事入丹田." 이 시는 현재까지 봉비암 기슭에 새겨져 전해진다.

73) '立巖'의 경우 각자 옆에 '崇禎紀元後八十九年丙申孟秋'라 새겨 놓았으니, 이것을 새긴 것은 1716년 7월임을 알 수 있다.

정구 당대부터 있었던 명칭들도 있다.[74)]

1784년에는 정구의 종손 정위鄭煒(지애芝厓, 1740-1811) 등을 중심으로 무흘정사가 중건되고, 정동박鄭東璞(경헌警軒, 1732-1792)의 발의에 의해 「무흘구곡도」가 그려진다. 그림은 지역 화가인 김상진金尙眞(영재嶺齋, 1705-?)이 그렸다. 이때 이만운은 「무흘구곡도발武屹九曲圖跋」을 써서 '선생은 일찍이 『무이지武夷志』를 증보하여 지으시고, 또 구곡시에 화답하셨는데 그 뜻이 미묘하다. 후인들이 이에 무흘구곡武屹九曲이라 이름하고, 바위에 새기고 그림을 그려서 화첩을 만들어 무이武夷의 고사를 모방하였다.'[75)]라 하기도 했다. 이 당시 무흘정사 중건을 기념하여 원근의 사림들에게 시를 짓도록 했는데, 지금의 무흘구곡 명칭을 따라 구곡시를 지었다. 정동박의 「무흘구곡운」은 그 대표적인데, 「이곡한강대二曲寒岡臺」는 이렇다.

二曲岡臺聳作峯　이곡이라 한강대 우뚝 솟은 봉우리,
巖巖不改舊時容　바위마다 옛날의 모습 바꾸지 않았네.
百年遺躅今猶在　백년의 남긴 자취 지금도 오히려 그대로니,
瞻仰高山綠萬重　높은 산 우러러보니 푸르름이 만 겹이라네.[76)]

臺上遊人水上鷗　한강대 위에 노니는 사람 물 위에 나는 갈매기,
層巖崒嵂壓烟洲　층층의 바위 우뚝 솟아 안개 낀 물가를 누르고 있네.
先生德業將何倣　선생의 덕업을 장차 무엇에 비기리,
臺自峩峩水自流　대는 스스로 높고 물은 스스로 흐르네.[77)]

---

74) '수송대'라는 글씨를 돌에 깊게 새김으로써 「무흘구곡도」가 그려진 1784년 이전에 이미 구곡과 함께 구곡 주변의 부속 경관 명칭이 부여된 것으로 보인다. 이밖에 만월담의 '觀瀾臺'와 '飛雪橋', 와룡암의 '場巖' 각석도 있다.

75) 李萬運, 「武屹九曲圖跋」, 『默軒集』 卷7(『韓國文集叢刊』 251, 340쪽). "先生嘗增撰武夷志, 又和九曲詩, 其旨微矣. 後之人, 仍名武屹九曲, 刻之磨崖, 且爲繪畫作帖, 以倣武夷故事."

76) 鄭東璞, 「二曲寒岡臺」, 『警軒遺稿』 卷1.

정동박은 서시인 「서운암棲雲庵」에서 「구곡용추九曲龍湫」까지 모두 20수를 짓는데, 각 곡마다 위와 같이 두 수씩이다. 한 수는 주희의 「무이도가」에 차운한 것이고 한 수는 이에 제한을 받지 않았다. 이때 정동박은 무흘 실경에 더욱 밀착시키며, 이를 통해 선조 정구를 기리고자 했다. 위의 작품에 보이는 것처럼 '강대'나 '대'는 모두 '한강대'를 말한 것이고, '선생덕업'은 정구의 덕업을 의미하기 때문이다. 이처럼 정구는 무흘구곡을 하나의 심의로 감추어둔 듯하지만, 그의 6대손 정동박은 선조의 심의를 찾아 이를 오히려 드러내며, 실경을 통해 구체화시켰던 것이다. 이것은 앞에서 보았듯이 여효사가 「봉비암」이라는 시에서 부분적으로 정구를 떠올린 것에 비해 더욱 본격적이면서 구체적이다.

19세기 정구의 8대손인 정교鄭墧(진암進庵, 1799-1879) 시대에 오면 무흘 실경과 정구의 구곡시는 하나가 된다. 정구의 「앙화주부자무이구곡시운십수」가 「무흘구곡시」로 인식되기 때문이다. 정교의 「경차선조문목공무흘구곡운십절敬次先祖文穆公武屹九曲韻十絶」[78]에서 이러한 사정을 분명히 확인할 수 있다. 여기서 '선조 문목공 무흘구곡'을 분명히 밝히고 있기 때문이다. 이것은 정구 스스로가 무흘구곡을 설정하고 경영하였을 뿐만 아니라 실경에 따라 독자적으로 시를 지었다는 것을 의미한다. 주희의 「무이도가」를 차운했다는 것이 전혀 나타나고 있지 않기 때문이다. 이러한 사정은 20세기 초에 주로 활동한 최학길崔鶴吉(구재懼齋, 1862-1936)에게서도 그대로 나타난다. 그는 「경차무흘구곡운敬次武屹九曲韻」을 짓는데, 당시 선비 사회에서는 이 같은 생각이 보편적이었던 것이다.[79] 정교와 최학

77) 鄭東璞. 「二曲寒岡臺」. 『警軒遺稿』 卷1.
78) 鄭墧. 「敬次先祖文穆公武屹九曲韻十絶 · 其七曲」. 『進庵集』 卷1.
79) 郭鍾錫(俛宇, 1846-1919)의 경우를 예로 들면, 그는 무흘구곡의 제9곡인 '구폭'에

길이 노래한 제7곡 「만월담」 시를 각각 들어보기로 한다.

七曲澄潭接石灘　칠곡이라 맑은 못 돌여울에 닿아 있으니,
水成涵處靜中看　물이 고인 곳을 고요 속에 본다네.
先生遺躅棲雲在　선생이 남기신 자취 서운암에 있나니,
霽月千秋照碧寒　갠 달은 천추에 밝아 푸르고 찬 못에 비치네.[80)]

七曲澄潭映石灘　칠곡이라 맑은 못이 돌여울에 비치니,
虛明灝氣水天看　허명한 넓은 기운 물에 비친 하늘에서 본다네.
千秋遺像證何處　천추에 끼친 형상 어느 곳에서 증명하리,
霽月蒼蒼照碧寒　갠 달이 푸르게 찬 못에 비치는데.[81)]

이천봉李天封(백천白川, 1567-1634)의 증언에 의하면, 오장과 함께 정구를 모시고 만월담을 거닌 적이 있다고 한다. 이때 정구는 맑은 달이 만월담에 비치는 것을 보고 '이것이 곧 천년을 전해온 군자의 마음이다. 유자儒者는 이를 마음속으로 이해하지 않으면 안 된다.'라고 하면서, '오장吳長에게 감흥시感興詩 "가을달이 차가운 못을 비추네."라는 구를 외우게 하고 감탄하면서 돌아갈 줄을 몰랐다.'라고 한다.[82)] 이에 근거해 볼 때 정교와 최학길은 요-순-우를 통해 내려오는 천고의 심법心法을 정구의 「만월담」을 통해 느끼고자 했던 것으로 보인다. 물론 정구가 그 심법을 이었다고 생각했기 때문이다.

---

관한 시를 지으며 「修道山臼瀑此爲武屹第九曲而寒岡臺爲第一曲」에서 '眞源發赴遠岡寒, 一直還須了百難. 臨崖不作遲疑色, 何物泥沙敢少干.'(『俛宇集』 卷7)이라 하였다. 이밖에도 제8곡 「臥龍巖」에서 '萬疊深山老此巖, 蒼然鱗甲擁雲杉. 竇中旱赤能無念, 天帝看君一石凡.'(『俛宇集』 卷7)이라 하였다.

80) 鄭墧. 「敬次先祖文穆公武屹九曲韻十絶 · 七曲詩」. 『進庵集』 卷1.

81) 崔鶴吉. 「敬次武屹九曲韻 · 其七曲」. 『懼齋集』 卷1.

82) 정우락. 2009. 「한강 정구의 무흘정사 건립과 저술활동」. 『남명학연구』 28. 경상대 남명학연구소. 288쪽 참조.

정구가 무흘구곡을 경영하였다는 생각은 20세기에 들어와 더욱 굳어지게 된다. 1937년에 간행된 『성산지星山誌』에는 무학정을 들어 '옛적에 검은 학이 맴돌다 날아간 까닭에 이름을 얻었는데, 바로 무흘구곡武屹九曲의 제3곡이다.'[83]라고 하거나, 입암을 들어 '기이한 바위가 깎은 듯이 서 있는 것이 규圭와 비슷하다. 흰 돌이 넓게 펼쳐져 있고 맑은 물이 띠처럼 감돌아 흘러 남방에서 으뜸가는 유람지이다. 정구 무흘구곡武屹九曲의 제4곡이다.'[84]라고 한 것이 그것이다. 정재화鄭在華(후산厚山, 1905-1978)가 「이청휘당실기입암변무록李晴暉堂實紀立巖辨誣錄」에서 '한강 정선생이 주자 무이구곡을 모방하여 무흘구곡을 점득點得하니 세상에서 해동무이海東武夷로 칭송되는 바, 그 유래가 400년이나 오래 되었다.'[85]라고 한 것도 같은 맥락에서 이해된다.

이상에서 보듯이 무흘구곡은 정구의 무흘 경영에서 출발하여, 후인들이 그의 구곡 심의를 찾아 드러내는 방향으로 전개되었다. 당시 정구는 무흘정사를 중심으로 제한적인 무흘을 경영하였다. 이에 따라 후인들은 정구가 무흘구곡에 대한 심의를 갖고 있었다고 파악하고 이를 찾고자 하였던 것이다. 배상룡이 무흘 재건사업을 한 1633년을 거쳐, 허목이 '봉비암'을 쓴 1681년에 이르기까지 무흘구곡은 조금씩 형성되기 시작하였고, 1716년인 숭정 기원 후 89년 맹추(7월)에 이르러 오늘날의 구곡이 확정되어 돌에 새겨지게 된다. 이렇게 조성된 무흘구곡은 1784년 무흘정사가 중건되고 「무흘

83) 『星山誌』 卷1. 「面洞 · 舞鶴洞」. "舊船巖村, 有舞鶴臺, 昔有玄鶴盤旋, 故得名, 卽武屹九曲之三."
84) 『星山誌』 卷1. 「山川」. "立巖, 在州西四十里, 修道山洞口, 奇巖削立如圭, 白石平鋪清流縈帶, 遊賞之勝, 甲於南方, 鄭逑武屹九曲之第四曲也."
85) 鄭在華. 『李晴暉堂實紀立巖辨誣錄』 張1. "寒岡鄭先生, 倣朱子武夷九曲, 點得武屹九曲, 世所稱海東武夷者, 由來四百年之久矣."

구곡도」가 그려지면서 무흘 실경을 중심으로 정구의 구곡시를 이해하게 되었다. 19세기 말에 이르면 아예 정구의 무흘구곡으로 고정되며, 20세기 초에 이르게 되면 읍지인 『성산지』에도 정구의 무흘구곡으로 등재된다.

## 6. 맺음말

조선시대 선비들은 주희의 「무이도가」를 다양한 방식으로 인식하고 있었다. 이러한 인식에 바탕을 둔 선비들은 주희의 구곡시에 열광했고, 또한 많은 차운시를 창작하면서 주희를 닮아가고자 했다. 스스로 구곡원림을 경영하면서 주희와 같은 삶을 체득하고자 했던 것이다. 나아가 「무이구곡도」는 물론이고 선조 내지 자신이 은거한 곳을 배경으로 구곡도를 그려 구곡 이념을 구현하기도 했다. 이러한 상황을 고려하면서 이 글은 정구가 주희의 「무이도가」를 화운하되, 그 심의心意는 자신이 은거하던 무흘에 두고 있었던 점과 후인들이 정구의 구곡 심의를 찾아 바깥으로 드러내며 정착화해 갔던 과정을 밝힌 것이다. 먼저 이상에서 논의한 것을 요약하기로 한다.

일찍이 정구는 주자의 무이산에 깊은 관심을 갖고 있었다. 젊은 시절부터 『주자연보』나 「무이산기」 등을 읽으면서 이에 대한 생각을 구체화시켜 나갔고, 1604년부터 무흘 생활을 시작하면서 중국에서 전래된 양긍楊亘 형제의 『무이지』를 개편하기에 이른다. 이 개편작업은 '자세하고 분명하게'라는 취지에서 진행되었고, 자세하게 하기 위하여 무이산과 관련된 글은 조금도 빠뜨리지 않았으며,

분명하게 하기 위하여 주희의 작품을 모두 수렴될 수 있도록 했다. 여기서 나아가 이황의 관련 시와 발문을 첨부했다. 이 책은 1609년에 완성되는데, 주자학에 초점을 맞추면서도 조선의 독자성을 확보하는 방향으로 개편되고 있어 특별한 의미를 갖는다.

정구의 무흘 경영은 존주적尊朱的이라 요약할 수 있다. 이것은 주희 경모景慕와 무이산 혹호酷好의 결과라 하지 않을 수 없다. 그러나 당시 그의 무흘 경영은 오늘날 무흘구곡 전체를 의미하지는 않았다. 즉 정구가 경영한 무흘은 1604년에 지은 무흘정사 일대를 의미하는 것으로, 서운암·비설교·만월담·자이헌·산천암·와룡암·장암·완폭정 등이 여기에 해당한다. 이들은 거의 모두 정구가 존주의식을 갖고 명명한 것이다. 이를 기념하기 위하여 정구의 제자 최린崔轔은 「무흘팔영」이라는 작품을 짓기도 했다. 그의 문도들 사이에는 주희와 정구, 무이와 무흘을 동일시하는 현상이 나타나기도 했는데, 이러한 현상은 신안新安이라는 지명과 함께, 건축물의 건축연차나 경관의 명칭 등과 맞물리면서 더욱 증폭되었다.

정구는 주희의 「무이도가」를 화운하면서 표면적으로는 구곡 화운시를 창작한다. 그러나 그 이면에는 자신이 은거하고 있던 무흘 실경을 염두에 둔 것으로 보인다. 즉 무흘구곡에 대한 '심의心意'가 작가의식 속에 작동하고 있었다는 것이다. 정구의 구곡시가 도가적 신선사상을 배제하며 독자성을 보인 점, 주희의 경우와 달리 정구의 구곡시는 개울을 배경으로 하고 있는 점, 무이산과 관련된 다양한 명칭이 전혀 나타나고 있지 않는 점 등이 그 유력한 증거가 된다. 정구에게 이 같은 구곡 심의가 작품의 이면에 존재하였으므로 후인들은 자연스럽게 이를 표면화할 수 있었던 것이다.

정구의 구곡 심의는 그가 세상을 뜨고 배상룡이 무흘정사를 중건하면서 논의되기 시작한 것으로 보이고, 17세기 말에 봉비암과 한강대 등이 돌에 새겨지면서 구체적인 작업이 진행된다. 18세기 초엽인 1716년에는 대부분의 무흘구곡에 곡명이 새겨지게 되는데, 이로 보아 이 시기 전에 무흘구곡은 이미 구체적으로 확정되었음을 알 수 있다. 여기에는 정구 시대 이전에 이미 있었던 명칭도 있고, 정구가 명명한 것도 있으며, 정착과정에 새로 지은 것도 있었다. 1784년에 이르게 되면 무흘사업이 대대적으로 일어나는데, 이때 선비들은 무흘 실경에 근거한 많은 작품을 남긴다. 이후 19세기에 이르면 주희의 구곡시에 대한 차운이 아니라 정구의 무흘구곡에 따라 차운한다는 의식이 자리 잡기 시작하였으며, 마침내 읍지인 『성산지』에도 정구의 무흘구곡으로 등재된다.

이 글은 후인들이 주희 「무이도가」에 대한 정구의 화운시를 '정구-무흘 실경-구곡시'라는 함수 관계 속에서 이해할 수 있던 사정을 살핀 것이다. 이것은 정구 구곡시의 의경意境이 주희의 그것보다 무흘 실경에 더욱 가깝기 때문에 가능한 것이다. 이에 따라 무흘정사를 중심으로 한 정구의 제한적 무흘 경영은 후인들에 의해 오늘날의 무흘구곡으로 확대 적용되었고, 무흘구곡과 관련한 다양한 사업을 벌이면서 지금과 같은 정구의 무흘구곡으로 정착되었다. 따라서 정구의 「앙화주부자무이구곡시운십수」는 정구의 「무흘구곡가」가 될 수 있었다. 이러한 사정을 염두에 두면서 그 의미를 몇 가지로 나누어 살펴보기로 한다.

첫째, 정구의 화운 구곡시는 재도주의적 요소를 강화하며 독자화해 가는 요소를 지닌다. 이는 사림파문학 주제의식의 변화를 의미한다. 정구는 제목에서 주희의 구곡시에 대한 '앙화仰和'를 천명하고 있으니, 주희 시에 대한 경의를 분명히 드러낸다. 사실 정구 구곡시의 서시에서 제3곡시까지는 여러 측면에서 주희의 구곡시와 밀착되어 있다. 그러나 뒤로 갈수록 여기서 훨씬 멀어지고 있다는 것을 발견하게 된다. 특히 주희의 시에 나타나는 도가적 신선사상이 재도주의적 시각 아래 철저하게 배제된다. 이것은 정구 시대에 와서 사림파문학의 주제의식이 도학적으로 심화되었던 사정을 반영한 것이라 하겠다.

둘째, 「무흘구곡가」의 정착은 주자주의의 약화를 의미한다. 정구의 존주적 자세는 특별한 것이었다. 그는 무흘 경영 과정에서 의도적으로 주희의 무이 경영 및 경관의 명칭, 건물의 연차 등을 일치시켰다. 그러나 후대로 내려오면 정구의 존주적 자세가 후손들의 존조적尊祖的 자세로 변화된다. 이때문에 정구의 구곡 심의는 표면화될 수 있었으며, 마침내 후손들에 의해 주희의 '무이구곡'에 대한 화운은 정구의 '무흘구곡'에 대한 화운으로 바뀔 수 있었다. 이것은 무흘구곡과 정구 구곡시의 결합을 의미한다. 이로서 후손들은 무흘의 각 구비를 바라보면서 선조의 덕을 기릴 수 있었던 것이다.

셋째, 정구 무흘구곡으로의 정착은 선비들의 지역문화에 대한 애착을 의미하는 것이기도 하다. 조선의 선비들은 주자주의의 팽창에 따라 주자를 모방하며 수많은 구곡을 경영한다. 실경 구곡가인 「고산구곡가高山九曲歌」를 지은 이이李珥와 달리, 이황은 「한거독무이지차구곡도가운십수閒居讀武夷志次九曲櫂歌韻十首」를 지어 주희의 「무이도가」를 차운하는 데 그친다. 그러나 조선후기로 갈수록 영남의 선비들은 한편으로 선현의 덕을 기리며 구곡 심의를 찾기도 하고, 다른 한편으로 그 스스로 구곡을 설정하여 경영하기도 한다. 정구의 경우 주희의 구곡시에 대한 화운시가 「무흘구곡가」로 새롭게 이해되면서, 성주의 선비사회는 지역 선현에 대한 존경과 지역의 문화에 대한 애착을 강화시켜 나갔던 것으로 보인다.

이상에서 우리는 정구의 무이산 인식에서 출발하여 존주적 무흘 경영, 구곡 심의, 무흘구곡 정착과정을 두루 살폈다. '정구-무이-구곡'이라는 당초의 구도가 '정구-무흘-구곡'의 구도로 변화될 수 있었던 원인과 과정을 밝힌 것이다. 그러나 이 글은 구곡 심의와 정착과정이라는 측면에서 무흘구곡을 제한적으로 다룬 것에 지나지 않는다. 무흘구곡은 정구 이후 수많은 사람들이 답사하면서 관련 작품을 남기고 있는데, 이에 대한 총체적인 연구가 시도되어야 할 것이다. 따라서 이 글은 이러한 연구로 나아가기 위한 출발점에 서 있는 것이라 하겠다.

# 참고문헌

## ■ 홍원식 〈조선 중기 낙중학과 정구의 '한강학'〉


『光海君日記』.

李滉. 『退溪集』.

鄭逑. 『寒岡集』.

張顯光. 『旅軒集』.

김학수. 2012. 「조선 중기 한강학파의 등장과 전개」. 『낙중학, 조선시대 낙동강 중류지역의 유학』. 예문서원.

남명학연구원 엮음. 2011. 『한강 정구』. 예문서원.

우경섭. 2011. 「한강 정구의 학문연원과 도통적 위상」. 『한강 정구』. 예문서원.

이종호. 2012. 「김종직과 낙동강 중류 사림의 문학사상」. 『낙중학, 조선시대 낙동강 중류지역의 유학』. 계명대학교 출판부.

정만조. 1999. 「宣祖 초 진주 淫婦獄과 그 파문」. 『한국학논총』 22. 국민대학교.

정우락. 2012. 「성주지역 도학의 착근과 강안학파의 형성」. 『퇴계학과 유교문화』 제49호. 경북대 퇴계연구소.

홍원식 외. 2007. 『조선시대 심경부주 주석서 해제』. 예문서원.

________. 2008. 『심경부주와 조선유학』. 예문서원.

________. 2012. 『낙중학, 조선시대 낙동강 중류지역의 유학』. 계명대학교 출판부.


## ■ 김학수 〈한강 정구의 학문 연원〉


權近. 『陽村稿』. 韓國文集叢刊 7.

金光繼. 2000. 『梅園日記』. 國史編纂委員會.

金中清. 『苟全先生講院日錄』.

金坽. 1997.『溪巖日錄』. 國史編纂委員會.
朴世采.『南溪集』. 韓國文集叢刊 138-142.
裵尙龍.『藤菴集』. 韓國文集叢刊 續 17.
宋時烈.『宋子大全』. 韓國文集叢刊 108-116.
申欽. 국역『상촌집』. 임정기 · 송기채 · 양홍렬 · 이정섭 · 송수경 · 김동주 역. 민족문화추진회.
___.『象村稿』. 韓國文集叢刊 71.
吳健.『德溪集』. 韓國文集叢刊 38.
李舒.『東湖集』. 韓國文集叢刊 續 7.
李穡.『牧隱文藁』. 韓國文集叢刊 3.
李齊賢.『益齋集』. 韓國文集叢刊 2.
李滉. 1978.『退溪全書』. 成均館大學校 大東文化硏究院.
張顯光. 1982.『旅軒全書』. 仁同張氏南山派宗親會.
張顯光. 국역『여헌집』. 성백효 역. 민족문화추진회.
_____.『旅軒集』. 韓國文集叢刊 60.
鄭慶雲. 2009. 譯註『孤臺日錄』. 南冥學硏究院.
_____.『孤臺日錄』(『南冥學硏究』 2~3所收. 慶尙大學校 南冥學硏究所)
鄭崑壽.『栢谷集』. 韓國文集叢刊 48.
鄭逑. 1978.『寒岡全書』. 景仁文化社.
___. 국역『한강집』. 송기채 역. 민족문화추진회.
___.『寒岡集』. 韓國文集叢刊 53.
鄭摠.『復齋集』. 韓國文集叢刊 7.
鄭樞.『圓齋稿』. 韓國文集叢刊 5.
河憕.『滄洲集』. 晉州 晉陽河氏 澹山宗中所藏.
黃俊良.『錦溪集』. 韓國文集叢刊 37.
『古文書集成』 25 -德川書院篇-. 1995. 韓國精神文化硏究院.
『道東書院誌』. 1997. 嶺南大學校 民族文化硏究所.
『東儒師友錄』. 1977. 韓國敎會史硏究會.

『辨誣』. 晉陽河氏 知命堂宗宅 所藏.

『朝鮮王朝實錄』.

金光淳. 1985.「寒岡의 生涯와 文學」.『韓國의 哲學』 제13호. 경북대학교 퇴계연구소.

김학수. 2008.「17세기 영남학파 연구」. 한국학대학원 박사학위논문.

______. 2007.「'寒岡(鄭逑)神道碑銘'의 改定論議와 그 의미」.『朝鮮時代史學報』 2. 조선시대사학회.

______. 2010.「조선중기 寒岡學派의 등장과 전개 -門人錄을 중심으로-」.『한국학논집』 40. 계명대학교 한국학연구원.

______. 2010.「鄭逑(1543-1620)의 학자 · 관료적 삶과 안동부사 재임」.『영남학』 7. 경북대학교 영남문화연구원.

______. 2010.「船遊를 통해 본 洛江 연안지역 선비들의 집단의식-17세기 한려학인을 중심으로」.『영남학』 18. 경북대학교 영남문화연구원.

______. 2011.「칠곡 광주이씨 이원정가의 정치적 위상과 학문적 성격」.『18세기 영남한문학의 전개』. 계명대학교 한국학연구총서 26. 계명대학교 출판부.

金恒洙. 1986.「寒岡 鄭逑의 學問과 ≪歷代紀年≫」.『韓國學報』 제45집. 일지사.

徐廷文. 2007.「朝鮮中期의 文集編刊과 門派形成」. 국민대학교 국사학과 박사학위논문.

우경섭. 2008.「한강(寒岡) 정구(鄭逑)의 학문연원과 도통적 위상」.『역사문화논총』 제4호. 역사문화연구소.

李相弼. 1991.「寒岡의 學問性向과 文學」.『남명학연구』 창간호. 경상대 남명학연구소.

이상필. 2005.『남명학파의 형성과 전개』. 와우출판사.

최영성. 1997.「寒岡 鄭逑의 學問方法과 儒學史的 位置」.『남명학연구논총』 5. 남명학연구원.

## ■ 정도원 〈한강 정구의 성리학 체계와 연원에 관한 소고〉

『간재집』.

『근사록』.

『남명집(사종)』(2000. 남명학연구원출판부).

『동강집』.

『맹자』.

『성재집』.

『심경발휘』.

『심경부주』.

『通書』.

『퇴계전서』.

『학봉집』.

『한강집』.

『회암집』.

고영진. 1995. 『조선중기예학사상사』. 한길사.

권연웅. 2005. 「한국성리학의 지방학적 성격」. 『국학연구』 7.

금장태. 2000. 「南冥의 心개념과 「神明舍圖」의 구조」. 『남명학연구』 1권.

김학수. 2007. 「'한강(정구) 신도비명'의 개정논의와 그 의미」. 『조선시대사학보』.

______. 2010. 「조선중기 한강학파의 등장과 전개」. 『한국학논집』 40.

박종천. 2009. 「16-17세기 예문답으로 살펴본 퇴계와 퇴계학파 예학」. 『퇴계학보』 125집.

배종호. 1988. 「남명사상에 있어서 성학십도」. 『남명학국제학술회의』. 남명학연구원.

서정문. 2007. 「『남명집』의 편간과 내암-한강 문파의 성립」. 『조선시대사학보』.

신병주. 2000. 『남명학파와 화담학파 연구』. 일지사.

신병주. 2007.『조선 중후기 지성사연구』. 새문사.
_____. 2011.「북인 학파의 연원과 사상, 그리고 현실인식」.『한국철학논집』.
우경섭. 2011.「한강 정구의 학문연원과 도통적 위상」.『남명학연구원총서』.
이광호. 2002.「남명과 퇴계의 상호비판과 응답」.『남명학보』 창간호.
정경희. 2000.「조선전기 예제・예학 연구」. 서울대 박사학위논문.
정도원. 2010.「전통적 학 개념과 퇴율 성학의 이학-심학 연관 구조」.『한국사상사학』 36.
_____. 2012.「16-17세기 퇴계학파의 학문적 특징과 전개양상 고찰.『한국사상사학』 40.
_____. 2012.「16세기 퇴계학파 예학의 심학적 기반과 수범적 예교」.『동양철학연구』 71.
정호훈. 2004.『조선후기 정치사상 연구: 17세기 북인계 남인을 중심으로』. 혜안.
최석기. 1999.「남명사상의 본질과 특색」.『한국의 철학』 27.
한재훈. 2010.「『상제례문답』 분석을 통한 퇴계의 속례관 고찰」.『퇴계학보』 128집.
홍원식. 2010.「영남 유학과 '낙중학'」.『한국학논집』 40.

## ■ 추제협 〈『심경발휘』와 정구의 심학〉

『經書』.『論語集註』.
李滉.『退溪先生文集』.
____.『退溪先生言行錄』.
李德弘 외.『心經講錄刊補』.
趙穆.『月川先生文集』.
程敏政編.『心經附註』.
程敏政.『篁墩文集』.

黃宗羲 외.『宋元學案』.

鄭逑.『寒岡全書』. 1978. 경인문화사(영인본).

____.『寒岡先生文集』, 한국문집총간 53권. 1988. 한국고전번역원(영인본).

____.『국역 한강집』 1-5권. 송기채 역. 2001-2005. 한국고전번역원.

이황.『심경강해』. 김종석 역주. 이문출판사. 1999.

권오영. 2011.「남명의 심학과 남명 학파의 심학 계승」.『조선 성리학의 의미와 양상』. 일지사.

권진호. 2007.「한강 정구의 정주학 수용양상」.『남명학연구』 24집. 경상대 남명학연구소.

금장태. 1992.「한강 정구의 예학사상」.『유교사상연구』 4, 5집. 한국유교학회.

______. 1995.「한강 정구의 사상」.『퇴계학파의 사상 1』. 집문당.

______. 2000.「조선후기 퇴계학파의 학맥과 리철학의 전개」.『퇴계학파와 리철학의 전개』. 서울대 출판부.

김낙진. 2012.「조선중기 한려학파의 철학사상」.『낙중학, 조선시대 낙동강 중류 지역의 유학』. 홍원식 외. 계명대 출판부.

김승영. 2011.「도남학파의 미발수행론 고찰」.『동서철학연구』 60집. 한국동서철학회.

김학수. 2012.「조선중기 한강학파의 등장과 전개 -문인록을 중심으로」.『낙중학, 조선시대 낙동강 중류지역의 유학』. 홍원식 외. 계명대학교 출판부.

______. 2012.「한강 정구의 학문 연원」.『한국학논집』 48집. 계명대학교 한국학연구원.

김현수. 2000.「한강 정구의 경의협지와 예」.『한국철학논집』 9집. 한국철학사연구회.

______. 2001.「한강 정구의 예학사상 -『오선생예설분류』를 중심으로」.『동양예학』 6권. 동양예학회.

김형수. 2006. 「17세기 초 대구사림의 형성과 분화 –손처눌의 『모당일기』를 중심으로」. 『역사교육논집』 36집. 역사교육학회.
노인숙. 1999. 「한강 정구의 예학에 관한 연구」. 『유교사상연구』 12집. 한국유교학회.
도민재. 2002. 「한강 정구의 학문과 예학사상」. 『한국사상과 문화』 18집. 한국사상문화학회.
박병련. 2003. 「남명학파 성쇠과정의 정치사회적 특성과 사림의 동향」. 『남명학연구』 16집. 경상대 남명학연구소.
서정문. 2007. 「『남명집』의 편간과 내암, 한강 문파의 성립」. 『조선시대사학보』 40집. 조선시대사학회.
안영상. 2005. 「여헌 장현광과 성호 이익의 성리설 비교 연구」. 『유교사상연구』 24집. 한국유교학회.
______. 2005. 「퇴계가 도산에 은거하며 연평을 이었던 길」. 『퇴계학』 15집. 안동대 퇴계학연구소.
______. 2006. 「대산 이상정의 혼륜, 리발설의 착근에 있어서 여헌설의 영향과 그 의미」. 『유교사상연구』 27집. 한국유교학회.
우경섭. 2011. 「한강 정구의 학문연원과 도통적 위상」. 『한강 정구』. 남명학연구원편. 예문서원.
유권종. 2009. 「한강 정구의 수양론」. 『예학과 심학』. 한국학술정보.
유명종. 1983. 「정구의 敬學」. 『한국사상사』. 이문출판사.
윤천근. 2006. 『남인 예학의 선구 정구』. 한국국학진흥원.
이상필. 1991. 「한강 정구의 학문 성향과 문학」. 『남명학연구』 창간호. 경상대 남명학연구소.
이우성. 1982. 「한국 유학사상 퇴계학파의 형성과 그 전개」. 『한국의 역사상』. 창비.
______. 2001. 「해제」. 『국역 한강집』. 한국고전번역원.
임종진. 2001. 「한강 정구의 수양론」. 『동양예학』 6집. 동양예학회.
장윤수, 임종진. 2003. 「한강 정구와 조선 중기 대구권 성리학의 연계성에 관한 연구」. 『동양사회사상』 8집. 동양사회사상학회.

전재강. 2010. 『남명과 한강의 만남』. 보고사. 2010.

정도원. 2012. 「한강 정구의 성리학 체계와 연원에 관한 소고」. 『한국학논집』 48집. 계명대학교 한국학연구원.

정순목. 1999. 「한강 정구의 교학사상」. 『퇴계문하 6철의 삶과 사상』. 경북대 퇴계연구소편. 예문서원.

정우락. 2009. 「한강 정구의 사물인식방법과 세계지향」. 『한국사상과 문화』 49집. 한국사상문화학회.

최영성. 1996. 「한강 정구의 학문방법과 유학사적 위치」. 『한국철학논집』 5집. 한국철학사연구회.

홍원식 외. 2007. 『조선시대 심경부주 주석서 해제』. 예문서원.

홍원식. 2003. 「주륙화회론과 퇴계학의 심학화」. 『오늘의 동양사상』 9호. 예문동양사상연구원.

______. 2007. 「'퇴계심학'과 '양명심학'」. 『제4회 하곡학 국제학술대회자료집』. 한국양명학회.

______. 2007. 「이황과 그 직전제자들의 『심경부주』연구」. 『퇴계학보』 121권. 퇴계학연구원.

황지원. 2008. 「『심경』, 『심경부주』와 「심경후론」」. 홍원식 외. 『심경부주와 조선유학』. 예문서원.

■ 김현수 〈한강 정구의 예학〉

『儀禮』(十三經注疏, 淸·阮刻本, 新文豐出版公司).

『禮記』(十三經注疏, 淸·阮刻本, 新文豐出版公司).

『經國大典』. 『朝鮮王朝法典集』1. 1969. 朝鮮總督府中樞院 편. 경인문화사.

『說文解字』. 2001. 中華書局.

『二程集』(文淵閣 四庫全書本).

『朱子家禮』(『性理大全』 卷18-21).
『朱子大全』(文淵閣 四庫全書本).
『朱子語類』(文淵閣 四庫全書本).
『(增補)退溪全書』. 1997. 성균관대 대동문화연구원.
『栗谷全書』. 1993. 성균관대 대동문화연구원.
『鶴峰集』. 1993. 민족문화추진회.
『寒岡集』. 1993. 민족문화추진회.
『寒岡全書』. 1978. 上 · 下. 경인문화사.
경북대학교 퇴계연구소. 1999. 『退溪門下 6哲의 삶과 사상』. 예문서원.
김현수. 2010. 「明齋 尹拯의 禮論과 宗法思想」. 『유학연구』 제23집. 충남대 유학연구소.
______. 2012. 「한강 정구의 예학- 예문답을 중심으로」. 『한국학논집』 48집. 계명대학교 한국학연구원.
도민재. 2002. 「寒岡 鄭逑의 學問과 禮學思想」. 『한국사상과 문화』 제18집. 한국사상문화학회.
정경희. 2000. 「16세기 후반-17세기 초반 退溪學派의 禮學- 鄭逑의 禮學을 중심으로」. 『한국학보』 101. 일지사.
溝口雄三 · 丸山松幸 · 池田知久 편저. 2003. 『中國思想文化事典』. 김석근 외 역. 민족문화문고.

■ 김무진 〈한강 정구의 현실인식과 경세관〉

『朝鮮王朝實錄』.
『寒岡先生文集』.
『德溪集』.
『德溪先生年譜』.
『旅軒先生文集』.

『象村稿』.

『葛庵集』.

權近.『禮記淺見錄』.

柳長源.『孟子 四書纂註增補』.

한국학문헌연구소. 1982.『昌寧縣邑誌(1832년경)』邑誌一 慶尙道編①. 아세아문화사.

고영진. 1995.『조선중기 예학 사상사』. 한길사.

금장태. 2011.「한강 정구의 예학사상」.『한강 정구』. 남명학연구원 엮음.

김무진. 1986.「조선중기 사족층의 동향과 향약의 성격」.『한국사연구』55.

______. 1995.「조선후기 교화체제의 정비와 면훈장제」.『역사교육』58. 역사교육연구회.

______. 1999.「조선후기 성주 향촌사회 재지사족층의 동향」.『한국사연구』105.

김문식. 2011.「16-17세기 한강 정구의 지리지 편찬」.『한강 정구』. 남명학연구원 엮음.

金恒洙. 1986.「寒岡 鄭逑의 學問과 ≪歷代紀年≫」.『韓國學報』45.

송준식. 2011.「한강 정구의 사회교육사상」.『한강 정구』. 남명학연구원 엮음.

우경섭. 2011.「한강 정구의 학문연원과 도통적 위상」.『한강 정구』. 남명학연구원 엮음.

李範稷. 2004.『朝鮮時代 禮學硏究』. 國學資料院.

장윤수·임종진. 2011.「한강 정구와 조선 중기 대구권 성리학의 연계성에 관한 연구」.『한강 정구』. 남명학연구원 엮음.

丁淳佑. 2001.「星州地域의 退溪學脈 -寒岡과 東岡을 中心으로-」.『韓國의 哲學』第30號.

정우락. 2011.「한강 정구의 무흘정사 건립과 저술활동」.『한강 정구』. 남명학연구원 엮음.

최영성. 2011.「한강 정구의 학문과 조선유학사에서의 위치」.『한강 정구』. 남명학연구원 엮음.

## ■ 정시열 〈한강 정구의 상소문 연구〉


『論語』.

『春秋左氏傳』.

『韓非子』.

『史記』.

『朝鮮王朝實錄』.

鄭逑. 1990. 『寒岡集』. 『한국문집총간』 53. 민족문화추진회 편.

鄭逑. 『국역 한강집(1-4)』. 송기채 번역. 민족문화추진회. (2001-2004).

성당제. 2005. 「藥泉 上疏文의 文藝美와 現實對應」. 『인문과학』 제36집. 성균관대 인문과학연구소.

신두환. 2000. 「눌재 양성지의 상소문에 나타난 현실대응논리」. 『한문학보』 제3집. 우리한문학회.

______. 2004. 「상소문의 문예미학 탐색」. 『한국한문학연구』 제33집. 한국한문학회.

오인환 · 이규완. 2003. 「상소의 설득구조에 관한 연구」. 『한국언론학보』 제47집. 한국언론학회.

염은열. 1996. 「상소문의 글쓰기 전략 연구」. 『국어교육연구』 제3집. 서울대 국어교육연구소.

최선경. 2011. 「〈諫廢妃疏〉의 수사학적 분석」. 『수사학』 제15집. 한국수사학회.

최 식. 2006. 「奏議類 散文의 特徵과 展開樣相」. 『동방한문학』 제31집. 동방한문학회.

최인자. 1996. 「조선시대 상소문에 나타난 설득방식과 표현에 관한 연구」. 『선청어문』 제24집. 서울대학교 국어교육과.

■ 정우락 〈한강 정구의 무흘 경영과 무흘구곡 정착과정〉

郭鍾錫. 『俛宇集』.

金宗直. 『悔堂稿』.

徐思遠,. 『樂齋集』.

『星山誌』.

孫處訥. 『慕堂集』.

呂孝思. 『月潭集』.

李奎壽. 『全城世稿』.

李萬運. 『默軒集』.

李　㟓. 『學稼齋集』.

張顯光. 『旅軒集』.

鄭　逑. 『寒岡集』.

鄭東璞. 『警軒遺稿』.

鄭在華. 『李晴暉堂實紀立嚴辨誣錄』.

鄭　墧. 『進庵集』.

朱　熹. 『朱子大典』.

崔　轔. 『梅窩集』.

崔鶴吉. 『懼齋集』.

許　穆. 『記言』.

김덕현 등. 2007. 『2006 전통명승 洞天九曲 조사보고서』. 문화재청.

김문기 · 강정서. 2008. 『경북의 구곡문화』. 경상북도 · 경북대 퇴계연구소.

김수진 · 김태수 · 심우경. 2008. 「寒岡 鄭逑(1543-1620)의 武屹九曲 經營과 理想鄕」. 『한국전통조경학회지』 26. 한국전통조경학회.

김학수. 2011. 『낙중 지역 강안학을 열다, 한강 정구 종가』. 예문서원.

이민홍. 1987. 『사림파문학의 연구』. 형설출판사.

李殷昌. 1987. 「韓國儒家 傳統園林의 研究-儒學者의 卜居와 九曲經營을

中心으로-」. 효성여대.
전병철. 2008. 「『청량지』를 통해본 퇴계 이황과 청량산」. 『남명학연구』 26. 남명학연구소.
정우락. 2009. 「한강 정구의 무흘정사 건립과 저술활동」. 『남명학연구』 28. 경상대 남명학연구소. 307-308쪽 참조.
______. 2010. 「주자 무이구곡의 한국적 전개와 구곡원림의 인문학적 의미」. 『자연에서 찾은 이상향 九曲文化』. 울산대곡박물관.
______. 2011. 「산중도서관 '무흘정사 장서각'의 장서 성격과 의미」. 『영남학』 20. 경북대학교 영남문화연구원.
崔杞秀. 1989. 「曲과 景에 나타난 韓國傳統景觀 構造의 解釋에 관한 硏究」. 한양대학교 대학원 박사학위논문.

## [저자 소개]


### 홍원식 E-mail: wsh683@kmu.ac.kr

고려대학교 철학과를 졸업하고 같은 대학에서 「정주학의 거경궁리설 연구」로 철학박사를 받았다. 현재 계명대학교 철학윤리학과 교수로 있으면서, 『오늘의 동양사상』 편집 주간을 겸하고 있다. 『한주 이진상의 생애와 사상』, 『문경 허백정 홍귀달 종가』, 『동도관의 변화로 본 한국 근대철학』 등의 저서 『중국철학사』 등의 역서, 그리고 「정주학의 거경궁리설 연구」(박사논문), 「유교적 효의 종교성과 제례」, 「이황과 그의 직전제자들의 심경부주 연구」, 「동아시아 생태담론에 대한 비판적 검토」 등 다수의 논문이 있다.

### 김학수 E-mail: ksoya@aks.ac.kr

한국학중앙연구원 한국학대학원에서 석사 및 박사학위를 받았으며, 현재 동 연구원 한국학대학원 글로벌한국학부 고전번역학 조교수로 재직 중이다. 조선시대 지성사 분야에 관심이 크고, 그 일환으로 학파 연구를 진행해 오고 있다. 특히 새로운 자료의 발굴을 통한 사료 확충의 필요성을 절감하고 있으며, 역사적 사실에 대한 자세한 파악, 사료에 대한 비판적 검증을 바탕으로 입론해야 한다는 생각을 갖고 있다. 주요 연구로는 『조선시대의 정치와 제도』(공저), 『여헌 장현광 연구』(공저) 등이 있다.

### 정도원 E-mail: jdws01@skku.ac.kr

정도원은 『16世紀 韓·中 儒學史의 地平에서 본 退溪 李滉의 理哲學에 관한 硏究: 理의 無爲性과 能動性을 중심으로』으로 성균관대학교에서 박사학위를 했다. 논문으로는 「성호 이익의 퇴계 읽기와 학파 분열: 성호와 근기남인의 학문적 접점과 도동론의 괴리」, 「사계-우암 계열의 퇴율 읽기와 학단의 분열」, 「근기남인의 학통 재검토: 도학의 계승인가, 형이상학의 계승인가?」, 「여헌 장현광의 이기론 고찰: 17세기 근기남인 본체론의 연원이라는 측면에서」 등 다수가 있으며, 저서로는 『유학과의 짧은 만남』(2009, 문사철), 『퇴계 이황과 16세기 유학』(2010, 문사철), 『퇴계학의 계승과 변화』(문사철, 2016)이 있다.

### 추제협 E-mail: jhchoo@kmu.ac.kr

계명대학교 국어국문학과를 졸업하고 경북대학교 대학원 국어국문학과 석사과정을 수료한 뒤 계명대학교 대학원 철학과에서 석사와 박사학위를 받았다. 현재 계명대 대학인문역량강화사업단(CORE) 연구교수로 있다. 논문으로는 「성호 이익의 궁리함양공부와 퇴계학」, 「한훤당 김굉필의 도학과 퇴계학」, 「서사원의 심학과 의병활동」 등이 있다.

김현수 E-mail: geminius@skku.edu

성균관대학교 한국철학과를 졸업하고 동대학원에서 「17세기 조선의 예교사상(禮敎思想) 연구」로 철학박사학위를 받았다. 현재 성균관대학교에서 강의를 하고 있다. 주요 논문으로는 「16세기 중후반 퇴계(退溪)와 문인(門人)·학인(學人) 간의 예학 쟁점과 경향 연구」(2013), 「기호예학의 형성과 학풍」(2011), 「율곡 이이의 예론과 철학적 배경」(2011), 「백호 윤휴의 예교사상 연구」(2008), 「17세기 기해년 전례논쟁의 예학적 성격」(2005), 「한강 정구의 예학사상」(2001) 등 다수가 있다.

김무진 E-mail: moojin@kmu.ac.kr

계명대학교 사학과 교수. 조선시대 사회사를 전공한다. 「율곡 향약의 사회적 성격」(1983), 「실학자의 신분제 개혁론」(2006), 「조선후기 식목활동에 관한 연구」(2011) 등이 있다. 최근 『반계 유형원 연구』(2013)를 공동으로 출간했으며 산림에 관한 연구를 하고 있다.

정시열 E-mail: siyoul@hanmail.net

영남대학교 국어국문학과를 졸업하고 서강대학교 국어국문학과 대학원에서 석사·박사 학위를 받았다. 현재 영남대학교 국어국문학과 부교수로 재직 중이며, 『여헌 장현광의 학문 세계(3)-태극론의 전개-』를 비롯한 5편의 공저와 「桐溪 鄭蘊의 論三篇 試探」, 「조선조 제주도 유배 문학의 위상」, 「桃灘 邊士貞論」 등 다수의 논문이 있다.

정우락 E-mail: jwl0412@knu.ac.kr

경북대학교 국어국문학과를 졸업하고 동 대학의 대학원에서 문학박사 학위를 받았다. 현재 경북대학교 인문대학 국어국문학과 교수로 재직 중이다. 저서로는 『남명학파의 문학적 상상력』, 『조선의 서정시인 퇴계 이황』, 『남명과 퇴계 사이』, 『삼국유사 원시와 문명사이』 등이 있고, 논문으로는 「주자 무이구곡의 한국적 전개와 구곡원림의 인문학적 의미」, 「조선중기 강안지역의 문학활동과 그 성격」 등이 있다.